Nos caminhos da acumulação

Negócios e poder no abastecimento de carnes verdes para a cidade do Rio de Janeiro (1808-1835)

Nos caminhos da acumulação

Negócios e poder no abastecimento de carnes verdes
para a cidade do Rio de Janeiro (1808-1835)

Pedro Henrique Pedreira Campos

Copyright © 2010 Pedro Henrique Pedreira Campos

Publishers: Joana Monteleone/ Haroldo Ceravolo Sereza/ Roberto Cosso
Edição: Joana Monteleone
Editor Assistente: Vitor Rodrigo Donofrio Arruda
Projeto gráfico, capa e diagramação: Patrícia Jatobá U. de Oliveira
Revisão: Ana Paula Marchi Martini

Imagem da capa: Abastecimento de carnes verdes, Rio de Janeiro, início do século XIX

CIP-BRASIL. CATALOGAÇÃO-NA-FONTE
SINDICATO NACIONAL DOS EDITORES DE LIVROS, RJ

C216n

Campos, Pedro Henrique Pedreira
NOS CAMINHOS DA ACUMULAÇÃO: NEGÓCIOS E PODER NO ABASTECIMENTO DE CARNES VERDES PARA A CIDADE DO RIO DE JANEIRO (1808-1835)
Pedro Henrique Pedreira Campos.
São Paulo: Alameda, 2010.
332p.

ISBN 978-85-7939-053-1

1. Abastecimento de alimentos - Rio de Janeiro (RJ) - História. 2. Carne - Comércio - Brasil - História. 3. Rio de Janeiro (RJ) - História. 4. Brasil - História - Período colonial, 1500-1822. I. Título.

10-4823.   CDD: 981.531
CDU: 94(815.31)

021836

ALAMEDA CASA EDITORIAL
Rua Conselheiro Ramalho, 694 – Bela Vista
CEP 01325-2400 – São Paulo – SP
Tel. (11) 3012-2400
www.alamedaeditorial.com.br

A carne verde, mais do que qualquer outro gênero de alimentação, persistiu no passado brasileiro como um problema de abastecimento dos centros urbanos a desafiar leis, instituições, regimes políticos, doutrinas econômicas, governantes, consumidores e soluções. Dela sempre se queixavam da má qualidade, escassez, carestia, como uma litania que tem seus primeiros refrões no século XVII, em praticamente qualquer aglomeração urbana da colônia, continuando, na mesma toada, através do século XIX e penetra na República, sem quebra de ritmo.

[...]

Nenhum outro gênero, porém, provocou mais celeuma na opinião e descontentamento entre as populações consumidoras, também nenhum outro como ele deixou documentação tão rica e abundante nos arquivos brasileiros, a ponto de se poder afirmar, sem grande exagero, que a história do abastecimento no Brasil é a história da carne verde.

LINHARES, Maria Yedda Leite. *História do Abastecimento: uma problemática em questão*. Brasília: Binagri, 1979, p. 191-2.

Proponente e Coordenador Acadêmico do Ceo/Pronex
José Murilo de Carvalho

Coordenadora Executiva do Ceo/Pronex
Gladys Sabina Ribeiro

Comissão Editorial
Lúcia Maria Paschoal Guimarães;
Lúcia Maria Bastos Pereira das Neves;
Manoel Luiz Lima Salgado Guimarães (*in memorian*);
Alexandre Mansur Barata;
Ivan de Andrade Vellasco;
Adriana Pereira Campos.

Apoio Técnico
Márcia Azevedo

Pesquisadores do Ceo/Pronex
Adriana Pereira Campos - ufes
Alexandre Mansur Barata - ufjf
Álvaro Pereira Nascimento – ufrrj
Anita Correia Lima de Almeida - unirio
Carlos Gabriel Guimarães - uff
Gladys Sabina Ribeiro - uff
Ivan de Andrade Vellasco - ufsj
José Murilo de Carvalho - ufrj
Keila Grinberg - unirio
Lucia Maria Bastos Pereira das Neves - uerj
Lucia Maria Paschoal Guimarães - uerj
Manoel Luiz Lima Salgado Guimarães (*in memorian*) - ufrj
Marcello Otávio Néri de Campos Basile - ufrrj
Marco Morel – uerj
Mariza de Carvalho Soares - uff
Martha Abreu - uff
Ricardo Salles - unirio
Silvana Mota Barbosa - ufjf
Tania Maria Tavares Bessone da Cruz Ferreira - uerj
Valdei Lopes de Araújo - ufop
Vitor Izecksohn - ufrj

Sumário

Introdução	9
Capítulo I – Nos caminhos das boiadas: o comércio de reses e de carnes verdes	23
A produção	25
A circulação	43
O mercado	52
A estrutura do comércio	76
Capítulo II – Nos gabinetes e nos plenários: as implicações políticas do comércio	95
O grupo dos negociantes	97
O corpo político imperial e o comércio	112
O corpo político municipal e o comércio	129
O regime de contratos	147
Capítulo III – Nas ruas da cidade: o comércio e a cidade do Rio de Janeiro	171
Uma cidade escravista colonial	174
Os matadouros e a questão do 'asseio'	177
Os hábitos de consumo e a estrutura social da cidade	197
As conturbações urbanas e o comércio	227
Conclusão	237
Fontes primárias e secundárias	249
Anexos	269
Lista de quadros e tabelas	329
Lista de abreviaturas	330
Lista de anexos	331

Introdução

O ilustre Apolônio de Carvalho, em sua autobiografia, descreve uma passagem histórica acontecida em um dos locais mais famosos da cidade do Rio de Janeiro:

> Ao meio-dia estamos na Cinelândia, inundada de estudantes. A maior afluência parece vir da Glória e da rua Santa Luzia. Entre uma e duas horas, alguns meninos de rua começam a distribuir entre a multidão um volante mimeografado. Estão a serviço de um grupo de oficiais do exército reunidos no Clube Militar. À maioria dos que o leem, o volante parece provocativo. Imbuídos da propaganda oficial, soam protestos por todos os lados. Estudantes e populares perseguem os meninos, apoderam-se do que lhes resta nas mãos; ágeis, os pequenos deslizam e correm para o clube. A grande porta de ferro abre-se, recolhe-os.
>
> [...] Não obstante, cresce a excitação. Não longe de mim, um senhor, de uns 30 anos, saca uma arma, dá tiros de indignação para o alto, visando a sede do Clube. Tentativa absolutamente inócua.
> A resposta dos militares mostra, súbito, a imagem que até então se escondia: uma rajada de metralhadora com endereço e objetivo calculados. Não longe de mim, corpos caídos no chão. É o cartão de visita do golpe.[1]

---

1 CARVALHO, Apolônio de. *Vale a Pena Sonhar*. 3ª ed. Rio de Janeiro: Rocco, 1998, p. 187-8.

Nos caminhos da acumulação

Essa cena, acontecida em 1º de abril de 1964, no fim da avenida Rio Branco, é apenas uma das várias que a praça situada no local guardaria para a História. Apesar de vários outros eventos memoráveis acontecidos depois daquele dia na Cinelândia, a região não tem sua importância reduzida apenas ao século xx. Na primeira metade do século xix, nas imediações de onde hoje está o prédio do Clube Militar, um tipo de carnificina com fins bem mais louváveis tinha lugar, pois estava ali situado o matadouro público, onde eram mortas as reses visando o abastecimento de carne fresca para os moradores da cidade. Hoje quem passa pelo local não deve imaginar que a rua de Santa Luzia já foi chamada de praia de Santa Luzia, por bater ali o mar da Baía de Guanabara, tampouco imagina que o que hoje é um dos principais locais do centro urbano na cidade já foi espaço para um curral anexo ao matadouro, onde ficavam por volta de 200 reses em péssimas condições de conservação, esperando a morte certa.

É essa cidade colonial, com características tão diferentes do Rio de Janeiro atual, o espaço onde se desenvolve o objeto desta dissertação. A capital da colônia e, depois, do Império do Brasil foi, na primeira metade do século xix, grande consumidora de reses bovinas vindas do Centro-Sul da América portuguesa, bem como de outros produtos para o abastecimento urbano. O comércio de boiadas visando ao Rio de Janeiro e o de carnes verdes dentro da cidade na primeira metade do século xix são o tema desta pesquisa. A carne verde era, ao lado do charque, a forma mais comum de alimentação a partir da rês bovina, constituindo-se da carne proveniente do animal recém-abatido, que era retalhado e tinha suas partes vendidas pelos açougues da cidade. A carne verde, também chamada de carne fresca, tinha que ser consumida rapidamente após a compra, já que em pouco tempo ficava inadequada ao consumo.

Os objetivos iniciais da pesquisa eram analisar a estrutura de comércio de longa distância de boiadas e também o de varejo dentro da cidade; analisar a política desenvolvida pelo Estado joanino, pelo aparelho de Estado imperial e pela Câmara Municipal para o comércio das carnes verdes, seja de longa distância, seja dentro da cidade; e, por fim, analisar a relação entre as crises de escassez e carestia do gênero com os motins e conturbações urbanas encontrados na cidade no período recortado. Ao longo da pesquisa, os três objetivos foram contemplados, porém houve a adição de outros menores e subordinados a estes, como pode ser visto ao longo do texto.

Todo o comércio de carnes verdes para a cidade do Rio de Janeiro movimentou aproximadamente 379:392$000 réis em todo o ano de 1812 e 608:060$800 réis em 1821,[2] contando-se toda a quantidade de libras de carne – libra, também chamada de arrátel, medida de peso utilizada no período, equivalente a aproximadamente 450 gramas[3] – vendidas no varejo, de acordo com o que era estipulado pelo contrato de venda do produto. Com todo o primeiro volume de dinheiro, era possível fazer sete viagens negreiras de grande porte e duas de pequeno porte, enquanto com a quantia de 1821 era possível fazer 12 viagens negreiras de grande porte, cada uma custando 50 contos de réis. Os recursos envolvidos no mercado das carnes verdes em 1821 eram pouco maiores que a metade de todo o capital inicial do Banco do Brasil, de 1.200 contos de réis, que demorou anos para ser completado. Até em relação às exportações, esse comércio apresenta relativa dinâmica, visto que os dois valores supracitados superam as exportações brasileiras de açúcar branco e de café no ano de 1811 – último ano que se tem para comparação –, respectivamente de pouco mais de 361 contos e 367 contos de réis. Neste ano de 1811, apenas as exportações de aguardente superam o valor do comércio das carnes de 1821, tendo elas contabilizado pouco mais de 693 contos de réis.[4]

Há de se levar em conta que o contrato de exclusividade das vendas congelava o valor da carne, o que funcionava como fator desestimulante de envio de boiadas para a capital da América portuguesa, engessando o comércio. Houve um acréscimo dos preços e do número de bois abatidos nos matadouros a partir de 1821 e 1823, quando ocorreram, res-

---

2   Para se chegar a estes números, multiplicou-se o preço tabelado da libra da carne vendida nos ditos anos – 30 réis em 1812 e 40 réis em 1821 – pela quantidade de libras existentes em uma arroba – 32 –, pela quantidade média de arrobas existentes em um boi – 9,5 –, pela quantidade anual de reses que deveriam ser mortas no matadouro – 41.600 em 1812 e 50.050 em 1821. O valor total é aproximado, já que, como veremos, o contrato que regulava as vendas nem sempre era seguido à risca, havendo outras variáveis existentes extremamente difíceis de serem mensuradas, como o mercado negro.

3   JOHNSON Jr., Harold B. "Investigação preliminar sobre dinheiro, preços e salários no Rio de Janeiro (1763-1823)". In: *Camponeses e Colonizadores: estudos de história luso-brasileira*. Lisboa: Estampa, 2002, p. 232.

4   Os dados para comparação foram retirados de FLORENTINO, Manolo. *Em Costas Negras: uma história do tráfico de escravos entre a África e o Rio de Janeiro, séculos XVIII e XIX*. São Paulo: Companhia das Letras, 1997, p. 154-74; VIEIRA, Dorival Teixeira. "Política financeira e o primeiro Banco do Brasil". In: HOLANDA, Sérgio Buarque de. *História Geral da Civilização Brasileira*, t. 2, vol. II. São Paulo: Difel, 1962, p. 111; ARRUDA, José Jobson de Andrade. "A produção econômica". In: SILVA, Maria Beatriz Nizza da. *O Império Luso-Brasileiro, 1750-1822*. Lisboa: Estampa, 1986, p. 100-1.

pectivamente, o fim do sistema de contratos exclusivos e o fim do tabelamento de preços da carne. Assim, a partir da década de 1820, o valor total do comércio tendeu a aumentar, porém não foi possível conhecer esses números em função da ausência de dados.

Os números apresentados demonstram a grande quantidade de capitais envolvidos no mercado das carnes no período, dando um dos fatores da relevância desta pesquisa. No prefácio da obra de Alcir Lenharo sobre o abastecimento de diversos gêneros para a Corte a partir de 1808, Maria Odila Dias afirma que é preciso conhecer as implicações sociais deste comércio para o Rio a partir de então, comércio que ela chama de "pujante".[5] De todos os produtos transacionados para a capital neste momento, o mais importante é o gado em pé, que dá origem à carne fresca.

A cidade do Rio de Janeiro foi escolhida por ser o principal centro urbano da América portuguesa no período, recebendo a ampla maioria dos imigrantes e viajantes a partir de 1808. Desde o fim do século XVIII, a urbe desempenhava um papel de epicentro mercantil no Centro-Sul da América portuguesa, o que foi fortemente ressaltado a partir da chegada da Corte. Além disso, a partir dessa data, a cidade se tornou sede do aparelho do Estado português, ainda que este estivesse em processo de constituição, passando a desempenhar uma função política de relevância central no Império luso. Por fim, diversos aspectos no consumo urbano foram modificados na cidade a partir da chegada da família real, da corte e dos estrangeiros, o que incidiu sobre o comércio das carnes frescas.

Ao explicar o motivo da escolha do Rio de Janeiro como *locus* da pesquisa, acabamos por expor a importância de 1808 como marco de ruptura econômica, política e nos hábitos de consumo na cidade. Apesar de o ano inicial da baliza ser 1808, não foram dispensadas fontes primárias e secundárias referentes a períodos anteriores a esse ano; pelo contrário, elas foram coletadas e analisadas para que se tentasse apreender as continuidades e rupturas presentes neste marco histórico. Assim como Fernando Novais avançou, em sua clássica pesquisa, para além de 1808 para mostrar a ruptura desta data para o chamado 'antigo sistema colonial,[6] recuamos para o período anterior a 1808 para destacar a ruptura no comércio de carnes verdes, na política para o gênero, além de outras descontinuidades identificadas e citadas ao longo do texto.

---

5   DIAS, Maria Odila Leite da Silva. "Prefácio". In: LENHARO, Alcir. *As Tropas da Moderação: o abastecimento da Corte na formação política do Brasil*. Coleção Biblioteca Carioca. 2ª ed. Rio de Janeiro: Secretaria Municipal de Cultura do Rio de Janeiro, 1993, p. 7-8.

6   NOVAIS, Fernando Antônio. *Portugal e Brasil na Crise do Antigo Sistema Colonial: 1777-1808*. São Paulo: Hucitec, 1979, p. 287.

A data de 1835 foi escolhida porque foi nesse ano que aconteceu a última arrematação da administração do matadouro público da cidade pelo sistema de contratos. A partir de então, o matadouro foi administrado pela Câmara Municipal em uma ruptura institucional e também política e econômica, já que o grande negociante dos bois e carnes de então, Domingos Custódio Guimarães, perde a administração do matadouro nesse ano, acirrando as disputas em torno das vendas das carnes e dando novo tom ao controle do comércio, antes sob o domínio majoritário desse negociante.

Sobre as orientações metodológicas

Os estudos de história do abastecimento surgiram subsidiariamente à área da pesquisa da história agrária e da história da agricultura. Maria Yedda Linhares, Francisco Carlos Teixeira da Silva e Ciro Cardoso formaram uma corrente de historiadores que tiveram grande importância na introdução dos métodos da história agrária francesa no Brasil. Capitaneada por esses autores, a história agrária prosperou nas décadas de 80 e de 90 com pesquisas de pós-graduação na UFF e na UFRJ que ajudaram a modificar certos postulados da historiografia nacional. As preocupações desses historiadores eram com questões como a estrutura fundiária e sua evolução, os sistemas de uso e de posse da terra, os sistemas de trabalho, as hierarquias sociais e a demografia. Das diversas vertentes da história da agricultura apresentadas por eles, um tipo bastante global de história da agricultura, a chamada história econômica e social do mundo rural, propõe fazer um estudo sintético sobre o campo, levando em conta a produção e também a comercialização dos gêneros, incluindo, portanto, a circulação das mercadorias e o abastecimento urbano.[7] No entanto, o estudo do comércio de abastecimento ganhou autonomia em certas pesquisas, como a dissertação de Alcir Lenharo, dentre outras.[8]

Apesar da inestimável contribuição de metodologia da história agrária, a presente pesquisa tem como objeto o comércio de abastecimento, não pretendendo fazer uma abordagem original sobre a produção agropecuária e suas problemáticas. Ciro Cardoso empreende uma interessante discussão sobre a importância da totalidade nas pesquisas

---

7   LINHARES, Maria Yedda Leite. "História Agrária". In: CARDOSO, Ciro Flamarion Santana; VAINFAS, Ronaldo (orgs.). *Domínios da História: ensaios de teoria e metodologia*. Rio de Janeiro: Campus, 1997, p. 167-70.

8   Para um panorama historiográfico sobre a história do abastecimento no Brasil, ver CAMPOS, Pedro Henrique Pedreira. "A contribuição da História do abastecimento para a historiografia brasileira". In: *Anais do XXIII Encontro Nacional de História*. Londrina: Mídia, 2005.

históricas, destacando, em um artigo sobre a metodologia da história agrária, que, para se fazer história da agricultura de um determinado meio, não é necessário fazer a história econômica de tal contexto, mas apenas acessar dados e análises feitas por especialistas no assunto. Ele recorre ainda a Pierre Vilar, que afirma que fazer história total não é "dizer tudo sobre tudo", mas "dizer aquilo de que a totalidade depende e aquilo que depende da totalidade".[9] Dessa forma, não se fez aqui pesquisa com fontes primárias sobre a história econômica, história agrária e história política. Apenas recorremos a fontes secundárias sobre o assunto, não perdendo a perspectiva da totalidade.

Destacando essa abordagem global e inter-relacionada das dimensões do real, Maria Yedda Linhares e Francisco Carlos Teixeira da Silva desenvolvem, nas introduções do volume duplo sobre a história do abastecimento, uma breve metodologia para as pesquisas nesta área. Para os autores, uma pesquisa sobre o abastecimento não se pode reduzir ao canal comercial simplesmente, detendo-se somente nos meios de transporte, estradas, circulação e política específica para o assunto. Uma história do abastecimento deve levar em conta a produção, a circulação e o consumo – incluída neste último a distribuição social –, vinculando-os às estruturas sociais vigentes. Trocando em miúdos, a pesquisa deve ter em vista: a história da agricultura e da produção para o mercado interno, as técnicas agrícolas, os hábitos de cultivo, as vias de transportes, a renda gerada pelo comércio, a demografia, o consumo urbano e suas particularidades, os hábitos alimentares, a política para o tema e as mentalidades.[10] Ao longo da pesquisa, tentou-se pôr em prática essas orientações metodológicas, dando atenção a todas essas questões, de suma importância para entender as questões e impasses do abastecimento urbano no período.

No tocante à análise do Estado, tomou-se aqui um caminho diferente em relação às pesquisas de história agrária e do abastecimento levadas a cabo por esse grupo de pesquisa. Sônia de Mendonça critica esses estudos, afirmando que não há neles uma reflexão especial sobre o Estado e o político e que, quando estes são abordados, o são secundaria-

---

9   CARDOSO, Ciro Flamarion Santana. *Agricultura, Escravidão e Capitalismo*. Petrópolis: Vozes, 1979, p. 14; VILAR, Pierre. *"Histoire marxiste, histoire em construction. Essai de dialogue avec Althusser"*. In: *Annales. Economies, Societés, Civilisations*. Jan.-fev. 1973. Paris: Armand Colin, p. 197, *apud* CARDOSO, Ciro Flamarion Santana. *Agricultura, Escravidão e Capitalismo, op. cit.*, p. 14.

10 LINHARES, Maria Yedda Leite. *História do Abastecimento: uma problemática em questão (1530-1918)*. Brasília: Binagri, 1979, p. 24-5; LINHARES, Maria Yedda Leite; SILVA, Francisco Carlos Teixeira da. *História Política do Abastecimento*. Brasília: Binagri, 1979, p. 17-22.

mente, apesar da grande documentação trabalhada.¹¹ Na metodologia supracitada, não há um destaque particular para o problema do Estado ou uma preocupação maior com a política, já que, no momento de gestação daquelas pesquisas, tentava-se distanciar dos que viam história do abastecimento como uma enumeração e descrição das políticas específicas para o abastecimento. Ao tentar se afastar desta concepção, que continha traços de história tradicional, o grupo de estudos se absteve de problematizar o Estado, deixando o político para um plano secundário em comparação ao econômico-social.

Para a compreensão do Estado, seguem-se aqui as formulações metodológicas criadas por Antonio Gramsci, que, apesar da polêmica gerada pela sua aplicação no século XIX em sociedades não capitalistas, têm conseguido bons resultados, como são as pesquisas de Ilmar de Mattos, Théo Piñeiro, Ricardo Salles, dentre outros.¹²

Essa metodologia, sintetizada em um livro tardio de Nicos Poulantzas, rejeita a ideia de um Estado separado da economia ou da sociedade, bem como a de um Estado que é simplesmente um objeto da classe dominante em uma ditadura de classe. O Estado deve ser compreendido no seio das relações de produção e de sua reprodução, sendo entendido como uma condensação material e específica de uma relação de forças, que é uma relação de classes ou frações de classe. A metodologia para a compreensão do Estado não parte – como em estudos que o entendem como um Estado-sujeito ou Estado-objeto – do aparelho político, mas sim do estudo da sociedade e de suas formas de organização, a chamada sociedade civil, para o estudo da sociedade política, o Estado em sentido restrito.¹³

---

11 MENDONÇA, Sônia Regina de. "Estado, agricultura e sociedade no Brasil da primeira metade do século XX". In: GIRAL-BLANCHA, Noemi; VALENCIA, Marta. *Agro, Tierra y Política: debate sobre la historia rural de Argentina y Brasil*. Buenos Aires: REUNÍ, 1998, p. 135-6.

12 Ver MATTOS, Ilmar Rohloff. *O Tempo Saquarema: a formação do Estado imperial*. 5ª ed. São Paulo: Hucitec, 2004; PIÑEIRO, Théo Lobarinhas. *Os Simples Comissários: negociantes e política no Brasil Império*. Tese de doutoramento. Niterói: UFF/ICHF/PPGHIS, 2002; SALLES, Ricardo. *Nostalgia Imperial: a formação da identidade nacional no Brasil do segundo reinado*. Rio de Janeiro: Topbooks, 1996. Para estudos recentes ainda em desenvolvimento com a utilização da metodologia gramsciana de análise do Estado, ver BOHRER, Saulo Santiago. "O 'seguro' morreu de velho: a Associação dos Seguros Mútuos Brasileiros na manutenção dos interesses dos Negociantes no Rio de Janeiro". In: *Anais do III Encontro Nacional de Pós-Graduação em História Econômica*. Campinas: ABPHE, 2006; PEREIRA, Luciana Lamblet. "A política energética no Brasil imperial". In: *Anais do III Encontro Nacional de Pós-Graduação em História Econômica*. Campinas: ABPHE, 2006.

13 POULANTZAS, Nicos. *Estado, o Poder e o Socialismo*. 3ª ed. Rio de Janeiro: Graal, 1985, p. 14-5; 20-1; 82; 147-8; MENDONÇA, Sônia Regina de. "Estado e sociedade". In: MATTOS, Marcelo Badaró de (org.).

Feita a pesquisa nessa ordem, é possível entender as disputas no interior do Estado como disputas entre classes sociais e frações de classe. Esta metodologia foi utilizada ao longo da pesquisa para explicar medidas do Estado joanino, do Império do Brasil e da Câmara da cidade para o tema do abastecimento das carnes verdes.

A partir dessa orientação metodológica, diversos conceitos são utilizados como ferramentas para auxiliar a análise do aparelho de Estado. O conceito de bloco de poder, que permite explicar um Estado composto de várias classes e frações de classe, é útil para entender o caso do Império brasileiro, em que frações da classe dominante – os proprietários de escravos e terras e os homens de negócios – se aliaram em diversos graus nas diferentes conjunturas políticas. A aliança nem sempre foi confortável para as duas frações de classe e para setores internos de cada grupo social; sendo assim, é interessante perceber o poder de cada setor social, entendendo-se por poder a capacidade de uma classe social ou fração de classe de conquistar seus interesses. A medição de poderes entre essas frações foi visível também nas leis, que aqui são entendidas como expressão da relação de forças entre as classes e frações em luta.[14]

Ao longo do texto, recorremos a comparações com outros momentos vividos pela cidade do Rio de Janeiro e também em outras cidades da América portuguesa e do Brasil independente, a partir de fontes secundárias. Essas correlações não têm como objetivo a citação pedante de dados e informações, mas a aplicação do recurso da comparação, vital para o trabalho do historiador, já que, como diz Marc Bloch, "não existe conhecimento verdadeiro sem uma certa escala de comparação". Ciro Cardoso, baseado em Marc Bloch, complementa afirmando que a comparação – juntamente com as hipóteses, os modelos e a quantificação – dá cientificidade ao trabalho do historiador.[15] Portanto, recorremos a este recurso ao longo do texto sem, no entanto, aprofundarmos tal procedimento a ponto de caracterizarmos esse trabalho como um caso de história comparada.

História: pensar & fazer. Rio de Janeiro: Laboratório de Dimensões da História, 1998, p. 24. Para o original dessas formulações, ver GRAMSCI, Antonio. "Caderno 13: Breves notas sobre a política de Maquiavel". In: *Cadernos do Cárcere*, vol. 3. Rio de Janeiro: Civilização Brasileira, 2000, p. 11-109.

14 POULANTZAS, Nicos. *Estado, o Poder e o Socialismo*, op. cit., p. 95; 105; 168.

15 BLOCH, Marc Leopold Benjamin. *Apologia da História, ou o Ofício do Historiador*. Rio de Janeiro: Jorge Zahar, 2001, p. 65; CARDOSO, Ciro Flamarion Santana. *Uma introdução à História*. São Paulo: Brasiliense, 1982, p. 60-9.

Algumas questões conceituais

Marc Bloch afirma, em sua *Apologia da História*, que o historiador, para evitar o anacronismo, deve buscar utilizar termos de época, sem se esquivar de fazer a crítica dos mesmos. Ele critica o uso desmesurado de certos conceitos para diferentes épocas, como capitalismo, e propõe que os historiadores expliquem como estão utilizando os conceitos no início do texto da pesquisa.[16] O alerta é válido, já que vários cientistas sociais utilizam conceitos fluidos ou então pertencentes a interseções de diferentes correntes teórico-metodológicas, o que causa confusão no leitor quanto ao significado previsto pelo autor.

O grupo social em estudo é o dos grandes comerciantes existentes na praça do Rio de Janeiro e outras cidades da América portuguesa. Não são objetos diretos de pesquisa os escravos, homens livres pobres ou grandes proprietários de escravos e terras, mas sim a fração mercantil da classe dominante da sociedade brasileira no período. Alguns estudiosos entendem essa fração de classe como uma burguesia mercantil existente em plena economia escravista, dentre eles, Jacob Gorender, que os considera uma burguesia não paradigmática como a dos industriais ingleses do mesmo período, mas um tipo específico de burguesia.[17]

Em um congresso em Roma em 1955, quando Ernest Labrousse propôs o estudo da burguesia atlântica durante a época moderna, Pierre Vilar fez uma crítica à utilização deste conceito em tal contexto. Para Vilar, burguesia se define por três características: livre disposição dos meios de produção; emprego contratual de mão de obra assalariada; e apropriação de mais-valia, que é a diferença entre o valor realizado da mercadoria e a remuneração da força de trabalho. Ou melhor, burguesia é uma classe social típica de uma sociedade capitalista, ou pelo menos um grupo social que tem relações com outros grupos típicas do capital.[18] Não é este o caso da chamada burguesia atlântica de Labrousse, tampouco da fração dos grandes comerciantes brasileiros no século XIX, envolvidos em relações não capitalistas com outros grupos sociais da sociedade escravista e com seus empregados. Devido a isto, não assumimos o termo burguesia como nomenclatura para indicar os grandes comerciantes do Brasil oitocentista.

O conceito de negociante – ou homem de negócios – foi preferido ao de burguesia mercantil por muitos autores que estudam esse grupo social, como Riva Gorenstein, Théo

---

16 BLOCH, Marc Leopold Benjamin. *Apologia da História, op. cit.*, p. 136-46.

17 GORENDER, Jacob. *A Burguesia Brasileira*. São Paulo: Brasiliense, 1982, p. 11-4.

18 Essa discussão está descrita em PEDREIRA, Jorge Miguel Viana. *Os Homens de Negócio da Praça de Lisboa de Pombal ao Vintismo (1750-1822): diferenciação, reprodução e identificação de um grupo social*. Tese de doutoramento. Lisboa: Universidade Nova de Lisboa, 1995, p. 5.

Piñeiro e o historiador luso Jorge Pedreira, que estuda os homens de negócio lisboetas. Riva Gorenstein busca a utilização do termo na época estudada, recorrendo à forma como José da Silva Lisboa o entendia. Lisboa afirma que o negociante é o proprietário de "grandes fundos" empregados em diferentes tráficos, manufaturas, promovendo a agricultura, a especulação, os bancos e seguros. Gorenstein complementa esta noção com a de Charles Boxer que, além de ressaltar que o homem de negócios estava presente no grande comércio e em atividades financeiras, diferencia este do 'comerciante', que atua somente no comércio de retalho e de varejo.[19]

Théo Piñeiro não tem uma concepção diferente dessa, afirmando que o negociante é um proprietário de capitais que atua principalmente no ramo da circulação, sendo fração da classe dominante da sociedade escravista.[20] Utilizaremos o conceito de negociante da mesma forma como foi entendido por Riva Gorenstein, Théo Piñeiro e Jorge Pedreira,[21] ou seja, como um proprietário de capitais ou grandes fundos que atua no comércio, financiamento, arrematação de contratos, bancos e seguros.

O conceito de economia colonial já foi, e ainda é, amplamente debatido pela historiografia, em especial pelos historiadores da área da história econômica. No entanto, não se trata apenas de explicar a economia brasileira do período colonial e imperial, mas também a sociedade, a cultura e os costumes, tendo já sido criados diversos modelos explicativos para tal, em especial dentro do campo do marxismo. Houve quem entendesse a economia colonial como uma economia tipicamente feudal, em decorrência da colonização feita por países europeus que tinham ainda o feudalismo como sistema dominante em suas sociedades.[22] Há ainda o modelo que enxerga um capitalismo no Brasil desde o descobrimento até os dias de hoje, com as variantes do capitalismo comercial e do capi-

---

19 GORENSTEIN, Riva. "Comércio e Política: o enraizamento dos interesses mercantis portugueses no Rio de Janeiro (1808-1830)". In: MARTINHO, Lenira Menezes; GORENSTEIN, Riva. *Negociantes e Caixeiros na Sociedade de Independência*. Coleção Biblioteca Carioca. Rio de Janeiro: Secretaria Municipal de Cultura do Rio de Janeiro, 1993, p. 133.

20 PIÑEIRO, Théo Lobarinhas. *Os Simples Comissários, op. cit.*, p. 9-11

21 Jorge Pedreira tende a utilizar a mesma conceituação que os dois autores. Ver PEDREIRA, Jorge Miguel Viana. *Os Homens de Negócio da Praça de Lisboa..., op. cit.*, p. 65.

22 Para essa concepção, ver, dentre outros, SODRÉ, Nelson Werneck. "Modos de produção no Brasil". In: LAPA, José Roberto do Amaral (org.). *Modos de Produção e Realidade Brasileira*. Petrópolis: Vozes, 1980, p. 133-56; GUIMARÃES, Alberto Passos. *Quatro Séculos de Latifúndio*. São Paulo: Fulgor, 1964.

talismo convivendo com a escravidão no período colonial e imperial.[23] Já o modelo dos modos de produção coloniais criou um modo de produção novo e específico para explicar a sociedade brasileira nos séculos XVI ao XIX, bem como de outras regiões da chamada Afro-América, o modo de produção escravista colonial.[24] Por fim, uma nova corrente vem tentando caracterizar o Brasil colônia como uma economia e sociedade típicas do Antigo Regime, entendidas dentro da lógica do Império português.[25]

Não se pretende aqui fazer mais uma exposição e um novo debate sobre todas as discussões feitas a respeito do tema – há ótimas revisões historiográficas e debates abertos sobre o assunto[26] –, mas apenas destacar a orientação tomada. Segue-se aqui a explicação de economia e sociedade dada por Marx, que entende que a produção e as relações de produção produzem as sociedades e suas relações sociais; logo, não são as relações de troca ou as relações sociais e suas representações que produzem as sociedades. Marx cita como exemplo a produção e as relações de produção capitalistas, que geram a sociedade burguesa vivida por ele.[27] As relações de produção dominantes na América portuguesa desde o início do período colonial até 1888 – com a utilização, em princípio, do braço cativo indígena e, depois, do africano – eram as escravistas, cuja forma não é idêntica à

---

23 Ver, por exemplo, NOVAIS, Fernando Antônio. *Portugal e Brasil na Crise do Antigo Sistema Colonial*, op. cit.; ARRUDA, José Jobson de Andrade. *A produção econômica*, op. cit., p. 87-153; PIRES, Júlio Manoel; COSTA, Iraci Del Nero da. *O Capital Escravista-mercantil*. São Paulo: NEHD-FEA/USP, 1995.

24 Os livros pioneiros no assunto são o artigo de Ciro Cardoso "O modo de produção escravista colonial na América", em SANTIAGO, Théo (org.). *A América Latina Colonial: ensaios*. Rio de Janeiro: Pallas, 1975; e GORENDER, Jacob. *O Escravismo Colonial*. 6ª ed. São Paulo: Ática, 2001.

25 Ver FRAGOSO, João Luiz Ribeiro; BICALHO, Maria Fernanda; GOUVEIA, Maria Fátima (orgs.). *O Antigo Regime nos Trópicos*. Rio de Janeiro: Civilização Brasileira, 2001. Em especial a "Introdução", onde os organizadores explicam a proposta.

26 CARDOSO, Ciro Flamarion Santana. *O Trabalho na América Latina Colonial*. São Paulo: Ática, 1995, p. 69-81; FRAGOSO, João Luiz Ribeiro. "O 'sentido' da historiografia". In: *Homens de Grossa Aventura: acumulação e hierarquia na praça mercantil do Rio de Janeiro (1790-1830)*. Rio de Janeiro: Arquivo Nacional, 1992, p. 51-93; LAPA, José Roberto do Amaral (org.). *Modos de Produção e Realidade Brasileira*, op. cit.; MOTTA, Márcia Maria Menendes. "Introdução". In: *Pelas Bandas d'Além: fronteira fechada e arrendatários escravistas em uma região policultora (1808-1888)*. Dissertação de mestrado. Niterói: UFF/ICHF/PPGHIS, 1989, p. 1-35; GORENDER, Jacob. "Reflexões metodológicas". In: *O Escravismo Colonial*, op. cit., p. 1-35.

27 MARX, Karl. "Introdução". In: *Para a Crítica da Economia Política*. Coleção Os Pensadores. São Paulo: Abril Cultural, 1974, p. 109-13.

escravidão antiga, mas se apresenta sob uma lógica nova, o escravismo colonial. Essa relação de produção dominou a economia do Brasil e outras regiões da América até o final do século XIX, marcando também as relações sociais, costumes, relações de poder e toda a dinâmica social brasileira de então.

Mesmo com a independência, a economia permaneceu com as mesmas estruturas, marcada pela escravidão e pela subordinação à economia europeia, não se podendo afirmar que o escravismo colonial teve fim em 1808 ou 1822; muito pelo contrário, tendeu a se reproduzir com o aumento da leva de escravos para os portos brasileiros vindos da África neste período. Quanto a esta permanência do caráter colonial da economia brasileira no século XIX, há certo consenso na historiografia nacional.[28]

A distribuição também deve ser entendida a partir da produção: "Uma produção determinada, portanto, determina um consumo, uma distribuição, um intercâmbio determinado e relações recíprocas determinadas destes diferentes momentos".[29] Assim, o comércio de abastecimento, o consumo e a distribuição social devem ser entendidos a partir das particularidades da produção do escravismo colonial.

Por fim, também o conceito de crise econômica deve ser compreendido dentro da lógica do escravismo colonial e não como as crises econômicas existentes em outras sociedades. Ernest Labrousse, ao estudar a lógica da economia de Antigo Regime na França pré-revolucionária, identificou crises próprias daquela sociedade bem diferentes das crises das sociedades capitalistas. Enquanto as crises capitalistas estão ligadas à superprodução de mercadorias, as crises nas frágeis economias de Antigo Regime eram de escassez e eminentemente rurais, estando elas menos imunes a problemas climáticos, o que fazia com que uma má colheita, em função de mudanças pluviométricas, acarretasse uma séria crise de subsistência e fome.[30]

Da mesma forma que Labrousse diferenciou a crise do Antigo Regime das crises das economias capitalistas, pretende-se fazer aqui uma explicação específica para as crises no escravismo colonial, que eram diretamente relacionadas com o caráter colonial da econo-

---

28 Ver, dentre outros, os historiadores de diferentes perspectivas em relação à economia colonial: CARDOSO, Ciro Flamarion Santana. "A crise do colonialismo luso na América portuguesa – 1750/1822". In: LINHARES, Maria Yedda Leite (org.). *História Geral do Brasil*. 9ª ed. Rio de Janeiro: Campus, 2000, p. 111-26; NOVAIS, Fernando Antônio. *Portugal e Brasil na Crise do Antigo Sistema Colonial, op. cit.*, p. 287.

29 MARX, Karl. "Introdução", *op. cit.*, p. 121.

30 LABROUSSE, Ernest. "*La crisis de la economia francesa al final del Antiguo Regimen y al princípio de la revolución*". In: *Fluctuaciones Economicas e Historia Social*. Madri: Tecnos, 1973, p. 343-4.

mia e com a produção feita eminentemente por escravos. Maria Yedda Linhares e Francisco Carlos Teixeira da Silva, baseados em Labrousse, mostram como cada crise é a crise de uma estrutura social, de uma dada sociedade,[31] o que permite dizer que é possível explicar as crises na economia colonial brasileira dentro das perspectivas do escravismo colonial.

A divisão de capítulos da dissertação segue os três diferentes objetivos traçados no projeto inicial de pesquisa. No primeiro capítulo, abordam-se as questões econômicas do comércio de carnes verdes para o Rio de Janeiro, ressaltando-se as diferentes fases do processo econômico: a produção, a circulação e o consumo. Há também um breve ensaio demográfico sobre a cidade do Rio no subcapítulo específico sobre o consumo. O objetivo final do capítulo é a compreensão da estrutura de comércio de longa distância das carnes verdes, o que é apresentado em separado após os três subcapítulos referidos.

O segundo capítulo trata das implicações políticas do comércio, correspondendo ao segundo objetivo da pesquisa, o de compreender a política para o abastecimento das carnes verdes. Não se parte da política específica para o assunto em si, mas sim do grupo de negociantes e sua organização, conforme a metodologia de análise do Estado e da política explicada anteriormente. Após a identificação dos negociantes ligados ao comércio, aborda-se a política do Estado joanino e imperial e, depois, a política da Câmara da cidade para o tema, relacionando-se essas políticas aos interesses, pressões e anseios dos grupos econômicos envolvidos com o comércio. Por fim, detemo-nos sobre o problema dos contratos, que organizavam o comércio de carnes verdes e de outros diversos produtos e serviços e que merecem uma atenção pormenorizada.

O terceiro capítulo relaciona a dinâmica da cidade do Rio de Janeiro com o comércio das carnes frescas, discutindo inicialmente o conceito de cidade colonial. Parte-se para a relação do comércio e consumo das carnes com os problemas de "asseio" e "saude publica" relatados nas fontes e, depois, para os hábitos alimentares e as formas de exclusão social do consumo típicas de uma cidade imersa em um contexto social escravista colonial. Enfim, chega-se ao objetivo específico do capítulo e a uma das hipóteses da pesquisa, a de que os motins e conturbações urbanas se relacionavam com problemas no abastecimento de carnes verdes para a cidade.

---

31 LINHARES, Maria Yedda Leite; SILVA, Francisco Carlos Teixeira da. *Terra Prometida: uma história da questão agrária no Brasil*. Rio de Janeiro: Campus, 1999, p. 2-4; SILVA, Francisco Carlos Teixeira da. *Camponeses e Criadores na Formação Social da Miséria*. Dissertação de mestrado. Niterói: UFF/ICHF/PPGHIS, 1981, p. 153.

Capítulo I

Nos caminhos das boiadas:
o comércio de reses e de carnes verdes

A produção

A partir da grande modificação em 1808 do mercado de consumo da cidade do Rio de Janeiro, vieram de várias regiões do Centro-Sul da América portuguesa reses e diversos outros gêneros para abastecer a cidade. As regiões que forneciam gado bovino para o consumo da nova Corte eram o Rio Grande do Sul, o chamado Continente de Curitiba – que integra o que hoje são os estados de Santa Catarina e Paraná e que, em 1808, faziam ainda parte da capitania de São Paulo –, Minas Gerais e as capitanias a Oeste de Minas: Goiás e Mato Grosso. Essas capitanias, depois províncias, tinham fortes segmentos de suas economias voltados para a produção e comércio de gado em pé para a Corte: o principal produto de exportação de Goiás no século XIX era o gado em pé; o primeiro produto de venda por mar do Rio Grande do Sul era o charque, em especial vendido para o Rio de Janeiro, e o primeiro gênero vendido por terra era a rês bovina; em 1818 e 1819, Minas Gerais tinha em primeiro lugar da sua pauta de exportações carne-seca e o toucinho, e, em segundo lugar, o gado em pé.[1]

As reses que serviam de alimento à população carioca vinham, portanto, de regiões longínquas. A produção fluminense de bovinos era insuficiente para abastecer a cidade naquele contexto. Porém, isto nem sempre foi assim, a capitania do Rio de Janeiro gozava, na primeira metade do século XVIII, de uma importante produção pecuária, com destaque para a Real Fazenda de Santa Cruz, sob o controle dos jesuítas naquele momento. A perda da capacidade de suprimento da cidade pela capitania do Rio de Janeiro é uma questão

---

1 LENHARO, Alcir. *As Tropas da Moderação, op. cit.*, p. 64-5.

que se coloca a princípio, já que o fato de o gado vir de longe constituía um elemento complicador do abastecimento de carnes para a Corte.

A produção pecuária fluminense

Durante o século XVIII, a capitania do Rio de Janeiro assumiu papel de destaque no quadro da colônia, o que se devia à sua ligação com a região das minas de ouro e diamantes pelo caminho mais curto e oficial, o Caminho Novo. A capitania passou a ser a principal abastecedora de gêneros daquela região depois da abertura do caminho em 1701, suplantando a produção paulista. Mafalda Zemella relata que, no final do século XVII e início do século XVIII, a saída de produtos alimentícios da capitania do Rio para Minas Gerais era tanta, que passou a haver carestia e escassez desses produtos na cidade, tendo esta que ser socorrida emergencialmente pela produção baiana. Com o tempo, uma forte produção de gêneros primários surgiu na capitania fluminense, em especial nas regiões de Santa Cruz, Bacaxá, Campos Novos do São João e na Baixada Fluminense. Além dos escravos e produtos importados, saíam da capitania farinha, arroz, derivados de cana – produzidos especialmente em Parati e Ilha Grande – e outros alimentos para a região das minas.[2] A capitania se tornou, então, o principal abastecedor da mais importante região econômica da colônia.

A especialização da capitania na produção de gêneros para o abastecimento levou a cidade a embarcar alimentos para outras regiões da América portuguesa no século XVIII. A colônia de Sacramento era dependente da produção fluminense e Salvador demandou emergencialmente gêneros da capitania em 1703, como destaca Francisco Carlos Teixeira da Silva. Este mesmo autor, analisando os números da população da hinterlândia dos dois principais portos da colônia, conclui que o Rio de Janeiro tinha uma retaguarda produtiva mais poderosa do que a cidade soteropolitana no século XVIII. Enquanto as duas cidades em meados deste século tinham um tamanho de população semelhante, 35 mil em Salvador e 38 mil no Rio, a hinterlândia baiana contava com aproximadamente 28 mil habitantes e a carioca com 40 mil. Durante o século XVIII, a crescente cidade do Rio foi abastecida inteiramente pela área rural da capitania, sem precisar de gêneros de outras regiões da América portuguesa.[3]

---

2   ZEMELLA, Mafalda. *O Abastecimento da Capitania de Minas Gerais no século XVIII*. 2ª ed. São Paulo: Hucitec, 1990, p. 65-9.

3   SILVA, Francisco Carlos Teixeira da. *A Morfologia da Escassez: crises de subsistência e política econômica no Brasil colônia (Salvador e Rio de Janeiro, 1680-1790)*. Tese de doutoramento. Niterói: UFF/ICHF/PPGHIS, 1990, p. 13; 118-46; 166-7; 253-7.

No final do século XVIII, no entanto, a produção de víveres na capitania passou a minguar devido à consolidação da agropecuária mineira e também em função da decadência da produção aurífera. Nesse período, chamado muitas vezes de 'renascimento agrícola', ganhou força na capitania a agroexportação onde antes se produziam gêneros para o abastecimento. Isso levou à chamada inversão do fluxo de abastecimento, uma vez que a anteriormente abastecida Minas Gerais passou a fornecer gêneros básicos à cidade do Rio de Janeiro, em contínuo crescimento demográfico.[4] A capitania deixou de ser especializada na produção de artigos primários e, antes mesmo da chegada da família real e da Corte, começaram a surgir problemas de escassez e carestia de gêneros na cidade, levando inclusive a medidas das autoridades.[5]

A situação do mercado interno colonial se modificou novamente em 1808. A capitania do Rio de Janeiro voltou a ter uma importante produção de gêneros básicos em função do fortalecimento do mercado consumidor do Rio de Janeiro. É possível enxergar uma recuperação da produção de alimentos em diversas regiões da capitania, mas especialmente ao redor da nova capital do Império.

Márcia Motta, ao estudar as bandas d'além – região a leste da Baía de Guanabara –, percebe uma reativação de uma policultura local a partir de 1808, havendo ali a produção de frutas, verduras, farinha de mandioca e leite, que eram vendidos para a Corte.[6] Ana Maria dos Santos nota que, do porto das Caixas, situado em Itaboraí, saíam em direção ao mercado da Corte, no início do século XIX, alimentos produzidos nas regiões de Itaboraí, Rio Bonito, Macacu, Capivari, Saquarema, Maricá, Campos, Macaé, Cantagalo e Nova Friburgo.[7] João Fragoso relaciona uma série de regiões na capitania especializadas na produção para o abastecimento no período, citando, além das regiões indicadas por Ana Maria dos Santos, Rio do Ouro, Cabo Frio e Inhomirim.[8] Dentre esses diversos locais, há

4　Zemella, Mafalda. *O Abastecimento da Capitania de Minas Gerais no século XVIII, op. cit.*, p. 226-35.

5　Silva, Francisco Carlos Teixeira da. *A Morfologia da Escassez, op. cit.*, p. 176-7.

6　Motta, Márcia Maria Menendes. *Pelas Bandas d'Além, op. cit.*, p. 15-20; 43-9; 82-7. Ver também Motta, Márcia Maria Menendes. "Niterói rural: elite de ontem e arrendatários de outrora (1808-88)". In: Martins, Ismênia de Lima; Knauss, Paulo (org.). *Cidade Múltipla*. Niterói: Niterói Livros, 1997, p. 169-183.

7　Santos, Ana Maria dos. "Auge e decadência econômica do recôncavo da Guanabara: o caso de Itaboraí". In: Graham, Richard (org.). *Ensaios Sobre a Política e a Economia da Província Fluminense no Século XIX*. Rio de Janeiro: Arquivo Nacional, 1974, p. 68-9; 77-9.

8　Fragoso, João Luiz Ribeiro. *Homens de Grossa Aventura, op. cit.*, p. 83-93.

o caso de Nova Friburgo, colônia de suíços criada em 1819 com o objetivo principal de abastecer o Rio de Janeiro.[9]

Essas pesquisas mostram que a capitania fluminense não foi totalmente dependente da produção de alhures para que a sua capital fosse provida de produtos básicos, já que parte desse vácuo foi preenchido pela própria produção local. Porém, em relação ao abastecimento de carne bovina, a dependência em relação a outras capitanias era quase total.

A capitania do Rio de Janeiro nunca teve como especialidade a pecuária. Isso é tangível no abastecimento das minas, uma vez que, apesar de a capitania fluminense ser a principal região fornecedora de gêneros básicos para as Gerais, não era capaz de lhe prover gado bovino, o que era feito principalmente pelo sertão nordestino.[10] Apesar dessa debilidade do Rio de Janeiro, existem aí duas exceções: a fazenda inaciana de Santa Cruz e os campos dos Goitacases. Esta última região era a principal fornecedora de gado à cidade até 1808, mas, mesmo antes da chegada da Corte, não parecia ter uma produção suficiente para suprir a capital que, desde já, era dependente das boiadas oriundas do Sul.[11]

A fazenda de Santa Cruz era, desde a sua fundação, especializada no abastecimento da cidade do Rio de Janeiro, tendo como item principal de suprimento as carnes verdes. Sônia Bayão, em seu estudo, mostra que os jesuítas tinham como principal atividade da fazenda a pecuária, contabilizando 11 mil cabeças no século XVIII que viviam em pastos naturais de alta qualidade. Esse rebanho não era grande o suficiente a ponto de prover a região das minas de gado, porém era o necessário para abastecer a cidade naquela época.[12]

A política pombalina, no entanto, transformou a situação da fazenda. Em 1759, os jesuítas foram expulsos e a fazenda virou propriedade da Coroa portuguesa, sendo a pecuária local praticamente abandonada a partir de então. Em 1760, a fazenda tinha de 11 mil a 15 mil cabeças de gado bem cuidados, mas, já em 1790, o cenário era outro. Os currais

---

9 Ver GOUVÊA, Maria Fátima. *Dos Poderes do Rio de Janeiro Joanino: administração e governabilidade no contexto do Império luso-brasileiro (1808-1821)*. Departamento de História da UFF, 2002 (texto inédito), p. 33; LOBO, Eulália Maria Lahmeyer. *História Político-administrativa da Agricultura Brasileira, 1808-1889*. Brasília: Ministério da Agricultura, 1979, p. 37-51.

10 ZEMELLA, Mafalda. *O Abastecimento da Capitania de Minas Gerais no século XVIII*, op. cit., p. 69-81.

11 AN. Fundo: Diversos códices – SDH (NP). Coleção de memórias e outros documentos sobre vários objetos. 1763-1819. Códice 807, vol. 22.

12 VIANA, Sônia Bayão Rodrigues. *A Fazenda de Santa Cruz e a Política Real e Imperial em relação ao Desenvolvimento Brasileiro, 1790-1850*. Dissertação de mestrado. Niterói: UFF/ICHF/PPGFHIS, 1974, p. II-V; 9-18.

haviam sido destruídos, o gado se tornara bravio e os 1.500 escravos da fazenda chegaram a se sublevar protestando contra a falta de alimentação e vestuário. A administração portuguesa tentou, a partir de então, transformar a fazenda em um complexo agroexportador, bem como recuperar a pecuária, não tendo muito sucesso nesses objetivos. Como a produção pecuária se desorganizou, a fazenda se tornou apenas ponto de engorda para o gado recém-chegado de outras capitanias para abastecer a Corte.[13]

Com a reorientação da propriedade para uma função agroexportadora e com a utilização da sua escravaria na construção de obras públicas na cidade do Rio,[14] Santa Cruz perdeu força na produção de gado e a capitania do Rio de Janeiro não mais conseguiu abastecer a cidade de reses bovinas.

A produção sulina

O Rio Grande do Sul foi, até 1818, a principal região fornecedora de gados para a Corte. A partir dessa data, uma profusão de problemas levou a capitania a reduzir drasticamente o envio de bois ao Rio e os gaúchos perderam espaço para os mineiros como os principais vendedores de gado à capital. Isso não quer dizer que essa modificação da área abastecedora tenha sido tranquila, muito pelo contrário, o ano de 1818 e os anos seguintes foram de grande escassez de carne verde no Rio. Essa crise de abastecimento foi – juntamente com a crise de 1808, gerada pela chegada da Corte e de estrangeiros à cidade – a mais grave vivida na capital, no que tange ao abastecimento de carnes verdes.

A importância da pecuária gaúcha vem de longe na história colonial, tendo início no século XVII, quando jesuítas criaram missões agropastoris com os índios, introduzindo reses bovinas na região. Em 1640, os bandeirantes paulistas assaltaram as missões, expulsando os jesuítas para o Uruguai e deixando ali o gado, que virou bravio e que passou a se reproduzir livremente auxiliado pelo farto pasto local. No século XVIII, militares que lutaram contra os espanhóis no Prata foram recompensados com grandes fazendas na capitania do Rio Grande, uma prática da Coroa que foi responsável pelo surgimento de grande parte das estâncias gaúchas e que foi uma estratégia do Império português para povoar a região de fronteira. Os novos proprietários da região se apossaram desse gado bravio e passaram a criá-lo. O arranque para a comercialização da pecuária gaúcha foi dado

---

13 *Ibidem*, p. 45; 47; 77-83.

14 ENGEMANN, Carlos. *Os Servos do Santo Inácio a Serviço do Imperador: demografia e relações sociais entre a escravaria da Real Fazenda de Santa Cruz (1790-1820)*. Dissertação de mestrado. Rio de Janeiro: UFRJ/IFCS/PPGHIS, 2002, p. 118-31.

pelas secas no Nordeste, nos anos de 1777, 1779 e 1792, que fizeram com que as capitanias nordestinas tivessem dificuldades de suprir a região das minas de gado, abrindo espaço para que o Rio Grande de São Pedro do Sul cumprisse esta função.[15] A capitania continha o maior rebanho de gado do país, havendo dados de Antonil que mencionam 1 milhão e meio de cabeças no Rio Grande e no continente de Curitiba no início do século XVIII, ao passo que, na mesma época, a Bahia tinha 600 mil cabeças e Pernambuco, 800 mil.[16]

Maria Schörer Petrone deixa claro que 1808 foi um marco para as exportações de gado em pé do Rio Grande do Sul e do continente de Curitiba para a Corte, apesar de já haver relatos anteriores sobre o comércio de boiadas do Sul para o Rio de Janeiro.[17] O contratador das carnes verdes em 1818, diante dos problemas de produção na região, afirmou que, antes daquele ano, a capitania provia 50% do que era necessário ao consumo da cidade, o que significava um número de "vinte a vinte e cinco mil reses" anuais, enquanto Minas Gerais e o continente de Curitiba juntos proviam número de reses similar à cidade.[18]

O continente de Curitiba era também uma importante região produtora de gado bovino, mas não teve o benefício da colonização agropastoril jesuíta em sua história. Segundo Petrone, não era toda a capitania de São Paulo que produzia gado, visto que a atual região do estado de São Paulo era também consumidora do gado que vinha do Sul, enquanto as regiões que depois deram origem aos dois estados sulinos tinham uma pecuária bovina importante.[19]

A produção pecuária no Rio Grande era feita em grandes propriedades, as chamadas estâncias, cuja alta concentração fundiária levou alguns viajantes a se referir a terras intermináveis. Essas estâncias não eram cercadas, inexistindo limites claros entre as diferentes propriedades rurais. A criação era extensiva, sendo o gado deixado solto no campo natural com poucos cuidados, dado que aqueles pastos, diferentemente dos mineiros, não precisavam ser salgados artificialmente.[20]

---

15 CORSETTI, Berenice. *Estudo da Charqueada Escravista do Rio Grande do Sul, 1800-1890*. Dissertação de mestrado. Niterói: UFF/ICHF/PPGHIS, 1983, p. 23-4; 32-3; 42-3.

16 SILVA, Francisco Carlos Teixeira da. "Conquista e colonização da América portuguesa". In: LINHARES, Maria Yedda Leite (org.). *História Geral do Brasil, op. cit.*, p. 83-4.

17 PETRONE, Maria Thereza Schörer. *O Barão de Iguape: um empresário na época de independência*. São Paulo: Nacional, 1976, p. 88-9.

18 AGCRJ. Matadouros e açougues, vários requerimentos (1802-1821). Códice 53-2-16, f. 94.

19 PETRONE, Maria Thereza Schörer. *O Barão de Iguape, op. cit.*, p. 14-5.

20 CORSETTI, Berenice. *Estudo da Charqueada..., op. cit.*, p. 79-80; FRAGOSO, João Luiz Ribeiro. "O império escravista e a República dos plantadores". In: LINHARES, Maria Yedda Leite (org.). *História Geral*

Poucos recursos técnicos eram utilizados e o nível tecnológico era baixo, o que fez com que a produtividade fosse baixa, inferior à da produção pecuária argentina e uruguaia, por exemplo. Essa característica se devia tanto às condições da produção na época em questão, quanto às peculiaridades próprias da economia escravista colonial, em que o nível técnico e tecnológico tendia a ser estruturalmente baixo.[21]

A reprodução dessa produção também seguia uma lógica não capitalista, sendo extensiva, o que quer dizer que o estancieiro aumentava a sua produção através da incorporação de mais terras e mais cabeças de gado e não através de melhoramentos técnicos.[22] João Fragoso revela como essa forma de reprodução era regra também em outros contextos na economia escravista colonial.[23]

O gado era criado com tanto desleixo que D. Pedro I chegou a tomar uma atitude repressora. O decreto de 15 de dezembro de 1830 determinava que todo o gado do Rio Grande de São Pedro do Sul fosse costeado, ou melhor, arrebanhado às fazendas e amansado. Aos juízes de paz era permitido multar os que negligenciassem essa lei, podendo o gado ser tomado pelo poder público e, não aparecendo seu dono, seria posto em leilão.[24]

Sobre a forma de criação nas estâncias, alguns relatos interessantes são dados pelos viajantes:

> A pecuária nesta região pouco trabalho dá. O gado é deixado, à lei da natureza, nos pastos, em completa liberdade, nem havendo o cuidado de lhe dar sal, como é costume em Minas. O único cuidado que reconhecem necessário é acostumar os animais a ver homens e a entender seus gritos, a fim de que não fiquem completamente selvagens, deixem-se marcar

---

do Brasil, op. cit., p. 173-5.

21 MAESTRI Filho, Mário. "O cativo e a fazenda pastoril sul-rio-grandense". In: *Deus é Grande, o Mato é Maior: história, trabalho e resistência dos trabalhadores escravizados no Rio Grande do Sul*. Passo Fundo: UPF, 2002, p. 102-3; LINHARES, Maria Yedda Leite; SILVA, Francisco Carlos Teixeira da. *Terra Prometida, op. cit.*, p. 2-4.

22 CORSETTI, Berenice. *Estudo da Charqueada Escravista do Rio Grande do Sul, op. cit.*, p. 79-80; FRAGOSO, João Luiz Ribeiro. "O império escravista e a República dos plantadores", *op. cit.*, p. 173-5.

23 FRAGOSO, João Luiz Ribeiro. "A Roça e as Propostas de Modernização na Agricultura Fluminense do Século XIX: o caso do sistema agrário escravista exportador em Paraíba do Sul". In: *Revista Brasileira de História*, vol. 6, n°. 12. São Paulo: ANPUH/Marco Zero, 1986, p. 146-8.

24 CLB de 1830, p. 139-40.

quando preciso for, e possam ser laçados os que se destinarem ao corte e à castração. Para tal fim o gado é reunido, de tempos em tempos, em determinado local, onde fica durante alguns dias, depois voltando para as pastagens, em liberdade. A essa prática chamam "fazer rodeio" e ao local onde se prendem os animais dão o nome de "rodeio".[25]

Há relatos de outros viajantes destacando ainda o tamanho das fazendas e dos rebanhos. Luccock fala de estâncias com até 83 mil cabeças, número pouco confiável, mas que dá uma ideia da vastidão daquelas criações.[26]

Tradicionalmente, acreditava-se que o principal trabalhador das estâncias era o peão – o chamado gaúcho –, que era um trabalhador livre despossuído de terras, subordinado ao proprietário e que era remunerado de forma não monetária. Berenice Corsetti afirma que eles recebiam apenas moradia e alimentação, enquanto João Fragoso, baseado em novos estudos sobre a região, fala que, além de casa e comida, os peões tinham o direito sobre um pequeno lote de terra e que, eventualmente, podiam receber dinheiro pelo seu trabalho. Os funcionários mais qualificados da fazenda, como administradores e capatazes, eram em geral assalariados.[27]

Por muito tempo, prevaleceu a ideia de que a pecuária era incompatível com a escravidão, o que se devia às formulações de Nelson Werneck Sodré e Alberto Passos Guimarães. Os fundamentos dessa tese foram criticados por Gorender, que ainda listou alguns relatos de viajantes e pesquisas então recentes que indicavam a existência de escravidão nas propriedades com pecuária.[28] Depois disso, diversos estudos demonstraram que o postulado da incompatibilidade entre escravidão e pecuária não tinha fundamento histórico.

Quanto ao Rio Grande do Sul, uma das primeiras críticas à ideia de que os gaúchos eram os únicos trabalhadores das estâncias veio de Mário Maestri, que defendeu em 1984 que escravos trabalhavam nas fazendas, principalmente em atividades não pastoris, mas também – apesar de em menor escala – como campeiros, comprovando que não eram só homens livres que

---

25 SAINT-HILAIRE, Auguste de. *Viagem ao Rio Grande do Sul, 1820-1821*. Belo Horizonte/São Paulo: Itatiaia/Edusp, 1974, p. 28.

26 LUCCOCK, John. *Notas sobre o Rio de Janeiro e partes meridionais do Brasil*. Belo Horizonte/São Paulo: Itatiaia/Edusp, 1975, p. 114. Ver também SPIX, Johann Baptiste von; MARTIUS, Carl Friederich Philipp von. *Viagem pelo Brasil*: 1817-1820. 4ª ed. Belo Horizonte/São Paulo: Itatiaia/Edusp, 1981, vol. 1, p. 170.

27 CORSETTI, Berenice. *Estudo da Charqueada Escravista do Rio Grande do Sul*, op. cit., p. 79-80; FRAGOSO, João Luiz Ribeiro. "O império escravista e a República dos plantadores", op. cit., p. 173-5.

28 GORENDER, Jacob. *O Escravismo Colonial*, op. cit., p. 429-38.

cuidavam do gado. Pesquisas recentes vêm confirmando o que afirmou Maestri, como a de Luís Farinatti, que mostra que na região da Campanha, no extremo Sul da província – onde estavam as estâncias pecuárias sul-rio-grandenses –, nas décadas de 1830 e 1840, a principal função exercida pelos escravos das fazendas era a de campeiro. Helen Osório afirma que, no início do século XIX, 90% das estâncias tinham escravos, em uma média de nove cativos cada uma, grande parte dos quais campeiros, que eram utilizados sistematicamente na pecuária, sendo os trabalhadores assalariados usados só sazonalmente. Portanto, não se pode desprezar a presença da mão de obra escrava na região, visto que ela correspondia a 30% da população gaúcha nas duas primeiras décadas do século XIX, segundo dados de Maestri.[29]

O gado que vinha da região Sul da América portuguesa não necessariamente tinha sido criado no Rio Grande do Sul ou na capitania de São Paulo, pois havia uma grande quantidade de contrabando de reses bovinas das regiões platinas, em especial do Uruguai, para o Brasil. Thiago Luís Gil, que estudou o tema, afirma que os relatos das autoridades sobre o comércio ilegal são recorrentes no século XVIII, mas diminuem no início do século XIX. Mesmo assim, a prática pode ter continuado, havendo também roubos de gado uruguaio por grupos brasileiros no período, em especial durante as guerras.[30]

Há, porém, uma questão ainda a ser resolvida acerca da pecuária sulina, em especial a do Rio Grande do Sul. O já citado documento do contratador das carnes verdes afirma que até 1818, aproximadamente 25 mil reses bovinas vinham do Rio Grande para abastecer a Corte, porém, em 1820, apenas 7.048 reses passaram pelo registro de Sorocaba com direção à capital. Nos anos seguintes, o número de bois vindos do Sul que passavam pelo mesmo registro não chegou a 8 mil, havendo um pico negativo de apenas 5.754 bois em 1829. As diversas fontes consultadas trazem diferentes razões para a diminuição no suprimento, o que torna mais complexo o problema.

A causa mais comum alegada para explicar essa queda no envio de reses é a guerra na região, já que tropas brasileiras haviam invadido a Cisplatina em 1815, chegando a Mon-

---

29 MAESTRI Filho, Mário. "O cativo e a fazenda pastoril sul-rio-grandense", *op. cit.*, p. 87-107; FARINATTI, Luís Augusto Ebling. "Escravidão e pecuária na fronteira Sul do Brasil: primeiras notas de pesquisa – Alegrete, 1831-1850". In: *Anais do II Encontro de Pós-Graduação em História Econômica*. Niterói: 2006, p. 1-16; OSÓRIO, Helen. *Estancieiros, Lavradores e Comerciantes na Constituição da Estremadura Portuguesa na América*: Rio Grande de São Pedro, 1737-1822. Tese de doutoramento. Niterói: UFF/ICHF/PPGHIS, 1999, p. 88-98; 131-9.

30 GIL, Thiago Luís. *Infiéis Transgressores: os contrabandistas da fronteira (1760-1810)*. Dissertação de mestrado. Rio de Janeiro: UFRJ/IFCS/PPGHIS, 2002, p. 29; 183; CORSETTI, Berenice. *Estudo da Charqueada Escravista do Rio Grande do Sul*, op. cit., p. 89; 97-8.

tevidéu em 1817. O mesmo contratador Joaquim José de Siqueira apontou este como o motivo para que não houvesse o costumeiro envio de gados daquela capitania para a Corte naquele ano. O problema é que ele não afirmou como a guerra afetava esse comércio.[31]

Alcir Lenharo defende que Minas ultrapassou o Rio Grande como principal capitania a abastecer a capital de gado em função de "sucessivos problemas políticos que o Sul do país vinha atravessando", sem acrescentar nada à questão. Maria Petrone destaca que houve grande redução no número de reses enviadas do Sul para a Corte em 1818, mas não aprofunda e nem problematiza a questão. Eulália Lobo justifica a interrupção parcial do envio de reses pelos conflitos militares ao afirmar que a "guerra no Sul destruíra em grande parte o gado selvagem do pampa".[32] Esses estudos, apesar do seu grande mérito, não avançaram sobre a causa do problema, sendo possível afirmar, baseado em certas fontes e pesquisas sobre o Rio Grande do Sul, que o gado não foi perdido, mas apenas redirecionado em sua função e comercialização.

Não se deve, no entanto, minimizar o problema da guerra na região, visto que este era um problema que afetava a pecuária gaúcha:

> Durante a guerra os exércitos antagônicos haviam passado por duas vezes pelas propriedades de um cavalheiro muito conhecido de vários dos nossos conterrâneos, impedindo assim que os trabalhos e festas do costume se realizassem. Seu gado fora abatido e seus cavalos tomados sem a menor restrição, e muitos deles, ariscos e selvagens, tinham fugido de seus pastos costumeiros. Quando a tranquilidade voltou e os dias dos festejos se aproximaram, o proprietário já contava com uma grande diminuição em seu número;[33]

Apesar desse desfalque, é imprudente pensar que um suprimento anual de duas dezenas de milhares de bois fosse interrompido em função de ataques inimigos. Outros fatores levavam à queda drástica desse negócio.

Desde o final do século XVIII, a capitania do Rio Grande de São Pedro tinha como um dos principais produtos de exportação o charque. Esse produto, que era consumido

---

31 GOUVÊA, Maria Fátima. "Poder, autoridade e o Senado da Câmara do Rio de Janeiro, c. 1780-1820". In: *Tempo*, vol. 7, nº. 13, jul. 2002. Rio de Janeiro: Sette Letras, 2002, p. 137-8.

32 LENHARO, Alcir. *As Tropas da Moderação*, op. cit., p. 68.

33 LUCCOCK, John. *Notas sobre o Rio de Janeiro e partes meridionais do Brasil*, op. cit., p. 112.

basicamente por escravos e populações urbanas, tendeu a crescer na pauta de exportações gaúchas ao longo das duas primeiras décadas do século XIX. Em 1814, foi o terceiro produto de exportação da capitania, atrás do trigo e do couro e, em 1821, tornou-se o primeiro produto de exportação. O aumento não foi tão-somente dentro da pauta de exportações da capitania, já que as quantidades aumentaram vertiginosamente em passagens do XVIII para o XIX e no início desse século. Em 1793, eram 13 mil arrobas exportadas pela capitania; em 1805, eram 900 mil arrobas e, em 1815, chegou-se ao pico de 1,4 milhão de arrobas. Essas charqueadas, que usavam o trabalho escravo, criaram poderosos interesses, chegando Corsetti a afirmar que o interesse de estancieiros e charqueadores pelo pasto uruguaio foi uma das causas da invasão daquela região de 1815 a 1817.[34]

As vendas não eram feitas, em sua maioria, para fora do país, tendo a maior parte da produção os portos nacionais como destino. De 1816 a 1819, o único porto estrangeiro que recebeu a carne-seca gaúcha foi Havana[35] – não à toa um porto escravista – e, em outros momentos, os portos do Sul dos EUA receberam o produto. Amaral Lapa afirma também que a carne-seca era utilizada para trocas no tráfico de escravos com a África.[36] No entanto, os portos brasileiros não tinham como único fornecedor as charqueadas do Rio Grande, sendo as carnes salgadas vindas do Uruguai e da Argentina – mais baratas, de melhor qualidade e auxiliadas pelas reduzidas taxas de importação – preferidas ao charque gaúcho. Os únicos momentos em que os charqueadores brasileiros conseguiam se ver livres dessa concorrência e dominavam o mercado nacional e parte do mercado cubano e norte-americano eram os períodos de guerra. Um exemplo é a guerra de independência argentina, quando os charqueadores brasileiros ficaram sem o seu principal rival. A estratégia, durante as guerras, era neutralizar a produção e exportação dos concorrentes, o que fez com que, na guerra de Sacramento, o gado uruguaio fosse tomado pelos estancieiros brasileiros e, nas guerras contra a Argentina, a marinha brasileira interditasse o porto de Buenos Aires.[37]

Dessa maneira, e não simplesmente pela perda do gado, as guerras auxiliavam os charqueadores com o aumento nas vendas e no preço desse produto. Harold Johnson mostra como a arroba – equivalente a aproximadamente 14,4 kg – de carne-seca, que valia 600 réis no Rio de Janeiro em 1815, passou a custar 1.650 réis em 1817, 1.678 réis em 1818 e 2 mil-

---

34 CORSETTI, Berenice. *Estudo da Charqueada Escravista do Rio Grande do Sul, op. cit.*, p. 42-9; 209-10.
35 SAINT-HILAIRE, Auguste de. *Viagem ao Rio Grande do Sul, 1820-1821*, p. 70-1.
36 LAPA, José Roberto do Amaral. *O Antigo Sistema Colonial*. São Paulo: Brasiliense, 1982, p. 66-87.
37 CORSETTI, Berenice. *Estudo da Charqueada Escravista do Rio Grande do Sul, op. cit.*, p. 221.

réis em 1819.³⁸ Esse foi o período da guerra de Sacramento e da guerra de independência da Argentina, no qual a concorrência portenha e a concorrência uruguaia deixaram de existir. Essa grave oscilação nos preços modificava o consumo de carne verde na cidade, já que a carne-seca deixava de ser mais barata – aproximadamente 18,75 réis a libra em 1815 contra o preço tabelado de 30 réis a libra da carne verde –, para ser bem mais cara – 62,5 réis a libra em 1819 contra os mesmos 30 réis da carne verde. A carne-seca, que era tradicionalmente um bem de consumo mais popular que a carne verde, deixava de custar pouco mais que 60% do valor da carne fresca para ser vendida ao dobro do preço desta.

Esse fenômeno tinha consequências profundas no comércio de carne verde. Em princípio, o que poderia acontecer para a carne fresca na cidade do Rio era uma carestia e não a interrupção do suprimento, relatada pelo contratador. No entanto, é preciso explicitar em dados a concorrência entre a produção de carne-seca e carnes verdes. Tome-se como máximo o número de 25 mil reses enviadas para o Rio de Janeiro por ano, mencionado pelo contratador como o número aproximado de reses gaúchas que davam origem à carne verde na cidade para o período entre 1812 a 1818, período este em que há a consolidação do contrato, segundo o qual o contratador devia matar 800 reses por semana, ou algo como 41.600 reses anuais no matadouro.³⁹ Com os dados das exportações de carne-seca pelo Rio Grande do Sul mencionados acima, pode-se calcular a quantidade de reses transformadas em charque. Sabendo que cada rês dá origem a 4,5 arrobas de carne-seca, temos aproximadamente 2.900 reses transformadas em charque para a exportação da capitania em 1793, 200 mil reses com o mesmo destino em 1805 e 311 mil reses em 1815, contra as 20 ou 25 mil cabeças transformadas em carnes verdes no mesmo período. Fica claro que o envio de reses ao Rio de Janeiro para abastecer a população urbana de carne fresca era menos valorizado do que a produção e exportação de charque bovino para os portos nacionais e estrangeiros.

Porém, há que se considerar outro fator não menos importante. Havia uma cláusula do contrato das carnes verdes que estabelecia um preço tabelado para o produto na cidade do Rio de Janeiro; no caso, 30 réis a libra.⁴⁰ Não se tratava de um preço de mercado, ao passo que o seu concorrente direto, o charque, tinha o preço determinado pelo mercado. Daí a falta de inte-

---

38 JOHNSON Jr., Harold B. "Investigação preliminar sobre dinheiro, preços e salários no Rio de Janeiro", *op. cit.*, p. 272.

39 AN. Fundo: Série anterior (A2). Corte. Ministério do Império. Câmara Municipal da Corte. 1806-1880. IJJ10 35.

40 AN. Fundo: Série anterior (A2). IJJ10 35, doc. cit.

resse dos estancieiros gaúchos de mandar as boiadas para o Rio de Janeiro, já que conseguiam retirar um rendimento muito maior por cabeça ao vender charque do que enviando reses pelos caminhos para virarem carne verde na Corte. A prova de que foi a carne-seca e não a guerra que desfez o fluxo de boiadas do Sul para o Rio de Janeiro é que, mesmo com o fim das guerras, o Rio Grande de São Pedro não voltou nunca mais a ser o principal abastecedor de reses do Rio, permanecendo com a especialidade de ser grande exportador de charque.

Sobre esse processo, a memória do vereador do Senado da Câmara Luiz José Vianna Gurgel do Amaral Rocha, de 1818, dava mais alguns detalhes:

> Abundarão os gados no Continente do Rio Grande e tinha cada boi o preço de 1$600 réis; e por isso todos os annos d'alli sahião de 16 a 18 [mil] bois, ou cabeças; hoje porem, que no mesmo continente se estão pagando 6$400 para as charqueadas, não podem vir dar interesse algum a subir com elles a serra, sugeitos, como são, a direitos, e despezas, e a outros muitos inconvenientes. Eis aqui uma das causas da falta de gado, que experimentamos.
>
> Há muito tempo se diz que o gado vivia a faltar no Rio Grande, apesar da fertilidade espantosa daqueles campos; por que, não cogitando os homens senão do presente, passão a vender as charqueadas vitelas – bezerros e até as mesmas vacas, que fazem a produção [...]. Ora, se isto acontece com os mesmos proprietários, ou criadores, só pela ambição de aproveitarem preços avantajados, muito menos se embaração do mau effeito, que pode resultar os que são meramente compradores; pois o que pertendem he charquear muita carne, e aproveitar os ganhos presentes; objecto que merece providencia imediata.[41]

Ele mostra com números por que estanca o envio de bois do Sul do país para a capital, já que vender os bois para charqueadores era mais lucrativo do que vender para condutores. O mesmo vereador mostrou como havia estrangeiros envolvidos nessa charqueação e em sua exportação, sobretudo ingleses, fato confirmado pelo intendente geral de Polícia da Corte.[42]

---

41 AN. Fundo: Diversos códices – SDH (NP). Códice 807, vol. 22, doc. cit.
42 AN. Fundo: Diversos códices – SDH (NP). Códice 807, vol. 22, doc. cit.; AN. Fundo: GIFI (OI). Ministério dos estrangeiros e da guerra (Intendência geral de polícia). 1795-1811. 6J-78.

Contra essa produção e exportação de charques sem limites, a Coroa tomou providências, tal qual pedia o vereador Rocha no fim de sua memória. Em 14 de julho de 1817, uma decisão proibiu a charqueação de vacas de cria no Rio Grande de São Pedro do Sul. A lei era bem direta:

> Sendo presente a El-Rei Nosso Senhor o bárbaro abuso, que há tempos a esta parte se tem introduzido nessa capitania de se charquear o gado vaccum sem distinção de sexo, idade, destruindo-se desta maneira as matrizes que se devem conservar para o augmento da nova procreação, de que de muito depende grande parte da subsistência de algumas capitanias deste reino;[43]

O Rei intervinha para atenuar o nível de emergência a que chegou o abastecimento da cidade do Rio de Janeiro e para auxiliar também os interesses do contratador das carnes verdes. Outra lei de 9 de janeiro de 1818 reforçou esta decisão, estendendo-a para o gado da capitania de São Paulo e do Piauí.[44]

A medida, que também não tinha grande alcance e não era de fato uma grande restrição à fabricação do charque, não conseguiu restabelecer o abastecimento de reses do Sul para o Rio. Minas emergiu como a principal região abastecedora de reses para a capital a partir de então. O capitão-mor Nuno da Silva Reis era o correspondente do negociante Antonio da Silva Prado no Rio de Janeiro em 1822, fazendo os dois o comércio de reses do Rio Grande e do continente de Curitiba para a capital. Em uma carta a Prado, Reis afirmou que estava difícil vender o gado na cidade, porque esta estava cheia de bois de Minas. No mesmo ano, Nuno da Silva Reis foi à falência, e, em 1825, Prado parou de enviar boiadas do Sul para o Rio e passou a se dedicar a outros negócios.[45] Ao contrário de Minas Gerais, o Rio Grande do Sul se afastou cada vez mais do Rio de Janeiro, criando interesses regionais próprios.

---

43 CLB de 1817, p. 10-1.

44 CLB de 1818, p. 1-2.

45 BN. PRADO, Antonio da Silva, primeiro barão de Iguape. Requerimento encaminhado ao Ministério do Império solicitando que seja entregue ao seu procurador o produto da venda de seu gordo, efetuada no Rio de Janeiro. Fundo/Coleção Documentos biográficos. Rio de Janeiro: 1822. (Seção de Manuscritos, C-842, 40).

A produção mineira, goiana e mato-grossense

Ângelo Alves Carrara, em sua tese de doutorado, ressalta como a capitania de Minas Gerais, desde antes da sua criação, era uma região bastante diversa, constituída de várias sub-regiões, cada uma com sua característica própria. Dentro desse quadro complexo, a pecuária também não era reduzida apenas a uma localidade dentro da capitania.[46]

Afonso de Alencastro Graça Filho caracteriza essas diversas regiões. Uma das primeiras localidades a ter produção pecuária na capitania foi a região Norte, às margens do rio São Francisco, onde a criação de gado era uma continuação da pecuária do sertão nordestino. Em seguida, surgiu no Sul da capitania uma região especializada na produção pecuária e também de produtos de abastecimento em geral, a comarca do Rio das Mortes.[47] Essa comarca, desde as suas origens, teve como especialização a produção visando ao abastecimento de centros urbanos e, já no final do XVIII, era responsável pelo suprimento de gêneros básicos a toda capitania e também ao Rio de Janeiro, na chamada inversão do abastecimento. Era, neste momento, a comarca mais próspera da capitania, visto que houve a decadência das regiões diretamente ligadas à mineração de ouro. Essa prosperidade é confirmada pelo grande número de igrejas construídas em São João del Rei na primeira metade do século XIX. O aumento populacional no período também foi significativo, visto que enquanto outras regiões das Gerais perdiam habitantes, essa comarca viu um salto de 82 mil habitantes em 1776 para 213 mil em 1821, contendo neste período 47% do plantel de escravos da capitania.[48]

A cidade de São João del Rei, centro aglutinador da comarca, passou a ficar dependente do mercado da capital, que muitas vezes determinava os preços dos produtos na própria São João. Porém, a relação entre os dois centros urbanos nem sempre foi de subordinação por parte da cidade mineira, como demonstra Luccock:

---

46 CARRARA, Ângelo Alves. *Agricultura e Pecuária na Capitania de Minas Gerais (1647-1807)*. Tese de doutoramento. Rio de Janeiro: UFRJ/IFCS/PPGHIS, 1997, p. 200-2. Gorender, antes de Carrara, já havia afirmado essa diversidade da capitania e a importância do comércio de gado na relação entre Rio de Janeiro e Minas Gerais. Ver GORENDER, Jacob. *O Escravismo Colonial*, op. cit., p. 464-71.

47 GRAÇA Filho, Afonso Alencastro. "Negociantes mineiros depois da travessia dos tempos coloniais". In: *Tempo*, vol. 8, n°. 15, jul. 2003. Rio de Janeiro: Sette Letras, 2003, p. 94; LENHARO, Alcir. *As Tropas da Moderação*, op. cit., p. 66.

48 GRAÇA Filho, Afonso Alencastro. *A Princesa do Oeste: elite mercantil e economia de subsistência em São João Del-Rey (1831-1888)*. Tese de doutoramento. Rio de Janeiro: UFRJ/IFCS/PPGHIS, 1998, p. 33-8.

> Consistem as importações [de São João] principalmente de artigos ingleses, e não somente o valor deles atualmente é grande, como a sua procura terá que aumentar paralelamente com a população, a cultura e a riqueza do distrito, que exige roupas pesadas e está aprendendo a gostar do conforto doméstico. Essas importações são inteiramente pagas com os produtos da região, tais como bois, cavalos e mulas; toucinho, queijo e aves; algodão, chapéus e couros; a esta lista deve-se ainda acrescentar as pedras preciosas. Antigamente o comércio com o Rio resultava numa balança desfavorável à vila e comarca, sendo a dívida estimada em quarenta mil cruzados. Desde, porém, a vinda da Corte, o valor dos produtos aumentou tanto que não só a dívida se liquidou como a região se tornou credora da capital, em avultada quantia.[49]

Esse fluxo é confirmado por Graça Filho, que demonstra que as exportações de toda a capitania mineira para o Rio em 1818 e 1819 eram de 1.673:477$000 e as importações eram de 1.331:035$000, ou melhor, um superávit comercial de mais de 300 contos de réis.[50] Isso levou a cidade de São João del Rei a acumular capitais no século XIX a partir do comércio de abastecimento, dando origem à posterior atividade creditícia e bancária da cidade.[51]

De todas essas exportações mineiras para o Rio, um dos principais produtos da lista era o gado em pé, principalmente a partir do momento em que a capitania virou a principal fornecedora de reses vivas à capital.[52] Nos anos de crise do fornecimento de gado sulino ao Rio, Minas cumpriu em parte o papel desempenhado pelo Sul. Segundo dados de Eschwege, em 1818 e 1819, foram exportadas 62.106 reses de Minas, 8.557 para a Bahia e o resto presumivelmente para a Corte, em um total de 53.549 bois, uma média de 26.774,5 anuais.[53] Nos anos seguintes, esse fluxo de gado se fortaleceu e consolidou, como se vê na tabela a seguir:

---

49 LUCCOCK, John. *Notas sobre o Rio de Janeiro e partes meridionais do Brasil, op. cit.*, p. 312.
50 GRAÇA FILHO, Afonso Alencastro. "Negociantes mineiros depois da travessia...", *op. cit.*, p. 98.
51 *Idem, A Princesa do Oeste, op. cit.*, p. 72-5; 90-5.
52 FRAGOSO, João Luiz Ribeiro. *Homens de Grossa Aventura, op. cit.*, p. 104-7.
53 ESCHWEGE, W. L. von. "Notícias e Reflexões Estatísticas da Província e Minas Gerais". Rio de Janeiro: BN, SMHS, 5, 4, 5, *apud* LENHARO, Alcir. *As Tropas da Moderação, op. cit.*, p. 64.

Tabela 1.1 – Exportações de gado em pé de Minas para o Rio de Janeiro:

Anos	Reses
1824	37.502
1825	39.368
1826	40.264
1828	47.800
1830	51.845

Fonte: FRAGOSO, João Luiz Ribeiro. *Homens de Grossa Aventura*, op. cit., p. 141.

Nota-se que as vendas de reses mineiras para o Rio eram crescentes no período. Em 1829, Minas já fornecia 72,2% do gado consumido pelo Rio de Janeiro.[54] Esses números, no entanto, dizem respeito ao gado que vinha de Minas Gerais, ou melhor, incluíam também o gado goiano e o gado mato-grossense, que passavam pelos caminhos da capitania. No entanto, segundo os diversos relatos, essas regiões não eram as mais importantes no abastecimento da Corte, sendo a maioria do gado que chegava ao Rio vindo de Minas produzido nas próprias Gerais.

A estrutura produtiva da pecuária mineira era bem diferente da sulina. Roberto Borges de Martins, em um estudo pioneiro, afirma que existem dois setores na agropecuária mineira, um camponês e outro de latifúndio. O primeiro utiliza mão de obra familiar e também a escrava, mas esta de forma complementar, em pequenas e médias propriedades. Já os latifúndios utilizam ampla escravaria, especializando-se na produção de gêneros para fora da capitania e para exportação. Assim, a maior parte do gado mineiro que chegava à Corte provinha de grandes propriedades com escravos, existindo também um pequeno montante de reses que eram oriundas de pequenas e médias propriedades. Lenharo afirma também que a produção para o abastecimento era feita majoritariamente em grandes propriedades com escravos.[55] Carrara e Graça Filho tendem a concordar com os postulados fixados por Martins, ressaltando também que a pecuária em Minas não era tão concentrada como no Rio Grande do Sul e que o número de escravos por propriedade era muito diverso.[56]

Em seu estudo, Roberto Borges de Martins questiona a pesquisa de Alcir Lenharo e a tese de que o mercado carioca tenha sido importante para a economia mineira no XIX. Não

---

54 FRAGOSO, João Luiz Ribeiro. *Homens de Grossa Aventura*, op. cit., p. 141.

55 MARTINS, Roberto Borges. *A Economia Escravista de Minas Gerais no Século XIX*. Belo Horizonte: CEDEPLAR/UFMG, 1980, p. 1-6; LENHARO, Alcir. *As Tropas da Moderação*, op. cit., p. 34; 75-6.

56 CARRARA, Ângelo Alves. *Agricultura e Pecuária...*, op. cit., p. 195-9; GRAÇA Filho, Afonso Alencastro. *A Princesa do Oeste*, op. cit., p. 161-7.

partilhamos da mesma opinião do autor, ainda mais quando se vê que ele próprio apresenta dois argumentos contra a sua tese. Primeiramente, explicita que Minas Gerais foi a província que mais consumiu escravos no oitocentos, afirmando que as exportações e as vendas para outras províncias eram residuais e a principal atividade de Minas era a produção de subsistência. Se assim fosse, não haveria como comprar tantos escravos, que eram pagos com o dinheiro adquirido pelas vendas feitas pela província. Em segundo lugar, o autor apresenta dados demográficos que combatem a sua hipótese: a capitania diminuiu sua população de 188.941 em 1786 para 148.772 em 1808, aumentando, em seguida, para 168.543 em 1819.[57] Ora, crê-se que esse aumento demográfico e também a grande importação de cativos se devem à dinâmica produção mineira para o mercado interno, em especial para a nova Corte, a partir de 1808 e, secundariamente, nesse momento, em função das exportações.

A comarca de Rio das Mortes servia também de passagem e ponto de engorda do gado que vinha das capitanias a Oeste, Goiás e Mato Grosso. No entanto, não parece haver um grande fluxo dessas regiões para a Corte devido à grande distância. Por volta de 1812, o viajante Thomas Ashe falava de 150 a 200 reses enviadas anualmente de cada uma dessas capitanias para a capital, um número não muito significativo.[58] Apesar de os números dados por viajantes não merecerem muito crédito, o número de bois enviados dessas capitanias não deve superar isso neste momento.

Em momentos de emergência, o envio de reses dessas capitanias era solicitado pelas autoridades sediadas no Rio de Janeiro. Luccock menciona que, com a chegada da Corte, foi necessário trazer bois de uma distância de "setecentas" milhas, quando o normal era trazê-los de uma distância de "trezentas a quatrocentas",[59] o que possivelmente deve dizer respeito à região a Oeste de Minas. Em setembro de 1808 e janeiro de 1818, o Rei cedeu o máximo de benefícios para que produtores do Mato Grosso enviassem boiadas à cidade, livrando-os do pagamento dos direitos de todos os registros. O próprio texto da lei de 1818 especifica que se trata de uma medida emergencial em função da falta sofrida na cidade, tanto de carne verde como de carne-seca.[60]

---

57 MARTINS, Roberto Borges. *A Economia Escravista de Minas Gerais no Século XIX, op. cit.*, p. 4; 11-5.

58 ASHE, Thomas. *A Commercial View and Geographical Sketch of the Brazils in South America, and of the Island of Madeira.* London: Allen, 1812 apud LOBO, Eulália Maria Lahmeyer. *História do Rio de Janeiro: do capital comercial ao capital industrial e financeiro.* Rio de Janeiro: IBMEC, 1978, vol. 1, p. 100-1.

59 LUCCOCK, John. *Notas sobre o Rio de Janeiro e partes meridionais do Brasil, op. cit.*, p. 29.

60 CLB de 1808 e 1809, p. 45; CLB de 1818, p. 1-2.

Eurípedes Funes estudou a economia de Goiás na primeira metade do século XIX, demonstrando que, mesmo que a produção de gado bovino para exportação fosse reduzida, era a principal atividade do comércio externo da província. Dos 29:450$000 exportados pela província em 1825, 19:200$000 eram de gado em pé, que eram dirigidos eminentemente a Salvador e Rio.[61] A pecuária utilizava mão de obra escrava ao lado da livre, mas a escravidão declinou no período, devido à pobreza na província. O autor menciona o fenômeno do lote próprio do escravo na pecuária goiana, tendo o cativo, nesse caso, o direito a alguns filhotes dos bois de que cuidava, o que levou Ciro Cardoso, o orientador da pesquisa, a defender esse como um exemplo da brecha camponesa da escravidão.[62] Enfim, é possível que algumas cabeças de gado consumido na cidade do Rio tenham sido criadas e vendidas a condutores por escravos que o criaram nesse regime.

Adriana Ronco estudou o Mato Grosso também na primeira metade do XIX e defendeu que a economia da capitania não decaiu após a diminuição da produção de ouro, mas se reorganizou, especializando-se na agropecuária. Mato Grosso se manteve ligado comercialmente a outras regiões do Brasil e também à Hispano-América, principalmente através do comércio de gado em pé. Os bois da região iam para Goiás, depois para Minas Gerais e finalmente para a Corte, o principal mercado da pecuária mato-grossense. A produção também era feita por escravos e homens livres e, assim como em Goiás, as maiores queixas dos produtores, condutores e autoridades diziam respeito à grande distância em relação aos centros consumidores e às más condições dos caminhos.[63]

A circulação

A integração de uma economia colonial tinha limites postos por sua própria estrutura econômica. Nos tempos coloniais, as estradas que não ligavam áreas produtoras de artigos exportáveis aos portos viviam em péssimas condições, havendo uma grande

---

61 FUNES, Eurípedes Antonio. *Goiás, 1800-1850: um período de transição da mineração à agropecuária*. Dissertação de mestrado. Niterói: UFF/ICHF/PPGHIS, 1983, p. 54-7; 73-83; MATTOSO, Kátia Maria de Queiroz. *Bahia: a cidade de Salvador e seu mercado no século XIX*. São Paulo: Hucitec, 1978, p. 253-60.

62 FUNES, Eurípedes Antonio. *Goiás, 1800-1850, op. cit.*, p. 122-9; CARDOSO, Ciro Flamarion Santana. *Escravo ou Camponês: o protocampesinato nas Américas*. São Paulo: Brasiliense, 1987, p. 96-107. Não será discutida aqui a validade ou não do conceito de brecha camponesa da escravidão.

63 RONCO, Adriana Patrícia. *O Desenvolvimento Econômico de Mato Grosso na Primeira Metade do Século XIX*. Dissertação de mestrado. Niterói: UFF/ICHF/PPGHIS, 1998, p. 10; 62-7; 100.

documentação com reclamações sobre as condições dessas vias. Já os caminhos que ligavam regiões primário-exportadoras aos portos tinham melhores condições, sendo o maior exemplo disso o Caminho Novo, estrada que desde sua abertura, no início do XVIII, sofreu sucessivos melhoramentos.

A partir de 1808, com o fortalecimento do mercado da Corte, a condição da integração no Centro-Sul teve uma relativa melhora. O Estado joanino, ao contrário dos outros governos portugueses, investiu recursos em reformas e construção de novas estradas, com o auxílio da Junta de Comércio, política esta que teve continuação com D. Pedro I, sendo interrompida em 1831.[64] Em função disso, Maria Odila Dias afirma que houve uma interiorização da metrópole no Centro-Sul do Brasil, a partir de 1808. O Rio de Janeiro e o Centro-Sul passaram a ser a metrópole do Império, ao passo que o Norte da América portuguesa e as outras regiões do Império seguiram no estatuto colonial.[65]

Da mesma forma, essa integração, aliada a outros fatores como a proibição da presença de estrangeiros no comércio de cabotagem e o estudo sobre a fauna e a flora brasileira, levou Geraldo Beauclair Oliveira a enxergar uma marcha da construção da economia nacional. Essa marcha não prosseguiria até a consolidação autônoma da economia, sendo duramente interrompida pela ascensão de um grupo oposto às frações de classe que pleiteavam essa integração. O ano de 1860 foi um grande marco do fim do projeto da construção de uma economia nacional.[66]

Os caminhos e as boiadas

As estradas que ligavam o Rio a Minas eram basicamente três: o Caminho Novo, a Estrada do Comércio e a Estrada da Polícia. O Caminho Novo foi construído em 1701 devido à mineração de ouro e sofreu inúmeros melhoramentos no século XVIII, o que fez com que ele deixasse de ser apenas um caminho de pedestres para se tornar uma grande rota para tropeiros e boiadas que demoravam apenas 10 dias para chegar às antigas regiões auríferas.[67]

---

64 LENHARO, Alcir. "A Rota Menor: o movimento mercantil da economia de subsistência no Centro-Sul do Brasil (1808-1831)". In: *Anais do Museu Paulista*. Tomo XXXIII, 1977-8. São Paulo: 1978, p. 30; LENHARO, Alcir. *As Tropas da Moderação*, op. cit., p. 47-55.

65 DIAS, Maria Odila Leite da Silva. "A interiorização da metrópole: 1808-1853". In: MOTA, Carlos Guilherme (org.). *1822: Dimensões*. 2ª ed. São Paulo: Perspectiva, 1986, p. 171-6.

66 OLIVEIRA, Geraldo Beauclair Mendes de. *A Construção Inacabada: a economia brasileira (1828-1860)*. Rio de Janeiro: Vício de Leitura, 2001, p. 101-2.

67 ZEMELLA, Mafalda. *O Abastecimento da Capitania de Minas Gerais no século XVIII*, op. cit., p. 115-20.

Esse caminho tinha variantes, o Caminho do Couto e o Caminho da Terra, que auxiliavam a integração das diversas regiões de Minas ao porto da Estrela e à cidade do Rio de Janeiro. A Estrada da Polícia e a Estrada do Comércio foram construídas na época joanina e projetadas pela Junta de Comércio. A primeira, que passava por São João del Rei, era a mais importante para o comércio de boiadas, daí ser chamada comumente de 'caminho das boiadas'.[68]

A integração do Sul com o Rio de Janeiro também teve início em função da mineração. Com a construção do Caminho Novo, São Paulo passou a ter um contato maior com o Rio de Janeiro e um caminho foi construído entre as duas cidades em 1733. Por causa do abastecimento de reses, mulas e cavalos do Sul para as minas, foi construída uma estrada de Viamão até São Paulo em 1738,[69] ligando, dessa forma, o Rio Grande do Sul e o continente de Curitiba à cidade do Rio de Janeiro. Também essa estrada que ligava o Rio Grande de São Pedro ao Rio sofreu melhoramentos durante a época joanina.

Essa política, no entanto, não era tão simplesmente um plano estratégico de D. João VI de integrar o território, mas atendia a interesses específicos presentes na sociedade escravista. Os negociantes ligados ao abastecimento eram os grandes beneficiados por esta política, sendo o poder desse grupo no Estado joanino e, especialmente, no reinado de D. Pedro I, muito importante. Isso fica claro, por exemplo, na reforma da estrada que ligava Rio ao Sul. Em 7 de janeiro de 1810, o intendente geral da Polícia, Paulo Fernandes Vianna, um representante dos interesses dos negociantes cariocas no aparato burocrático da monarquia, dizia que o gado gaúcho e do continente de Curitiba "passa por maus bocados em São Paulo".[70] No mês seguinte, no dia 17, quando se firmava o contrato das carnes verdes que dava o monopólio da venda do artigo ao tenente-coronel Inácio Rangel de Azevedo Coutinho na cidade, afirmava-se o seguinte no texto do contrato:

> 4º
> Que a estrada do mato virgem na capitania de São Paulo, com sessenta léguas de distancia por onde faça o gado com dificuldade se manda milhorar por via do Governador, em correspondência com o Intendente Geral de Polícia.[71]

---

68 Uma descrição mais pormenorizada se acha em LENHARO, Alcir. *As Tropas da Moderação, op. cit.*, p. 48-52.

69 ZEMELLA, Mafalda. *O Abastecimento da Capitania de Minas Gerais..., op. cit.*, p. 55-65; 90-7.

70 AN. Fundo: GIFI (01). 6J-78, doc. cit.

71 AN. Fundo: Série anterior (A2). IJJ[10] 35, doc. cit.

Essa medida correspondia aos interesses dos negociantes de gado que vinham para a cidade e do contratador. Da mesma forma, a estrada que ligava Lajes à Corte foi reformada em 1820.[72] Esses são apenas alguns exemplos de benefício, mas havia outros, como a concessão de sesmarias junto às estradas construídas aos mesmos negociantes envolvidos no abastecimento, como relata Alcir Lenharo.[73]

Mesmo assim, as condições das estradas não podiam ser consideradas, após todo o investimento, exemplares, e continuou havendo relatos e reclamações que se queixavam das más condições dos caminhos.[74]

As boiadas vindas do Sul e do Noroeste se formavam em períodos diferentes. Maria Petrone, baseada nos dados deixados pelo negociante Antonio da Silva Prado, mostra que do Rio Grande e da região dos futuros estados do Paraná e Santa Catarina, as boiadas eram enviadas em novembro, dezembro ou janeiro. Isso se fazia para que o gado viajasse no período de chuvas e encontrasse pasto verdejante no caminho. O gado era enviado até a cidade de Campos Novos, no atual Paraná, para a engorda e, dali, seguia até a Corte em um período de dois meses.[75]

Já o gado oriundo de Minas, Goiás e Mato Grosso parece vir em uma época diferente do ano. O arquivista do AGCRJ, Aureliano Restier Gonçalves, afirma que o gado partia dessas regiões nos meses de julho e agosto, mas ele não dá o motivo para tal.[76]

As boiadas geralmente não vinham em pequenas quantidades, contando em média com 400 bois cada. A maioria dos condutores do Sul era de paulistas oriundos das feiras de gado, como a de Sorocaba. A falta de bons pastos nos caminhos era um grande problema, levando os viajantes prussianos Leithold e Rango a citar esta como uma das

---

72 PETRONE, Maria Thereza Schörer. *O Barão de Iguape*, op. cit., p. 57-8.

73 LENHARO, Alcir. *As Tropas da Moderação*, op. cit., p. 49-51.

74 Berenice Corsetti relata alguns casos de boiadeiros sulinos que se queixam das estradas e o viajante Banburry afirma em 1835 que a má condição das estradas é um dos maiores problemas do país. Ver CORSETTI, Berenice. *Estudo da Charqueada Escravista do Rio Grande do Sul*, op. cit., p. 280-5; BANBURRY, Charles James Fox. "Narrativa de viagem de um naturalista inglês ao Rio de Janeiro e a Minas Gerais (1833-1835)". *Anais da Biblioteca Nacional do Rio de Janeiro*. Ano: 1940; vol. LXII. Rio de Janeiro: Imprensa Nacional, 1942, p. 38.

75 PETRONE, Maria Thereza Schörer. *O Barão de Iguape*, op. cit., p. 24-5; 59-60.

76 GONÇALVES, Aureliano Restier. "Carnes verdes em São Sebastião do Rio de Janeiro (1500-1900)". In: *Revista do Arquivo do Distrito Federal*, vol. III. Rio de Janeiro: 1952, p. 291.

principais causas do mau estado que chegava o gado à cidade.[77] A viagem tinha ainda sérios perigos para os condutores e capatazes: muitos bois se perdiam, havia roubos de gado nas estradas, muitas reses morriam de cansaço, sede ou fome. Ainda, um negociante paulista de reses reclamou de uma erva daninha que se reproduzia no caminho e estava matando o rebanho que ele enviava para a capital.[78] Enfim, havia uma série de percalços ao longo da demorada jornada enfrentada pelos condutores de boiada, o que, adicionado aos diversos impostos que incidiam sobre o gado, levavam a viagem a ter um custo, em geral, superior ao da aquisição das reses.[79]

Os impostos

O vereador Amaral Rocha compilou os vários impostos pagos pelo gado até chegar à Corte em 1819. Essas taxas modificaram de valor ao longo do tempo, tendo algumas surgido, outras deixado de existir, havendo ainda as que sofreram descontos ou deixaram de ser cobradas por certo período. O gado que saía de uma capitania para outra devia pagar o quinto e as passagens nos diversos registros que atravessava. Esses impostos pertenciam à Coroa, mas geralmente eram administrados por particulares em sistema de contrato. Dentro da cidade do Rio, havia dois impostos municipais, o imposto das cabeças e a taxa pelo uso do matadouro, também administrados por contrato na maior parte do tempo. Ainda, duas taxas pertencentes ao Império, o subsídio literário e os cinco réis por arrátel de carnes verdes – imposto criado em 1809 –, incidiam no preço do produto final.

---

[77] LEITHOLD, Theodor von; RANGO, Ludwig von. *O Rio de Janeiro Visto por Dois Prussianos em 1819*. São Paulo: Companhia Editora Nacional, 1966, p. 19.

[78] BN. COUTINHO, Inácio Rangel de Azevedo. Requerimento encaminhado ao Ministério do Império solicitando supressão do tributo no valor de 80 réis a cada vez que o gado transitar pelo Caminho Novo, desde a Ponte da Bocaina, São Paulo, até Piraí; certidão declarando condições para a arrematação e contrato da carne verde; que pelo livro de lançamento das rematações se lavre novo termo declarando ficar pertencendo ao suplicante a renda das cabeças de gado pelo tempo de quatro anos. Fundo/ Coleção Documentos biográficos. Rio de Janeiro: 1809-11. (Seção de Manuscritos, C-609, 16).

[79] PETRONE, Maria Thereza Schörer. *O Barão de Iguape, op. cit.*, p. 67-84.

Tabela 1.2 – Carga de impostos sobre a carne vinda do Sul

Imposto	Valor (em réis)
Nos Caminhos:	
Quinto de saída do Rio Grande de São Pedro	250
Registro de Lages	480
Registro de Sorocaba	580
Registro de Lorena	80
Subtotal dos impostos nos caminhos	1$390
Dentro da cidade:	
Imposto municipal (renda das cabeças)	120
Subsídio literário	320
Imposto dos cinco réis por libra de carne	1$520
Taxa do matadouro	160
Subtotal dos impostos de dentro da cidade	2$120
Total	3$510

Fonte: AN. Fundo: Diversos códices – SDH (NP). Códice 807, vol. 22, doc. cit.; AGCRJ. Editais do Senado da Câmara de 1821 a 1828. Códice 16-4-22, f. 7-13.

Tabela 1.3 – Carga de impostos sobre a carne vinda de Minas

Imposto	Valor (em réis)
Nos Caminhos:	
Quinto de saída de Minas Gerais*	1$500
Registro de Paraibuna	320
Registro do Rio Negro	250
Subtotal dos impostos nos caminhos	2$070
Subtotal dos impostos de dentro da cidade	2$120
Total	4$190

Fonte: AN. Fundo: GIFI (OI). 6J-78, doc. cit.
* Valor referente a 1808.

Todas essas taxas constituíam um fator encarecedor do gado, que era comercializado nas regiões de produção a um valor, em média, menor do que o de todos os impostos juntos. Uma rês valia de 1$000 a 4$000 em Curitiba na década de 1820, dependendo de seu tamanho, enquanto Paulo Fernandes Vianna, ao reclamar do imposto do quinto, disse que as reses nos sertões da capitania de Minas não chegavam a 1$950 réis em 1808.[80] Esse excesso de impostos criou a revolta tanto de Paulo Fernandes Vianna, que defendia o fim dos mesmos, quanto do vereador Amaral Rocha:

---

80 AN. Fundo: GIFI (OI). 6J-78, doc. cit.

> De cada animal vaccum que sobe para Curitiba se paga o que melhor se vê da minuta junta: fazem as despezas com os seus condutores, dá-se-lhes o sal, inverna-se nos campos gerais, e só no princípio do verão seguinte he que podem seguir o seu destino: de Curitiba a São Paulo e dali a esta Corte, paga-se o constante da mesma minuta. Lembra-se portanto que seria muito conveniente pedir a Sua Magestade a suspensão de taes direitos, pelo que ficará mais fácil a sahida de gado do continente, e abundará nas diferentes capitanias, pondo-se igualmente em prática as sábias leis e determinações de Sua Magestade para que hajão muitos, que cortem a carne verde e sem privativo d'este, ou daquele; pois que a concorrência do mercado anima não só o criador, senão também os mesmos, que conduzem o gado.[81]

Esse manifesto do vereador mostra como os impostos encareciam o valor dos bois. O economista Renato Marcondes relata que, em um documento de 1809, Vianna pediu que os contratadores dos registros e as autoridades da capitania paulista dessem todas as formas de auxílio e favores aos boiadeiros que passavam pela região.[82]

Além desses impostos e do custo da viagem, a especulação era outro motivo que fazia aumentar o preço do animal quando este chegava ao Rio. Petrone mostra como o negociante Antonio da Silva Prado conseguiu vender reses, que partiam do Sul custando no máximo 4$000 réis no início da década de 20, a 11$500 no mercado de São Cristóvão, utilizando-se de métodos especulativos.[83]

O pagamento dos impostos era algo de que todos os negociantes e condutores tentavam fugir, em uma estratégia para maximizar os lucros. Antonio da Silva Prado, que arrematou o contrato de arrecadação dos impostos sobre os animais no registro de Sorocaba no triênio de 1820 a 1822, entrou em confronto direto com os vereadores da Câmara daquela cidade, dominada pelos tropeiros e boiadeiros. O representante do contratador na cidade, incumbido de coletar o imposto do registro, sofreu um atentado e quase morreu, o que fez com que Prado passasse a recomendar-lhe "moderação" na cobrança das taxas.[84] Da mesma forma, Renato Marcondes relata vários casos de condutores que eram

---

81 AN. Fundo: Diversos códices – SDH (NP). Códice 807, vol. 22, doc. cit.
82 MARCONDES, Renato Leite. *O Abastecimento de Gado do Rio de Janeiro*: 1801-1810. Ribeirão Preto: USP/FEA, 2000, p. 4.
83 PETRONE, Maria Thereza Schörer. *O Barão de Iguape, op. cit.*, p. 92.
84 *Ibidem*, p. 127-41.

endividados dos arrematantes do imposto ou que se recusavam a pagar pela passagem no registro de Lorena nas primeiras décadas do século XIX, gerando diversas disputas que envolviam também a Câmara e o governo da capitania.[85]

Os registros não eram, no entanto, apenas lugar para cobrança de impostos e disputas. Havia lá também intensa atividade comercial e a venda de muitos bois e outros animais, sendo o exemplo máximo disso a cidade de Sorocaba, que vivia basicamente da feira de gado e do registro.[86]

A chegada do gado à cidade

O gado recém-chegado à cidade não se dirigia diretamente ao matadouro. Antes, era deixado por um tempo em pastos próximos à cidade para que descansasse e engordasse, sendo a principal região com essa especialidade a Real Fazenda de Santa Cruz. Os caminhos que vinham do Sul e de Minas passavam por Santa Cruz e a maioria absoluta do gado vindo dessas regiões ia para uma temporada de engorda no local. Os pastos da fazenda, apesar de ricos e extensos, eram limitados, podendo atender no máximo a cerca de 20 mil cabeças de cada vez. Isso se tornava um problema, visto que o consumo anual da cidade superava os 40 mil bois e que o gado que chegava à fazenda necessitava de muito tempo de descanso. Além disso, não havia outros bons locais de repouso para o gado perto da cidade, fazendo a questão do pasto disponível nos subúrbios um tema corrente nas fontes sobre carne verde, havendo casos em que a falta desses locais foi dada como a causa principal da escassez e má qualidade da carne verde na cidade. Isso levou D. João VI a doar terras em torno da área urbana, em 1814, para que se fizessem pastos nessas regiões.[87]

O estabelecimento do aluguel de 500 réis anuais pelo uso do pasto da Fazenda de Santa Cruz pelas reses foi estabelecido em 1794, período em que a cidade passou a ser abastecida por outras capitanias. Apesar desse valor ser uma anuidade, grande parte dos rebanhos ficava mais de um ano sem pagar mais por isso. Essa taxa era muito importante para a receita da fazenda, constituindo a sua segunda fonte de renda em 1822, só atrás

---

85 MARCONDES, Renato Leite. *O Abastecimento de Gado do Rio de Janeiro*, op. cit., p. 4.

86 PETRONE, Maria Thereza Schörer. *O Barão de Iguape*, op. cit., p. 105-7.

87 GOUVÊA, Maria Fátima. "Poder, autoridade e o Senado da Câmara do Rio de Janeiro", *op. cit.*, p. 136-7.

dos foros[88] que chegavam a 3:488$005. O gado, neste período de engorda, era deixado ao cuidado dos cativos, sendo 34 os escravos campeiros na fazenda em 1815.[89]

Após a estada na fazenda, o gado se dirigia em uma viagem de 10 horas até a cidade, em direção à feira de São Cristóvão, local especializado no comércio de bois. Esta feira foi criada em 1813 pelo Senado da Câmara da cidade, como ponto exclusivo de comércio de cabeças de gado bovino,[90] sendo as reses proibidas de serem comercializadas nas estradas a partir de 1819. Intentava-se com isso que diminuíssem as sucessivas negociações que os bois sofriam até chegarem aos talhos – os açougues –, encarecendo seu preço. Um edital de 1820 indica que, nos caminhos, estavam "figurando consignações que não existem do que se segue gravissimos prejuízos ao fornecimento de carne verde nesta cidade".[91] O edital foi espalhado em toda a cidade e os transgressores da medida estariam sujeitos à perda de todo o gado. Apesar da aparente dureza da medida, não foi encontrado em toda a pesquisa nenhum caso de condenação dos infratores dessa decisão, mesmo com a aceitação geral pelas autoridades de que esse comércio de reses nas estradas era prática comum.

Por se situar em São Cristóvão, a feira logo encarou problemas, como reclamações da nova vizinhança. Isso porque, quando da chegada da família real, a região de São Cristóvão era amplamente despovoada, havendo apenas algumas chácaras e grandes casas como a Quinta da Boa Vista, propriedade de Elias Antonio Lopes doada ao Rei de Portugal quando este chegou à cidade. Com o rápido crescimento da cidade a partir de 1808, regiões como a Cidade Nova, Glória e São Cristóvão deixaram de ser subúrbio e viraram gradualmente regiões urbanizadas. Em São Cristóvão, além do mercado de bois, havia ainda uma série de currais particulares pertencentes aos negociantes envolvidos no comércio. Em 1830, houve uma série de reclamações dos moradores do novo bairro contra a desordem criada pelos negociantes e por seus bois e, em fevereiro desse ano, 15 moradores locais fizeram um abaixo-assinado encaminhado ao intendente geral da Polícia da Corte pedindo providências. Os bois haviam derrubado as cercas dos currais e os que morriam eram abandonados sem nenhuma

---

88 Foros eram taxas pagas por locatários de lotes de terra.

89 PETRONE, Maria Thereza Schörer. *O Barão de Iguape, op. cit.*, p. 50; ENGEMANN, Carlos. *Os Servos...*, *op. cit.*, p. 82-9.

90 RENAULT, Delso. *O Rio Antigo nos Anúncios de Jornais, 1808-1850*. 3ª ed. Rio de Janeiro: CBBA/Propeg, 1985, p. 35.

91 AGCRJ. Matadouros e açougues, vários requerimentos (1802-1821). Códice 53-2-16, f. 110.

providência, havendo reclamações acerca dos efeitos daquela situação sobre a saúde da população local. As medidas vieram rapidamente e, já no dia seguinte, o alcaide da Polícia foi ao Campo de São Cristóvão e, notando as cercas quebradas e as reses mortas, repreendeu verbalmente os negociantes, obrigando-os a consertar as cercas e enterrar todo o gado morto. As medidas foram cumpridas à risca, mas o mercado e, principalmente, os currais locais voltaram depois a dar problemas.[92] É provável que as medidas tenham sido tomadas com tamanha agilidade em função fundamentalmente do fato de São Cristóvão ser um bairro de moradia das classes dominantes da cidade, já que o mesmo não era feito com tanto ímpeto em outros locais.

Da feira de São Cristóvão, o gado seguia para o curral público ou para os currais particulares. O curral público se situava junto ao matadouro de Santa Luzia, próximo ao Passeio Público, e não tinha capacidade para abrigar um grande número de bois. Quando o comércio foi liberado, extinguindo-se o monopólio da matança das reses e da venda da carne, em 1821, surgiram os currais particulares, que necessitavam de uma licença para serem erguidos. Dos currais, as reses seguiam para o matadouro, sendo mortas e cortadas em quartos, indo para os talhos e sendo aí vendidas em libras para a população.

O mercado

A ideia da transferência da sede da Coroa portuguesa para o Brasil, a mais rica colônia de Portugal, existia antes da situação emergencial criada na Europa no final de 1807. O plano era cogitado desde fins do XVIII, quando o Brasil era mais importante do que a metrópole dentro da arrecadação do tesouro português.[93] O destino, da mesma forma, não foi escolhido ao léu, já que a cidade do Rio de Janeiro de forma alguma podia ser considerada periférica dentro do quadro do Império português.

No que João Fragoso chamou de economia colonial tardia, que ia de 1790 a 1820, a capital do Brasil era o principal centro econômico do Império, ao passo que Lisboa continuava sendo o centro político e administrativo – até 1808. Isso constitui um dos motivos da

---

92 AGCRJ. Carnes e matadouros, fiscalização (1830-1879). Códice 53-3-12, f. 2-9.
93 VILLALTA, Luís Carlos. *1789-1808: o Império luso-brasileiro e os Brasis*. São Paulo: Companhia das Letras, 2000, p. 30-4.

vinda da Corte para o Rio e não para outra cidade do Império.[94] Porém, a importância do Rio dentro da América portuguesa não é de fins do XVIII, é ainda anterior. Analisando os valores dos contratos das dízimas das alfândegas do Rio e de Salvador na primeira metade do século XVIII, Antonio Carlos Jucá Sampaio percebe que neste período a movimentação do porto carioca ultrapassou a do porto baiano. A partir disso, o mesmo autor afirma que, por trás desses números da alfândega, estava a superação econômica de Salvador pelo Rio, o que se deve à ligação da cidade à região das minas.[95]

Após a decadência da produção aurífera em Minas, a partir de meados do século XVIII, o Rio continuou como o mais eminente centro econômico da América portuguesa e, em seguida, de todo o Império. João Fragoso chega a dizer que, antes mesmo da chegada da família real, podia-se identificar um mercado interno na colônia com epicentro no Rio de Janeiro.[96] Apesar do possível exagero de avaliação, é certo que, a partir de 1808, forjou-se um mercado complexo no Centro-Sul da América portuguesa com centro no Rio.

Dinâmica populacional e crescimento da demanda na cidade

Concomitante ao crescimento da importância econômica da cidade ao longo do século XVIII, houve a sua expansão demográfica, que teve arranque com a abertura do Caminho Novo e a criação do forte laço com as regiões da mineração. Assim, o Rio de Janeiro ultrapassou Salvador como mais populoso centro urbano da colônia por volta de 1780, quando a cidade atingiu 38 mil habitantes.[97] O crescimento da cidade seguiu gradualmente até 1808, quando houve uma total reviravolta na sua dinâmica demográfica. A cidade colonial, que não chegava nem a 50 mil habitantes, recebia de uma só vez 20 navios, que traziam toda a corte portuguesa em um número aproximado de 15 mil pessoas, além de outros visitantes diversos.

---

94 FRAGOSO, João Luiz Ribeiro. "A economia colonial tardia". In: FRAGOSO, João Luiz Ribeiro; BICALHO, Maria Fernanda; GOUVEIA, Maria Fátima (orgs.). *O Antigo Regime nos Trópicos, op. cit.*, p. 321-2.

95 SAMPAIO, Antonio Carlos Jucá de. "Os homens de negócio do Rio de Janeiro e sua atuação nos quadros do Império Português (1701-1750)". In: FRAGOSO, João Luiz Ribeiro; BICALHO, Maria Fernanda; GOUVEIA, Maria Fátima (orgs.). *O Antigo Regime nos Trópicos, op. cit.*, p. 75-7.

96 FRAGOSO, João Luiz Ribeiro. *Homens de Grossa Aventura, op. cit.*, p. 108-18.

97 COUTO, Jorge. "O Brasil pombalino". In: *Camões*; revista de letras e culturas lusófonas, n°. 15, jan.-jun. 2004. Lisboa: Instituto Camões, 2004, p. 53-5.

Não existe uma contabilidade oficial para o total de pessoas que chegaram à cidade junto com a família real e também não há dados demográficos da cidade que se enquadrem perfeitamente nas balizas do período recortado, havendo apenas os censos feitos na cidade, de aproximadamente 20 em 20 anos, encomendados pela Câmara. Não são dados altamente confiáveis, mas dão uma ideia das transformações demográficas por que a cidade passou nas primeiras décadas do século XIX. Maria Bárbara Levy e Maria Yedda Linhares apresentaram um interessante estudo demográfico sobre a cidade, em um seminário em Paris, em 1973, que é baseado em parte nesses censos.

Tabela 1.4 – População da cidade do Rio de Janeiro de 1799 a 1838

	1799	1821	1838
Cidade	43.376	79.321	97.162
Subúrbios	-	33.374	39.916
Total	-	112.695	137.078

Fonte: LINHARES, Maria Yedda Leite; LEVY, Maria Bárbara. "Aspectos da história demográfica e social do Rio de Janeiro: 1808-1889". In: MAURO, Frederic (org.). *L'Histoire Quantitative do Brésil de 1808 a 1930*. Paris: Centre Nacional de Recherche Scientifique, 1973, p. 135.

Não existiam dados referentes aos subúrbios cariocas no Censo encomendado em 1799, sendo apenas a população da região urbana contabilizada. A inclusão do recenseamento do subúrbio a partir de 1821 deve denotar o crescimento dessa região em população e importância nessas duas décadas.

Essa tabela dá uma ideia do avanço demográfico da cidade, em especial da área urbana, que aumentou a sua população em mais de 100% em menos de 40 anos. O crescimento anual da cidade nas duas primeiras décadas do século foi ainda mais destacado. De 1799 a 1821, a população urbana teve uma média de crescimento de 2,8% ao ano, enquanto de 1821 a 1838 esta média foi de 1,2%, sendo 1,1% o crescimento anual do subúrbio neste mesmo período.[98] Essa diferença notável de crescimento demográfico da área urbana nos dois períodos está relacionada à chegada da Corte e à expansão populacional repentina que a cidade teve nas duas primeiras décadas do XIX.

O crescimento populacional da cidade levou à sua expansão geográfica. Apesar do problemático crescimento correspondente da construção civil colonial, houve uma rápida expansão dos limites geográficos da urbe:

---

98 LINHARES, Maria Yedda Leite; LEVY, Maria Bárbara. "Aspectos da história demográfica...", *op. cit.*, p. 130.

Tabela 1.5 – Freguesias urbanas e suburbanas da cidade, anos de sua criação e população

Freguesia	Ano de criação da freguesia	1799	1821	1838	
Sacramento (Sé)	1569*	11.487	22.486	24.256	Freguesias Urbanas
Candelária	1634	9.488	12.445	10.113	
São José	1751	8.796	19.811	14.410	
Santa Rita	1751	12.397	13.744	14.557	
Santana	1814	-	10.835	15.773	
Engenho Velho	1762	-	4.877	8.166	
Lagoa	1809	-	2.125	3.319	
Glória	1834	-	-	6.568	
Irajá	1644	-	3.757	5.034	Freguesias suburbanas
Jacarepaguá	1661	-	5.841	7.302	
Campo Grande	1673	-	5.628	7.519	
Ilha do Governador	1710	-	1.695	2.391	
Inhaúma	1749	-	2.840	3.091	
Guaratiba	1755	-	5.434	9.385	
Ilha de Paquetá	1769	-	1.177	1.517	
Santa Cruz	1833	-	-	3.677	
Total			112.695	137.078	

Fonte: Linhares, Maria Yedda Leite; LEVY, Maria Bárbara. "Aspectos da história demográfica e social do Rio de Janeiro", op. cit., p. 130; LINHARES, Maria Yedda Leite; SILVA, Francisco Carlos Teixeira da. "Região e História agrária". In: Estudos Históricos, vol. 8, no. 15. Rio de Janeiro: 1995, p. 22.
* Freguesia criada em 1569 com o nome de São Sebastião e modificada para Sacramento, ou Sé, em 1826.

Nessa tabela, vê-se que, a partir de 1808, novas freguesias foram criadas, tanto na zona urbana como na suburbana, e que freguesias criadas como suburbanas depois viraram urbanas, sendo este o caso da Lagoa e do Engenho Velho. Isso é um dado do crescimento físico da cidade, para além do crescimento vegetativo significativo. Foram construídas 600 novas casas no perímetro urbano e 150 nos arredores entre 1808 e 1816. Padre Perereca cita o surgimento de edificações no Catete, Flamengo e Botafogo por um lado e Valongo, Saco do Alferes, Gamboa e São Diogo por outro.[99]

---

[99] LAMARÃO, Sérgio Tadeu de Niemeyer. Dos Trapiches ao Porto: um estudo sobre a área portuária do Rio de Janeiro. Coleção Biblioteca Carioca. Rio de Janeiro: Secretaria Municipal de Cultura do Rio de

Outro dado importante que traz a tabela é a limitação do crescimento das freguesias centrais a partir de 1821, tendo Sacramento e Santa Rita um crescimento muito reduzido de 1821 a 1838 e Candelária e São José chegado a perder habitantes neste mesmo período. Isso não quer dizer que a cidade estivesse diminuindo de população, mas que essas freguesias estavam plenamente edificadas, e que cada vez mais se estabeleciam edifícios comerciais e oficinas nestes locais, o que fez reduzir a população dessas freguesias. Sérgio Lamarão afirma que há aí um esvaziamento da função residencial dessas freguesias, em especial na região do largo do Paço, e Ana Maria Moura indica que a Candelária era, em meados do século, a freguesia comercial da cidade, tendo as primeiras ruas calçadas do centro.[100]

Outro dado demográfico interessante sobre o mesmo período era a distribuição da população entre escrava e livre na cidade. Pensando-se que, a partir de 1808, chegaram à cidade por volta de 15 mil portugueses, sendo a maioria absoluta de livres, e ainda um bom número de estrangeiros, também todos livres, seria plausível pensar que a população livre se elevou mais que a população cativa de 1799 a 1821. Não é o que se vê, no entanto:

Tabela 1.6 – Porcentagem da população livre e cativa na região urbana da cidade do Rio de Janeiro de 1799 a 1838:

	1799	1821	1838
População livre	69,5%	54,4%	61,8%
População escrava	30,5%	45,6%	38,2%
Total	100%	100%	100%

Fonte: LINHARES, Maria Yedda Leite; LEVY, Maria Bárbara. "Aspectos da história demográfica e social do Rio de Janeiro", *op. cit.*, p. 128; 130; LOBO, Eulália Maria Lahmeyer. *História do Rio de Janeiro*, *op. cit.*, vol. 1, p. 121-3.

Com essa tabela, percebe-se o significativo aumento da proporção de escravos na urbe carioca nas duas primeiras décadas do século XIX. Esse aumento se deve à grande necessidade de escravos que houve após a chegada da família real, para o abastecimento, a construção civil e serviços diversos na cidade. Os escravos, que eram 14.986 na região urbana da cidade

---

Janeiro, 1991, p. 38; SANTOS, Luís Gonçalves dos (Pe. Perereca). *Memórias para Servir a História do Reino do Brasil*. Rio de Janeiro: Zélio Valverde, 1943, p. 356.

100 LAMARÃO, Sérgio Tadeu de Niemeyer. *Dos Trapiches ao Porto*, *op. cit.*, p. 39; MOURA, Ana Maria da Silva. *Cocheiros e Carroceiros: homens livres no Rio de Janeiro de senhores e escravos*. São Paulo: Hucitec, 1988, p. 258.

em 1799, subiram para 36.182 em 1821, ou seja, o número de escravos na cidade mais que duplicou no período. Estranhamente, o número de escravos em 1838 praticamente não progrediu frente aos números de 1821, contando-se então 37.137 escravos na urbe.[101]

A proporção de escravos frente à população total era ainda maior nas regiões suburbanas, onde a atividade agropecuária era intensa. Os escravos eram 56,7% da população suburbana total em 1821 e 53,7% em 1838, uma proporção maior que na região urbana, onde a população escrava em nenhum censo ultrapassou a metade do montante populacional total.[102]

Todos esses dados do crescimento demográfico da cidade, principalmente a partir de 1808, denotam quão problemática foi a questão do abastecimento da população urbana, ainda mais quando se rememora que se estava diante de uma economia essencialmente voltada para a produção de produtos primários para exportação. Esses fatores dão o tom das crises de escassez e carestia que ocorreram na cidade durante todo o período.

Porém, o problema do mercado consumidor não se restringia unicamente ao impressionante aumento populacional a partir de 1808, havendo ainda outros fatores que fizeram a demanda pelos produtos básicos ser ainda maior, como a questão dos estrangeiros.

Kátia Mattoso mostra, em seu livro sobre o mercado de Salvador, como não era desprezível a população portuária daquela cidade, em especial a partir da abertura dos portos. Essas pessoas, que residiam em navios ou temporariamente na cidade, não eram contabilizadas no censo, mas faziam parte do mercado consumidor urbano. O problema da população portuária era uma constante nas cidades coloniais costeiras e, em especial, no Rio de Janeiro após 1808. Sérgio Buarque de Holanda cita a vinda para a cidade de vários estrangeiros que serviam os nobres depois da chegada da Corte. Maria Yedda Linhares, consultando o registro de estrangeiros do Arquivo Nacional, identifica 4.234 estrangeiros diversos que entraram na cidade entre 1808 e 1822, número que não inclui, muitas vezes, familiares ou criados, o que deve fazer o montante real de estrangeiros se multiplicar. Sobre a atividade portuária, Lamarão afirma que o total de navios que passaram pelo porto do Rio, incluindo nacionais e estrangeiros, passou de 778 em 1807 para mais de 5 mil em 1811. Já Renault, fazendo pesquisa nos jornais e viajantes do período, afirma que eram 90 navios estrangeiros na cidade em 1808 e um total de 422 em 1810, a maioria de navios ingleses.[103]

---

101 LOBO, Eulália Maria Lahmeyer. *História do Rio de Janeiro, op. cit.*, vol. 1, p. 121-3.

102 *Ibidem*, p. 121-3.

103 MATTOSO, Kátia Maria de Queiroz. *Bahia, op. cit.*, p. 70-2; HOLANDA, Sérgio Buarque. "A herança colonial: sua degradação". In: IDEM (org.) *História Geral da Civilização Brasileira*, t. II, vol. 1. Rio de Janeiro: Bertrand Brasil, 1993, p. 9-13; RENAULT, Delso. *O Rio Antigo..., op. cit.*, p. 24-5; LINHARES,

Nos caminhos da acumulação

Para esse tema, Luccock traz números que dão uma ideia de como devia estar a cidade no período. Depois de estimar a população da cidade em 60 mil habitantes em 1808, ele afirma que, além desses, havia "cerca de dezesseis mil [estrangeiros], dos quais, dez mil estavam constantemente sobre as águas".[104] Amaral Lapa afirma que todos os navios que cruzavam o Atlântico antes dos navios a vapor levavam em média 350 pessoas.[105] Assim, os números de Luccock não devem estar longe da realidade, o que dá uma imagem da crise habitacional que a cidade passou à época da abertura dos portos e da vinda da Corte. Esses dados mostram também o aumento considerável da demanda existente dos insumos básicos, em especial das carnes verdes e outras carnes, gêneros mais problemáticos que os demais.

Além disso, com a gradual construção do aparato de Estado português na cidade, outras demandas foram criadas, como o abastecimento dos militares do Exército e da Marinha estabelecidos na capital. Houve um contrato especial de abastecimento do Exército, da Marinha, dos hospitais e da Real Uxaria de carnes verdes. Os hospitais, ao que parece, eram grandes consumidores de carne, visto que esta era utilizada na dieta dos pacientes para sua melhora, de acordo com as recomendações dos médicos do período. Depois, foram bastante usadas as carnes de vitela de boi que, segundo os médicos de então, tinham efeitos benéficos para os pacientes. A Real Uxaria era o órgão da despensa do Paço, que tratava dos gêneros que serviam à família real.[106]

No entanto, todos esses dados de demanda não podem ser supervalorizados, já que não havia um mercado de consumo amplo na cidade, mas um mercado restrito, dado que se tratava de uma sociedade escravista. Nesse sistema social, o mercado tem fortes limitações e a sociedade tende a ser extremamente hierarquizada, o que atrapalha a existência de um grupo grande de consumidores.[107] A carne verde, em particular, era um gênero de consumo socialmente restrito, quase nunca consumido pelos escravos, sendo apreciado com fartura apenas nas mesas dos membros das classes dominantes urbanas.

Maria Yedda Leite. *História do Abastecimento, op. cit.*, p. 159-64; LAMARÃO, Sérgio Tadeu de Niemeyer. *Dos Trapiches ao Porto, op. cit.*, p. 37.

104 LUCCOCK, John. *Notas sobre o Rio de Janeiro e partes meridionais do Brasil, op. cit.*, p. 28-9.

105 LAPA, José Roberto do Amaral. *A Bahia e a Carreira da Índia*. São Paulo/Campinas: Hucitec/EdUnicamp, 2000, apud MATTOSO, Kátia Maria de Queiroz. *Bahia, op. cit.*, p. 68.

106 AGCRJ. Arrematações do Senado da Câmara (1806-1817). Códice 39-3-52, f. 242-3; SILVA, Maria Beatriz Nizza da. *Análise de Estratificação Social*: o Rio de Janeiro de 1808 a 1821. São Paulo: USP, 1975, p. 13.

107 FRAGOSO, João Luiz Ribeiro. *Homens de Grossa Aventura, op. cit.*, p. 150.

Antes mesmo que todos os portugueses e estrangeiros viessem, a cidade não era suprida com abundância em carne verde. Restier Gonçalves afirma que, no fim do século XVIII, o abastecimento do gênero se tornou problemático.[108] Devido às questões que envolviam a produção de reses da capitania fluminense, desde esse período, já eram trazidos bois do Sul:

> He do tempo do governo do Exmo Snr. Márquez de Lavradio que data a introdução dos gados de Curitiba, São Paulo, Minas Gerais e até esse tempo os campos de goitacazes fornecião o preciso não só para os cortes de carne verde desta cidade: senão também os serviços dos engenhos de açúcar. He verdade que não tem proporção, o que então se gastava, para o que hoje se consome, é também verdade que a lavoura de açúcar naquele continente está muito na sua nascença.[109]

Se a cidade já dependia de gado oriundo de fora da capitania fluminense antes de 1808 e, mesmo assim, a carne não era abundante, a situação chegou ao estado de emergência em 1808. O Rei e o Senado da Câmara enviaram para diversas capitanias pedidos urgentes de envio de gado para a capital, dada a escassez extrema de reses na Fazenda de Santa Cruz. Esses pedidos são diversos e foram identificados por vários pesquisadores.[110] Além disso, a já citada abolição do pagamento de direitos nos registros sobre os animais vindos de capitanias longínquas, como a do Mato Grosso, é sintomática desse estado de emergência.[111]

Luccock diz que a carne para venda era tão escassa em 1808 que só podia ser usada para se fazer sopas, havendo pouquíssimas pessoas que podiam comer bifes bovinos no período. A situação, em seguida, melhorou um pouco, mas só atingiu relativa normalização anos depois.[112]

---

108 GONÇALVES, Aureliano Restier. "Carnes verdes em São Sebastião do Rio de Janeiro", *op. cit.*, p. 289.

109 AN. Fundo: Diversos códices – SDH (NP). Códice 807, vol. 22, doc. cit.

110 GOUVÊA, Maria Fátima. "Poder, autoridade...", *op. cit.*, p. 140; LENHARO, Alcir. *As Tropas da Moderação*, *op. cit.*, p. 34; PETRONE, Maria Thereza Schörer. *O Barão de Iguape*, *op. cit.*, p. 88-9.

111 AN. Fundo: Série anterior (AA). Minas Gerais. Ministério do Reino e Império. Registro de correspondência. 1808-1830. IJJ⁹ 49, f. 80.

112 LUCCOCK, John. *Notas sobre o Rio de Janeiro e partes meridionais do Brasil*, *op. cit.*, p. 29-30.

Os fatores sazonais do consumo de carnes verdes na cidade

Havia alguns fatores sazonais que influíam na oferta e na demanda de carne verde na cidade, porém nenhum deles era forte a ponto de distinguir períodos do ano de escassez e outros de abastança, ou então, períodos do ano de grande consumo e de menor consumo. Eram dois os fatores que faziam modificar o consumo de carnes verdes na cidade: a época de quaresma e os períodos de festa, incluindo os domingos. Além disso, havia ainda um fator de alteração da oferta de carne anual, que era o período quando as reses vinham para a cidade.

O mais importante fator de alteração do consumo de carne na cidade era a quaresma, em função da qual, durante 40 dias, o consumo de carne vermelha se reduzia em relação ao resto do ano. Entretanto, essa redução não era muito grande, devido às frequentes exceções que o bispo determinava no consumo de carne para os moradores da cidade, em função de não haver uma boa oferta de peixe, carne liberada durante esse período. Antes do carnaval de 1812 o bispo Dom José Caetano da Silva Coutinho fazia uma comunicação aos cariocas:

> Para mais afervoar a vossa vontade, e vos dispor a hum verdadeiro espírito de penitencia, e reforma dos costumes devemos tambem lembrar-vos a condescendência, com que atendendo á vossa fraqueza, e sem nos afastarmos do Espirito da Igreja. Nós havemos continuado a dispensar-vos na presente Quaresma do sagrado preceito da abstinencia de carnes; e em compensação desta condescendencia temos todo o direito de esperar de vós maiores cuidados, e diligencias em praticar as obras santas, que por outra parte vos offerecemos.[113]

Após esse comunicado, o bispo enumerou uma série de normas para que o preceito da abstinência fosse seguido. Eram cinco condições que se assemelhavam a leis, tanto na organização como no próprio vocabulário que determinava regras para a vida social de todos os habitantes da cidade. Isso não deve ser estranhado, visto que a Igreja naquele período não era

---

[113] BN. CARTAS Pastorais dos Bispos do Rio de Janeiro, frei Antônio do Desterro e D. José Caetano da Silva Coutinho sobre os costumes que devem ser seguidos nos dias da Quaresma, e sobre a problemática da abstinência da carne durante esse período. Pastorais/Real Biblioteca. Rio de Janeiro: 1767-1812. (Seção de Manuscritos, 1, 4, 3).

institucionalmente separada do Estado, inexistindo a vigência do poder laico. A Igreja tinha a função de poder público em certos temas, como nos registros de nascimento e óbito.

A liberação do consumo, no entanto, não era completa. Nos quarenta dias entre a quarta-feira de cinzas e a Páscoa, os fiéis eram liberados a comer carne de domingo a quinta-feira, não o podendo durante a sexta e o sábado. Ainda, nos dias liberados, só se podia comer carne no jantar e não em outras refeições, determinando-se ainda que "as pessoas gravemente enfermas", que precisavam comer carne durante a quaresma, deviam ter licença para tal, com o aval de um médico.[114] Mais uma vez, fica aí patente o poder temporal da Igreja no período.

O ano de 1812 não foi uma exceção, como deixa subentender o próprio texto citado do bispo. Maria Beatriz Nizza da Silva afirma que a mesma dispensa foi dada também no ano anterior e é possível crer que essa concessão tenha sido feita aos moradores da cidade em outros anos. Um indício disso é o relato do viajante Schlichtrorst, militar alemão que esteve na cidade entre 1824 e 1826, e que ficou indignado com a alimentação de carne na cidade durante a quaresma:

> Não se toma muito a sério o jejum no Brasil e diversas resoluções papais concedem nesse ponto grandes liberdades aos católicos americanos. O toucinho salgado e a carne-seca, por exemplo, fazem parte da alimentação quaresmal e, em caso de necessidade, cada um pode comer o que tiver, sem cometer pecado.[115]

Como a quaresma não era seguida à risca no Rio no período, não se pode dizer que ela foi um grande fator sazonal no consumo. A carne verde, que era o principal objeto de abstinência para a quaresma, sofria uma pequena redução na sua oferta. Os contratos das carnes determinavam que se matassem durante a quaresma ⅔ ou ¾ do gado normalmente abatido.[116]

Outra alteração no consumo da cidade acontecia nas festas, quando era costume, inclusive, dar carne verde aos escravos. Eram quase as únicas situações em que eles conseguiam comer carne verde, além dos roubos que alguns praticavam. As matanças aconteciam

---

114 BN. Cartas Pastorais dos Bispos do Rio de Janeiro... (Seção de Manuscritos, 1, 4, 3), doc. cit.

115 Schlichtrorst. *O Rio de Janeiro como é: 1824-1826 (Uma vez e nunca mais)*. Rio de Janeiro: Zélio Valverde, 1943, p. 107.

116 AGCRJ. Arrematação das carnes verdes e estabelecimento de talhos nesta cidade. Códice 53-2-20, f. 4.

em geral no dia anterior ao consumo; assim, os dias que precediam as festividades eram de grande matança. Isso fica claro, por exemplo, com os dados da matança na virada de ano de 1820 para 1821, período de festas que teve 147 reses mortas no dia 31 de dezembro e 149 reses mortas no dia 2 de janeiro, quando o normal diário previsto no contrato era de 120 reses.[117] Este era um período de escassez e, muitas vezes, o número mínimo de abates nem era cumprido; sendo assim, a matança de mais de 145 reses em um só dia é algo fora do normal.

Todos os domingos também eram dias de festa, fazendo com que o dia da semana que mais se matassem reses fosse o sábado, como fica evidente na tabela a seguir:

Tabela 1.7 – Matança de gado no matadouro de Santa Luzia em algumas semanas em 1826 e 1827:

Semana / Dia	15 a 21/10/1826	7 a 13/07/1827	18 a 24/08/1827	15 a 21/09/1827
Domingo	113	124	127	124
Segunda-feira	121	139	118	122
Terça-feira	136	114	119	139
Quarta-feira	165	131	119	135
Quinta-feira	105	88	100	100
Sexta-feira	118	130	95	105
Sábado	167	169	162	143

Fonte: AGCRJ. Matadouros e açougues (1822-1830). Códice 53-3-2, f. 110-1; 134-5; 141-3; 147-9.

Matavam-se mais bois no sábado do que em qualquer outro dia da semana, o que se devia ao alto consumo de carne no domingo, tendência que não ocorre no período de quaresma. Em festas importantes, o consumo de carne era ainda maior do que em domingos como esses.

O único fator que aparentemente intervinha na oferta de carnes aos consumidores era o que envolvia os períodos de viagens das boiadas. Em um documento sem data no fundo biográfico de Antonio Joaquim do Carmo na Biblioteca Nacional, este negociante afirmou que era a "estação chuvosa, em que há consideravel mingua do dito artigo [a carne verde]".[118] Apesar de o documento não conter data, ele foi concebido em 1820 ou

---

117 AGCRJ. Matadouros e talhos (1812-1830). Códice 53-2-19, f. 100.

118 BN. CARMO, Antonio Joaquim do, negociante no Rio de Janeiro. Requerimento encaminhado ao Ministério do Império solicitando livre pastagem para seu gado na fazenda de Santa Cruz; solicita providências contra a administração do matadouro por atitudes arbitrárias e violentas; Requerimento

em 1821, já que Carmo se autodenominou arrematante do contrato das carnes verdes, contrato que ele só teve em mãos nesses dois anos. Nesse período, o Rio Grande de São Pedro e o continente de Curitiba reduziam drasticamente o número de reses enviadas para a cidade, reses que chegavam durante o verão, a estação chuvosa. Como a cidade passava a depender do gado mineiro e goiano, que chegava à cidade no inverno, os verões nesses anos logo após 1818 foram de grande falta na cidade. Enfim, este não parece ser um fator sazonal que tenha transpassado todo o período abordado, marcando fortemente períodos do ano de escassez e outros períodos de relativa abundância, sendo só importante nos três ou quatro anos subsequentes a 1818, já que esta é a única fonte que destaca períodos do ano de melhor e pior suprimento de gado.

Períodos de escassez e de relativa fartura de carnes na cidade de 1808 a 1835

A documentação trabalhada, em especial a coletada no Arquivo municipal, traz uma quantidade razoável de números de reses mortas nos matadouros, dados diários, semanais e mensais. No entanto, essa documentação é esparsa e não cobre nem sequer um ano inteiro, inexistindo dados no período anterior a 1822 e, mesmo a partir desse ano, há anos com mais dados e anos com menos, alguns pouquíssimos meses completos e tantos outros sem nenhuma informação. O bom relato dos bois abatidos dependia aparentemente da boa vontade dos funcionários, contratadores e administradores do matadouro, apesar de os contratos determinarem a obrigação, por parte tanto do contratador e do administrador, de apresentar um relatório com o número de reses mortas todos os dias do ano, além de outros cálculos. A partir da pesquisa realizada nesse arquivo, é possível crer que vários desses relatórios não foram produzidos e outros tantos foram perdidos ou acabaram em outros arquivos.[119]

Pode-se conjeturar que os relatórios não foram sempre feitos a partir da análise de uma documentação completa no seu período, as atas da Câmara de 1830 e 1831. Nessas atas, os vereadores receberam as contas do contratador Manoel Thomaz de Aquino para os meses de fevereiro a junho de 1830. Não foram mencionadas as contas relativas

---

encaminhado ao Ministério do Império solicitando a execução da carta da lei de 1823 e providências contra os arrematadores, visto esses possuírem o monopólio das carnes a favor dos marchantes; Requerimento encaminhado ao Ministério do Império solicitando licença para ter no matadouro um cepo e utensílios necessários para pesar as carnes. Fundo/Coleção Documentos biográficos. Rio de Janeiro: 1825-1827. (Seção de Manuscritos, C-899, 13).

119 Foram encontrados, por exemplo, alguns documentos da Câmara do Rio no Arquivo Nacional.

a janeiro tampouco aos meses de julho a dezembro do ano, quando Aquino ainda era arrematante do contrato do matadouro.[120] Provavelmente, o contratador não apresentou as contas para este período.

Cardoso e Brignoli afirmam que uma fonte, para servir à história serial, necessita de: validade e confiança; continuidade e abundância; e homogeneidade.[121] A documentação que se tem não é contínua; portanto, não pode servir para se fazer uma série, e será utilizada somente para a indicação da tendência dos períodos de abundância e escassez de carne verde.

Não há dados sistemáticos sobre número de gados abatidos antes de 1808, apenas informações esporádicas. Varnhagen afirma que o Rio do final do século XVIII, uma cidade com 50 mil habitantes, consumia aproximadamente 20 a 30 mil reses anuais e o conde de Resende cita 15 mil bois mortos anualmente em 1792, o que equivale a dizer que a cidade consumia entre 40 e 82 reses por dia.[122] Estes são números bem menores que os apresentados a partir de 1808. Como já foi exposto, apesar de a cidade não ter ainda encarado o extraordinário problema demográfico de 1808, havia certa escassez de carne verde antes mesmo da vinda da Corte.

Nenhuma crise de falta se compara às existentes em 1808 e 1818. A primeira crise não se restringiu apenas ao ano de 1808, permaneceu por mais dois ou três anos, sendo este período o de mais aguda crise de falta vivida na cidade, porque não se restringiu ao gênero da carne verde, mas foi concernente a todos os produtos de abastecimento. Não se deu como em 1818, quando, diante da falta de carne verde, os consumidores podiam apelar para outras fontes de proteína. Alguns produtos, em função de uma produção mais dinâmica, tiveram maior sucesso diante da nova demanda, o que não foi o caso da carne verde, produto de maior fragilidade.

Detalhe interessante dessa crise foi dado por Paulo Fernandes Vianna, que afirmou, em tom de apelo pedindo providências, que a quaresma de 1808 "gastou dois mil bois enquanto

---

120 ATAS das sessões da Ilma. Câmara Municipal, vol. III; vol. IV; vol. V. Rio de Janeiro, 1952; 1953; 1954, *passim*.

121 CARDOSO, Ciro Flamarion Santana; BRIGNOLI, Héctor Perez. *Métodos da História*. 6ª ed. Rio de Janeiro: Graal, 2002, p. 281.

122 LINHARES, Maria Yedda Leite. *História do Abastecimento, op. cit.*, p. 84-97; VIANA, Sônia Bayão Rodrigues. "A fazenda de Santa Cruz e a crise do sistema colonial (1790-1815)". In: GRAHAM, Richard (org.). *Ensaios..., op. cit.*, p. 22.

nas antecedentes só se gastavão quatrocentos".[123] Apesar de serem números aproximados, o possível aumento de 400% no consumo dá um quadro da crise vivida na cidade.

Outro indício do aumento da demanda do produto é dado por Renato Marcondes, que compilou o número de reses que passaram pelo registro de Lorena nos primeiros anos do século XIX, bois que saíam do Sul da América portuguesa em direção à Corte:

Tabela 1.8 – Número de reses bovinas que passaram pelo registro de Lorena em direção à Corte de 1802 a 1811:

Ano	Número de cabeças
1802	6.807
1803	8.310
1804	8.631
1805	5.952
1806	7.663
1809	12.166
1810	13.409
1811	13.671

Fonte: MARCONDES, Renato Leite. *O Abastecimento de Gado do Rio de Janeiro*, op. cit., p. 7.

Apesar de a tabela não conter dados para os anos de 1807 e 1808, nota-se a significativa modificação quantitativa entre 1806 e 1809, com uma diferença de 58,7%, números sintomáticos da nova demanda criada na cidade. Deve-se destacar que mesmo esse expressivo aumento não foi o suficiente para o suprimento regular da cidade e que, além do Sul do país, mandaram reses à Corte em caráter emergencial as capitanias de Minas, Goiás e Mato Grosso.

A crise perpassou os anos seguintes, apesar do crescimento da oferta de gado. Em setembro de 1810, o vereador do Senado da Câmara, Joaquim de Sousa Meirelles, afirmou que eram "bem constante[s] as queixas do povo pela falta de carne".[124] Ainda no mesmo ano, um dos três vereadores da Câmara afirmou que "se vê o Senado perplexo e vacilante

---

123 AN. Fundo: GIFI (OI). 6J-78, doc. cit.

124 BN. MEIRELLES, Joaquim de Souza. Requerimento encaminhado ao Ministério do Império solicitando dispensa do cargo de vereador e nomeação para outro cargo; solicitando representação do Senado da Câmara sobre o fornecimento de carnes verdes. Fundo/Coleção Documentos biográficos. Rio de Janeiro: 1810. (Seção de Manuscritos, C-18, 43).

sobre as providências, que deva dar para que cesse a grande falta de carne, que o povo já está experimentando, e que deve esperar, que vá em augmento".[125]

Toda essa crise em 1810 tem uma explicação que se adiciona ao problema estrutural da economia colonial. Nesse ano havia sido firmado o contrato das carnes verdes com o tenente-coronel Inácio Rangel de Azevedo Coutinho. No entanto, o contratador, que tinha o monopólio sobre a matança das reses na cidade e abastecimento de carne verde para os talhos, não tinha estipulado no seu contrato um número mínimo de reses a matar, dando a ele a liberdade de abater quantas cabeças de gado quisesse nos dois primeiros anos – 1810 e 1811. Depois disso, Coutinho devia matar 800 reses por semana.[126] O vereador Meirelles creditou a isso o problema da falta na cidade neste período, afirmando que

> [o arrematante] insensível áos clamores do povo, chega a jactar-se, que nos dois primeiros annos pode matar por semana as rezes, que quizer, pois que se lhe não taxou o numero; como se não fosse condição insepa-ravel de semelhantes arremataçoens ter sempre os talhos providos para acudir ás necessidades do povo, e não estivesse elle adstrito da mesma sorte do desempenho da obrigação, hua vez que tornou a si o prestar ao publico este diário alimento pelo contrato [...][127]

O contrato não era o único empecilho para o bom suprimento da cidade, mas se tornou um agravante o fato de ele não estipular um coeficiente mínimo para a matança de reses.

A situação da oferta de carne verde mudou parcialmente a partir de 1811 e 1812, passando de uma falta crônica para um suprimento relativamente satisfatório. Não se pode afirmar que houve abundância de carne em nenhum período dentro do recorte e, em períodos com maior oferta de carne, o seu preço era tão alto que limitava o consumo.

A relativa melhora sentida nos anos após a vinda da Corte foi mencionada por Luccock[128] e pode ser deduzida através de uma análise das leis no período. De 1808 a 1810, em todos os anos há na CLB ao menos uma lei relativa às carnes verdes e quase todas davam subsídios ao seu comércio. Essas leis incentivavam condutores de regiões

---

125 AGCRJ. Matadouros e açougues, vários requerimentos (1802-1821). Códice 53-2-16, f. 48-9.

126 AN. Fundo: Série anterior (A2). IJJ[10] 35, doc. cit.

127 BN. MEIRELLES, Joaquim de Souza. (Seção de Manuscritos, C-18, 43), doc. cit.

128 LUCCOCK, John. *Notas sobre o Rio de Janeiro e partes meridionais do Brasil, op. cit.*, p. 29-30.

longínquas a trazerem gado à Corte: em 1808, uma lei isentava de impostos a viagem das boiadas vindas de Goiás; em 1809, o imposto no registro de Sorocaba foi abolido temporariamente; em 1810, os condutores de tropas e boiadas ficaram dispensados do recrutamento militar. As leis de incentivo foram interrompidas nesse período, não sendo notado qualquer subsídio ou incentivo ao comércio de 1811 até 1817. Em 1811, houve inclusive a reposição do imposto de Sorocaba.[129]

A interrupção dessa sequência de incentivos em 1811 pode ser entendida como uma melhora do abastecimento de reses para a Corte. Isoladamente, a interpretação desse dado da CLB como evidência de melhora do mercado de carnes verdes na capital poderia ser uma armadilha, mas isso se junta a outros indícios, como o relato de Luccock e a falta de reclamação sobre falta ou escassez de carne verde na cidade em toda a documentação coletada de 1812 até o ano de 1818. Enfim, pode-se entender que houve uma relativa normalização do suprimento de carnes verdes para a Corte a partir de 1811 e 1812.

Em parte, essa melhora se deve à entrada em vigor da necessidade de matança de 800 reses semanais pelo contratador, o que dava um total aproximado de 41.600 reses anuais, número significativamente maior do que as 15 a 30 mil reses anuais do final do XVIII, mas não o necessário para o farto abastecimento da população carioca na década de 1810.

A crise de 1818 foi a outra grande experiência de escassez do período e foi causada eminentemente pela redução brusca de envios de reses pelo Sul da América portuguesa por conta da alta no preço do charque e a consequente preferência dos estancieiros gaúchos e paulistas de vender seus bois aos charqueadores a vendê-los aos condutores que faziam a viagem das boiadas para o Rio de Janeiro.

Neste ano, mais uma lei incentivou o comércio de reses para a capital, ficando o gado vindo do Mato Grosso completamente isento de pagar taxas nos caminhos. Além disso, houve a já referida lei proibindo charqueação de vacas de cria, que tinha por título "Dá providências para que não haja diminuição no fornecimento de carnes a esta cidade e outros lugares".[130]

---

129 CLB de 1808 e 1809, p. 45; CLB de 1808 e 1809, p. 149; CLB de 1808 e 1809, p. 3; CLB de 1810 e 1811, p. 125; CLB de 1817, p. 10-1; CLB de 1818, p. 1-2. Não analisaremos aqui a questão do recrutamento militar, que é abordada por LENHARO, Alcir. *As Tropas da Moderação, op. cit.*, p. 39.

130 CLB de 1818, p. 1-2.

O contratador das carnes verdes afirmou que teve que mandar trazer gado de Goiás neste ano, "d'onde vem com grande demora, e perda".[131] A mobilização foi grande e o ministro Thomaz Antonio da Villanova Portugal acionou o governador de Minas:

> [...] em consequencia das ordens que o requerimento da mesma Câmara se expedirão ao governador e capitão-general da capitania de Minas Gerais estão ali dadas as convenientes providencias para que concorrendo os boiadeiros daquela capitania para esta capital não se experimente a falta que tem havido no abastecimento das carnes verdes.[132]

O pedido para que as capitanias enviassem boiadas para a capital, como visto em outros contextos, caracteriza um ambiente de crise.

Nesse ano, ainda, os donos das casas de pasto da cidade reclamaram que não estavam sendo supridos como queriam pelo contratador de carnes verdes para servir aos seus clientes:

> [...] e como para este fim, o primeiro ramo, e base deste negocio seja a carne de vaca, cuja falta tem experimentado de forma que se achão em termos de ficarem perdidos, e a ponto de fexarem as casas sendo que o administrador dos contratos não quer vender aos suplicantes, mais de huma arroba para cada casa, não podendo os suplicantes servir aos seus fregueses, tanto os de costume como extraordinarios, sem que se lhe venda a que cada hum percizar para gastos das ditas cazas.[133]

Havia diversas explicações dadas para essa falta, tendo muitos afirmado que os números de reses que o contratador se comprometia a matar periodicamente já havia caducado. A manutenção do mesmo número de reses mortas de 1812 até 1818 não parece condizer com a realidade demográfica da cidade, visto que a presença de estrangeiros na cidade

---

131 AGCRJ. Matadouros e açougues, vários requerimentos (1802-1821). Códice 53-2-16, f. 94.

132 AGCRJ. Matadouros e açougues, vários requerimentos (1802-1821). Códice 53-2-16, f. 96.

133 BN. GONÇALVES, Sebastião et alii. Representação, com abaixo-assinado, dos proprietários da casa de pasto, pedindo providências contra o administrador do contrato da carne. Fundo/Coleção Cidade do Rio de Janeiro. Rio de Janeiro: 1818. (Seção de Manuscritos, II-35, 10, 21).

era crescente e que o próprio número de 800 reses semanais nunca fora adequado para a situação da cidade pós-vinda da Corte, segundo alguns relatos.

O mesmo Thomaz Antonio da Villanova Portugal afirmava que o número de 800 reses semanais não era "suficiente a actual população". Porém, logo adiante em sua carta aos vereadores, em dezembro de 1818, ele torna a situação complexa ao afirmar que mesmo a quantidade de 800 reses semanais o arrematante "raras vezes o completava".[134] Essa denúncia já havia sido feita pelo almotacé Antonio Luiz Pereira da Cunha em maio do mesmo ano:

> As oitocentas reses, que pelo menos, se obrigou a matar cada semana, tem sido na maior parte dellas substituídas por hum número muito menor; daqui tem rezultado a falta do abastecimento necessário para suprir aos habitantes da cidade; e quando eu presenciando [ilegível] [...][135]

As causas do não cumprimento da meta estão nas questões existentes na estrutura da produção, de caráter colonial, e na própria estrutura do contrato das carnes verdes, que faz com que o contratador não tenha interesse em matar o máximo possível de bois, dado o preço tabelado do varejo.[136]

A crise de 1818 trouxe grandes modificações na organização do abastecimento de carnes verdes para a cidade, levando o regime de contratos a entrar em crise e à adoção de uma série de medidas da Câmara que modificaram os traços mais fundamentais da forma como era feito o comércio. Ainda no ano de 1818, o Senado da Câmara ordenou a abertura de novos talhos de carne verde na cidade, ferindo o monopólio do contrato, o que deu origem a uma crise entre o contratador Joaquim José de Siqueira e os vereadores, resultando, depois, na antecipação do fim do contrato. Toda a organização da administração do matadouro e da venda de carnes verdes na cidade em 1819 foi uma exceção a todo o período recortado.

Ainda em 1818, foi criado outro matadouro na cidade para atender o crescimento da demanda. O matadouro de São Diogo era provisório e, para cumprir a sua função, depois foi construído o matadouro da Cidade Nova, que atendia a uma crescente fração da cidade. Segundo o contrato do matadouro de São Diogo, deveriam ser mortas ali 24 reses por dia.[137]

---

134 AGCRJ. Matadouros e açougues, vários requerimentos (1802-1821). Códice 53-2-16, f. 99-100.

135 AGCRJ. Matadouros e açougues, vários requerimentos (1802-1821). Códice 53-2-16, f. 68-9.

136 Essa questão será aprofundada no subcapítulo 1.4.

137 AGCRJ. Matadouros e açougues, vários requerimentos (1802-1821). Códice 53-2-16, f. 63.

Nos contratos firmados em 1820 e 1821 com Antonio Joaquim do Carmo, a administração desse matadouro já estava incluída. Nesses mesmos contratos, o contratador era obrigado a matar mais reses ainda, não mais 800 semanais, porém 120 diárias em princípio, o que equivale a dizer que se exigiam mais 40 reses por semana. Na quaresma, o contratador só precisaria matar 90 reses diárias. Porém, durante a cerimônia de juramento do contrato de 1821, que sempre foi feita na presença do Rei, o contratador teve que aceitar de SAR mais exigências, o que tornou o cumprimento do seu contrato quase uma ficção. Antonio Joaquim do Carmo, por pressão real, aceitou a exigência de matar 107 reses diárias no matadouro de Santa Luzia e mais 30 no da Cidade Nova, além de abrir quatro talhos de carne na cidade. Abater 137 cabeças por dia foi algo que ele quase nunca realizou.[138]

Mesmo com todas essas ações do poder público, a situação no período era de escassez. Os efeitos da crise na produção sulina ainda repercutiam, visto que Minas não conseguia substituir de imediato a produção gaúcha e do continente de Curitiba com muito sucesso. Em um relatório da atividade diária dos açougues da cidade, a Intendência Geral de Polícia constatou que, em 1º de dezembro de 1820, vinte e sete pessoas foram aos açougues da cidade e não conseguiram comprar carne devido à falta do gênero.[139] Infelizmente, só há esse tipo de relato para o dia citado, porém a situação não deve ter sido diferente em outros dias.

A reorganização da venda de carnes verdes na cidade nos anos de 1821 e 1823 modificou inteiramente a oferta do produto na cidade. No fim de 1821, teve fim o contrato das carnes verdes, findando-se o monopólio da venda desse produto à população. Em 1823, o preço do produto foi liberado, o que levou a uma fase de abundância do produto na cidade até a década de 1830, com apenas alguns pequenos intervalos de curta escassez. Até o almotacé Antonio Luiz Pereira da Cunha, ferrenho crítico das condições de venda das carnes na cidade em vários momentos, admitiu que os dois atos de liberação da venda trouxeram abundância de carne fresca nos talhos. Ele afirmou ter acabado a escassez do artigo na cidade, indicando que a situação a partir de 1823 foi bem diferente "de hum genero, que em outro tempo se fazia escasso".[140] Porém, a relativa abundância veio acompanhada da carestia da carne, que chegou a ser vendida por mais que o dobro dos 40 réis, valor do preço tabelado para a libra até 1823.

---

138 AGCRJ. Arrematações do Senado da Câmara (1818-1829). Códice 39-3-53, f. 107-8.

139 OFÍCIO referente ao abastecimento de carne da cidade do Rio de Janeiro com um relato completo aos acontecimentos do dia 01/12/1820. Coleção Augusto de Lima Junio. Rio de Janeiro: 1820. (Seção de Manuscritos, II-34, 32, 22).

140 AGCRJ. Matadouros e açougues (1822-1830). Códice 53-3-2, f. 86-9.

É nesse período, também, que começaram a existir relatórios do número de reses mortas na cidade, que comprovam certa abundância do período. Ainda em 1822, no matadouro da Cidade Nova, onde, segundo o contrato de 1820, deveriam ser mortas 30 reses diariamente, matava-se agora uma média de 91 bois diários e 50 na época da quaresma. Em junho do mesmo ano, o matadouro de Santa Luzia teve em uma semana média diária de 120,6 reses abatidas. Esse número, juntando-se com as reses mortas no matadouro da Cidade Nova, superava em muito o número mínimo necessário de 137 reses por dia de 1821.[141]

Após o ato imperial de 1823, a tendência foi de crescimento ainda maior para as matanças. Em uma semana de outubro de 1825, mataram-se 126 reses diárias em média, número que aparentemente se refere apenas às matanças do matadouro de Santa Luzia, excluindo os bois abatidos no matadouro menor, o da Cidade Nova.[142]

Diante dessa relativa abundância, o almotacé Cunha defendeu reformas no matadouro de Santa Luzia para que este fosse capaz de fazer o abate de até 200 reses por dia. E os dados continuaram elevados: em outubro de 1826, em uma semana houve uma média diária de 132,1 cabeças abatidas. Em 1827, há dados completos sobre a matança nos dois matadouros para o mês de janeiro, tratando-se de uma média diária de 135,5 bois por dia nos dois matadouros juntos. Há uma grande densidade de dados para o ano de 1827, período de relativa abundância, apesar de algumas variações. O mês de agosto registrou uma semana com média diária de apenas 95,4 reses abatidas no matadouro de Santa Luzia, porém, em julho do mesmo ano, outra semana registrou uma média de 132,5 bois no mesmo matadouro.[143] Essas variações parecem ter ocorrido em alguns momentos, apesar dos graves efeitos produzidos.

Novos registros de número de reses mortas na cidade só são encontrados em um período posterior, após 1830, momento em que os relatos acusam que havia, além da ininterrupta carestia, uma sensível escassez de gado na cidade. Em 80 dias da primeira metade de 1830, houve uma média diária de 158,5 reses mortas. Em julho, o fiscal da freguesia de São José relatou "a grande falta de gado que tem havido no matadouro".[144]

Enfim, alternaram-se, desde 1808, períodos de relativa abundância, escassez e até falta no comércio de carnes verdes na cidade, não havendo, entretanto, nenhum período de real fartura do gênero. As limitações impostas ao comércio na estrutura de produção

---

141 AGCRJ. Matadouros e açougues (1822-1830). Códice 53-3-2, f. 7; 14-5.

142 AGCRJ. Matadouros e açougues (1822-1830). Códice 53-3-2, f. 79-82.

143 AGCRJ. Matadouros e açougues (1822-1830). Códice 53-3-2, f. 86-9; 110-1; 127-30; 136-9.

144 ATAS das sessões da Ilma. Câmara Municipal, *op. cit.*, vol. IV, p. 157; 214; 274.

e de comércio, além da forma como era organizada a sua venda na cidade, impediam que o mercado carioca fosse bem suprido em qualquer época dentro do período descrito. A partir de 1823, o número de matanças não precisava crescer muito para atender a demanda do mercado, visto que o alto preço da carne limitava o consumo de algumas faixas da população urbana que antes podiam comprar o produto sob preço congelado. Assim, é possível que houvesse uma matança de menos de 100 reses diárias sem reclamações sobre a escassez do gênero.

Inflação e preços no mercado das carnes verdes

A monarquia portuguesa não se instalou na cidade do Rio de Janeiro em um clima de festa e prosperidade econômica; pelo contrário, a situação financeira do Estado português a partir de 1808 era altamente desfavorável. Na prática, falar em situação do Estado português após 1808 pode ser considerado um equívoco histórico, já que dá a falsa ideia de que o Estado português veio de navio da antiga metrópole. O certo é afirmar que um novo Estado estava em formação e só esteve consolidado a partir de 1850. Para a construção desse Estado, um imenso sistema de impostos foi criado em cima do antigo sistema tributário colonial. Além de outras medidas, o Estado em formação, para conseguir fundos, aplicou uma política emissionista a partir de seu novo órgão financeiro, o Banco do Brasil.[145]

Harold Johnson estudou a história de preços no Rio em fins do XVIII e início do XIX e, mais especificamente, abordou a política emissionista joanina. A partir de 1809, o Banco do Brasil passou a financiar os gastos do Estado português, colocando nesse ano em circulação o papel-moeda e adotando, entre 1814 e 1823, uma política emissionista, o que levou o mil-réis a se desvalorizar frente à libra e perder, em 1823, 32% de seu valor frente a 1809.[146]

Esse estudo do pesquisador norte-americano deu origem a várias discussões e avaliações de historiadores brasileiros. Com os dados de Johnson, João Fragoso calcula uma inflação na cidade de 7% ao ano entre 1799 e 1822.[147] Eulália Lobo, também utilizando os números de Johnson, afirma que há uma tendência de alta nos gêneros do abastecimento na primeira metade do século XIX, enquanto os produtos de exportação

---

145 Para isto, ver, dentre outros, FRANCO, Afonso Arinos de Melo. *História do Banco do Brasil*, vol. I. Brasília: Banco do Brasil, 1973, p. 45-70.

146 JOHNSON Jr., Harold B. "Investigação preliminar sobre dinheiro...", *op. cit.*, p. 238-9.

147 FRAGOSO, João Luiz Ribeiro. *Homens de Grossa Aventura*, *op. cit.*, p. 21-5.

tenderam a ter queda em seus preços, o que ocorreu até a década de 1820, e já a partir desta década até 1850 os preços encontraram uma relativa estabilidade. Ela credita este crescimento dos preços do mercado interno até os anos 1820 ao crescimento populacional do Rio de Janeiro e às guerras no Sul, que levaram ao aumento do preço das carnes e do trigo.[148] Essa inflação nos preços dos produtos básicos não foi sentida passivamente pela população do Rio. Maria Yedda Linhares e Bárbara Levy identificaram revoltas urbanas no Rio, nos anos de 1831 e 1832, que tinham como causa eminente a carestia dos gêneros básicos de alimentação.[149]

Se essa inflação era visível nos preços de vários produtos básicos, o mesmo não se pode afirmar para as carnes verdes. Essa viveu sob dois regimes de preços diferenciados no período, de 1810 até 1823, o preço do gênero foi tabelado e, a partir de então, liberado.

Assim como nos números sobre a matança de gado na cidade, os dados sobre preços também não são seriáveis. Harold Johnson mostra como a Comissão Internacional de História de Preços criou, em 1930, critérios para o trabalho com séries históricas de preços: eles devem vir de um único mercado, devem ser comparáveis e abundantes, sendo, depois, organizados em tabelas segundo os métodos estabelecidos.[150] Os dados encontrados apresentam dois problemas: os anteriores a 1823 são tabelados, portanto não são preços de mercado; e os posteriores a esta data não são nada abundantes. Há apenas algumas menções aos preços aproximados desse período, o que permite que alguma exposição seja passível de ser feita.

Não há dados anteriores a 1810 para os preços das carnes verdes. Nesse ano, o contrato estabelecia que a libra da carne deveria ser vendida ao preço fixo de 30 réis. Levando-se em conta que no ano anterior foi estabelecido um imposto que incidia com cinco réis sobre a libra de carne e que o preço do produto deu um grande salto em 1808, devido às novas condições do mercado, pode-se especular que a carne verde devia ser conseguida no Rio por algo como 20 réis ou menos antes de 1808.

---

148 LOBO, Eulália Maria Lahmeyer. "Evolução dos preços e do padrão de vida no Rio de Janeiro, 1820-1930". In: *Revista Brasileira de Economia*, vol. 4, n°. 25, out./dez. 1971. Rio de Janeiro: FGV, 1971, p. 246; LOBO, Eulália Maria Lahmeyer *et. al.* "Estudo das categorias socioprofissionais, dos salários e do custo de alimentação no Rio de Janeiro de 1820 a 1930". In: *Revista Brasileira de Economia*, n°. 27, out./dez. 1973. Rio de Janeiro: FGV, 1973, p. 48-9.

149 LINHARES, Maria Yedda Leite; LEVY, Maria Bárbara. "Aspectos da história demográfica...", *op. cit.*, p. 127.

150 JOHNSON Jr., Harold B. "Investigação preliminar sobre dinheiro...", *op. cit.*, p. 226.

Nos caminhos da acumulação

A venda da libra de carne a 30 réis é uma das principais exigências do contrato, que previa esse preço congelado por seis anos.[151] O contratador Inácio Rangel de Azevedo Coutinho se responsabilizava por vender a carne a esse preço em todos os talhos da região urbana, área onde ele tinha o monopólio da venda da carne. Na renovação do contrato, em 1815, o herdeiro do contrato de Coutinho, seu fiador, Joaquim José de Siqueira, comprometeu-se a cumprir as mesmas condições do antigo contrato, ou melhor, matar ao menos 800 bois por semana e vender a libra de carne verde a 30 réis.[152]

O mesmo preço valia não só na urbe, mas em todo o subúrbio da cidade, onde os talhos eram leiloados anualmente e onde, até 1818, os arrematantes deviam comprar o gado do contratador. Este monopolizava as vendas de bois dentro da cidade e deveria vender a carne a 30 réis a libra, no máximo.[153]

Tudo se modificou em consequência da crise de 1818, que forçou o Estado joanino a aumentar o preço da carne, mantendo o tabelamento. O aumento não veio de imediato, apesar da subida no preço dos bois que chegavam à cidade. Apenas no contrato das carnes verdes de 1820, a primeira condição determinava que o preço da libra de carne passava a ser de 35 réis e, no segundo semestre de 1821, o contratador deveria cobrar um máximo de 40 réis pela libra no varejo.[154] Esse aumento controlado do preço, entretanto, não foi o suficiente para conter a tendência de alta do produto. Prova disso são os relatos vindos do próprio aparelho de Estado indicando que esse limite máximo do preço não era respeitado. Em 1820, o almotacé Cunha fez uma nova denúncia:

> Estas minhas reflexões não produziram efeito desejado, pois que em minha presença achando-me no açougue de Santa Luzia, os carniceiros ousaram vender carne por maior preço que o taxado e estranhando então criminoso procedimento, tive o dissabor de ouvir uma resposta que se reduziu ao auto de que tenho a honra de transmitir a Vossa Excelência a cópia inclusa.[155]

---

151 AN. Fundo: Série anterior (A2). IJJ[10] 35, doc. cit.

152 AGCRJ. Matadouros e açougues, vários requerimentos (1802-1821). Códice 53-2-16, f. 165.

153 AGCRJ. Arrematações do Senado da Câmara (1806-1817). Códice 39-3-52, f. 114.

154 AGCRJ. Arrematações do Senado da Câmara (1818-1829). Códice 39-3-53, f. 106-7; 138.

155 AGCRJ. Representação do Almotacé Cunha sobre as carnes verdes (1820). Códice 53-2-22, f. 7-9.

Infelizmente, a tal "cópia inclusa" não foi encontrada, mas parece que a prática de cobrar mais do que o preço tabelado nos talhos da cidade era algo comum, ao menos nesse período:

> O Senado da Câmara faz saber que sendo a multiplicidade dos talhos espalhados dezordenadamente por toda esta cidade huma das causas principais de se vender nelles a carne de vaca por mais de quarenta réis a libra, por ser impossível aos juízes almotacés vigiar sobre elles como devem [...].[156]

A própria Câmara, portanto, admitia em um edital exposto publicamente na cidade que não dava conta da fiscalização e que a carne era vendida a mais de 40 réis.

A Câmara liberou o comércio em 1821, pondo fim ao contrato, mas mantendo uma única condição: o preço da libra não podia ultrapassar os 40 réis.[157] O governo de D. Pedro I, no entanto, mostrando com clareza seus grupos de sustentação, liberou totalmente o comércio e os preços praticados no varejo em 20 de novembro de 1823.[158] Daí em diante, os consumidores de carne verde não tiveram tanta escassez do gênero, mas conheceram uma forte carestia. Aureliano Restier Gonçalves destacou em seu artigo como a situação para os consumidores, especialmente para as camadas médias, piorou muito com a liberação dos preços.[159]

Essa situação é de fácil comprovação através das menções ao preço das carnes verdes após 1823 encontradas na pesquisa. Após isso, os órgãos públicos, tanto os municipais como o nacional, pararam de fiscalizar ou mesmo comentar o preço das carnes verdes. Das três únicas menções ao preço encontradas, uma vem de uma representação popular e outras duas de um fiscal e do administrador dos matadouros, que, de alguma forma, parecem ter se incomodado com os altos preços da carne. A população consumidora do gênero não se aquietou como as autoridades, como se vê na referida representação popular:

---

156 AGCRJ. Editais do Senado da Câmara de 1821 a 1828. Códice 16-4-22, f. 7.

157 AGCRJ. Editais do Senado da Câmara de 1821 a 1828. Códice 16-4-22, f. 10-1.

158 CLB de 1823, p. 114-5.

159 GONÇALVES, Aureliano Restier. "Carnes verdes em São Sebastião do Rio de Janeiro...", *op. cit.*, p. 312.

> O povo desta Corte representa a VVSS que os cortadores da carne verde tem alevantado o preço a vender a quatro vintens e a seis e pelo preço que muito bem lhe paresem a seu arbítrio
>
> [...]
>
> Por isso, implorão de VVSS que haja de dar providencia sobre estes generos da maior necessidade em dar regimento estepulando preço certo para hum e outros asougues tanto de carne verde como de carne de porco: e que os cortadores sejao obrigados a tirar este regimento e tello e quando exceda a vender por mais serem castigado com penas que VVSS acharem ser justas assim como nos pezos que sempre he de menos em libra e mais isto acontesse em hum e outro talho a falcificação de pesos.[160]

O relato de carne verde a 86 réis a libra em 1827 mostra como a liberação dos preços incidiu sobre a venda desse produto. Toda a pressão inflacionária que se fazia sentir sobre o comércio quando ele tinha preços tabelados explodiu quando o preço deixou de ser fixo e a especulação virou prática corrente a partir de então, respaldada pela estrutura do comércio.

Porém, 86 réis não foi o limite encontrado pelo preço. Em 1830, período em que houve escassez de carne na cidade, o fiscal de São José, José Rodrigues da Silva, relatou de forma indignada que a libra de carne verde atingia em julho daquele ano o patamar de 160 réis o arrátel,[161] um preço quatro vezes superior ao valor que antecedeu a lei de 1823. O administrador do matadouro no ano de 1836 afirmou que, em uma semana de novembro de 1836, a carne magra foi vendida a 95 réis na cidade e a carne gorda a 100 réis, o que fez com que muitas pessoas não comprassem o produto naquela semana.[162] A carne verde subia de preço a um valor muito maior que o dos aumentos verificados na inflação. A causa desse aumento não pode ser entendida apenas por questões na produção ou em problemas técnicos, mas deve ser compreendida na estrutura do comércio das carnes verdes.

---

160 AGCRJ. Matadouros e açougues (1822-1830). Códice 53-3-2, f. 150.

161 AGCRJ. Matadouros e talhos (1812-1830). Códice 53-2-19, f. 232.

162 AGCRJ. Carnes verdes e matadouros: talhos, açougues, ofícios, portarias, representações, memórias, impostos sobre o gado a abater, pareceres, etc. (1832-1837). Códice 53-3-14, f. 60-70.

A estrutura do comércio

No escravismo colonial, de forma similar ao que ocorre como no capitalismo, o setor comercial retira grande proveito do setor primário da economia e a agropecuária tende a ter lucros menores do que os retidos no âmbito da circulação. Théo Piñeiro afirma que essa transferência de recursos para o segmento mercantil faz parte da chamada reprodução extensiva.[163] Márcia Motta identifica esse processo no comércio de abastecimento de produtos agrícolas, das bandas d'além para o Rio de Janeiro, os intermediários – que eram grandes proprietários da região, detentores de portos do lado Leste da baía – compravam as frutas, legumes e outros dos produtores a preços baixos e vendiam-nos no Rio a preços mais caros.[164]

Situação idêntica acontecia no comércio das carnes verdes de longa distância. Alcir Lenharo, analisando o comércio de abastecimento em geral e o de reses em particular para a Corte, afirma a existência desse mesmo mecanismo no comércio das boiadas. Citando Saint-Hilaire, ele mostra como os produtores mineiros eram pobres, dependentes e endividados dos intermediários, e que estes eram os grandes beneficiados nesse processo produtivo, alcançando grandes lucros.[165] No comércio de reses do Sul para a cidade, segundo Maria Schörer Petrone, também os intermediários lucravam bem mais que os produtores.[166]

Essa é a primeira característica a ser ressaltada sobre a estrutura de comércio, que determina a concentração dos lucros desse negócio no setor mercantil e não na mão de produtores, com as raras exceções dos produtores que participavam do comércio.

Uma estratégia dos negociantes, bem característica também do escravismo colonial, é a tentativa de dominar todas as etapas da comercialização e todo o mercado. Com essa medida, comprovada em fontes primárias, eles tentavam garantir, através do monopólio de um ramo do comércio, um lucro cada vez maior. Alcir Lenharo relata como poderosas famílias de negociantes eram todas envolvidas no comércio de abastecimento, chegando a dominar todas as etapas desde a produção até a venda em varejo na cidade. Ele cita os Carneiro Leão e os Gomes Barroso como exemplos dessa estratégia de ação.[167]

---

163 Piñeiro, Théo Lobarinhas. *Os Simples Comissários*, op. cit., p. 24.

164 Motta, Márcia Maria Menendes. *Pelas Bandas d'Além*, op. cit., p. 77-82.

165 Lenharo, Alcir. "A Rota Menor", op. cit., p. 44-5.

166 Petrone, Maria Thereza Schörer. *O Barão de Iguape*, op. cit., p. 109-10.

167 Lenharo, Alcir. *As Tropas da Moderação*, op. cit., p. 37; Gorenstein, Riva. "Comércio e Política", op. cit., p. 167.

Essa tentativa de controle do mercado no comércio de carne verde só ocorreu a partir de 1821, já que antes disso o comércio no varejo era monopolizado pelo contratador, e este, em parceria com seus fornecedores, dominava as diversas etapas da circulação. A partir da liberação do comércio, os marchantes – donos de talhos de carne na cidade – passaram a comprar o gado dos condutores, na feira de São Cristóvão. Alguns marchantes não eram apenas donos de açougues, mas poderosos negociantes que estavam presentes no comércio de reses para a cidade e que passaram a estabelecer o preço no qual as reses eram compradas no Campo de São Cristóvão, gerando uma série de conflitos. Uma representação de condutores mineiros de janeiro de 1823 pediu ao Imperador que fosse permitido a esses matarem suas reses e venderem a carne à população, visto que eles não aceitavam os preços que os marchantes queriam impor pelas cabeças. O mesmo se deu em 1824, quando um atravessador chegou à cidade com 195 reses e quis licença para matar o gado.[168]

Porém, com o fim do monopólio na venda de carne na cidade, outro importante mecanismo de domínio sobre o mercado tomou forma, o controle do matadouro. Esse controle representava um privilégio no abastecimento de carne à cidade, por isso, apesar do valor relativamente baixo, a arrematação da renda dos matadouros tinha grande importância. Antonio Joaquim do Carmo, o contratador das carnes verdes em 1820 e 1821, continuou sendo o negociante mais importante no mercado das carnes por ter certo controle sobre o comércio de longa distância de boiadas, por possuir vários açougues na cidade, além de, nos anos de 1822, 1824, 1825, 1826 e 1828, ter o seu parente, Manoel Joaquim do Carmo, como administrador dos dois matadouros da cidade, havendo várias denúncias de beneficiamento para Antonio Joaquim do Carmo nessas administrações. Antonio Joaquim do Carmo era, no momento, um exemplo de grande negociante que dominava todas as etapas do processo de circulação.

Porém, o seu domínio estava em declínio com a ascensão de outros grupos, o que deu origem a disputas. Em 1827, Manoel Thomaz de Aquino venceu a licitação para a renda dos matadouros e passou a beneficiar um aliado seu, dando início a conflitos que tiveram o Senado da Câmara como arena:

> [a administração dos matadouros] há três anos existe inalterável, já se procedeu a dois lançamentos, e nestes tem entrado com primazia o marchante Antonio Domingues Vellozo, representado pelo seu caixeiro. Facil

---

168 AGCRJ. Matadouros e açougues (1822-1830). Códice 53-3-2, f. 43-4; AGCRJ. Matadouros e açougues (1822-1830). Códice 53-3-2, f. 70.

> he de ver que recahindo neste marchante a função de arrematante será elle o primeiro em acção no matadoiro, e apparecerão com elle as seleçoens odiozas, que a Lei prohibe, haverá sensível quebra do direito nacional e gravíssimos prejuízos não só aos outros marchantes, como em capital lesão do fornecimento publico; porque o arrematante sendo interessado no corte de suas reses não terá a delicadeza de franquear os cepos aos outros marchantes enquanto tiver gado em pé.[...] o interesse particular do arrematante SUFFOCARÁ o direito comum dos marchantes, e terá o publico de soffrer as arbitrações do monopólio.[169]

No documento, assinado por Antonio Joaquim do Carmo, fica explícita a importância de se controlar o matadouro. O caixeiro do marchante Antonio Domingues, a que ele se refere, era o próprio arrematante do contrato, Manoel Thomaz de Aquino. O protesto de Carmo se deveu não só ao fato de ter sido preterido na matança das reses no matadouro a partir de 1827, mas também ao fato de ter perdido o controle do matadouro naquele ano. Outra estratégia do grupo mercantil que a citação demonstra era a de tentar, sempre quando possível, burlar o fisco, sendo o controle do matadouro extremamente importante para tal.

O domínio do mercado também foi conseguido de outras formas. Na década de 1830, Domingos Custódio Guimarães, além de ter controlado os matadouros em alguns anos, teve outra forma de dominar o mercado de carnes:

> Para dar execução ao officio que me foi dado da parte de Vossa Senhoria desta Secretaria ante Illustre Camara datado de 2 do corrente respeito ao impresso asignado pelo inimigo dos monopolistas, que dis ser Domingos Guimaraens atravessador de gados com infração das Leys e Posturas com tal prejuízo dos povos. Sahi por todo o Decreto a informar me o que me informarão he, que se todos os vendedores de gados que o toma de diversas partes, a encaminhão a aquele comprador por este lhe comprar a boiada por junto, e não fazer conta a aquelles vendedores venderem nos talhos, até porque não tem uma paragem adonde guardem os gados para dali a hirem vendendo: e penso fazem para junto aquele comprador Guimes ali para evitarem a mortandade do mesmo gado acoscendo a que

---

[169] BN. CARMO, Antonio Joaquim do. (Seção de Manuscritos, C-899, 13), doc. cit.

> este comprador vende depois a maior parte para todos os açougues e matadouros daquela freguesia.[170]

Domingos Custódio Guimarães dominava o comércio, utilizando-se do controle das paragens e currais existentes na cidade no período, obrigando os condutores independentes que chegavam à cidade a venderem o gado a ele. Com essa estratégia, o negociante neutralizava a concorrência e determinava os preços praticados na venda do gênero.

Um fator que limitava a poucos o mercado de condução de gado pelos caminhos era o custo do empreendimento de uma viagem de boiada, que incluía diversos gastos que apenas possuidores de muitos capitais podiam pagar. Não se pode dizer que este era um mercado tão restrito como o do tráfico de escravos, em que eram necessários 10 a 40 contos de réis de investimento;[171] no entanto, a soma de recursos para se fazer uma boiada não era pequena, tornando o negócio um tanto exclusivo. Essa limitação é central para se entender a estrutura de comércio das boiadas, como destaca João Fragoso.[172]

A boiada incluía gastos com a compra do gado, com os condutores e outros empregados, as estações invernadas, os diversos impostos e as reses mortas ao longo do caminho. Petrone consegue dados interessantes sobre esse empreendimento com os registros empresariais de Antonio da Silva Prado. O custo total de uma imensa boiada formada em 1828, que contava com 801 bois, foi de 5:591$200. Pode-se estimar que boiadas menores, de 100 a 200 cabeças, deveriam ter um custo mínimo de 1 conto de réis.[173] São recursos bem menores que os necessários para uma viagem negreira, mas que, de forma similar, não estavam disponíveis facilmente para muitos comerciantes. Há de se pensar também que um mesmo negociante dificilmente fazia apenas uma boiada por ano. As boiadas não ultrapassavam geralmente o número de 600 cabeças por uma questão técnica, visto que com mais do que isso, as reses eram facilmente perdidas pelo caminho. Porém, eram feitas várias boiadas da região produtora para a Corte e todas em um mesmo período do ano, havendo negociantes que levavam milhares de bois anualmente para a cidade.

Apesar do grande custo, o lucro era muito grande, tendo-se como exemplo esta gigantesca boiada citada, de 801 reses, que teve um lucro de 2:675$120, ou 47,8% do capital

---

170 AGCRJ. Carnes verdes e matadouros: talhos, açougues, ofícios, portarias, representações, memórias, impostos sobre o gado a abater, pareceres, etc. (1832-1837). Códice 53-3-14, f. 2.

171 FLORENTINO, Manolo. *Em Costas Negras*, op. cit., p. 154-74.

172 FRAGOSO, João Luiz Ribeiro. "O império escravista e a República dos plantadores", *op. cit.*, p. 155-9.

173 PETRONE, Maria Thereza Schörer. *O Barão de Iguape*, op. cit., p. 94-5.

aplicado. Petrone relata os altos lucros de diversas boiadas, que variavam de 24,6% até 64,2% e, em um caso específico, usando largamente de artifícios especulativos. Antonio da Silva Prado conseguiu, no comércio de bestas para o Vale do Paraíba, um lucro de 100%.[174] Alcir Lenharo faz uma comparação entre os lucros dos negociantes de gado estudados por Petrone e os dos produtores mineiros de gado, que, segundo dados de Saint-Hilaire, eram em média de 10%, muito menores que os lucros retidos no âmbito da circulação.[175]

O elevado custo fazia o comércio ser altamente concentrado, já que nem todos tinham capital suficiente para fazer grandes boiadas, além de ter os gastos, como: paragens próximas à Corte, controle de currais, controle sobre o matadouro etc. Isso determina a concentração deste comércio, característica que dá o tom da estrutura do comércio.

Para se ter uma ideia da concentração que o comércio atingia, há o relato de um negociante paulista datado de 1810 ou 1811. Nessa época, perdurava o contrato das carnes verdes, em que Coutinho tinha fornecedores de gado, sendo um deles Manuel José de Mello:

> Diz o capitam Manoel José de Mello, morador da vila de Guaratinguitá capitania de São Paulo, que sendo esta, a que fornece esta capital da maior abundancia de gado, e o supplicante hum dos que todos os anos envião o maior numero de cabeças, chegando a mandar duas, tres mil, e mais [...][176]

Durante a vigência dos contratos, o comércio de longa distância de reses era feito basicamente por um pequeno número de negociantes aliados ao contratador das carnes verdes e esta época, especificamente, foi de grande concentração no comércio de boiadas.

Renato Marcondes comprova essa concentração com números no comércio de longa distância de reses bovinas na primeira década do século XIX. Esse autor demonstra como, de 1801 a 1811, cinco negociantes dominavam 51,4% das viagens, em que eram transportados 53,9% das reses que se encaminhavam ao Rio de Janeiro. Abaixo deles, havia uma multidão de pequenos comerciantes que levavam pequenas boiadas à capital. Os principais negociantes presentes nesse comércio eram sócios de Inácio Rangel de Azevedo Cou-

---

174 *Ibidem*, p. 94-5; 119-20.

175 LENHARO, Alcir. *As Tropas da Moderação, op. cit.*, p. 84.

176 BN. COUTINHO, Inácio Rangel de Azevedo. (Seção de Manuscritos, C-609, 16), doc. cit.

tinho após a arrematação por este do contrato das carnes verdes em 1810, sendo o caso, por exemplo, do capitão Manuel José de Mello e do capitão Ventura José de Abreu.[177]

Para compreender a estrutura e o grau de concentração do comércio de carnes verdes para a cidade do Rio de Janeiro, utilizou-se um material que continha a identificação dos negociantes que matavam reses nos matadouros da cidade. Essas fontes mostram os comerciantes de gado que tinham açougues na cidade, porém os principais detentores de açougues não eram apenas vendedores de varejo, mas controladores de todas as etapas do comércio e negociantes de grosso trato. Os dados, novamente, são escassos e não podem ser transformados em séries, já que há apenas dados referentes aos anos de 1827, 1830, 1833 e 1836 e, mesmo esses, indicam somente algumas semanas de matança e não longos períodos. Pensa-se que, mesmo com tantas limitações, é possível apreender a estrutura de comércio com esses dados.

Como já se afirmou anteriormente, na primeira metade da década de 1820, Antonio Joaquim do Carmo foi o principal negociante do comércio das carnes, tanto no atacado, como no varejo. Logo após o fim do seu contrato de monopólio, ele manteve forte presença nesse comércio, perdendo depois espaço para novos negociantes,[178] mas não seria ainda desbancado, como se vê na tabela a seguir:

Tabela 1.9 – Relação do número de bois abatidos com seus respectivos donos no matadouro de Santa Luzia do dia 1º ao dia 31 de janeiro de 1827

Dono do gado	Número de bois mortos	Percentual sobre o total
Antonio Domingues Velloso	1.848	48,4%
Antonio Joaquim do Carmo	1.427	37,4%
Francisco Antonio d'Amorim	281	7,4%
Mathias Aleixo	111	2,9%
Antonio Dias da Costa	71	1,9%
Joaquim dos Santos	47	1,2%
Avulsos	30	0,8%
Total	3.815	100%

Fonte: AGCRJ. Matadouros e açougues (1822-1830). Códice 53-3-2, f. 127-31.

A tabela foi copiada exatamente como estava nos manuscritos, sendo adicionada apenas a terceira coluna, que dá o percentual do gado morto, para que se tenha uma ideia do controle

---

177 MARCONDES, Renato Leite. *O Abastecimento de Gado do Rio de Janeiro*, op. cit., p. 11-13.

178 No capítulo 2, abordaremos as trajetórias dos negociantes envolvidos no comércio e seus conflitos.

sobre o comércio exercido pelos marchantes. Trata-se de uma estrutura oligopolizada, pois os dois marchantes, Antonio Joaquim do Carmo e Antonio Domingues Velloso, que são também atravessadores de gado, dominavam juntos o equivalente a 85,8% de todas as matanças no matadouro de Santa Luzia, o que tem consequências sobre o preço e a abundância do produto.

A estrutura oligopolizada já foi afirmada anteriormente para o comércio de abastecimento, sobre o comércio de reses de longa distância. João Fragoso já identificou que o comércio de longa distância de reses, assim como várias outras formas de comércio na economia colonial, era dominado por alguns poucos negociantes, que tinham o oligopólio do mercado, seguidos por uma multidão de pequenos comerciantes que especulavam.[179] De acordo com a tabela, o mesmo valia para o comércio de carnes verdes nesse período, havendo dois grandes negociantes que detinham o controle sobre o mercado e uma série de pequenos comerciantes que não cobriam nem 15% das matanças. Riva Gorenstein, antes mesmo de Fragoso, afirmou que o comércio de abastecimento era oligopolizado, o que permitia uma especulação frequente, deixando os consumidores em má situação.[180]

Essa hierarquização com a existência de pequenos comerciantes inexpressivos, que era visível nos caminhos, era também existente nos matadouros. O matadouro da Cidade Nova tem também a sua contabilidade para o mesmo período:

Tabela 1.10 – Relação do número de bois abatidos com seus respectivos donos no matadouro da Cidade Nova do dia 1º ao dia 31 de janeiro de 1827

Dono do gado	Número de bois mortos
Manoel Lemos d'Oliveira	259
Francisco Antonio Carnide	48
João de Morais	35
Francisco Antonio d'Amorim	19
Avulsos	27
Total	388

Fonte: AGCRJ. Matadouros e açougues (1822-1830). Códice 53-3-2, f. 127-31.

---

[179] FRAGOSO, João Luiz Ribeiro. *Homens de Grossa Aventura*, op. cit., p. 173-4. Manolo Florentino demonstrou como essa mesma estrutura comercial prevalecia no tráfico de escravos. FLORENTINO, Manolo. *Em Costas Negras*, op. cit., p. 150-4.

[180] GORENSTEIN, Riva. "Comércio e Política", op. cit., p. 167.

Nos caminhos da acumulação

O matadouro da Cidade Nova funcionava, nesse momento, como um nicho para pequenos comerciantes, visto que não suportava um grande número de abates. Apenas um comerciante, não muito expressivo, foi identificado nesse e também no outro matadouro, Francisco Antonio d'Amorim. Os grandes negociantes não estavam presentes nesse matadouro.

A força dos dois negociantes continuou grande, porém não se pode mais falar de mercado oligopolizado apenas por eles em 1830:

Tabela 1.11 – Relação do número de bois abatidos com seus respectivos donos no matadouro de Santa Luzia do dia 12 de março ao dia 30 de abril de 1830:

Dono do gado	Número de bois mortos	Percentual sobre o total
Antonio Joaquim do Carmo	1.831	23,26%
Antonio Domingues	1.726	21,92%
Manoel Lemos Oliveira	898	11,40%
Jacintho Rodinho	863	10,96%
João Baptista Midosi	799	10,15%
Mathias Aleixo	688	8,74%
Manoel Alves	593	7,53%
Francisco Antonio Alves	268	3,40%
Ignácio da Fonseca Rangel	136	1,73%
Bernardo Mattos	40	0,51%
Henrique	12	0,15%
Jose Marcelin	6	0,08%
Santos	4	0,05%
Rogério	2	0,03%
Athanazio	2	0,03%
Victor	2	0,03%
Francisco Lemos	1	0,01%
Manoel Branco	1	0,01%
Francisco	1	0,01%
Total	7.873	100%

Fonte: AGCRJ. Matadouros e açougues (1822-1830). Códice 53-3-2, f. 164-6.

Nesse momento, os sete primeiros negociantes controlavam o comércio, sendo juntos responsáveis por 94,2% da matança. A hierarquização mesmo dentro dos que controlam o comércio, como entre os pequenos comerciantes, prevaleceu. A tabela, da mesma forma que a outra, é igual à da fonte primária, com a adição apenas da terceira coluna, só que desta vez há a inclusão individual dos 'avulsos', que eram pequenos comerciantes que, pela insignificância como eram vistos, muitas vezes nem o sobrenome ou o nome tinham anotados pelo administrador do matadouro. Isso confirma a tese de

Fragoso de que uma multidão de pequenos comerciantes atuava no comércio, mas não tinham destaque no mercado.

Nesse momento, porém, Antonio Domingues Velloso fez matanças no matadouro da Cidade Nova. No mesmo período que o da tabela, Velloso matou 457 reses naquele matadouro, das 1.031 abatidas naquele período. Vê-se, portanto, que Velloso ainda era ligeiramente mais poderoso do que Carmo, sob o ponto de vista do número de reses mortas nos matadouros, já que ele matou um total de 2.183 reses nos dois matadouros no período, enquanto Carmo, que não teve matanças na Cidade Nova, abateu apenas as 1.831 cabeças presentes em Santa Luzia.[181]

Em outro documento, foi encontrada uma tabela similar para os meses de maio e junho do mesmo ano, porém esta é em vários pontos ilegível, não sendo possível determinar certos números e a quantidade total. Pode-se notar, no entanto, que a estrutura continuou a mesma do mês abordado na tabela 1.11. Carmo matou 1.198 reses nos dois meses e Velloso 1.470. São os dois principais negociantes presentes no matadouro, porém, da mesma forma que na sobredita tabela, não detinham mais o controle do matadouro como em 1827. Dois concorrentes deles, Manoel Lemos Oliveira e João Baptista Midosi, abateram respectivamente 1.119 e 1.089 cabeças. Persistiu, portanto, a estrutura oligopolizada mais aberta presente na tabela 1.11.[182]

Não se conseguiu achar uma explicação para a relativa decadência de Carmo e Velloso. Os dois negociantes que, em um mês de 1827, tinham o controle de 85,8% das matanças do matadouro de Santa Luzia, detinham, em 1830, apenas 45,1%. A causa mais provável para esse declínio de ambos os negociantes deve provir de disputas comerciais, sendo certo que a tendência continuou a ponto de os dois negociantes não estarem mais presentes neste ramo em 1833. Do controle oligopolizado dos dois neste comércio, o mercado das carnes verdes experimentou, em passagens da década, um interregno no qual prevaleceu uma relativa horizontalidade no comércio, que logo foi completamente desfeita. Teve fim tanto a estrutura de oligopólio restrito quanto a de oligopólio aberto e o mercado de carnes verdes, assim como o de boiadas, viveu sob a existência de um monopólio.

---

181 AGCRJ. Matadouros e açougues (1822-1830). Códice 53-3-2, f. 164-6.
182 AGCRJ. Matadouros e talhos (1812-1830). Códice 53-2-19, f. 218-24.

Tabela 1.12 – Relação do número de bois abatidos com seus respectivos donos no matadouro de Santa Luzia do dia 4 de abril ao dia 31 de maio de 1833:

Dono do gado	Número de bois mortos	Percentual sobre o total
Domingos Custódio Guimarães	3.303	78%
João Manuel de Azevedo	466	11%
Francisco da Silva	310	7,3%
Outros	157	3,7%
Total	4.236	100%

Fonte: AGCRJ. Carnes e matadouros: matadouro de Santa Luzia - administração propriamente dita (1832-1853). Códice 53-3-15, f. 23-4.

Modificou-se a estrutura de comércio, passando-se de um controle de poucos para o controle de um negociante apenas. A tendência ao monopólio prevaleceu em todo o período estudado, porém, em regime de matança livre, esse parece ter sido o único período em que um negociante conseguiu esse controle sobre o matadouro. Isso teve consequências sobre o mercado, determinando, em especial, a grande carestia do período. Esse monopólio do negociante de São João del Rei, Domingos Custódio, rendeu a ele faustosos lucros, tendo ele dominado todas as etapas da circulação, desde a compra do gado em Minas até o varejo, com um detalhe importante no meio do caminho: de 1833 a 1835, ele controlava o matadouro através do contrato arrematado por um aliado seu, Francisco da Paula e Silva. Em 1834 e 1835, esse controle se tornou ainda mais claro, já que ele foi o fiador do contrato sobre a renda dos matadouros.[183]

Guimarães não se limitou a dominar o matadouro de Santa Luzia, no período entre 4 e 30 de abril. Ele foi o responsável também pelo abate das 352 reses mortas no matadouro da Cidade Nova, em um total de 597 cabeças abatidas no matadouro no período. Isso equivalia a 58,9% da matança naquele matadouro, enquanto seu rival distante era o mesmo do matadouro de Santa Luzia, João Manuel Azevedo, que matou 241 reses na Cidade Nova no mesmo período.[184]

Esse monopólio proveio da modificação no suprimento de reses para a cidade, e com a mudança nesse abastecimento modificou-se a estrutura do comércio dentro da urbe.

---

183 AGCRJ. Arrematações da Câmara Municipal (1830-1844). Códice 39-3-56, f. 6-8; 29-32; 43-6; 52-5.

184 AGCRJ. Carnes e matadouros: matadouros da Cidade Nova - administração propriamente dita (1827-1837). Códice 53-3-4, f. 12.

Domingos Custódio Guimarães perdeu a administração dos matadouros em 1836, mas ainda conseguiu, com menor força, dominar o comércio. Em uma semana de novembro de 1836, ele e seu sócio e também familiar, Guimarães, abateram juntos 61,5% das reses no matadouro de Santa Luzia, enquanto nenhum outro marchante conseguiu chegar a 15% dos abates. Persistiu o controle de Domingos Custódio, com reclamação de várias partes sobre as consequências do controle, em especial a carestia da carne.[185]

Com as situações de oligopólio e monopólio, os negociantes tinham grande controle sobre os preços do mercado e podiam atingir grandes lucros, gerando forte acumulação de capitais. No entanto, o mesmo não valia para o período anterior a 1821, quando houve a vigência dos contratos de monopólio. Uma abordagem mais cuidadosa deve ser feita sobre a estrutura de comércio nesse período, principalmente para se entender a escassez presente nesta época.

A lógica da escassez e a lógica da carestia

Várias já foram as causas apontadas para a escassez dos gêneros básicos na economia colonial e, em casos extremos, das faltas que levavam à fome. Não só os relatos de época divergem sobre as causas da escassez, também os historiadores que estudaram o assunto não têm visões comuns sobre o motivo de as cidades coloniais não serem bem supridas de alimentos.

Maria Yedda Linhares fez uma compilação de várias causas dadas nas fontes para a falta e a carestia de carne verde no Rio de Janeiro. Mencionam-se as longas distâncias, as estradas ruins, os impostos, a especulação dos atravessadores e a indiferença do poder público.[186] Se todas estas causas devem ser levadas em consideração como motivos de relativa importância, pensamos que não foram problematizadas, a ponto de se atingir o cerne da questão. Isso não é de se estranhar, visto que, como afirma Ciro Flamarion Cardoso, um dos pontos de aproximação entre o marxismo e o grupo dos Annales é a convicção de que a consciência que os homens de determinado período têm de sua época muitas vezes não coincide com a realidade social em questão.[187] Assim, esses relatos não relacionaram as causas à estrutura social vigente.

---

185 AGCRJ. Carnes verdes e matadouros: talhos, açougues, ofícios, portarias, representações, memórias, impostos sobre o gado a abater, pareceres, etc. (1832-1837). Códice 53-3-14, f. 60-70.

186 LINHARES, Maria Yedda Leite. *História do Abastecimento, op. cit.*, p. 191-4.

187 CARDOSO, Ciro Flamarion Santana. "Introdução: História e paradigmas rivais". In: CARDOSO, Ciro Flamarion Santana; VAINFAS, Ronaldo (orgs.). *Domínios da História, op. cit.*, p. 9.

Os historiadores já deram também várias causas para o mesmo problema. Alcir Lenharo não teve a intenção de explorar o motivo da escassez e da carestia e passou tangencialmente por este problema, dando apenas alguns argumentos técnicos, afirmando que "as estradas eram precárias", que havia durante a viagem "perdas consideráveis" e que as viagens eram longas.[188]

O grupo da história agrária explorou mais esse campo; Francisco Carlos Teixeira da Silva criou a explicação da causa poliédrica para a escassez em Salvador e, em menor escala, no Rio do século XVIII. Essa causa poliédrica se devia à estrutura colonial e incluía problemas no acesso à terra, no transporte, no armazenamento e nas imposições do Estado à produção. Havia ainda a ação do capital mercantil e o plantacionismo – que era uma forma de penalização da produção de alimentos com o tabelamento a um valor baixo dos preços desses produtos, beneficiando os grandes produtores voltados para a exportação. Por fim, adiciona-se a isto a limitação ecológica e a falha tecnológica. Francisco Carlos Teixeira afirma, no entanto, que, para aquele período específico, a concorrência entre a produção para exportação e a produção visando ao abastecimento não era um fator que determinava a escassez, falta ou carestia.[189]

Em um estudo anterior, Teixeira da Silva e Maria Yedda Linhares haviam afirmado que as causas para as crises na produção de alimentos na colônia eram quatro: causas naturais, o fato de existir produção voltada para artigos mais lucrativos, a tendência da pequena produção a ser de subsistência e, a principal, a concorrência entre a agricultura de subsistência e a agroexportação.[190]

Vimos que para as carnes verdes no período abordado, a escassez e a carestia são determinadas pelos seguintes fatores: concorrência da produção de carne verde com a carne-seca, estrutura concentrada do comércio das boiadas e das carnes, má condição dos caminhos, grande distância da cidade para as regiões produtoras e os altos custos das viagens. Todos esses motivos não devem ser entendidos técnica ou isoladamente, mas inseridos na estrutura escravista colonial, em que a produção para abastecimento é secundária diante da produção para a exportação ou de um produto mais lucrativo, mesmo com a força do comércio interno a partir de 1808. A sociedade colonial é altamente hierarquizada em sua

---

188 LENHARO, Alcir. *As Tropas da Moderação*, op. cit., p. 35.

189 SILVA, Francisco Carlos Teixeira da. *A Morfologia da Escassez*, op. cit., p. 404-8.

190 LINHARES, Maria Yedda Leite; SILVA, Francisco Carlos Teixeira da. *História da Agricultura Brasileira: combates e controvérsias*. São Paulo: Brasiliense, 1981, p. 160-70.

estrutura social, com grande estratificação nas fortunas e no controle de capitais, o que gera a estrutura concentrada do comércio das carnes. Os caminhos, mesmo com a relativa modificação da política para os mesmos a partir de 1808, mantiveram-se em um estado inadequado para a passagem das dezenas de milhares de cabeças de gado por ano. Tudo isto gerou a escassez do fornecimento do gênero à cidade e a grande oscilação nos preços, com forte carestia em certos períodos.

No entanto, no período anterior a 1821, existia uma causa diferente para a escassez de carne verde na cidade. Nesses anos, estourou a crise oriunda da produção de charque no Sul, mas a concorrência entre a produção de charque e carne verde não foi o único ingrediente do problema da escassez entre 1810 e 1821, visto que os grandes choques de 1808 e 1818 no mercado do Rio de Janeiro tiveram uma recuperação muito lenta. Para entender a persistente crise nesse período, é preciso observar o sistema de monopólio do varejo, existente com o contrato das carnes verdes.

O contrato de 1810 – da mesma forma que os de 1815, 1820 e 1821 – determinava o seguinte na sua condição quinta:

> Que nenhuma pessoa desde Santo Antonio da Lapa para cá poderá comprar gado sem ser por conta, ordem ou mandado delle contractador, como tão bem nenhuma pessoa poderá atravessar aqueles gados que vierem de Minas Gerais, a excepção do senhor d'engenho e agricultores, os quaes poderão comprar os que lhe forem precizos para as suas fabricas e lavouras onde lhes parecer e os houver. E se elle contractador não comprar os gados, poderão seus donos cortallo por sua conta no açougue publico desta cidade, pagando somente os direitos do cortume e o aluguer dos utensílios a seus respectivos donos.[191]

Portanto, o contratador não tinha apenas o controle do matadouro e de todos os talhos urbanos, mas o monopsônio sobre a compra de todo o gado que chegava à cidade, ou melhor, o privilégio de ser o único comprador de reses no espaço indicado.

A partir dessa exclusividade, o contratador não teria nenhum interesse que algum boiadeiro chegasse à cidade e matasse por conta própria seu gado, vendendo carne ao

---

[191] AN. Fundo: Série anterior (A2). IJJ[10] 35, doc. cit.

público em seguida. Teoricamente, o contrato garantia aos condutores essa liberdade, mas na prática isso não ocorria, como fica explícito nesse documento de maio de 1821:

> Constando a SAR o Príncipe Regente, que José Antonio Ribeiro trouxera de sítio remoto 200 bois para esta cidade com o fim de vender aos contratadores das carnes verdes, e por que estes nem lhe offerecem o preço razoavel que o indemnize das despezas com o competente interesse, nem lhe concedem talhos, se acha na dura circunstancia de voltar para aonde veio, sofrer o prejuízo das despezas da jornada e outros mais que são ordinários neste gênero de commercio, que muito convem animar para ser bem abastecida esta cidade. He o mesmo senhor servido que o Senado da Câmara sem perda de tempo conceda ao sobredito José Antonio Ribeiro, o poder cortar e vender a sua custa os bois que trouxe, dando-lhe para isso suficientes talhos, pois assim exige o bem geral, que mais que tudo SAR tem em vista todas as suas reaes determinações. O que VMce fará presente no mesmo Senado para que assim se execute.[192]

Parece, portanto, que essa resolução da livre matança não era cumprida, tanto é que um condutor teve que apelar ao Rei para conseguir fazer o que determinava o contrato. Um ponto a se destacar é que, quando o Ribeiro afirmou que procurou vender "aos contratadores", devia estar se referindo a Antonio Joaquim Carmo e seus sócios, que eram, no período, José Joaquim de Almeida Regadas, fiador e administrador geral do contrato, e Joaquim José de Siqueira que, mesmo não sendo mais o contratador, continuava associado ao comércio.

Esse simples caso deu margem a uma série de disputas e confusões, tendo sido encontrados outros documentos sobre essa questão no arquivo biográfico de Carmo, na Biblioteca Nacional. Nestes, Carmo afirma que José Antonio Ribeiro lhe ofereceu 190 cabeças de gado e o contratador afirmara que pagaria um máximo de 9$200 por cabeça, no que Ribeiro não aceitou e apelou a Sua Alteza Real. Só assim ele conseguiu o matadouro para matar o gado, pagando as taxas específicas.[193]

---

192 AGCRJ. Matadouros e açougues, vários requerimentos (1802-1821). Códice 53-2-16, f. 118-9.
193 BN. CARMO, Antonio Joaquim do. Requerimento encaminhado a Sua Alteza Real relatando a verdade quanto a representação feita contra ele, por Jose Antonio Ribeiro. Fundo/Coleção Documentos biográficos. Rio de Janeiro: 1821. (Seção de Manuscritos, C-2, 36).

Isso leva a uma conclusão possível sobre as implicações do regime de monopólio no contrato: o preço pago pelas reses era determinado pelo contratador, já que este tinha o monopsônio da sua compra, e, quando o condutor exigia mais pelas reses, o titular do contrato podia decidir não comprá-las. Este é o único caso encontrado no qual o condutor apelou às autoridades para ter seu gado abatido, porém situações em que os condutores tiveram que aceitar os preços determinados pelo contratador devem ter ocorrido frequentemente. O controle do contratador sobre os preços do mercado fica ainda mais claro no longo documento a seguir, de 1811:

> Diz José Fernandes Rosa, morador, e estabelecido na villa de Barbacena, com marca de São João d'El Rei, da capitania de Minas Gerais, que negociando á mais de vinte annos em gado vaccum da dita capitania, para esta Corte, somente para ás fábricas de Engenhos de assucar, principalmente para as que são citas no districto da Villa de S. Antonio de Sá.
>
> [...] [o contratador] impedindo que o supplicante possa contratar o gado com os proprietarios das fabricas, como dantes praticava, põe o preço arbitrário que lhe parece, sem poder haver do supplicante evitação, pois que lhe he vedada a venda a outrem; resultando desta operação com mal geral as fabricas dos engenhos de assucar, pelo alto preço por que depois he revendido o gado, por aquelle único monopolista, aos senhores de engenho.
>
> [...] o presso que arbitra o marchante unico comprador privado, que he muito menor ao custo do gado, dá prejuízo neste giro de commercio e faz inteiramente cessar.
>
> [...] sendo então que deste tão opressivo monopolio não rezulta beneficio ao publico, a respeito da melhoria da carne, pois que se observa, que quando os cortes erão rematados a muitos marchantes, e o commercio

das boiadas era livre havia mais abundancia de carne, e melhor, pela liberdade do commercio, dos talhos.[194]

A leitura do documento demonstra que não era respeitada nem mesmo a resolução do contrato que liberava os senhores de engenho a comprarem o gado de quem fosse. O marchante a que a toda hora ele se refere era o contratador Inácio Rangel de Azevedo Coutinho, que tinha práticas monopolistas e especulativas claras, comprar o gado barato dos condutores e vender caro para os senhores de engenhos. O condutor chegou a mencionar que a situação da carne na cidade piorou também em função do contrato e não há por que pensar que o contratador não tivesse as mesmas práticas monopolistas e especulativas que tinha com a venda de reses para os engenhos também com a venda de carne na cidade.

Portanto, a venda de carnes sob forma de monopólio para a cidade não auxiliou muito na melhora do mercado do produto. O objetivo desse contrato parece ter sido mais conseguir rendas emergenciais para o Estado português e atender a certos interesses do que bem organizar a venda de carnes verdes na cidade. Isso era ainda mais acentuado até 1812, quando o contratador podia matar o número de reses que quisesse. Maria Graham caracteriza exatamente desta forma o problema do abastecimento de carne na cidade: "Há um açougueiro monopolista e ninguém pode matar um animal, sequer para o seu próprio uso, sem pagar-lhe uma licença; conseqüentemente, não havendo concorrência, ele fornece o mercado à sua vontade".[195] A viajante, que escreveu isso relativo ao ano de 1821 quando esteve na cidade, deixou bem claro ali que achava o contrato maléfico à abundância.

Outra conclusão pode já ser tirada: se o contratador determinava o preço máximo que pagaria pelas cabeças, e se ele tinha o controle dos talhos e, consequentemente, do mercado de carnes verdes na cidade, muitos condutores não quereriam trazer gado para a cidade caso o seu preço fosse muito baixo, o que gerava falta de reses. Isso cria a chamada lógica da escassez, lógica oriunda da forma como foi concebido o contrato, e que era altamente prejudicial para a população que consumia o gênero. O contratador não teria grandes lucros se comprasse reses muito acima de 10$000, por exemplo, e vendesse a carne tabelada a 30, 35 ou 40 réis. Uma rês proporcionava em média nove arrobas e meia, o que equivalia

---

[194] BN. ROSA, José Fernandes. Requerimento encaminhado ao Ministério do Império solicitando providências no sentido que possa continuar conduzindo suas boiadas para vender diretamente nos engenhos sem a intervenção de marchantes. Fundo/Coleção Documentos biográficos. S/l: 1811. (Seção de Manuscritos, C-456, 33).

[195] GRAHAM, Maria. *Diário de uma Viagem ao Brasil*. Belo Horizonte/São Paulo: Itatiaia/Edusp, 1990, p. 196.

a 304 libras de carne. Pensando-se na segunda metade do ano de 1821, com o preço da carne tabelado a 40 réis, ele conseguia retirar 12$160 réis de cada boi. Se ele comprasse, por exemplo, cada rês a 11$000 – como uma vez Antonio da Silva Prado conseguiu vender no mercado de São Cristóvão neste mesmo ano de 1821 –, provavelmente teria até prejuízo, pensando-se nos diversos custos que tinha: pagamento dos carniceiros no matadouro e nos talhos, transporte da carne, armazenamento do gado etc.

Para manter os preços baixos no mercado da cidade, o contratador precisava continuar sendo o único comprador, como deixou de acontecer no ano de 1818, de acordo com a acusação do contratador Siqueira aos vereadores:

> [...] em alguãs semanas se tem fornecido aos talhos por minha conta, mais de 800 rezes, mas se outras tem deixado de completar aquelle numero, he porque a actual falta de bois torna impraticavel o preenchimento daquela condição do contracto, razão este, que tendo prevalecido até agora, muito mais deve prevalecer para o futuro depois que VSas contra a letra, e espirito do mesmo contracto, fizerão arrematar os talhos particulares de S. Diogo, Mataporcos, S. Cristóvão e Laranjeiras; porque achando agora os administradores por mim propostos outros concurrentes nos mercados, não podem já contar com a compra exclusiva dos gados, que as condições me affiançarão. Nestes termos tendo VSas transgredido aquellas condiçoens, parece que por este mesmo facto eu me devo reputar desligado das que me são relativas.[196]

A multiplicação dos talhos particulares pela cidade fez com que esses donos de talhos comprassem reses no mercado de São Cristóvão, retomando o sistema de mercado naquela feira, antes dominada pelo monopsônio do contratador. Com a volta da concorrência na compra de gado, os preços das reses aumentaram, o que levou Siqueira à revolta. Esses talhos particulares foram arrematados pelo Senado da Câmara para tentar trazer novamente abundância para o mercado de carnes verdes na cidade[197] e, logo depois, Joaquim José de Siqueira pediu diretamente ao Imperador para se ver desligado do contrato.

---

196 AGCRJ. Matadouros e açougues, vários requerimentos (1802-1821). Códice 53-2-16, f. 95.
197 Havia ainda outros objetivos que serão aprofundados no segundo capítulo da dissertação.

Enfim, uma terceira conclusão pode ser retirada do sistema dos contratos. Nele, além do preço do gado ser determinado pelo contratador e da escassez ser inerente ao sistema, os lucros estavam concentrados no contratador e não nos condutores. Esses eram em sua maioria sócios do contratador, mas, como o preço das reses era determinado pelo contratador, este podia ter altos lucros nessa intermediação entre condutores e consumidores.

Portanto, o contrato trazia grandes consequências para o mercado de carnes verdes na cidade. Primeiramente, o contratador monopolizava a compra de reses, podendo determinar o preço das reses a serem compradas e podendo ter, com essa exclusividade, altos lucros nesse comércio. Ainda, apesar do preço tabelado, havia uma lógica de escassez oriunda do contrato, já que, apesar de ter que matar 800 reses semanais – número que, segundo o relato de várias fontes, muitas vezes não era alcançado –, o contratador não se dispunha a matar mais do que o mínimo previsto, com o objetivo de abastecer toda a necessidade da população, visto que, se aceitasse comprar muitas reses, o preço dessas poderia aumentar na feira de São Cristóvão.

A partir de 1821 e, principalmente, de 1823, instaurou-se outra lógica no mercado das carnes verdes na cidade, a lógica da carestia. A carne então teve um período de relativa abundância, porque acabou o monopsônio da compra das reses pelo contratador, estando os preços da cabeça do gado em São Cristóvão e do produto no varejo determinados pelo mercado. Mas, em função da estrutura concentrada do comércio e da grande demanda do gênero, o seu preço se elevou nos açougues. A partir de 1823, a carne foi vendida bem acima dos 40 réis o arrátel, chegando a picos de 100 e 160 réis.

Além da carestia, a nova lógica de mercado gerada pelo fim do contrato também inverteu a concentração dos lucros. Se durante o período de vigência do contrato, estes lucros estavam principalmente nas mãos do contratador, depois de 1821 e 1823, os condutores passaram a auferir os maiores ganhos do comércio e entraram no terreno do varejo, não se limitando apenas ao comércio de grosso. Esse reposicionamento dos lucros se deu em função do fim da figura do contratador e pela ascensão social dos condutores como agentes principais do comércio.

Enfim, de 1810 a 1821, as condições do contrato das carnes verdes geraram uma escassez estrutural do gênero na cidade e a concentração dos ganhos na pessoa do contratador. A partir do fim do contrato, em 1821, e da liberação dos preços no varejo, em 1823, a estrutura do comércio das carnes verdes reduziu a escassez antes vigente, mas gerou uma maior carestia do produto, redirecionando também o grosso dos lucros para as mãos dos intermediários do comércio.

Capítulo II

Nos gabinetes e nos plenários: as implicações políticas do comércio

Na análise dos aparelhos políticos proposta para este capítulo, não se pretende fazer uma ampla discussão sobre a natureza do Estado imperial em formação ou da Câmara municipal do Rio de Janeiro na primeira metade do século XIX, já que existem interpretações sobre o caráter desses dois aparelhos políticos que atendem devidamente a esta pesquisa. Os estudos feitos sobre o comércio de carnes verdes e a política das duas referidas instâncias para o tema não sugerem uma nova explicação para esses órgãos.[1]

Da mesma forma, não faremos uma ampla discussão conceitual sobre o Estado ou sobre os aparatos teórico-metodológicos possíveis de serem utilizados para se entender os aparelhos políticos. Crê-se que a opção metodológica seguida para explicar estes aparelhos políticos é a mais frutífera de acordo com os objetivos propostos e com as fontes encontradas.

O grupo dos negociantes

Segundo a metodologia de abordagem do político dada por Sônia Regina de Mendonça, derivada das anotações do pensador marxista italiano Antonio Gramsci, deve-se, antes de estudar o Estado – a sociedade política –, fazer o estudo da sociedade e de suas formas

---

1 Seguimos as análises do Estado imperial e da Câmara do Rio de PIÑEIRO, Théo Lobarinhas. *Os Simples Comissários*, op. cit., p. 8; 63; 67-8; LOBO, Eulália Maria Lahmeyer. *História do Rio de Janeiro*, op. cit., p. 56.

de organização – a sociedade civil –, sendo, a partir disso, possível entender o Estado no interior da sociedade e não sobre ou fora desta.[2]

No caso específico desta pesquisa, antes de serem analisadas as ações e diretrizes do Estado joanino, do Estado imperial e da Câmara do Rio, deve-se compreender a sociedade em que esses aparelhos políticos estavam imersos, ressaltando-se as formas de organização, interesses e pressões dos homens de negócio, em especial dos que estavam vinculados ao comércio das carnes verdes. Assim, o entendimento das medidas tomadas pelos órgãos políticos ganha conteúdo social, tornando-se mais inteligíveis.

Algumas formas de atuação dos negociantes

Uma discussão existente na historiografia gira em torno da proveniência dos negociantes cariocas da época joanina. Riva Gorenstein, partindo do artigo de Maria Odila Dias, escolheu como marco inicial do recorte de sua pesquisa o ano de 1808, pensando que só a partir dessa data havia uma relevante comunidade mercantil na cidade. Ela entendia que eram substancialmente portugueses os interesses que se enraizaram na cidade do Rio de Janeiro, citando negociantes como Fernando Carneiro Leão, Elias Antonio Lopes e Joaquim José de Siqueira, que traficavam escravos, arrematavam contratos e até davam presentes para a família real, sem atentar que todos estes estavam na cidade do Rio de Janeiro antes de 1808.[3]

João Fragoso fez um levantamento quantitativo para rebater essa noção, mostrando que aproximadamente 70% dos negociantes da época joanina da cidade estavam no Rio de Janeiro antes da chegada da Corte, o que demonstra como a cidade já tinha uma grande comunidade mercantil antes da chegada dos negociantes portugueses.[4]

Dentre os negociantes atuantes no mercado das carnes verdes, os principais eram residentes no Brasil antes de 1808, havendo alguns que já tinham a família envolvida no comércio antes da chegada da Corte e que se mantiveram no comércio após este evento.

Nizza da Silva descreve a comunidade mercantil do Rio de Janeiro na época joanina, ressaltando que eram 204 os homens de negócio presentes no atacado no período, o que constituía a nata da comunidade mercantil da cidade. A praça do Rio era mais importante que outras da América portuguesa no período, a julgar pelo número de negociantes ma-

---

2   MENDONÇA, Sônia Regina de. "Estado e sociedade", *op. cit.*, p. 24.
3   DIAS, Maria Odila Leite da Silva. "A interiorização da metrópole", *op. cit.*, *passim*; GORENSTEIN, Riva. "Comércio e Política", *op. cit.*, p. 136.
4   FRAGOSO, João Luiz Ribeiro. *Homens de Grossa Aventura*, *op. cit.*, p. 215-6.

triculados na Junta de Comércio em cada cidade, que contavam 421 matrículas no Rio, contra 134 na Bahia, 62 no Rio Grande do Sul e 48 em Pernambuco.[5]

Riva Gorenstein descreveu o cenário positivo vivido pelos negociantes no período, com ampla possibilidade de enriquecimento, ascensão social, política e até simbólica, com a aquisição de títulos nobiliárquicos e cargos de confiança no governo. A autora mostra as áreas de investimento desses negociantes e também algumas peculiaridades de sua organização, como a ligação entre eles por laços de parentesco, o casamento como forma de aliança mercantil e a reunião em irmandades religiosas.[6]

Essas práticas foram confirmadas por Manolo Florentino em relação aos traficantes de escravos da cidade e por Alcir Lenharo para os negociantes presentes no abastecimento da Corte.[7] Da mesma forma, estudando o comércio de gado, Maria Schörer Petrone destacou a importância das relações pessoais naquele negócio.[8]

Era comum que famílias de negociantes tivessem um ou mais membros presentes no comércio de carnes, como a família Pereira de Almeida, que estava presente no comércio de cabotagem, com o Oriente, com a Europa, no tráfico de escravos e que tinha um membro presente no mercado de carnes verdes, Bernardo Joaquim Pereira de Almeida, que arrematou o suprimento de carnes nas freguesias de Mataporcos e Engenho Velho em 1828.[9]

Isso remete a outra estratégia dos grandes negociantes do período, a de nunca se reduzir apenas a um negócio. Diversos autores ressaltam como eles tentavam ao máximo diversificar sua atuação no comércio.[10] Existiam, no entanto, famílias com vários membros presentes no comércio de reses e/ou de carnes, como a família Joaquim do Carmo, com os parentes Antonio Joaquim do Carmo e Manoel Joaquim do Carmo e a família Mendes da Costa, que tinha, em 1823, três de seus membros como arrematantes de açougues na cidade.[11]

---

5   SILVA, Maria Beatriz Nizza da. "Negócios em família". In: *História da Família no Brasil Colonial*. Rio de Janeiro: Nova Fronteira, 1998, p. 124; SILVA, Maria Beatriz Nizza da. *Ser Nobre na Colônia*. São Paulo: Unesp, 2005, p. 301.

6   GORENSTEIN, Riva. "Comércio e Política", *op. cit.*, p. 148-9; 211.

7   FLORENTINO, Manolo. *Em Costas Negras, op. cit.*, p. 204-8; LENHARO, Alcir. *As Tropas..., op. cit.*, p. 79.

8   PETRONE, Maria Thereza Schörer. *O Barão de Iguape, op. cit.*, p. 114-8.

9   AGCRJ. Matadouros e açougues (1822-1830). Códice 53-3-2, f. 152.

10 João Fragoso mostra em uma tabela como os negociantes faziam diversos tipos de negócios em diferentes regiões. Ver FRAGOSO, João Luiz Ribeiro. *Homens de Grossa Aventura, op. cit.*, p. 187-91.

11 AGCRJ. Matadouros e açougues (1822-1830). Códice 53-3-2, f. 41-2.

Os laços de parentesco ou os casamentos eram importantes, em parte, devido à confiança que os negociantes tinham que ter em seus sócios, mas a aliança por laços de sangue nem sempre era regra. A confiança era importante, por exemplo, em um comércio de longa distância de reses, no qual o negociante tinha encarregados e correspondentes. O contratador das carnes em 1810 e 1811, Inácio Rangel de Azevedo Coutinho, tinha como encarregado em São Paulo o capitão Manoel José de Mello, que se autodenominava 'fornecedor' ou 'correspondente' de Coutinho. Os dois uniram forças em 1810 para tentar abolir um imposto da capitania de São Paulo, cobrado no caminho para a Corte.[12]

Essas relações de encarregado e correspondente são diferentes das relações entre sócios em um empreendimento capitalista, tendo um sentido próprio daquela sociedade e daquele tempo. Isso fica evidente na correspondência entre o negociante paulista Antonio da Silva Prado e seu encarregado no Rio, o capitão-mor Nuno da Silva Reis, na qual eram enviados frequentemente relatórios sobre a venda de gado no Rio e Prado retornava com ordens e instruções a Reis. O vocabulário da correspondência denota um tipo de relação um tanto vertical, típico de uma sociedade escravista hierarquizada, sendo Nuno da Silva Reis bastante submisso e subserviente a Prado, tratando-o como "meu senhor" e com outras expressões que destacam posições diferentes entre os dois sócios.[13]

As alianças, inclusive em formas de casamento, podiam existir também com proprietários. Alcir Lenharo mostra como os tropeiros e boiadeiros mineiros tinham vínculos de parentesco ou de compadrio com grandes proprietários, principalmente os que produziam os gêneros transportados por estes negociantes. Dessa forma, o proprietário buscava ficar mais imune aos desmandos dos intermediários, que especulavam frequentemente, tentando comprar os produtos primários ao preço mais baixo possível e os intermediários asseguravam também um fornecimento regular dos produtos por eles comercializados.[14]

Outra prática comum dos negociantes era o investimento em propriedades rurais e urbanas, uma tendência visível em especial na primeira metade do século XIX, que vem sendo comprovada pela historiografia. O objetivo dos mesmos com isso era fazer um investimento que proporcionasse ganhos fixos, diferentes da volatilidade do ganho mercantil, tendo alguns até deixado o comércio para viver como proprietários e rentistas, donos de muitas terras e muitos homens, o que era, de certa forma, o ideal social daquele meio escravista. Alcir Lenharo mostra como vários tropeiros e negociantes do abastecimento

---

12 BN. COUTINHO, Inácio Rangel de Azevedo. (Seção de Manuscritos, C-609, 16), doc. cit.

13 BN. PRADO, Antonio da Silva, primeiro barão de Iguape. (Seção de Manuscritos, C-842, 40), doc. cit.

14 LENHARO, Alcir. *As Tropas da Moderação, op. cit.*, p. 37.

também tinham a mesma atitude, chegando a abandonar o comércio em proveito da agricultura, sendo muitos beneficiados pela política joanina de doação de sesmarias no Vale do Paraíba, o que deu origem ao complexo cafeeiro da região.[15]

Outra característica dos negociantes, especialmente dos que tratavam do abastecimento da Corte, era a péssima fama que eles tinham junto ao resto da sociedade, já que o alto preço, a má qualidade dos produtos e as crises de desabastecimento muitas vezes eram creditadas a eles, devido às suas práticas especulativas e monopolistas correntes. Lenharo demonstra através de fontes diversas essa ojeriza geral existente contra os tropeiros mineiros e diversos negociantes presentes no abastecimento.[16]

As formas de organização e os conflitos entre negociantes

Maria Odila Dias escreve no prefácio do livro de Alcir Lenharo que é preciso perceber a implicação social e política do "pujante" comércio de abastecimento desenvolvido a partir da época joanina, deixando claro que considera a ascensão política dos proprietários e tropeiros mineiros envolvidos no abastecimento da Corte como a grande consequência política desse comércio. Os produtores e negociantes mineiros consolidaram seus interesses no comércio com o Rio de Janeiro ao longo da permanência da família real portuguesa e, com as turbulências políticas vividas pelo país a partir de 1821, passaram a defender seus interesses nos governos que se sucederam após a emancipação política.[17]

Alcir Lenharo expõe, ao longo de sua obra, como esses tropeiros e donos de terras se organizaram politicamente em jornais mineiros, através dos quais defendiam ações políticas para protegerem o comércio. Em seguida, no final do período regencial, esses grupos sociais se organizaram nos partidos nascentes e fizeram parte dos liberais moderados, defendendo uma íntima união da província com a Corte, sendo avessos a qualquer forma de secessão.[18]

Os negociantes da Corte também se organizaram e se aproximaram do aparelho de Estado mais ainda do que os mineiros. Manolo Florentino descreve como muitos traficantes assumem boas relações com os funcionários e ministros do Estado e Riva Gorenstein, antes, já expusera como os negociantes cariocas estabeleceram uma penetração muito forte

---

15 GORENSTEIN, Riva. "Comércio e Política", *op. cit.*, p. 145-6; LENHARO, Alcir. *As Tropas...*, *op. cit.*, p. 92-3.

16 LENHARO, Alcir. *As Tropas da Moderação*, *op. cit.*, p. 96-7.

17 DIAS, Maria Odila Leite da Silva. "Prefácio". In: LENHARO, Alcir. *As Tropas da Moderação*, *op. cit.*, p. 7-9.

18 LENHARO, Alcir. *As Tropas da Moderação*, *op. cit.*, p. 42; 102-4.

com o aparelho estatal joanino, com auxílios esporádicos e ajuda em momentos difíceis, recebendo em troca títulos nobiliárquicos, sesmarias e benefícios diversos.[19]

Viu-se nesse período a organização dos negociantes da cidade em órgãos específicos, como o Corpo de Commercio, criado na época joanina, que era um órgão que reunia os principais homens de negócio da praça do Rio. Théo Piñeiro descreveu o surgimento e o desenvolvimento dessa instituição, mostrando como os seus membros incrementaram constantemente o poder do órgão, que serviu de veículo para que eles organizassem suas opiniões e propostas, colocando-as em público e exercendo pressão nos aparelhos políticos municipal e nacional. Um exemplo disso foi a petição que os negociantes e comerciantes da praça fizeram ao Rei em 1808 pedindo a proteção dos nacionais no comércio de varejo da cidade ante a crescente presença dos grandes comerciantes estrangeiros.[20]

Tão ou mais interessante do que este poder de pressão é a relação do organismo com o aparelho de Estado. Diversas situações levam a pensar em uma relação muito próxima, como fica patente, por exemplo, quando o Corpo de Commercio decidiu construir a sua sede. A casa começou a ser construída em 1816, sendo o terreno doado pelo Rei, que participou da inauguração do edifício em 1820. Depois, o prédio foi desapropriado, virando a alfândega pública da cidade em 1824. Em 1816, os sete maiores negociantes do Corpo – ou melhor, os sete mais poderosos homens de negócio da cidade – ofereceram ao Rei um capital para a instrução pública, o que foi aceito por Sua Alteza Real, criando-se o Instituto Acadêmico e o Instituto de Belas-Artes, cujos fundos saíram de ações do BB. O Corpo de Commercio mudou de nome, em 1834, para Sociedade dos Assinantes da Praça – SAP – e, em 1867, para Associação Comercial do Rio de Janeiro – ACRJ –, sempre com um papel muito destacado na política imperial.[21]

O Corpo de Commercio não era a única instituição que abrigava negociantes no período, havendo ainda órgãos do próprio Estado que tinham grande figuração dos homens de negócio cariocas ou de pessoas próximas desses. A Sociedade Auxiliadora da Indústria Nacional (SAIN), que discutia os temas interessantes à produção brasileira, contava com muitos negociantes, assim como a Junta de Comércio. As duas instituições tinham grande número de defensores do comércio e da indústria nacional, como Gonçalves Ledo – que esteve presente no comércio de abastecimento de carnes verdes como arrematante do con-

---

19 FLORENTINO, Manolo. *Em Costas Negras, op. cit.*, p. 204-8; GORENSTEIN, Riva. "Comércio e Política", *op. cit.*, p. 148-9; 211-4.

20 PIÑEIRO, Théo Lobarinhas. *Os Simples Comissários, op. cit.*, p. 35-6; 60-5.

21 *Ibidem*, p. 87; 95-8; SANTOS, Luís Gonçalves dos (Pe. Perereca). *Memórias..., op. cit.*, p. 475-6.

trato da renda das cabeças –, membro da Junta de Comércio que defendia uma industrialização autônoma para o país.[22]

Dessa forma, o grupo dos negociantes cariocas tinha uma força de pressão relativamente organizada dentro e fora do aparelho de Estado, o que dava maior poder para os seus interesses dentro da política joanina e imperial. A presença dos homens de negócio dentro do Senado da Câmara era ainda mais acentuada.

Alguns dos grandes comerciantes presentes no mercado do abastecimento estavam estabelecidos nos órgãos citados, porém não há, dentro do período recortado, uma organização que reúna os negociantes e comerciantes presentes no mercado de atacado ou no varejo das carnes verdes. Não se pode dizer, no entanto, que esses comerciantes não tinham vínculos, interesses comuns e até algumas ações coletivas, sendo possível ver em algumas ocasiões a reunião dos comerciantes e negociantes envolvidos no comércio em pequenas propostas sobre a organização da venda das carnes, sendo muito comuns, por exemplo, os abaixo-assinados.

Um documento se destaca entre os vários nos quais eles pediam providências ou melhorias no comércio. Em um memorial endereçado à Câmara datado de 3 de janeiro de 1823, os marchantes – donos de açougues – da cidade faziam uma proposta para a reorganização do comércio de carnes verdes. O documento foi escrito por Antonio Joaquim do Carmo e por mais 16 outros donos de casas que vendiam carne em varejo, e nele se faz uma proposta na qual os marchantes seriam responsáveis pelo controle e manutenção do matadouro da cidade. O memorial é tão completo que, organizado em parágrafos com as condições do uso do matadouro e dos açougues da cidade, delimita até os valores que deveriam ser cobrados pelo Senado da Câmara pela matança do gado, como se vê no trecho a seguir:

> Todos os marchantes serão obrigados a ter cada hum hum sepo, com os utencilios necessarios, para que no caso de algum mineiro, não se ajuste com os marchantes, eles mineiros a cortarem por sua conta, procurando eles cortadores, os marchantes serão obrigados a porem nos matadouros as reses esfoladas, e beneficiadas pela quantia de 160 réis.[23]

---

22 OLIVEIRA, Geraldo Beauclair Mendes de. *A Construção Inacabada*, op. cit., p. 107; 132-5. Para uma exposição sucinta sobre esses dois órgãos, ver OLIVEIRA, Geraldo Beauclair Mendes de. *Raízes da Indústria no Brasil*. Rio de Janeiro: Studio F & S, 1992, p. 43-56; 57-61.

23 AGCRJ. Matadouros e açougues (1822-1830). Códice 53-3-2, f. 41-2.

Essa era uma das condições propostas e os cepos a que o texto se refere eram grandes toras de madeira onde a carne era cortada em partes e os mineiros eram os condutores de gado. Eles queriam impor todas as regras do novo sistema de administração dos matadouros e organização da venda das carnes, sendo até o valor específico da matança indicado.

Os donos de talhos afirmavam que a forma como eles propunham a organização das vendas era "como antigamente foi praticado". Segundo essa, eles ficariam responsáveis pela limpeza e asseio do matadouro, repartindo entre eles o valor da administração desse estabelecimento, de acordo com o número de talhos que cada um dos marchantes tivesse, comprometendo-se, ainda, a pagar possíveis multas. Eles defendiam que o matadouro não fosse posto em administração ou arrematação, visto que seria "de grave prejuizo ao bem publico e muito mais aos marchantes", não gerando, igualmente, nenhum lucro à Câmara.[24] Ou melhor, de acordo com a proposta, o controle do matadouro sairia da alçada pública, passando para o controle privado, no caso, correspondendo exatamente aos anseios dos que exploravam o comércio.

Nesse mesmo ano, a Câmara pôs o matadouro em administração, contrariando a proposta dos marchantes,[25] porém os administradores escolhidos para controlar o matadouro não contrariavam os interesses dominantes existentes entre os marchantes. Antonio Joaquim do Carmo, o líder dos marchantes na proposta, teve seu parente Manoel Joaquim do Carmo escolhido administrador dos matadouros em 1822, 1824, 1825, 1826 e 1828, o que nos leva a concluir que a derrota dos marchantes não foi total.[26]

O importante a se reter desse documento é a organização conseguida pelos marchantes da cidade, em um pequeno sintoma de união de concorrentes para a defesa de interesses comuns. Outro ponto a se reter é a liderança que o ex-contratador das carnes verdes da cidade, Antonio Joaquim do Carmo, tinha entre esses marchantes, visto que ele não só escreveu o documento, como foi o primeiro a assinar por ser o principal proprietário de açougues na cidade.

Apesar de haver alguns momentos de união e organização dos comerciantes envolvidos no comércio das carnes verdes, os conflitos prevaleciam mais do que os entendimentos. Graça Filho mostra como havia disputas entre negociantes de boiadas de regiões diferentes, como os do Rio e os de São João, que disputavam o controle do comércio das reses para a Corte.[27]

---

24 AGCRJ. Matadouros e açougues (1822-1830). Códice 53-3-2, f. 41-2.
25 AGCRJ. Arrematações do Senado da Câmara (1818-1829). Códice 39-3-53, f. 214.
26 BN. CARMO, Antonio Joaquim do. (Seção de Manuscritos, C-899, 13), doc. cit.
27 GRAÇA Filho, Afonso Alencastro. *A Princesa do Oeste, op. cit.*, p. 250-2.

Da mesma forma, vários foram os conflitos em função de concorrência no mercado de carnes verdes no Rio de Janeiro. Em torno do controle do matadouro – área de conflito por excelência – eclodiu uma grave disputa entre os negociantes Antonio Joaquim do Carmo e Antonio Domingues Velloso em 1827, quando Carmo perdeu a administração dos matadouros e disse-se preterido a partir da arrematação do contrato do matadouro por Manoel Thomaz de Aquino, sócio de Antonio Domingues Velloso. Ele dizia que estava encontrando dificuldades para matar o gado que trazia para a cidade, já que na fila para matança das boiadas, as reses de Velloso eram privilegiadas. A disputa foi aguda e chegou à Câmara e depois ao Imperador, mas não há notícias sobre solução para o problema, tendo-se apenas a informação de que Aquino foi o arrematante do matadouro até o fim do seu contrato.[28]

Esse foi apenas um dos vários conflitos existentes entre os negociantes envolvidos nesse comércio, em que os grandes negociantes tentavam o controle pleno do mercado. O que se viu nesse caso foi o início da perda da hegemonia de Antonio Joaquim do Carmo sobre a venda de carne verde na cidade.

As trajetórias dos principais negociantes presentes no comércio

Alguns negociantes presentes no comércio de carnes verdes tiveram trajetórias emblemáticas e, com a observação destas, ficam patentes as características típicas dos homens de negócio do período, já anteriormente ressaltadas: a importância das relações sociais no comércio, as alianças, os encarregados, o investimento em propriedades, o investimento em diversas áreas da circulação, a busca por títulos de nobreza e a proximidade com o aparelho de Estado.

Inácio Rangel de Azevedo Coutinho foi tenente-coronel e estava presente no comércio de carnes frescas na cidade desde antes da chegada da Corte. Em um documento reconhecido em cartório, ele confirmou estar no comércio das carnes desde 1803, pelo menos, sendo, em 1804, o encarregado oficial de suprir de carnes as esquadras de guerra aportadas na cidade.[29]

---

28 BN. CARMO, Antonio Joaquim do. (Seção de Manuscritos, C-899, 13), doc. cit.
29 BN. COUTINHO, Inácio Rangel de Azevedo, arrematante do contrato da carne verde no Rio de Janeiro. Requerimento encaminhado ao Ministério do Império solicitando ser dispensado do imposto para o cofre de saúde, que seja incluído no seu contrato a renda das cabeças, a propriedade do ofício de despachante dos viandantes da terra, com sobrevivência para sua filha. Fundo/Coleção Documentos biográficos. Rio de Janeiro: 1810-11. (Seção de Manuscritos, C-782, 69).

Usando dessa presença no comércio, conseguiu arrematar o primeiro contrato de venda exclusiva das carnes verdes na cidade em 1810, que valeria por seis anos a partir de então, mas ele acabou morrendo em 1811. Deu-se uma pequena disputa, já que a herdeira do contrato e esposa de Coutinho, a viúva Joana Rangel de Azevedo Coutinho, não quis ficar responsável pelo mesmo, pedindo para que o fiador do contrato se incumbisse deste. O fiador inicial era o capitão João Siqueira da Costa que também havia morrido em 1811, herdando a fiança seu filho Joaquim José de Siqueira. Este, após alguma resistência e resolvendo alguns detalhes, decidiu assumir a função de contratador.[30]

Coutinho não havia se reduzido apenas ao contrato das carnes verdes, e como era de praxe tentava o controle total sobre o comércio. Assim, arrematara o contrato das cabeças dos anos de 1810 e 1811 – tendo o mesmo João Siqueira da Costa como fiador –, controlando a arrecadação do imposto dos cinco réis em libra de carne verde.[31]

O negociante tinha poder junto ao aparelho de Estado, já que, ao que parece, ele conseguiu a arrematação do contrato das carnes verdes em 1810 sem ter disputado nenhum pregão. Através da análise das fontes, não se observou nenhuma notícia de que o monopólio das carnes verdes tenha corrido em praça pública, como ocorria em geral com os contratos. Se não é certo que a indicação aconteceu para a exclusividade das vendas das carnes verdes, é certo que ela aconteceu para o contrato da arrecadação dos cinco réis em libra:

> Em consequencia do que Sua Alteza Real o príncipe regente Nosso Senhor foi servido resolver sobre a arrecadação actual do novo imposto de 5 réis em arratel de carne de vacca, que se achava a cargo de um Recebedor e seu Agente nesta cidade; nomeio para a referida arrecadação o tenente coronel Ignacio Rangel de Azevedo Coutinho, qual ficará obrigado em receber em logar de cinco réis por arratel que até agora se pagava 1$520 por cabeça, que corresponde ao peso de nove e meia arrobas cada uma [...][32]

---

30 AGCRJ. Arrematações do Senado da Câmara (1806-1817). Códice 39-3-52, f. 102-5; BN. RANGEL, Joana Ignacia (viúva de Inácio Rangel). Informação referente à contratação da carne verde, termo de fiador e administrador e termo de fiador tácito, assinado por Joaquim José de Siqueira. Fundo/Coleção Documentos biográficos. Rio de Janeiro: 1812. (Seção de Manuscritos, C-887, 45).

31 AGCRJ. Arrematações do Senado da Câmara (1806-1817). Códice 39-3-52, f. 83.

32 CLB de 1810 e 1811, p. 27.

No texto da decisão, fica nítido que não houve pregão ou nenhuma outra forma de escolha senão a própria indicação de Coutinho. Um recebedor era o encarregado de fazer o serviço antes, mas diante de um Estado debilitado para fazer tal tipo de serviço, o controle da arrecadação passou para o âmbito particular, o que só beneficiava ainda mais o contratador. Para evitar possíveis burlas ao pagamento correto do direito, os cinco réis em libra foram transformados em 1$520 por cabeça, medida que não deve ter conseguido evitar totalmente as sonegações.

Coutinho entrou em conflito com alguns vereadores, mas também foi elogiado por outros homens de Estado. Sinal de que ele transitava bem no aparelho político era a destacada presença de parentes seus, provavelmente filhos, como funcionários públicos. José Vicente do Azevedo Coutinho foi suplente de fiscal da freguesia de Santa Rita a partir de 1830; José da Cunha de Azevedo Coutinho foi tabelião em 1812, e o seu possível parente, Inácio da Fonseca Rangel, foi administrador dos matadouros em 1823.[33] Como esses cargos eram, em sua maioria, preenchidos por nomeação, o parentesco com Coutinho deve ter pesado a favor.

Coutinho era um exemplo de negociante que tinha uma teia de negócios no Centro-Sul – dados os seus correspondentes no Sul do país e em Minas –, sendo também um caso emblemático do homem de negócio que se aproximou do aparelho de Estado e de outros comerciantes de grosso trato da praça, sendo o exemplo mais nítido disso a sua aliança com a família Siqueira. Tentou, ainda, um controle do comércio de carnes verdes como um todo, tendo menos êxito que o seu sucessor no contrato das carnes verdes.

O capitão Joaquim José de Siqueira, filho do também capitão João Siqueira da Costa, assumiu o contrato das carnes verdes em dezembro de 1811 e o renovou em 1815 por mais seis anos. Interrompeu-o em abril de 1819, acusando a Câmara de ter violado seu monopólio da venda das carnes na cidade. Siqueira conseguiu um controle efetivo sobre todos os contratos que diziam respeito à carne verde durante seu controle sobre o negócio, dominando, além do contrato das carnes verdes propriamente dito, o da renda das cabeças de 1812 a 1817 através do controle da fiança. Antes de 1812, seu pai havia dominado esse contrato também através da fiança, tendo João Siqueira da Costa sido o fiador do contrato desde 1807 – pelo menos, já que se desconhecem os fiadores anteriores – até a sua morte em 1811. Joaquim José Siqueira venceu o pregão do contrato dos cinco réis em libra de carne verde para o triênio 1818-20, que deve ter sido a arrematação mais valiosa

---

33 BN. MEIRELLES, Joaquim de Souza. (Seção de Manuscritos, C-18, 43), doc. cit; AGCRJ. Matadouros e açougues (1822-1830). Códice 53-3-2, f. 57-8; ATAS das sessões da Ilma. Câmara..., *op. cit.*, vol. IV, p. 283.

do período, com o impressionante valor de 187:200$000. Arrematou também o contrato da matança e venda das carnes de vitela nos anos de 1816 e 1817.[34]

Esse controle de Siqueira sobre o comércio de carnes verdes no período dava a ele um grande poder. Durante um pequeno período em 1818, ele era o responsável pelo abastecimento de carne de toda a cidade, era o coletor oficial de cinco réis em libra da carne fresca vendida em toda a Corte e era o responsável pela coleta de 120 réis por cabeça de gado morta. Esse domínio sobre a distribuição e a coleta de impostos dava a ele grande margem para transgredir algumas normas dos contratos e burlar a contabilidade que tinha que ser feita. Um ramo nada secundário do serviço público, a organização da venda de carnes verdes na capital e todos os impostos referentes, ficava a cargo de apenas um homem.

Siqueira não se reduzia apenas ao comércio de carnes verdes, sendo um dos maiores homens de negócio cariocas, com diversas áreas de atuação. Era um dos maiores negociantes envolvidos no comércio de abastecimento, estando presente no comércio de cabotagem, além do comércio por terra. Investia em outros contratos régios, como o da pesca da baleia, arrematado por ele e por Fernando Carneiro Leão em 1816. Era traficante de escravos, de grande projeção, ligado aos também traficantes Francisco José Gomes e Joaquim Antonio Alves, este último fiador de seu contrato das carnes verdes em 1815. Estava entre os sete maiores negociantes da cidade, já que fez parte da comissão com os sete mais poderosos homens de negócio do Corpo de Commercio que apresentou ao Rei em 1816 fundos para a instrução pública. Amplamente ligado ao Banco do Brasil, cumpriu as funções de deputado da Junta e diretor do banco, possuindo 20 ações em 1821 e sendo acusado de afundar o banco.[35]

Ele tinha forte ligação com o aparelho estatal, chegando a fazer parte do mesmo como juiz almotacé da Câmara em 1811, possivelmente indicado por seu pai. Em 1812, recebeu mercê e a comenda da Ordem de Cristo das mãos do Rei, após ter doado dinheiro ao monarca. Depois, foi nomeado privança do Paço. Era proprietário de uma das melhores chácaras da cidade, a quinta de São Diogo, em Mataporcos, que ficava no ca-

---

34 AGCRJ. Arrematações do Senado da Câmara (1806-1817). Códice 39-3-52, f. 31; 61; 83; 113; 142; 160; 185; 214; 242-3; 266; 276; AGCRJ. Matadouros e açougues, vários requerimentos (1802-1821). Códice 53-2-16, f. 94.

35 FRAGOSO, João Luiz Ribeiro. *Homens de Grossa Aventura*, op. cit., p. 190; LENHARO, Alcir. *As Tropas da Moderação*, op. cit., p. 21; GORENSTEIN, Riva. "Comércio e Política", op. cit., p. 153; FLORENTINO, Manolo. *Em Costas Negras*, op. cit., p. 205; FRANCO, Afonso Arinos de Melo. *História do Banco do Brasil*, op. cit., p. 54; 66-87; 170; AGCRJ. Matadouros e açougues, vários requerimentos (1802-1821). Códice 53-2-16, f. 67.

minho para a quinta da Boa Vista, tendo ele mandado erigir, em 1818, um arco triunfal altamente luxuoso no caminho para as duas quintas, ornado a ouro e com a inscrição "Ao Pai do povo, ao Melhor dos Reis".[36]

Preparou seus filhos segundo as normas do período, mandando-os estudar Matemática, Filosofia e Direito em Coimbra na década de 1820. Por fim, era ligado ao também negociante das carnes verdes Antonio Joaquim do Carmo.[37] Siqueira é o melhor exemplo de grande negociante da praça do Rio presente no comércio de carnes verdes, seguindo várias das características típicas dos destacados homens de negócio de seu meio.

Antonio Joaquim do Carmo não estava entre os traficantes da cidade ou entre os homens de negócio que estavam presentes no comércio marítimo, mas foi uma das principais figuras do mercado das carnes, estando presente nesse comércio durante todos os anos 20. Em 1820 e no ano seguinte, arrematou o contrato das carnes verdes, que havia passado a ser anual, sendo a sua gestão no monopólio das vendas muito conturbada devido às repetidas denúncias do almotacé Antonio Luiz Pereira da Cunha. Após o fim desse contrato, continuou no ramo das carnes como intermediário e marchante, sendo o principal dono de açougue da cidade durante a década de 1820. Teve presença ainda no abastecimento de carnes para as tropas do Exército estacionadas na cidade, para os navios de guerra e para os hospitais, mas não foi possível identificar a data precisa em que ele fazia o suprimento dessas instituições, já que esses documentos não foram encontrados. Porém, em outros documentos, fica evidente que ele foi o abastecedor oficial das mesmas nos anos de 1823 e 1827.[38]

Carmo pode não ser considerado um grande negociante, mas era associado a dois poderosos homens de negócio da cidade, segundo denúncia do almotacé Cunha: Joaquim José de Siqueira e José Joaquim de Almeida Regadas. Segundo o almotacé, esses três negociantes eram responsáveis pela distribuição ilegal de carne verde na Corte. Regadas foi o fiador do contrato das carnes em 1820 e 1821 e "sócio administrador geral do seu

---

36 GOUVÊA, Maria Fátima. "Poder, autoridade...", op. cit., p. 138; MARTINHO, Lenira Menezes. "Caixeiros e Pés-descalços". In: MARTINHO, Lenira Menezes; GORENSTEIN, Riva. *Negociantes e Caixeiros na Sociedade de Independência*, op. cit., p. 76; FRANCO, Afonso Arinos de Melo. *História do Banco do Brasil*, op. cit., p. 57; SANTOS, Luís Gonçalves dos (Pe. Perereca). *Memórias...*, op. cit., p. 642.

37 "Estudantes brasileiros na Universidade de Coimbra entre 1772 e 1872". In: *Anais da Biblioteca Nacional do Rio de Janeiro*. Ano: 1940; vol. LXII. Rio de Janeiro: Imprensa Nacional, 1942, p. 254; AGCRJ. Representação do Almotacé Cunha sobre as carnes verdes (1820). Códice 53-2-22, f. 7-9.

38 AGCRJ. Arrematações do Senado da Câmara (1818-1829). Códice 39-2-53, f. 106-7; 138; AGCRJ. Representação do arrematante das carnes verdes contra o almotacé Cunha. Códice 53-2-21, f. 2; 4-11; AGCRJ. Matadouros e açougues (1822-1830). Códice 53-3-2, f. 124.

Nos caminhos da acumulação

contrato", sendo um importante negociante, com presença no tráfico de escravos. Em um parecer para os vereadores da Câmara, o procurador deste órgão afirma que Regadas era um negociante conhecido na praça e "gosa[va] de todo o credito e reputação pública". Ele esteve por mais tempo ligado ao comércio das carnes, sendo o fiador do contrato dos matadouros em 1829 e 1830.[39]

Antonio Joaquim do Carmo era também parente do capitão Manoel Joaquim do Carmo, que esteve presente no mercado das carnes frescas, administrando os matadouros nos anos de 1822, 24, 25, 26 e 28, sendo acusado de beneficiar Antonio Joaquim do Carmo nas matanças de bois. Esteve presente também no comércio de carne de porco, tendo um marchante deste tipo de carne afirmado em 1822 que Manoel Joaquim do Carmo era o único fornecedor de carne de porco ao público.[40]

Antonio da Silva Prado – conhecido como Barão de Iguape, título que foi adquirido em 1848 – foi um negociante com um grande leque de investimentos. Comercializou boiadas de 1818 a 1825, levando reses bovinas do Sul do país ao Rio de Janeiro e, além disso, foi arrematante de contratos reais, negociante de açúcar, condutor de muares para o Vale do Paraíba, senhor de engenho e banqueiro. Chegou a ficar endividado dos homens de negócio cariocas e do Banco do Brasil, instituição da qual tinha 20 ações em 1821. Tinha uma aproximação com o aparelho de Estado, sendo um exemplo disso a hospedagem que ofereceu ao príncipe regente Pedro quando este viajou à capitania de São Paulo em 1821.[41]

Prado tinha como correspondente no Rio Nuno da Silva Reis e, depois, Francisco Antonio Leite. Reis, matriculado como negociante na Real Junta de Comércio, seguiu o modelo comercial de dominar todas as fases do comércio e, além de receber o gado na Corte, dominava os pontos estratégicos para a distribuição. Assim, foi fornecedor de carne à Real Uxaria, à Marinha e ao Exército em um ou mais anos entre 1818 e 1820; foi fiador do contrato da renda das cabeças em 1820 e 1821, e possivelmente em 1819; e, por fim, arrematou junto com Manoel Joaquim do Carmo o matadouro de São Diogo em 1819,

---

39 AGCRJ. Representação do Almotacé Cunha sobre as carnes verdes (1820). Códice 53-2-22, f. 7-9; AGCRJ. Arrematações do Senado da Câmara (1818-1829). Códice 39-3-53, f. 106-7; 138; AGCRJ. Carnes verdes e matadouros: talhos, açougues, ofícios, portarias, representações, pareceres, etc. (1830-1831). Códice 53-3-9, f. 25; ATAS das sessões da Ilma. Câmara Municipal, *op. cit.*, vol. IV, p. 219; 379.

40 AGCRJ. Arrematações do Senado da Câmara (1818-1829). Códice 39-3-53, f. 214; 216; 219-20; 253-5; AGCRJ. Matadouros e açougues (1822-1830). Códice 53-3-2, f. 6.

41 PETRONE, Maria Thereza Schörer. *O Barão de Iguape*, *op. cit.*, p. XI-XV; 8-11; 92-3; FRANCO, Afonso Arinos de Melo. *História do Banco do Brasil*, *op. cit.*, p. 83.

desistindo no meio do contrato para só se dedicar ao matadouro de Santa Luzia, também arrematado por ele. Chegou à falência em 1822, sendo o único caso conhecido de negociante envolvido no comércio de carne que foi à falência. Em 1827, Reis recebeu uma carta obrigando-o a pagar 500$000 devidos do contrato do matadouro de São Diogo de 1819 e, caso a quantia não fosse paga em 24 horas, ele teria seus bens penhorados.[42] Não se sabe como foi o desenrolar da situação.

Francisco Antonio Leite sucedeu Reis na correspondência dos negócios de Prado na Corte. Como vereador na Câmara Municipal a partir de 1830, era bastante interessado nos temas das carnes verdes, sendo o encarregado, junto com outro vereador, de preparar o edital do contrato dos matadouros em 1830. Leite esteve envolvido ainda com o Banco do Brasil, exercendo cargos em comissões e na Junta do banco e, assim como Reis, era matriculado negociante na Junta de Comércio.[43]

O último negociante a dominar o comércio de boiadas e carnes verdes na cidade foi Domingos Custódio Guimarães. Da família Teixeira Leite, negociante de gados desde 1821 – pelo menos –, só no final dessa década teve um amplo controle do comércio. Além de dominar o comércio de longa distância, trazendo reses de Minas para a cidade, foi o fiador do contrato do matadouro em 1834 e 1835, sendo o titular do contrato o comerciante Joaquim Francisco da Paula e Silva, o qual foi chamado por um funcionário da Câmara de caixeiro de Guimarães. Tinha parentes no comércio e foi sócio de outro negociante de gados, Cristóvão da Costa Guimarães. Esse sócio era um possível parente de Francisco Luiz da Costa Guimarães, vereador da Câmara, negociante e traficante da Corte, que, em

---

42 AGCRJ. Requerimento de Nuno da Silva Reis, arrematante da venda de carne verde pelo curral e distrito da Ajuda. Códice 53-2-23, f. 1; AGCRJ. Matadouros e açougues, vários requerimentos (1802-1821). Códice 53-2-16, f. 63, 113; AGCRJ. Matadouros e talhos (1812-1830). Códice 53-2-19, f. 52-3; AGCRJ. Arrematações do Senado da Câmara (1818-1829). Códice 39-3-53, f. 77; AN. Fundo: Junta de Comércio, Agricultura, Fábricas e Navegação (7X). Secretaria da Real Junta de Comércio. Livro de matrícula dos negociantes de grosso trato e seus guarda-livros e caixeiros. 1809-26. Códice 170, vol. 1.

43 LENHARO, Alcir. *As Tropas da Moderação, op. cit.*, p. 83; FRANCO, Afonso Arinos de Melo. *História do Banco do Brasil, op. cit.*, p. 122; 236; IHGB. Coleção: IH, lata 51, pasta 11. Resumo: relação dos juízes de fora da cidade do Rio de Janeiro e dos vereadores da mesma cidade desde 1791 até a posse da nova Câmara Municipal criada pela lei de 1º de novembro de 1828; AN. Fundo: Junta de Comércio, doc. cit; AGCRJ. Carnes e matadouros: renda dos matadouros (1830-1846). Códice 53-3-11, f. 21.

sua gestão, foi sempre o vereador mais interessado nos assuntos sobre o abastecimento de carnes verdes na cidade.[44]

O corpo político imperial e o comércio

Ao contrário do que afirmavam os historiadores antigamente, o Estado português intervinha com certa frequência para normalizar o abastecimento das suas cidades coloniais na América. Alguns exemplos para o Brasil são a reserva obrigatória do sábado livre para os escravos plantarem o seu lote de terra de 1701 e também as frequentes obrigações de reserva de terra para plantação de mandioca. Dessa forma, a Coroa tentava contrabalançar a tendência à produção quase que exclusivamente de produtos exportáveis, tentando evitar as crises de fome, escassez e carestia, tão comuns no universo da cidade colonial.[45]

Francisco Carlos Teixeira da Silva demonstra como no século XVIII houve uma série de decisões tomadas pelo Estado português e pelo vice-reinado relativas ao abastecimento da cidade do Rio de Janeiro. O Marquês de Lavradio regularizou o funcionamento das feiras semanais em sua gestão como vice-rei, de 1769 a 1779, e Dom Rodrigo de Souza Coutinho pôs em prática, a partir de 1798, um mecanismo de controle dos preços no qual havia apenas um preço máximo de gêneros básicos, um sistema mais liberal que os anteriores.[46]

Esses são apenas alguns casos de decisões políticas em um século com uma grave problemática no abastecimento da cidade, já que a demanda mineira fez seus efeitos negativos na urbe carioca. O quadro de escassez e carestia mudou de forma a partir de 1808 – agravando-se ainda mais em relação ao século XVIII –, o que correspondeu a uma mudança também na ação do Estado português, que não se separava mais da cidade por um oceano. Os membros do aparelho de Estado passaram a viver em seu cotidiano os problemas do suprimento da nova capital do Império, mesmo que secundariamente quando comparados ao 'povo miúdo' e os escravos. Medidas foram tomadas mesmo que nem sempre com sucesso.

---

44 BN. CARMO, Antonio Joaquim do. (Seção de Manuscritos, C-2, 36), doc. cit; AGCRJ. Arrematações da Câmara Municipal (1830-1844). Códice 39-3-56, f. 43-6; 52-5; ATAS das sessões da Ilma. Câmara Municipal, *op. cit.*, vol. III; vol. IV; vol. V, *passim*.

45 LINHARES, Maria Yedda Leite; SILVA, Francisco Carlos Teixeira da. *História da Agricultura Brasileira*, *op. cit.*, p. 120-30.

46 SILVA, Francisco Carlos Teixeira da. *A Morfologia da Escassez*, *op. cit.*, p. 10-1; 39.

A Intendência Geral de Polícia e o comércio de carnes verdes

Logo após a chegada da família real, D. João VI ordenou que a organização provisória do comércio de carnes verdes ficasse a cargo da Intendência Geral de Polícia da Corte. Esse órgão, recém-criado no Brasil, tal qual o seu homônimo existente em Lisboa, centralizava as decisões sobre a coordenação do comércio de longa distância e dentro da cidade. Isso ficou claro em uma lei de 1809 que se refere a esse controle pelo órgão, que perdurou até o início da vigência do contrato, em 1810:

> [...] E para além desta providencia se não omitta qualquer outra mediante a qual por essa capitania se promova aquella bundancia de carnes com que convém abastecer a Metropole, cujo acréscimo de população se manifesta de dia em dia, vos ordeno especialmente que procureis ahi animar os criadores de gados, a que remettam todos aquelles de que puderem dispor o Desembargador Intendente Geral de Polícia, pois que este zeloso magistrado lhes fará dar immediata sahida dos açougues da capital [...][47]

Essa passagem suscita impressões dúbias sobre como era exercido o controle das vendas de varejo das carnes na cidade entre 1808 e 1810. Luccock afirmou em 1808 que era "a venda de carne um monopólio, sob a superintendência da Polícia".[48] O viajante parece ter se enganado, confundindo dois períodos diversos – o período de monopólio após 1810 e o de superintendência da polícia antes daquela data – ou ele quis dizer simplesmente que a matança no período estava sob a superintendência da polícia.

É possível comprovar que a matança não era monopolizada antes de 1810 através da leitura de dois avisos públicos que Paulo Fernandes Vianna – intendente geral da Polícia da Corte – mandou espalhar pela cidade em 1809, onde se permite que "os creadores, boiadeiros e marchantes, que quizerem talhar carne por sua conta, o poderão livremente fazer". O aviso explicita como os açougues estavam distribuídos pela cidade ao afirmar "que não havendo o Senado da Câmara podido conseguir das pessoas a quem arrendou os talhos, huma verdadeira, e rigorosa obrigação dos obrigados".[49] Esses arrendatários dos talhos pertencentes à Câmara deviam ter o controle das vendas da carne no varejo, po-

---

47 CLB de 1808 e 1809, p. 149.

48 LUCCOCK, John. *Notas sobre o Rio de Janeiro e partes meridionais do Brasil*, op. cit., p. 29.

49 AN. Fundo: GIFI (OI). 6J-78, doc. cit.

rém, como eles não conseguiam suprir adequadamente a cidade de carne, Vianna decidiu liberar a venda aos de fora que o quisessem fazer. Esses mesmos criadores, boiadeiros e condutores que quisessem vender sua carne tinham que pedir um despacho da Polícia, ficando destacada a autoridade da Intendência sobre esse assunto e também a inexistência de um monopólio no período.

Essa autoridade da intendência sobre o comércio havia sido determinada pelo Rei e ocorria em desproveito da autoridade anteriormente exercida pela Câmara. Era essa casa ainda que arrendava os talhos de sua propriedade, mas ela não mais legislava sobre o tema, ou organizava o comércio. De qualquer forma, esse período entre 1808 e 1810, por ser o período de instalação imediata do Estado português na cidade, inexistindo um planejamento prévio para comércio, é o período com menos fontes e informações sobre a situação do mercado das carnes. Assim, não é possível saber quem eram os intermediários, os arrendatários dos talhos, o preço do produto e outras informações.

O mais importante documento pesquisado nos arquivos da polícia existentes no Arquivo Nacional está no final do período da superintendência da polícia no comércio, em setembro de 1809. Esse documento, que também é assinado por Paulo Fernandes Vianna, faz uma proposta para o controle das vendas de carne na cidade:

> [...] e he do meu dever representar, que Vossa Excelência deve ordenar ao Senado [da Câmara] que procure se lhe for possível, fazer um contracto he obrigação, por onde se assegure um fornecimento authorizando-o para o fazer para anos, por exemplo de três, ou de seis, com fianças conhecidamente abonadas, e com penas, que segurem o não haver falta, afixando editaes para metter a pregão esta arrematação [...]

Desse modo pode ser que apareça quem se queira dar a este negocio, que não podendo já fazer-se em ponto pequeno como athé agora, não he para quem não possa empatar alguns cabedaes, fazendo subir os gados do Rio Grande, ou dos mais distantes sertões da capitania de Minas Gerais, que precisando de mais de anno para as jornadas, descanso, e invernadas que necessariamente devem fazer para chegarem em termos de se poderem talhar, não podem também o contrato deixar de ser para 3, 4 ou 6 anos, para de novo delles fazerem suas especulações e encomendas que serião inúteis se fosse a obrigação para hum só anno. [...]

Tudo isso lembro em beneficio do sosego publico.⁵⁰

Essa proposta apresenta vários elementos centrais do funcionamento do futuro contrato das carnes verdes, podendo-se dizer que é da Intendência Geral de Polícia e, de Paulo Fernandes Vianna especificamente, que veio a ideia desse contrato, que tornou exclusiva a venda do gênero na cidade. Outra constatação é a de que ele defendeu que o comércio de carnes fosse feito por negociantes com grande capital ou, em suas próprias palavras, por pessoas de "alguns cabedaes". Apesar de ele afirmar que defende o "sosego publico", parece que seu projeto interessava muito a esses grandes cabedais existentes na cidade portuária escravista.

A Intendência Geral de Polícia da Corte foi um dos primeiros órgãos públicos criados pela política joanina, tendo um perfil eclético, já que assumiu diversas funções ao longo do período, ficando a cargo de obrigações e temas de grande confiança e responsabilidade, sempre indicadas pelo príncipe regente.

Maria Beatriz Nizza da Silva, em um artigo sobre a polícia no tempo de Dom João, baseado em documentos existentes no Arquivo Nacional, lista e caracteriza suas funções: a polícia se caracterizava como polícia política, supervisionando publicações e a atuação de agentes nacionais e estrangeiros dentro da cidade; era responsável pela segurança pública na cidade, nos espetáculos e nas festas públicas, fazendo devassas e sumários sobre os crimes praticados; fichava e coletava informações sobre moradores da cidade, interferindo em conflitos conjugais e familiares; colaborava com o recrutamento e perseguia marinheiros desertores; cuidava da urbanização da cidade, tornando-a uma cidade "policiada" ou polida; organizava a imigração dos portugueses das ilhas atlânticas para as diversas capitanias brasileiras; fazia matrícula de estrangeiros residentes; e, por fim, colaborava com ministros de Estado em diversos assuntos.⁵¹

A essas funções que Nizza da Silva conseguiu identificar, é possível ainda acrescentar outras, encontradas ao longo da pesquisa, além da supervisão sobre o comércio de carnes verdes: conserto e administração de obras públicas na cidade, construção e reforma de estradas e estabelecimento de açougues para ingleses.⁵²

Deve-se destacar, além do grande número de funções que o órgão assumiu, a diversidade dessas funções. Novas áreas de atuação foram criadas até 1821 como a iluminação pública da cidade, que ficou a cargo da polícia em 1820. Fátima Gouvêa, também em um

---

50 AN. Fundo: GIFI (01). 6J-78, doc. cit.
51 SILVA, Maria Beatriz Nizza da. "A Intendência Geral de Polícia (1808-1821)". In: *Revista Acervo*, vol. 1; n°. 2; jul.-dez. 1986. Rio de Janeiro: 1986, p. 187-204.
52 AN. Fundo: GIFI (01). 6J-78, doc. cit.

artigo dedicado à Intendência de Polícia, ressalta os altos valores de seu orçamento, o que é comprovado através das contas de 1820, quando a Intendência movimentou 108 contos de réis, tendo solicitado um empréstimo ao Banco do Brasil para abrir estradas.[53]

A própria função da Polícia em relação ao comércio de carnes verdes não teve fim em 1810, sendo, depois desse ano, possível observar um papel fiscalizador do órgão em relação ao comércio. Em 1820, foi feito por funcionários da polícia um relatório das vendas de carne ao longo de um dia e em outras várias ocasiões, Vianna deu sugestões e fez críticas à forma como era feita a administração do comércio.[54]

Paulo Fernandes Vianna, além de ser intendente geral da polícia de 1808 a 1821, teve diversos cargos, postos e títulos: era do Conselho do Príncipe Regente – depois Rei, com a morte de D. Maria em 1816 –, Cavaleiro da Real Casa do Príncipe Regente, desembargador do Paço e professo na Ordem de Cristo, sendo sucedido na Intendência pelo até então almotacé Antonio Luiz Pereira da Cunha. O mais interessante, no entanto, era a sua ligação com os negociantes da cidade: Vianna era ligado ao negociante Pantaleão Pereira de Azevedo e era cunhado de Fernando Carneiro Leão, filho do já falecido coronel Braz Carneiro Leão, um dos mais poderosos homens de negócio do Rio de seu tempo. Fernando Carneiro Leão, por sua vez, foi um dos principais negociantes da cidade, presente no tráfico, no comércio de importação e exportação, no abastecimento, na arrematação de impostos, além de diretor e acionista do Banco do Brasil. Importante é mencionar a ligação de Fernando Carneiro Leão com Joaquim José de Siqueira – o negociante que controlou o comércio de carnes verdes de 1811 a 1819 e com forte presença no comércio em anos anteriores e posteriores –, com quem arrematou junto o contrato da pesca da baleia em 1816.[55]

Essa ligação com o grupo dos negociantes não ficou restrita aos laços familiares, já que Vianna parece defender constantemente os interesses dos negociantes cariocas. Isso ficou evidente quando ele propôs, em 1808, o fim do pagamento dos direitos de passagem do gado pelos registros, afirmando que isso encarecia o preço do boi. Defendia outras

---

53 GOUVÊA, Maria Fátima. *Dos Poderes...*, op. cit., p. 14-6; AN. Fundo: GIFI (01). Ministério dos negócios do Brasil, do Reino, dos estrangeiros, dos negócios do Império (Intendência geral de polícia). 1820-1821. 6J-86.

54 BN. OFÍCIO... (Seção de Manuscritos, II-34, 32, 22), doc. cit. Um exemplo de intromissões de Paulo Fernandes Vianna no comércio de carnes verdes se encontra em AN. Fundo: GIFI (01). 6J-78, doc. cit.

55 AN. Fundo: GIFI (01). 6J-78, doc. cit.; GOUVÊA, Maria Fátima. *Dos Poderes...*, op. cit., p. 14-6; LOBO, Eulália Maria Lahmeyer. "O comércio atlântico e a comunidade de mercadores no Rio de Janeiro e em Charleston no século XVIII". In: *Revista de História*, 1975, vol. LI, nº. 101, p. 78-9; GORENSTEIN, Riva. "Comércio e Política", op. cit., p. 153; SILVA, Maria Beatriz Nizza da. "Negócios em família", op. cit., p. 129-30.

facilidades para boiadeiros e tropeiros, como maneiras mais ágeis para eles conseguirem passaportes para irem de uma a outra capitania. Da mesma forma, Vianna elogiou a administração do contrato das carnes verdes feita por Antonio Joaquim do Carmo em julho de 1820, afirmando que este matava mais de 130 bois por dia, no momento em que o almotacé Cunha estava acusando aquele contratador de ter criado um mercado negro de carne na cidade. Por fim, ele rejeitou a participação no mercado das carnes de um comerciante inglês, Heitor Peacock, defendendo os nacionais.[56]

Vianna estava, pois, ligado estreitamente aos interesses dos negociantes da cidade, o que possibilita entender a sua proposta de criação do contrato das carnes verdes de outra forma. Ele não estava apenas defendendo uma simples reformulação no comércio para melhor suprir os habitantes da cidade, a partir da introdução de grande soma de capitais no comércio, uma alegação técnica por ele utilizada. Estava também defendendo o interesse de um seleto grupo de negociantes que se apoderou do comércio ao longo de doze anos, com a pequena interrupção de um ano, 1819. A maneira obscura como o contrato foi arrematado em 1810, 1816, 1820 e 1821 e o fato de ter sido arrematado sempre pelo mesmo grupo reforçam essa afirmativa.

O contrato veio a conjugar dois fatores decisivos: em primeiro lugar, a incapacidade do Estado naquele momento de organizar e fiscalizar um comércio que se desenvolvia em dimensões geográficas, combatendo a especulação, o monopólio e outros percalços daquele mercado; também, o interesse de um seleto grupo de negociantes cariocas que, dominando o comércio por completo, podia tirar grandes vantagens provindas da venda exclusiva. O tal grupo é composto por Inácio Rangel de Azevedo Coutinho, Joaquim José de Siqueira, João Siqueira da Costa, Antonio Joaquim do Carmo e José Joaquim de Almeida Regadas.

Esse vínculo íntimo de Vianna com o setor mercantil e a defesa de certas posições levaram a Polícia a entrar muitas vezes em conflito com outros órgãos do Estado joanino e, principalmente, com a Câmara, cujos vereadores eram, em sua maioria, contra o contrato.[57]

O Estado joanino e o comércio de carnes verdes

A política joanina era, no geral, bastante favorável ao setor mercantil vinculado ao comércio de abastecimento, havendo diversas isenções, subsídios e também proibições de presença de comerciantes estrangeiros que marcaram a política em relação ao comércio a partir

---

56 AN. Fundo: GIFI (01). 6J-78, doc. cit.; AN. Fundo: GIFI (01). 6J-86, doc. cit.
57 GOUVÊA, Maria Fátima. *Dos Poderes do Rio de Janeiro Joanino, op. cit.*, p. 35-7.

de 1808. Havia uma forte pressão para a tomada desses tipos de medidas, tendo a criação do Corpo de Commercio na cidade em 1808 e seu primeiro pedido para a limitação de comerciantes estrangeiros no varejo marcado o início desse movimento de pressão.

Uma das áreas mais comuns de pressão era a dos direitos pagos pelos condutores, no qual se protestava para que estes diminuíssem de valor ou fossem abolidos no caso do gado e das tropas que iam para a Corte. Já foram mencionados o pedido de Paulo Fernandes Vianna nesse sentido e o de Inácio Rangel de Azevedo Coutinho e seus fornecedores paulistas, tendo Vianna defendido o fim de direitos em 1808 de estradas que ligavam Minas à Corte e Coutinho defendido a abolição do direito do registro de Lorena em 1810. Da mesma forma, o vereador Luís José Vianna do Amaral Rocha sugeriu, em sua já mencionada memória sobre as carnes verdes, "facilidades" para os condutores e boiadeiros que se encaminhavam para a Corte vindos de regiões diversas do Centro-Sul da América portuguesa.[58]

Essa e outras pressões surtiram efeito na política joanina. De 1808 a 1821, em parte devido às pressões do grupo dos negociantes e em parte devido às situações de emergência encontradas no mercado de carne da cidade, houve uma série de benefícios para os condutores das tropas e boiadas, em um total de sete isenções do pagamento de passagens por registros, que tiveram lugar em Mato Grosso, Goiás, Sorocaba e Curitiba, beneficiando principalmente os intermediários do gado bovino. Houve outras isenções, como uma decisão – além dessas – inexistente na Coleção de Leis que foi encontrada no fundo do Ministério da Fazenda no Arquivo Nacional, isentando condutores de pagamento no registro de Paraibuna.[59] Da mesma forma, o comércio de boiadas foi incentivado através das proibições da charqueação e da matança de vacas de crias e bezerros que tiveram lugar em 1817, 1818 e 1821,[60] medidas que visavam combater a excessiva transformação da carne bovina em charque.

Outro problema encontrado pelos boiadeiros e tropeiros que virou motivo de reclamação junto ao poder foi o recrutamento destes e de seus empregados para o Exército. O Rei proibiu que fossem recrutados tropeiros em trabalho para atividades militares já em dezembro de 1808, alegando que, em função do medo de serem pegos na estrada para recrutamento,

---

58 AN. Fundo: GIFI (OI). 6J-78, doc. cit.; BN. COUTINHO, Inácio Rangel de Azevedo. (Seção de Manuscritos, C-609, 16), doc. cit; AN. Fundo: Diversos códices – SDH (NP). Código 807, vol. 22, doc. cit.

59 CLB de 1808 e 1809, p. 45; 149; CLB de 1818, p. 1-2; CLB de 1819, p. 4-5; CLB de 1820, p. 34; CLB de 1821, p. 33; AN. Fundo: Ministério da Fazenda (40). Registro de avisos e portarias da Junta da Fazenda. Real Erário. 1808-1819. Código 142, vol. 2, f. 135-6.

60 CLB de 1817, p. 10-1; CLB de 1818, p. 27; 33.

muitos se recusavam a trabalhar nessas funções. Um incidente interessante foi encontrado na legislação do ano de 1810, na qual uma decisão relatou o caso de um condutor de gado que fora preso para recrutamento forçado. O rei ordenou que o condutor fosse imediatamente solto e reiterou que era proibido recrutar tanto boiadeiros como tropeiros.[61]

Outra exigência também clamada por Vianna e pelo vereador Rocha era o fim dos passaportes necessários para se atravessar os limites das capitanias. Em março de 1821, uma decisão eximiu tropeiros e boiadeiros dessa necessidade, obrigando apenas os estrangeiros a cumprir essa exigência.[62]

As concessões não eram restritas ao comércio terrestre, sendo o comércio de cabotagem alvo de diversos subsídios e proteções para os comerciantes e negociantes nacionais. A defesa do comércio nacional era um dos principais temas das exigências do Corpo de Commercio e encontrava-se no discurso de muitos negociantes. Paulo Fernandes Vianna defendia o comércio nacional ante o estrangeiro e o vereador Amaral Rocha afirmou, em 1818, que as leis que defendiam a cabotagem para os nacionais eram certeiras. As medidas nesse sentido foram várias na época joanina e o cerco aos estrangeiros nesse comércio, sobretudo ingleses, foi aumentando ao longo do período. Isso ficou claro quando, em novembro de 1814, uma decisão determinou a proibição de comercialização de produtos nacionais de um porto brasileiro para outro. Já em janeiro de 1815, outra decisão proibiu o comércio de cabotagem de gêneros nacionais e estrangeiros feitos por ingleses.[63]

Essas medidas já haviam sido listadas e analisadas por Alcir Lenharo, Maria Petrone e no artigo de Maria Lígia Prado e Maria Cristina Luizetto. Essas duas autoras, abordando especificamente o comércio de cabotagem, citam uma série de incentivos, como diminuições de taxas, abrandamento na fiscalização desse comércio, incentivo à navegação a vapor, incentivo à produção de sal nacional e isenções desse frente ao sal estrangeiro.[64]

O aparelho de Estado joanino também teve casos claros de troca de favores com elementos particulares, o que ficou evidente, por exemplo, quando Elias Antonio Lopes doou a Quinta da Boa Vista para a família real e ganhou uma série de benefícios em retorno. Da mesma forma, vários negociantes seguiram exemplos similares, como foi o caso inclusi-

---

61 CLB de 1808 e 1809, p. 74; CLB de 1810 e 1811, p. 25.

62 CLB de 1821, p. 9.

63 CLB de 1814, p. 33-4; CLB de 1815, p. 5.

64 PRADO, Maria Lígia; LUIZETTO, Maria Cristina Z. "Contribuição para o Estudo de Comércio de Cabotagem no Brasil, 1808-1822". In: *Anais do Museu Paulista*. Tomo XXX. Ano: 1980-1. São Paulo: 1981, p. 170-3.

ve de Joaquim José de Siqueira. Nizza da Silva encontrou casos de negociantes que faziam empréstimos ao Estado e conseguiam mercês em retorno. Assim também aconteceu com alguns proprietários rurais que doaram bois para a família real em momentos emergenciais, como em 1808, tendo Alcir Lenharo relatado um caso em que uma proprietária de terras da capitania de Minas doou à Real Fazenda 200 reses, ganhando favores em troca.[65]

Isso remete à outra questão presente no Estado joanino, o problema das finanças do Tesouro. A crise financeira do Estado perpassou todo o período e também todo o Primeiro Império, já que a construção de um aparelho de Estado não era algo que necessitasse de poucos recursos. Dorival Teixeira Vieira lista e analisa os principais órgãos criados pela administração joanina, uma enorme estrutura de Estado semelhante em forma ao aparelho político português existente na Europa antes de 1808. Para dar conta disso tudo, D. João criou uma gama de 95 novos impostos, o que o governo de seu filho não modificou. No momento da chegada da família real, a situação era a mais emergencial e um sintoma disso foi a criação de uma série de contratos régios, nos quais os arrematantes tinham que pagar adiantado. Para o pregão desses contratos, em dezembro de 1808, o Rei ordenou que os editais ficassem em praça todos os dias, exceto domingos e feriados, e não mais um ou dois dias da semana como de costume,[66] o que mostra a grande necessidade de recursos naquele momento. As contas estatais estavam sempre desequilibradas, com seguidos déficits que, após a independência, foram pagos seguidamente com empréstimos estrangeiros. Foi só a partir de meados da década de 1840 que o Estado superou os déficits no orçamento.[67]

No ano de 1809 foi criado um dos principais impostos que vigorou a partir de então, o dos cinco réis em cada libra de carne verde, que valia para o Brasil e domínios ultramarinos. Esta taxa, segundo Delso Renault, serviria aos gastos com educação, mas não foi o suficiente para tal. Apesar disso, o valor dos contratos de arrematação desses impostos, que existiram até o final de 1820, eram altíssimos, aparentando ser os de maior valor no Império português.

---

65 PIÑEIRO, Théo Lobarinhas. *Os Simples Comissários, op. cit.*, p. 32; SILVA, Maria Beatriz Nizza da. *Análise de Estratificação Social, op. cit.*, p. 97-8; LENHARO, Alcir. *As Tropas da Moderação, op. cit.*, p. 34.

66 AN. Fundo: Conselho da Fazenda (EL). Registro de avisos dirigidos à secretaria. 1808-1819. Códice 33, vol. 1, f. 3.

67 PIÑEIRO, Théo Lobarinhas. *Os Simples Comissários, op. cit.*, p. 145; RENAULT, Delso. *O Rio Antigo..., op. cit.*, p. 230-2.

Tabela 2.1 – Arrecadação com o imposto das carnes verdes e a receita da capitania/província do Rio de Janeiro:

Período	Imposto das carnes verdes	Receita total do Rio de Janeiro	Participação do imposto da carne verde na receita total
Ano de 1810	54:723$767	1.764:250$155	3,10%
Ano de 1811	55:509$100	1.604:279$954	3,46%
1º semestre de 1822	37:930$474	1.901:897$185	1,99%
Ano de 1823	66:619$179	4.239:267$297	1,57%
Ano de 1824	71:685$260	6.053:963$936	1,18%
1º semestre de 1825	34:901$494	3.186:654$109	1,09%
Média da participação			2,06%

Fonte: BN. Rio De Janeiro – Orçamentos. Balanço da receita e despesa efetiva do erário do Rio de Janeiro. 1821-1825. Impresso. (Seção de Manuscritos, I-48, 19, 41); ESCHWEGE, Willhelm Ludwig von. *Brasil*: novo mundo. Belo Horizonte: Fundação João Pinheiro, 1996, p. 214.

A participação do imposto das carnes verdes dentro do montante total, à primeira vista, pode parecer pequena, porém, olhando-se outros impostos e fontes de renda, vemos o seguinte: imposto do sal em 1810 – 9:945$; renda do tabaco em 1811 – 24:339$; contrato da pesca das baleias no 1º semestre de 1825 – 5:250$.[68]

O imposto das carnes verdes era um dos mais importantes existentes no período. A maioria das rendas dessa taxa na capitania/província do Rio vinha da Corte, já que existiam problemas na fiscalização em regiões periféricas e o imposto incidia nas áreas urbanas, o que excluía a maior parte da capitania, restando poucos centros urbanos de relevância além da Corte. Em nenhum momento, o imposto correspondeu a menos de 1% da receita da capitania, bem diferente de outros impostos, como o da baleia e do sal, que nunca alcançaram esse patamar de 1%. A receita estatal tinha como rendas principais sempre as relativas à alfândega.

Uma tendência nítida na tabela, apesar de não haver dados para todo o período desde 1810, é o declínio do valor deste imposto dentro da receita geral da capitania. Apesar de haver um crescimento contínuo, mas não acentuado, do valor da arrecadação do imposto, a arrecadação da província aumentou muito mais no período, devido ao crescimento da

---

[68] BN. Rio De Janeiro – Orçamentos. (Seção de Manuscritos, I-48, 19, 41), doc. cit.; ESCHWEGE, Willhelm Ludwig von. *Brasil, op. cit.*, p. 214.

receita da alfândega, sempre em torno de 50% do total. Se, em 1811, a receita alfandegária era de 852:690$571 réis, no ano de 1823 foi de 2.351:166$387. Um aumento de 175,73%, enquanto o imposto das carnes verdes cresceu no mesmo período 20,01%. A comparação perde parte da validade, já que em 1811 o imposto das carnes verdes estava em regime de contrato e não o estava mais em 1823. Mesmo assim, a receita da alfândega cresceu muito mais do que a arrecadação do imposto, o que se explica pelo crescimento das exportações no período, principalmente de café, pelo porto do Rio e também das importações dos ingleses, norte-americanos e das potências da Europa continental depois das guerras napoleônicas. Ao mesmo tempo, o abastecimento de carnes verdes na cidade encontrava uma série de empecilhos, como a competição com a produção de charque no Sul.[69]

De qualquer forma, fica nítida a importância da arrecadação desse imposto para as contas do Estado português. Esse fator e mais os problemas do abastecimento do gênero na cidade levavam o Estado a fazer uma frequente fiscalização do cotidiano do comércio. Tratava-se de um item fundamental, inclusive, para a determinação da paz social na urbe, o que fez com que José Bonifácio de Andrada e Silva, quando ministro, fiscalizasse diretamente o comércio, procurando sempre ficar informado sobre suas condições.[70] Em um período anterior, D. João também fiscalizava de perto o mercado, tendo o almotacé Cunha afirmado "que todos os dias se apresenta a Sua Majestade a conta das pessoas que ficam sem carne".[71] Esse documento, apesar de ser de 1820, deve explicitar uma atitude do monarca que pode se generalizar aos períodos de crise no abastecimento, ou até a outros momentos.

O I Império, a Regência e o comércio de carnes verdes

O governo de D. João VI costuma ser analisado como tendo tendência ao liberalismo e com grande presença de negociantes em sua máquina. Se isso é verdade, o governo de D. Pedro tem essas marcas de forma ainda mais acentuada. Alcir Lenharo expõe diversas medidas tomadas durante o I Império que o caracterizam como mais liberal que o antecessor e Sérgio Buarque de Holanda, em 1973, afirmou que a elite política do I Reinado era constituída por negociantes, o que foi comprovado com a pesquisa empírica de Riva

---

69 BN. RIO DE JANEIRO – Orçamentos. (Seção de Manuscritos, 1-48, 19, 41), doc. cit.; ESCHWEGE, Willhelm Ludwig von. *Brasil, op. cit.*, p. 214.

70 AGCRJ. Matadouros e açougues (1822-1830). Códice 53-3-2, f. 16-7; 43-4.

71 AGCRJ. Representação do arrematante das carnes verdes contra o almotacé Cunha. Códice 53-2-21, f. 4-11.

Gorenstein.[72] O fato de o governo de D. Pedro ser mais liberal que o anterior se relaciona diretamente à maior presença dos negociantes no aparelho de Estado.

Gorenstein expôs a aproximação dos negociantes da Corte com o Estado joanino, demonstrando como esses financiaram as tropas que reprimiram a Revolução Pernambucana e como, em 1820, eles aderiram à independência, rejeitando a recolonização proposta pelas Cortes portuguesas. Os negociantes apoiaram firmemente a ruptura com Portugal, sendo sintomática a adesão à emancipação pela Câmara do Rio, órgão marcado pelo domínio dos negociantes. Cinco meses após a data que marcou a independência, D. Pedro concedeu à Câmara da cidade o título de 'ilustríssima', pela forma como seus membros e os habitantes da cidade "reclamarão continuação da Minha Augusta presença no Brasil".[73]

Em sete dos dez ministérios formados por D. Pedro, Théo Piñeiro identificou negociantes, ou pessoas a eles relacionadas, como ministros. Com essa presença, diversos benefícios e vitórias desse grupo social foram conquistados até 1831. A própria questão das constituições de 1823 e 1824 teve por fim uma vitória do setor mercantil, que havia ficado pouco representado na Assembleia Constituinte, devido às exigências para que se fosse um cidadão com direito ao voto. A Constituição outorgada de 1824 era mais favorável aos negociantes por fazer os caixeiros eleitores, dando aos negociantes maior influência nas eleições.[74]

Nas decisões acerca do comércio das carnes, as vitórias do grupo foram sucessivas. O governo reiterou a vedação do recrutamento de boiadeiros e tropeiros e tomou decisões específicas que facilitavam o comércio na cidade como, por exemplo, a lei que aumentava o período permitido de circulação de reses bovinas dos currais até o matadouro.[75] Porém, a maior marca do governo de D. Pedro em relação ao comércio foi a liberação das vendas em 1823.

Antes dessa lei, no mês de agosto de 1822, os negociantes das reses na cidade fizeram conjuntamente um abaixo-assinado, em um documento um tanto obscuro, mas cujo caráter é apreensível. Assinavam 15 negociantes atuantes no comércio de carnes de longa e curta distância, um deles analfabeto, sendo o documento encabeçado também por Antonio Joaquim do Carmo. O abaixo-assinado era endereçado à Secretaria de Estado dos Negócios do Reino, referindo-se a uma contenda que eles tiveram com a Câmara – o que provavelmen-

---

72 LENHARO, Alcir. *As Tropas da Moderação*, op. cit., p. 39-40; HOLANDA, Sérgio Buarque de. "Sobre uma doença infantil na historiografia", *op. cit.*; GORENSTEIN, Riva. "Comércio e Política", *op. cit.*, p. 214.

73 GORENSTEIN, Riva. "Comércio e Política", *op. cit.*, p. 211-2; PIÑEIRO, Théo Lobarinhas. *Os Simples Comissários*, *op. cit.*, p. 63; CLB de 1823, p. 5.

74 PIÑEIRO, Théo Lobarinhas. *Os Simples Comissários*, *op. cit.*, p. 71-75.

75 CLB de 1824, p. 13; CLB de 1823, p. 69.

te diz respeito à nova forma como a Câmara organizou o comércio a partir de 1822, sem haver mais a presença do contrato das carnes verdes. A carta aludia a uma discussão cuja profundidade se desconhece, mencionando "autos" e uma "medida" tomada pelo Senado da Câmara que não foi encontrada na pesquisa. Mas, o teor do documento é claro quando os negociantes afirmam que "nunca tentarião oppor se ao liberalismo" e pedem que "não se monopolize delle aquelle ramo", referindo-se ao comércio de carnes verdes.[76]

O interesse desses negociantes era, neste momento, a liberação do comércio e do preço da carne, como o documento supracitado permite afirmar. A lei de 20 de novembro de 1823, relativa apenas à cidade do Rio, veio atender exatamente a essas demandas, liberando o comércio de gado vacum, a matança dos bois na cidade, desde que fosse feita nos matadouros públicos, e o preço da carne no varejo. A medida determinava ainda: os dois matadouros ficavam sob responsabilidade da Câmara, com a obrigação do pagamento de 320 réis por rês morta; ficavam proibidas as seleções de certos donos de gado em detrimento de outros na matança; decidia questões de asseio nos matadouros; proibia propinas aos funcionários dos matadouros e liberava o número de açougues pela cidade, ao contrário do que ocorria antes.

Alcir Lenharo afirma que essa lei foi uma vitória do setor abastecedor,[77] referindo-se aos negociantes das carnes verdes. Houve consequências decisivas para o comércio na cidade, sendo a principal delas a carestia da carne a partir de então, que gerou reclamações e demonstrações de revolta pública.[78] A petição citada no primeiro capítulo[79] dessa dissertação se refere a este contexto e caracteriza um reclame tipicamente popular e recorrente em contextos semelhantes, o de tabelamento de preços, o que beneficiaria os consumidores menos afortunados. Isso leva a supor que os setores médios daquela sociedade, que antes podiam consumir carnes verdes, tiveram mais dificuldade para tal com a liberação. O que é mais emblemático é a resposta dada pelos vereadores em 1827 à petição: "Este Senado nada pode deferir sobre a pertenção dos supplicantes em conseqüência da Ley que conce-

---

76 BN. CARMO, Antonio Joaquim do. Requerimento encaminhado ao Ministério do Império solicitando que sejam avocados os autos que tiveram na contenda com o Senado da Câmara, ajuntando-se a eles o requerimento que existe na Secretaria de Estado dos Negócios do Reino. Fundo/Coleção Documentos biográficos. Rio de Janeiro: 1822. (Seção de Manuscritos, C-776, 12).

77 LENHARO, Alcir. *As Tropas da Moderação, op. cit.*, p. 22.

78 AGCRJ. Matadouros e açougues (1822-1830). Códice 53-3-2, f. 150.

79 Vide página 46 do primeiro capítulo.

de aos suplicados essa faculdade podendo portanto recorrer a SMI".[80] O Senado da Câmara admitia que se encontra com mãos atadas diante da questão, não podendo passar por cima da decisão do governo imperial. A medida por um lado excluiu o consumo de uma faixa da população; por outro possibilitou lucros maiores para os condutores de gado e também para os comerciantes de carne na cidade.

Houve outras medidas que beneficiaram o setor abastecedor. Em 1825, uma decisão real isentou de taxas a importação de reses estrangeiras para o Brasil e, no mesmo ano, foram liberados de pagamento de direitos os bois e cavalos saídos do Rio Grande para outras províncias. Isenções de direitos foram cedidas em pontos dos caminhos em 1828 e, em 1830, os criadores gaúchos foram obrigados a costear seu gado.[81]

Interessava ainda aos negociantes medidas como a isenção de pagamento de propinas a funcionários por parte de arrematantes das rendas públicas, de 1829, e também o fim da figura do juiz almotacé, por decisão de 1830. A primeira medida podia ser vista apenas como uma racionalização da administração pública, mas também foi benéfica aos negociantes, principais arrematadores das rendas públicas, que, muitas vezes, eram obrigados a pagar propinas aos fiscais e funcionários da Câmara e do Estado imperial.[82] A abolição da figura do almotacé foi benéfica aos negociantes das carnes, na medida em que esse funcionário tinha poucas incumbências além de fiscalizar o comércio e seu substituto legal, o juiz de paz, tinha mais funções do que ele, não tendo tanto tempo e agilidade para fiscalizar e organizar a venda de carne. O que se vê é que quem substituiu os almotacés nas áreas urbanas foram os fiscais, porém, mesmo esses, tinham diversas funções em seus distritos, não parecendo sempre ser tão incisivos quanto alguns juízes almotacés. Há de se destacar também que os almotacés em vários momentos haviam entrado em conflito com negociantes, marchantes e contratadores e a simples substituição de alguns almotacés por outros funcionários já era benéfica para alguns comerciantes que não tinham a simpatia daqueles funcionários.[83]

O imperador havia algumas vezes se confrontado com os juízes almotacés da cidade, como em outubro de 1823, quando o almotacé Joaquim Bandeira de Gouveia multou o fiel da administração da coleta dos cinco réis em libra de carne verde e do subsídio literário em 6$000 por ele ter burlado as contas desses impostos. O Imperador respondeu que o juiz almotacé "nada tem que corrigir" ali e obrigou a restituição da multa, ficando o almotacé "advertido de que não

---

80 AGCRJ. Matadouros e açougues (1822-1830). Códice 53-3-2, f. 150.
81 CLB de 1825, p. 127-8; p. 192; CLB de 1828, p. 8-9; CLB de 1830, p. 139-40.
82 CLB de 1829, p. 26.
83 CLB de 1830, p. 11-2.

deve jamais transpor os limites da sua jurisdição". O Imperador aparentemente nem procurou informações sobre a acusação contra o administrador da arrecadação.[84]

Todas as medidas arroladas acima não necessariamente abarcam todos os benefícios dados pelo governo de D. Pedro I para a classe mercantil empenhada no abastecimento de reses para a cidade. Em 1826, o almotacé Cunha relatou que o Rei isentara os fornecedores de "todos os obstaculos e contribuiçoens a que a Ley os fazia responsáveis, só para que eles com maior vantagem abastecessem esta capital".[85] Portanto, há a possibilidade de haver outras decisões não mapeadas sem a forma de leis que tenham beneficiado os negociantes das carnes verdes.

A importância do setor mercantil na política imperial é declinante no primeiro reinado e sofreu um duro golpe com a abdicação. Théo Piñeiro afirma que o ano de 1831 marca a tomada do poder pelos proprietários de escravos e de terras, tendo os negociantes participado de forma secundária do poder durante a Regência.[86] Isso trouxe mudanças nas políticas para o abastecimento, o que ficou nítido com a decisão de 14 de dezembro de 1831:

> Em consequencia de sua representação de quatro de novembro findo sobre o dispositivo nas portarias de 29 de agosto de 1825, 18 de junho de 1827, que isenta de direitos a introdução de gado vaccum, cavalar e lanígero. A Regencia em nome do Imperador com o parecer do conselheiro procurador da Fazenda, manda suspender o effeito das mencionadas portarias.[87]

Essa medida foi sintomática da ruptura que o início da Regência representou para o abastecimento de carne verde, acabando com os antigos subsídios existentes nos caminhos. Mas a medida não veio sozinha: em 1833, uma decisão revogou uma lei anterior que isentava a dízima de exportação dos gados de uma província para outra.[88] Além disso, não houve, entre abril de 1831 e o final de 1835, nenhuma lei ou decisão que incentivasse o comércio de abastecimento e o de bois no território. A derrota dos negociantes ligados ao suprimento urbano era patente.

---

84 AGCRJ. Matadouros e açougues (1822-1830). Códice 53-3-2, f. 150.

85 AGCRJ. Matadouros e açougues (1822-1830). Códice 53-3-2, f. 86-9.

86 PIÑEIRO, Théo Lobarinhas. *Os Simples Comissários, op. cit.*, p. 4.

87 CLB de 1831, p. 313.

88 CLB de 1833, p. 556.

Outras medidas no período davam mais autonomia para as Câmaras para organizar sozinhas o comércio de carnes frescas. Assim, decisões em 1832 e 1833 determinavam que as rendas municipais não dependiam da aprovação do governo imperial e que os matadouros e currais deviam ser regulados pelas posturas municipais.[89] O comércio de carnes verdes perdia a centralidade que tivera anteriormente, que o relacionava tanto ao poder central.

O caráter do Estado Imperial

Várias já foram as interpretações do Estado joanino e do Estado imperial em formação. Para entender todas as medidas tomadas pelo Estado nesse período, é necessário um modelo explicativo que defina esse Estado.

Marcello Basile afirma que o Estado de D. João VI é sempre hesitante entre o velho e o novo, ora mercantilista, ora liberal, e marcado também pelo absolutismo ilustrado. De fato, o governo de D. João assume posições ambíguas e, às vezes, conflitantes em sua política, daí ser verdade que práticas ditas mercantilistas convivam com práticas de caráter mais liberal.

No que diz respeito ao caráter absolutista ilustrado, deve-se ter certo cuidado. Trata-se de um termo utilizado para designar monarquias vividas no velho continente, fruto de sociedades europeias da segunda metade do XVIII, não condizendo com uma sociedade escravista colonial de inícios do século XIX.[90]

Emília Viotti da Costa, da mesma forma que o artigo de Maria Lígia Prado e Maria Cristina Luizetto, tem posição semelhante à de Basile em relação ao Estado joanino. Para Viotti, a política de D. João era pendular entre o liberalismo e o mercantilismo. Prado e Luizetto afirmam que o Rei tinha uma política ambígua, ora defendendo interesses ingleses, ora nacionais, com medidas protecionistas.[91] O caráter pendular, assim como a prática ambígua em relação aos ingleses e ao comércio nacional são comprováveis através de uma

---

89 CLB de 1832, p. 238; CLB de 1833, p. 386-94.

90 BASILE, Marcello. "O Império Brasileiro: panorama político". In: LINHARES, Maria Yedda Leite (org.). *História Geral do Brasil, op. cit.*, p. 191. Para uma ótima explicação sobre o mercantilismo e o liberalismo, ver OLIVEIRA, Geraldo Beauclair Mendes de. *Introdução ao Estudo do Pensamento Econômico: uma abordagem histórica*. Rio de Janeiro: Americana, 1974, principalmente os capítulos 1 e 3. Para uma definição do termo absolutismo ilustrado, ver FALCÓN, Francisco José Calazans. *Despotismo Esclarecido*. São Paulo: Ática, 1986.

91 COSTA, Emília Viotti da. *Da Monarquia à República: momentos decisivos*. São Paulo: Grijalbo, 1977, p. 27-9; PRADO, Maria Lígia; LUIZETTO, Maria Cristina Z. "Contribuição...", *op. cit.*, p. 160-1.

observação simples das leis do período. Cabe, no entanto, explicar essa ambiguidade e esse caráter pendular da política joanina.

A compreensão do fenômeno deve ser procurada nos grupos de pressão existentes no aparelho de Estado joanino e, muitas vezes, dentro do próprio aparato estatal. Os negociantes das praças comerciais brasileiras defendiam frequentemente medidas de proteção da produção e do comércio nacionais, enquanto os ingleses e proprietários de escravos e terras nacionais defendiam marcadamente a liberalização do comércio no país. Portanto, a tal ambiguidade afirmada por Viotti da Costa, Basile e por Prado e Luizetto tem uma explicação na base social do Estado.

Outro tipo de análise sobre o período foi feito por Théo Piñeiro, que propõe que o Império brasileiro seja entendido como uma aliança entre os proprietários de escravos e de terras do Sudeste, em especial da província fluminense, e os negociantes, principalmente os da Corte. Para isso, ele utiliza o conceito gramsciano de bloco de poder, compreendendo o Estado como uma aliança de frações de classe. A aliança que dá origem ao II Império teve início em 1837 e só se consolidou na década de 1850. No período anterior, ele afirma que houve uma medição de forças entre proprietários e negociantes, o que permite explicar, a partir de disputas dentro da classe dominante no próprio interior do aparelho estatal, a política pendular do Estado joanino e Imperial.[92]

Como afirma Piñeiro, não há uma aliança política consolidada para criar um Estado nacional antes de 1837, havendo antes um Estado em construção. Tendo isso em vista, pode-se compreender as sucessivas crises financeiras, institucionais e militares vividas no período e, também, as políticas relativas ao comércio de abastecimento. A adoção dos contratos régios é um sintoma desse caráter do Estado imperial em construção, já que, não havendo a possibilidade de dispor de um amplo funcionalismo, abria-se a possibilidade de serviços públicos – alguns essenciais, como a cobrança de impostos – serem feitos por particulares. Portanto, é possível entender a adoção dos contratos como uma questão própria de um Estado em formação.

O corpo político municipal e o comércio

A Câmara Municipal do Rio de Janeiro foi criada juntamente com a fundação da cidade, ainda no século XVI, dada a importância estratégica desse novo entreposto português

---

92 PIÑEIRO, Théo Lobarinhas. *Os Simples Comissários, op. cit.*, p. 8; 67-9.

na América. Fernanda Bicalho afirma que a Câmara tinha certa autonomia no início de seu funcionamento, chegando a cancelar leis régias superiores que proibiam a escravização indígena em 1570 e 1609. Já no século XVII, a partir da Restauração portuguesa, houve uma perda constante dessa autonomia, que se consumou no final do século com a criação do juiz de fora, funcionário reinol indicado pela Coroa que presidia as câmaras ultramarinas. O crescimento da importância da cidade ao longo do XVII e, substancialmente, no início do XVIII, aconteceu em sentido oposto à perda de autoridade do poder local frente ao poder metropolitano. A Câmara teve o seu espaço de ação ainda mais reduzido em função da modificação da sede da capital colonial e da criação do vice-reinado na cidade e, principalmente, com a chegada da Corte e o início do processo de criação do Estado imperial a partir de então.[93]

A estrutura de funcionários da Casa não foi sempre a mesma, modificando-se o número e as incumbências dos funcionários, assim como a própria eleição para vereadores e demais cargos eletivos. Inicialmente, os vereadores eram eleitos pelo Colégio de Homens Bons, do qual estavam excluídos assalariados, soldados, judeus e estrangeiros. Em 1624, um desembargador enviado pelo governador geral da colônia rearranjou o colégio eleitoral, excluindo os residentes das áreas rurais, os taverneiros e os varejistas, pessoas diretamente interessadas no tabelamento e controle dos preços, dos pesos, das medidas e da qualidade dos produtos, todas essas funções das Câmaras. Isso enfraqueceu o poder dos proprietários de terra e, desde então, fortaleceu o poder dos setores urbanos.[94]

No período aqui recortado, até 1830, eram cinco os funcionários eletivos na Câmara ou oficiais: três vereadores, um procurador e um tesoureiro. Eram eleitos anualmente pelo colégio eleitoral, com um ano de mandato, ao passo que o juiz de fora cumpria sua função por mais tempo. Há apenas um período em que os oficiais ficaram mais de um ano nos cargos, por motivos desconhecidos. Além desses funcionários, havia o juiz almotacé, o escrivão, o advogado, o alcaide e o porteiro da Câmara. Maria Yedda Linhares cita ainda quatro mestres ou representantes do povo, artesãos, oficiais mecânicos, artistas, contador, o veador de obras e o alferes, mas nenhum desses foi identificado durante a pesquisa.[95]

---

93 BICALHO, Maria Fernanda. "As câmaras ultramarinas no governo do império". In: FRAGOSO, João Luiz Ribeiro; BICALHO, Maria Fernanda; GOUVEIA, Maria Fátima (orgs.). *O Antigo Regime nos Trópicos, op. cit.*, p. 197-200; LOBO, Eulália Maria Lahmeyer. "O comércio atlântico...", *op. cit.*, p. 50.

94 LOBO, Eulália Maria Lahmeyer. "O comércio atlântico e a comunidade de mercadores...", *op. cit.*, p. 50.

95 LINHARES, Maria Yedda Leite. *História do Abastecimento, op. cit.*, p. 78-84; RENAULT, Delso. *O Rio Antigo nos Anúncios de Jornais, op. cit.*, p. 28.

Alguns funcionários não tinham obrigações que condiziam com o que se pode imaginar deles a partir de uma leitura literal do nome da função, o que é o caso do escrivão e do porteiro. O escrivão tinha incumbências mais importantes do que simplesmente escrever documentos oficiais, sendo, geralmente, um homem com título de nobreza e a quem cabia organizar e acessar o arquivo da Câmara, achando documentos que cidadãos porventura pedissem para comprovar algum antigo contrato ou algo similar. O porteiro tinha a função de espalhar pelas praças da cidade os contratos que estavam em pregão, sendo os mesmos assinados por ele.[96]

A função que mais interessa aqui, por sua autoridade sobre o comércio de carnes verdes, é a do juiz almotacé. Esse funcionário devia cuidar da fiscalização do comércio na cidade, supervisionando as aferições de pesos, medidas, preços e também a qualidade dos produtos vendidos. A aferição dos pesos e medidas era feita por particulares em forma de contrato arrematado, porém, o almotacé tinha que supervisionar essa aferição. Eles eram nomeados pelos funcionários eletivos da Câmara, mas não permaneciam nos cargos por período idêntico ao mandato dos vereadores, podendo permanecer no ofício por mais tempo.

A maior responsabilidade desses funcionários era organizar a venda das carnes verdes, incluindo aí a fiscalização da manutenção dos animais nos currais, da matança do animal, da pesagem dos quartos no matadouro, do transporte dos mesmos para os talhos, da pesagem das carnes nos talhos, do preço, da qualidade e da suficiente quantidade de carnes nesses estabelecimentos. Isso tudo era feito por dois almotacés, até 1819, e quatro a partir de então, sendo que na lei em que se criaram os dois cargos adicionais, exclusivamente para a Câmara da Corte, afirmava-se que

> [...] se conhece a grande necessidade daquela creação, pois sendo somente dous os actuaes almotacés e servindo alternadamente cada um em uma semana, é impossível attender ao desempenho dos seus deveres, e prover no que está a seu cargo depois do consideravel augmento da população desta cidade, e multiplicidade de casas públicas que se tem que vigiar.[97]

---

96 AGCRJ. Matadouros e açougues, vários requerimentos (1802-1821). Códice 53-2-16, f. 51-2; 180-1; AGCRJ. Arrematações do Senado da Câmara (1818-1829). Códice 39-3-53, f. 1-10.

97 CLB de 1819, p. 4-5.

O almotacé Antonio Luiz Pereira da Cunha afirmou, em 1826 – portanto, já com quatro almotacés trabalhando –, que o trabalho era extremamente difícil, tendo eles que "coibir" 100 a 200 pessoas a trabalharem, com asseio e justeza. Disse que o matadouro, área mais complicada de atuação, tinha então um almotacé exclusivo, trabalhando da sua abertura até o fechamento, às cinco horas da tarde, para que este funcionasse corretamente. Mas, dizia ele, este seria um "anjo almotacel", já que se trata de uma função dificílima e também porque o expediente dos almotacés terminava às 3 horas da tarde. Por fim, sempre em tom exagerado, Cunha afirmava que cumpria o seu dever apenas por obrigação moral: "Sou verdadeiro, nada me dobra, porque não me espanta a vista triste de minha pobreza e por isso nunca declinarei dos meus deveres".[98] Essa passagem, apesar de altamente apelativa, dá uma ideia da dureza e pressões que o titular desse cargo sofria, cargo que, não à toa, tinha alta rotatividade.

Os almotacés eram semanários, o que quer dizer que, quando eram dois, um trabalhava por uma semana, folgando na outra e vice-versa. Já quando eram quatro, dois trabalhavam em uma semana e dois na outra. Uns se dedicavam mais do que outros, visto que a cobertura das matanças de gado nos matadouros era, em vários momentos, feita semana sim semana não, o que denota que apenas alguns almotacés faziam essas listas.[99]

Como a Câmara era controlada por negociantes, alguns almotacés eram também homens de negócio, tendo sido encontradas quatro situações deste tipo: Joaquim José de Siqueira foi almotacé ao menos em 1811, ano em que seu pai, João Siqueira da Costa, era fiador do contrato da renda das cabeças, ou melhor, Siqueira tinha que fiscalizar o seu próprio pai e seus sócios; Custódio Moreira Lírio foi almotacé ao menos em 1800 e, depois, constou como negociante matriculado na Junta de Comércio; João Silveira Pillar exerceu a função municipal em 1827, sendo também negociante matriculado; e Joaquim Teixeira de Macedo, almotacé em 1825, sendo também traficante de escravos, negociante matriculado e envolvido no BB, provavelmente por ser acionista.[100] Essa situação criava questões, visto que estes negociantes tinham que fiscalizar outros homens de negócio, podendo alguns serem a eles ligados, o que podia gerar diversas formas de favorecimentos e corrupção.

---

98   AGCRJ. Matadouros e açougues (1822-1830). Códice 53-3-2, f. 86-9.

99   AGCRJ. Matadouros e açougues (1822-1830). Códice 53-3-2, f. 144-9; *passim*.

100 GOUVÊA, Maria Fátima. "Poder...", *op. cit.*, p. 138; FLORENTINO, Manolo. *Em Costas Negras, op. cit.*, p. 255; IHGB, doc. cit; AN. Fundo: Junta de Comércio, doc. cit; BN. CARMO, Antonio Joaquim do. (Seção de Manuscritos, C-899, 13), doc. cit; AGCRJ. Matadouros e açougues (1822-1830). Códice 53-3-2, f. 79-82.

O cargo deixou de existir em 1830 com a nova Câmara Municipal – e não mais Senado da Câmara, como até então. Essa nova Câmara era totalmente diversa da anterior, com diferentes eleições, funcionários e número de vereadores. A votação para a Câmara obedecia à lei eleitoral do Império e eram oito vereadores e não mais três, tendo então mandatos de quatro anos. Apareceram os juízes de paz e os fiscais no lugar dos juízes almotacés.[101]

Os juízes de paz tinham a autoridade municipal nas freguesias, sendo o seu poder muito grande onde outras autoridades não tinham alcance. O viajante Banburry afirmou, em 1835, que o poder no Brasil estava nas mãos dos juízes de paz, já que o poder do Imperador não chegava às províncias, sendo uma exceção, com ressalvas, a província fluminense. No que concerne ao comércio de reses e carnes verdes, os juízes de paz eram importantes nas ditas freguesias de fora da cidade do Rio, áreas periféricas da cidade.[102]

A nova Câmara – que entrou em vigor em 1830, depois da reforma dessas casas realizada pela Assembleia Geral em 1828 – contava com novos funcionários, como os avaliadores de gêneros alimentícios, mas, ao que parece, esses não interfeririam no comércio de carnes verdes. Os funcionários que substituíram os almotacés na fiscalização dos matadouros e talhos urbanos foram os fiscais, havendo um para cada freguesia urbana, ou até dois para a mesma freguesia. Eles enviavam frequentemente aos vereadores relatórios e ofícios dando conta da situação existente nos açougues e matadouros e, assim como os almotacés, entraram muitas vezes em conflito com negociantes e administradores dos matadouros. Portanto, o fardo da função do juiz almotacé recaiu sobre o fiscal urbano e não sobre o juiz de paz, fazendo com que muitos destes funcionários reclamassem de suas funções e de seus salários aos vereadores. O fiscal da freguesia de São José pediu aos vereadores por carta, em 1831, para administrar os matadouros, já que os 600$000 de seu ordenado eram insuficientes para sustentar sua numerosa família.[103]

As rendas da Câmara provinham sobretudo dos foros – aluguéis pagos por particulares pelo uso de terras públicas municipais – e dos contratos públicos arrematados, a segunda maior fonte de renda. Existia uma grande diversidade nos contratos e rendas postas em praça: arrematações de talhos de carnes verdes nas freguesias urbanas e de fora, talhos de carne de porco e carneiro também nas freguesias urbanas e periféricas,

---

101 CLB de 1819, p. 74-89.

102 BANBURRY, Charles James Fox. "Narrativa...", op. cit., p. 38; ATAS das sessões da Ilma. Câmara Municipal, op. cit., vol. III, p. 417.

103 ATAS das sessões da Ilma. Câmara Municipal, op. cit., vol. IV, p. 128-40; AGCRJ. Carnes verdes e matadouros: talhos, açougues, ofícios, portarias, representações, pareceres, etc. (1830-1831). Códice 53-3-9, f. 7.

renda dos matadouros, renda das cabeças, renda das aferições, renda do ver – taxa sobre os regateiros ambulantes –, da cera usada no serviço público, da iluminação pública e do abastecimento de águas, canos e aquedutos, imposto das quitandeiras, dos armazéns, dos carros e carroças, das armações e de obras públicas várias.[104] Com a contínua consolidação do aparelho político municipal e principalmente com o advento da nova Câmara, o número de arrematações diminuiu.

Mesmo com essas fontes de renda, Fátima Gouveia afirma que no período de 1780 a 1820, a Câmara foi, em geral, deficitária. Um grande golpe nas contas municipais foi a chegada da Corte, que trouxe uma série de mudanças, muitas vezes excluindo fontes de receita da Câmara e fazendo aumentar seus gastos. Um exemplo de fonte de renda que foi excluída é a arrematação de talhos de carne verde na cidade. Com o contrato das carnes verdes, todos os talhos passavam a pertencer ao contratador, tirando da Câmara uma de suas mais vantajosas rendas. A arrematação desses talhos dominava espacialmente os livros de arrematações da Câmara, apesar dos valores desses contratos não serem os mais valiosos individualmente.[105]

Um dos maiores gastos da Câmara a partir da década de 1830 foi com a iluminação pública da urbe – que virou também um grande tema de discussão nos plenários –, dado que em um mês de 1831, a iluminação custava 3:952$800, o que leva a uma conta de mais de 40 contos anuais. Outra importante despesa para a Câmara em um período brevemente anterior foi a construção de uma sede própria, um problema histórico da Câmara Municipal.

A primeira sede do poder municipal da cidade foi erigida no morro do Descanso, em 1567, e, desde então, a Câmara se estabeleceu em diversos locais. A partir de 1639, o Senado da Câmara teve sede ao lado da igreja de São José, no pé do morro do Castelo, prédio bastante luxuoso no início do século XIX, que foi desapropriado por D. João VI. A Câmara passou a fazer parte do quadro da crise imobiliária vivida na cidade após 1808, sendo obrigada a alugar edifícios para funcionar, três ao total em diferentes épocas, o que era um motivo de grande reclamação por parte dos vereadores. Em 1816, foi proposta a construção de uma sede própria junto ao Campo de Santana, tendo início a obra a um custo de 7:790$800 e ficando pronta em 1825. Para a construção da nova sede, foi necessário um empréstimo do Banco do Brasil e, mesmo assim, as contas negativas da Câmara

---

104 AGCRJ. Arrematações da Câmara Municipal (1830-1844). Códice 39-3-56, passim; AGCRJ. Arrematações do Senado da Câmara (1806-1817). Códice 39-3-52, passim; AGCRJ. Arrematações do Senado da Câmara (1818-1829). Códice 39-3-53, passim.

105 AGCRJ. Arrematações do Senado da Câmara (1806-1817). Códice 39-3-52, *passim*.

quase fizeram com que o prédio não ficasse pronto. O edifício necessitou da ajuda de "associações de classe" da cidade, que doaram um total de 1:373$000 para a obra, sendo a maioria dessas associações doadoras, como a dos padeiros, interessada diretamente em fiscalizações e serviços da Câmara.[106]

Essa dificuldade de construir uma sede própria ilustra os problemas financeiros encontrados pelo poder municipal a partir da chegada da Corte. A Câmara tinha problemas orçamentários antes de 1808, porém em escala bem menos reduzida, pois conseguiu, por exemplo, fazer em 1803 uma ampla reforma em sua sede, fazendo uma nova pintura, com decoração, tapeçaria, cortinas, estandarte, mobiliário, castiçais, lampadários e salvas de prata. Algo próximo a isso se tornou muito mais difícil depois da instalação do Estado português.[107]

Uma área confusa da administração municipal era a das normas e regras que organizavam a vida da cidade. O Código de Posturas municipal era obscuro e disperso antes de 1830, inexistindo em nenhum documento oficial a compilação de todas as posturas. Era comum a constituição de novas normas e posturas e, como muitas devem ter se perdido, a compilação completa se torna provavelmente impossível. A confusão, no entanto, não é restrita apenas aos pesquisadores de hoje, havendo um documento do Senado da Câmara que afirmava, em setembro de 1827, que muitas pessoas no período alegavam desconhecer o código. Diante disso, o Senado publicou o Código de 1795 com 27 artigos, o qual não parece ser o código de posturas completo, por abarcar poucas dimensões da vida na cidade, tendo apenas um artigo referente ao comércio de reses e carnes. Trata-se de um item que prevê punição para a especulação com as reses para quem atravessasse o gado chegado à cidade, com o pagamento de 6$000 e 30 dias de cadeia. Diante da aparente omissão das posturas, o regime de vendas de carne era regido pelos contratos e pelos editais expedidos pelo Senado.[108]

A nova Câmara Municipal teve como primeira incumbência fazer um novo código de posturas, que ficou pronto ainda em 1830 e passou a vigorar já no final deste ano. Esse era um código grande e abrangente, resguardando um título inteiro com doze parágrafos para o comércio de carnes verdes na cidade, título que determinava: a exclusividade dos matadouros públicos como ponto de matança de reses, o pagamento de impostos sobre as reses

---

106 GONÇALVES, Aureliano Restier. "Paço Municipal da cidade de São Sebastião do Rio de Janeiro". In: *Revista do Arquivo do Distrito Federal*, vol. IV. Rio de Janeiro: 1953, p. 31-6; AGCRJ. Matadouros e açougues, vários requerimentos (1802-1821). Códice 53-2-16, f. 93.

107 GONÇALVES, Aureliano Restier. "Paço Municipal...", *op. cit.*, p. 32-3.

108 AGCRJ. Editais do Senado da Câmara de 1821 a 1828. Códice 16-4-22, f. 75-7.

mortas, a liberdade do comércio, a venda de carne no varejo na cidade, o asseio e a limpeza na matança e na venda, a manutenção dos currais, o horário permitido da travessia do gado dentro da cidade, a proibição do aproveitamento e o enterro obrigatório de reses doentes.[109]

As penas também eram variáveis, indo as multas de 2$000 a 40$000 réis e alguns dias de cadeia. Pode-se afirmar que a Câmara Municipal acompanhou a estruturação vivida pelo Estado imperial no mesmo período, aumentando o número de seus vereadores, com o crescimento e a especialização dos funcionários da casa, além do gradual fim dos contratos, que foram substituídos por serviços realizados pelos próprios funcionários camarários.

Um espaço de quem?

Eulália Lobo afirmou, já em 1978, que, no final do século XVIII, os negociantes do Rio de Janeiro eram extremamente poderosos, independentes dos fazendeiros das cercanias da cidade, tinham vários endividados, entre eles o próprio Estado português, e estavam representados no Senado da Câmara carioca. Théo Piñeiro mostra como a Câmara era, às vésperas da independência, um espaço fortemente marcado pela presença e a defesa dos interesses dos homens de negócio, tendo apoiado a permanência de D. Pedro no Brasil e a ruptura com Portugal, e rejeitado a recolonização proposta pelas Cortes portuguesas. Logo após a independência, a casa deu a D. Pedro o título de defensor perpétuo do Brasil.[110]

Fazendo um cruzamento entre os nomes dos traficantes de escravos e negociantes da cidade com a lista dos vereadores e outros funcionários eletivos da Câmara, é possível constatar que essas afirmações não estão erradas. Do ano de 1808 até 1834, há negociantes ou traficantes em todas as gestões anuais da Câmara. Dos 80 funcionários eletivos que passaram pelo órgão neste período, 44 eram traficantes, negociantes ou possíveis parentes destes, o que representa 55% do contingente total. Houve anos, ainda, que os negociantes estavam super-representados, como em 1807, quando os três vereadores foram Amaro Velho da Silva, Francisco Pereira de Mesquita e João Gomes Barroso, três dos maiores traficantes da cidade, combinação que nunca se repetiu. Nenhum juiz de fora era negociante ou traficante.[111]

---

109 *Código de Posturas da Ilma. Câmara Municipal do Rio de Janeiro*. Rio de Janeiro: Typographia Imperial e Nacional, 1830.

110 LOBO, Eulália Maria Lahmeyer. *História do Rio de Janeiro, op. cit.*, p. 56; PIÑEIRO, Théo Lobarinhas. *Os Simples Comissários, op. cit.*, p. 63; COSTA, Emília Viotti da. *Da Monarquia à República, op. cit.*, p. 44.

111 Os nomes dos traficantes, negociantes e vereadores foram retirados de FLORENTINO, Manolo. *Em Costas Negras, op. cit.*, p. 254-6; FRAGOSO, João Luiz Ribeiro. *Homens de Grossa Aventura, op. cit.*, p. 187-91; IHGB. Coleção: IH, lata 51, pasta 11, doc. cit.; AN. Fundo: Junta de Comércio, doc. cit.

Mesmo que a percentagem de negociantes fosse alta, ela não era absoluta, o que denota que havia também outros segmentos sociais representados na casa. Aponta-se para uma Câmara mais heterogênea que, apesar da preponderância dos homens de negócios, devia contar também com pequenos comerciantes, proprietários de terras e bacharéis.

Essa heterogeneidade pode ser observada através de uma interessante discussão ocorrida no plenário da Câmara em 1820, onde ficou patente a diferenciação no debate de ideias. Discutia-se a organização do comércio de gêneros alimentícios na cidade – não diretamente o de carnes verdes – e a criação de mercados e feiras específicas para melhor prover a população. A discussão ocorreu a partir de uma memória feita pelo vereador Francisco de Sousa Oliveira, a qual não se conseguiu ter acesso, tendo-se apenas o resumo da mesma que há no documento. O vereador reclamava dos atravessadores e defendia duras penas para eles, sugerindo a criação de um grande mercado na praia de D. Manoel com condições técnicas específicas. A marca de sua proposta, que deu o tema do debate que veio a seguir, era o agente organizador de tal mercado:

> Na frente da cauda [sic] da terra, [ilegível] a entrada deve estar huma cazinha para o almotacel. [...] Pegado a cozinha deve ficar huma caza, para goarda da tropa [...] Fazerem-se posturas proprias para governo do almotacel, este representando o Senado tudo o que julgar util a melhorar este obgecto [...] Requerendo o Senado, o local, e representando a SM os meios com que se pode fazer despesa da praça ou os incovenientes que o Senado tem por falta de rendas.[112]

Trata-se de um plano com forte presença controladora e reguladora do Estado, tendo ele proposto inclusive posturas próprias para o dito mercado. É certo que ele podia ter razões práticas para defender a presença de autoridades no local, já que havia relatos sobre confusões, conflitos e badernas nos mercados públicos e, em um momento de escassez e carestia dos gêneros essenciais, esses fenômenos eram mais frequentes. De qualquer forma, isso se tornou ponto para a crítica dos outros vereadores.

O segundo vereador da Casa, Manoel Caetano Pinto, fez a primeira crítica:

---

112 AGCRJ. Talho de carne verde. 1820 – cópias extraídas no AN em 1915. Códice 53-2-25, f. 2-9.

> As providencias lembradas pelo nosso companheiro vereador mais velho, parecem a primeira vista, muito pestas, mas refflectindo nas contradiçoens que se appoiam hua tal medida, o sucesso dessas providencias será diamentralmente opposto aos louvaveis fins a que elles se dirigem. He hum axioma de todos os legisladores e homens de Estado, que o commercio jamais deve ser consternado, restringido, nem limitado; principalmente, aquelle que se faz nas produçoens e industria do mesmo paiz. Pelo contrario, liberdade, franqueza, auxilio e proteção, tem sido a maxima das naçoens bem policiadas para attrahir a abundancia que se necessita. A experiencia tem mostrado, que das limitaçoens, e consternaçoens, nasce a escassez e a penúria, que são a verdadeira origem da carestia. Em razão opposta: a abundancia produz a barateza; fim primeiro das providencias apontadas.[113]

Essa passagem guarda um forte teor liberal,[114] marca da crítica de Manoel Caetano Pinto, que reclama do caráter excessivamente intervencionista das medidas clamadas pelo vereador Oliveira, o que restringiria o comércio. No trecho, ele criticou a perseguição dos atravessadores, afirmando que estes auxiliavam o comércio, liberando o lavrador para continuar se dedicando à sua plantação. Pinto afirmou que os atravessadores ou pombeiros eram úteis e não se relacionavam com a escassez e a carestia dos gêneros. O vereador ataca apenas os monopolistas, mas afirmou que não havia desses na cidade, dizendo ainda que muitos dos problemas do abastecimento da urbe se deviam ao "esmorecimento do nosso commercio". Defendeu, também, que não houvesse qualquer medida restritiva aos preços:

> [...] nesta cidade por um antigo costume o Senado não poim preço senão no pão, e carnes, e o expediente de usar dellas rigorosamente cauzaria rumor e, tirariamos do resultado a penuria, pois he árduo que o lavrador veja pôr o preço as produçoens do seu trabalho;[115]

---

113 AGCRJ. Talho de carne verde. 1820 – cópias extraídas no AN em 1915. Códice 53-2-25, f. 2-9.

114 Maria Bárbara Levy afirma que, já no final do período colonial, alastrou-se a ideologia liberal pelo Brasil, havendo várias defesas da liberdade de comércio. LEVY, Maria Bárbara. *História Financeira do Brasil Colonial*. Rio de Janeiro: IBMEC, 1979, p. 115-20.

115 AGCRJ. Talho de carne verde. 1820 – cópias extraídas no AN em 1915. Códice 53-2-25, f. 2-9.

Nos caminhos da acumulação

Pelo modo como ele defendeu o não tabelamento de preços, seria possível conjeturar que ele era um proprietário defendendo seus interesses, porém Manoel Caetano Pinto fazia parte do seleto grupo dos comerciantes de grosso da cidade. Estava presente na importação e exportação para a Europa, na cabotagem com carregamentos da Corte para a capitania do Rio e para o Sul. Além disso, Pinto comprou um total de cinco navios entre 1799 e 1816, sendo grande investidor em imóveis urbanos, com extensas dívidas ativas. Foi, ainda, diretor e acionista do Banco do Brasil, tinha participação acionária em duas companhias de seguro – a seguradora Providente e a seguradora Dias, Barbosa e Cia. – e não foi listado por João Fragoso como um negociante que detinha propriedades rurais. Tamanha era a sua riqueza que, ao morrer em 1838, deixou um inventário com monte-bruto de 288 contos de réis.[116]

Manoel Caetano Pinto não estava defendendo interesses agrícolas, mas sim do livre comércio como mecanismo que possibilita a acumulação mercantil. Quando ele pedia o fim dos tabelamentos e não criticou os atravessadores, fez uma defesa da função comercial, que incluía, naquele contexto, práticas especulativas e monopolistas. Mas Pinto não foi o único a defender a liberdade de comércio e os interesses mercantis, já que o procurador Antonio Alves de Araújo, dando continuação à sessão do plenário, fez nova crítica à proposta do vereador Oliveira:

> Quando elle propoem a edificação de uma praça quadrada, donada de porticus, murada, e guarnecida de barracas, com duas casas para o almotacé, e tropa e por consequencia com um caes e um porto conveniente á extensão do seu expediente elle tinha em vista os exemplos das cidades da Europa onde estes mercados publicos fazem parte da beleza dellas pela magnificencia dos edificios: mas esqueceo-se, que esta proposição era feita ha hum Senado sem rendas carregado de dívidas e que faz as suas sessões em hua mizeravel caza de aluguel. Talvez o seu zelo lhe reprezentasse como couza muito facil o estimular o patriotismo, ou obter contribuições temporárias, ou extraordinarias para este fim, mas com pezar me vejo obrigado a dizer que qualquer desses dois meios he muito precário, e nós temos experimentado: se primeiro porque ha ainda neste povo poucas ideias de espirito publico; [...]

---

116 FRAGOSO, João Luiz Ribeiro. *Homens de Grossa Aventura, op. cit.*, p. 188-90; 198; 261; 263.

> Nunca a abundancia nasce das limitações, e restrições, nem dos calculos de escritorio. A franqueza, a proteção, a animação da industria, a facultação de comodidade, e o desvio de tudo o que xeira a inferencia de autoridade, eis aqui os conductores da abundancia.
>
> [...] Não he a multiplicidade de Leis, que produz a harmonia; ao contrário, a sua simplicidade, a sua fiel execução.[117]

O conteúdo do discurso do procurador é muito semelhante ao do vereador Pinto. Araújo também ressalta a má situação financeira da Câmara e deu uma explicação inusitada para os problemas do comércio, a de que o povo da cidade não tinha ideias de espírito público. Em seguida, fez as mesmas críticas que Pinto, defendendo um Estado não interventor e incentivador do comércio, com o mínimo de presença no comércio de abastecimento. Em outras passagens, também afirmou que não acreditava que existissem os atravessadores e, por fim, admitiu que o Senado não conseguia fiscalizar os preços tabelados das carnes e dos pães.

Nenhuma inserção no grupo dos negociantes foi encontrada para Antonio Alves de Araújo, mas é possível que ele estivesse ligado a Manoel Caetano Pinto, haja vista a sua semelhança em ideias com aquele negociante e vereador. O mercado pedido pelo vereador Oliveira acabou não saindo do papel, confirmando a força do setor mercantil da Câmara.

Nessa mesma gestão da Câmara – a maior de todas, em que os vereadores tomaram posse em 7 de fevereiro de 1816 e só foram substituídos em 15 de janeiro de 1822 – o já citado terceiro vereador Luiz José Vianna Gurgel do Amaral Rocha tinha opiniões similares à do vereador Pinto e do procurador, defendendo um conjunto de seis medidas para solucionar o problema das carnes verdes na cidade, dentre as quais algumas eram as seguintes:

> 1º prohibindo-se aos estrangeiros matarem por sua conta os gados para charquearem, por datar o mal desde que o começarão a fazer;
>
> [...]
>
> 3º providenciar-se que não se exporte charque em embarcações para portos estrangeiros, logo que a arroba de carne seca exceda ao preço de 1$000 réis no Rio Grande; [...]

---

[117] AGCRJ. Talho de carne verde. 1820 – cópias extraídas no AN em 1915. Códice 53-2-25, f. 2-9.

4º suplicar-se a SM a isenção dos direitos e passagem do gado vaccum que transitar por terra para estes lugares, e quando mesmo alguns dos mencionados direitos estejão prezos por contratos, e arrematações, se deverão abolir assim que findarem os respectivos prazos, pois que SM vem a lucrar no avanço, que provirá nos direitos de 160 réis por arroba de carne verde talhada nos açougues;

5º procurar-se obter isenção das despezas de despachos e facilidade de poderem voltar com prontidão os piões e camaradas que vierem com as boiadas, bastando somente os nomes, e confraternizações que deverão ter ficado nos registros, por onde passarão para que segundo elas possão regressar sem dependencia de mais outro algum titulo;

6º permitir-se a liberdade dos cortes nesta cidade, dando o Senado da Câmara gratis as competentes licenças a quem quer que as pertender ainda quando se julgue necessario impetrar de SM algum equivalente visto que o seu resultado tenha até aqui concorrido a fazer o patrimônio desta Câmara, já com effeito por outros motivos deminuidos. A que tudo, sendo conseguido, não só (a meu ver) abundará a nossa capital de carne verde, mas faremos hum grande bem publico e serviço mui interessante a SM ficando outrossim entendido que tudo quanto fica nesta memoria expendido do relativo ao Rio Grande se deve tambem entender a respeito das demais capitanias que fornecem de gados esta corte.[118]

O vereador defendeu a solução para os problemas do abastecimento com os mesmos mecanismos liberais similares aos propostos por Pinto e Araújo: isenções de direitos, facilitações aos condutores e liberação do comércio. No entanto, a 1ª e a 3ª medidas não se encaixam em um paradigma liberal puro, já que Rocha defendia duas proibições que restringiriam o comércio: a restrição dos estrangeiros de comprar o charque e a proibição da exportação da carne-seca quando esta ultrapassasse uma determinada cota de valor. Eram medidas intervencionistas e opostas aos princípios máximos do liberalismo, mas sabe-se que o liberalismo nunca veio puro em proposições práticas e mesmo o vereador Pinto e o procurador Araújo defenderam a proteção à indústria nacional como forma de proteger o comércio brasileiro. Defesa essa que era um lugar-comum entre os negociantes da cidade, como visto no caso do Corpo de Commercio.

---

118 AN. Fundo: Diversos códices – SDH (NP). Códice 807, vol. 22, doc. cit.

Luís José Vianna Gurgel do Amaral Rocha não teve uma atividade econômica identificada nas fontes pesquisadas, mas foram encontradas duas pessoas com funções distintas que tinham em comum o nome similar ao do vereador. Luís José Vianna Gurgel do Amaral era senhor de engenho e cavaleiro da Ordem de Cristo em 1803 e Domingos Vianna Gurgel do Amaral Rocha era um negociante matriculado na Junta de Comércio.[119] Provavelmente, o vereador Rocha era parente próximo dos dois, tendo, portanto, relação direta com um negociante e um proprietário de terras.

A forma mais adequada para se compreender a Câmara da cidade parece ser como um órgão heterogêneo, apesar da preponderância do setor mercantil nos seus quadros. E, apesar de haver discordâncias no pensamento dos oficiais da Casa, os princípios do liberalismo – provenientes da condição marcadamente mercantil dos seus membros – e uma forma de protecionismo do comércio nacional predominavam sobre outras ideologias.

A Câmara e suas atuações no comércio das carnes verdes

Maria Yedda Linhares afirma que o abastecimento é um tema por excelência das Câmaras na época colonial e Aureliano Restier Gonçalves relata que o comércio de carnes frescas no Rio é um tema historicamente municipal, citando documentos do início do século XVII, quando era incumbência de arrematantes de contratos municipais matar, cortar e vender a carne. João Fragoso foi ainda mais longe, datando do início da ocupação da cidade o monopólio do abate do gado no açougue público concedido pela Câmara.[120]

Até 1808, a Câmara arrematava os talhos, de propriedade municipal em sua maioria, que estavam na sua área de jurisdição. O matadouro de Santa Luzia, pertencente à Câmara, parece ser posto em administração no período, já que não há notícias de arrematações.

Com a instalação do aparelho do Estado português na cidade, observa-se uma delimitação e especialização das funções da Câmara, como afirma Fátima Gouveia. Nesse sentido, a casa perdeu um pouco de seu poder sobre o comércio, tendo a Intendência Geral de Polícia, de 1808 a 1810, tomado praticamente todas as suas funções consoantes ao mercado das carnes verdes. A partir de 1810, o próprio contratador tomou algumas funções antes pertencentes ao Senado. Cabia à Câmara funções menores, como a ordenação de abertura de talhos para atender à crescente demanda em novas regiões, o que

---

119 SILVA, Maria Beatriz Nizza da. *Ser Nobre...*, op. cit., p. 211; AN. Fundo: Junta de Comércio, doc. cit.

120 LINHARES, Maria Yedda Leite. *História do Abastecimento*, op. cit., p. 73-5; GONÇALVES, Aureliano Restier. "Carnes verdes...", op. cit., p. 303; FRAGOSO, João Luiz Ribeiro. "A nobreza vive em bandos: a economia política das melhores famílias da terra do Rio de Janeiro, século XVII. Algumas notas de pesquisa". In: *Tempo*, vol. 8, n°. 15, jul. 2003. Rio de Janeiro: Sette Letras, 2003, p. 15.

aconteceu, por exemplo, em 1820 quando o almotacé Cunha requereu o estabelecimento de mais dois talhos na cidade.[121]

Essa perda de autoridade da Câmara sobre o comércio, e também de rendas, não foi aceita silenciosamente, havendo protestos no plenário, principalmente após a assinatura do contrato das carnes verdes, em 1810. O vereador Joaquim de Sousa Meirelles, neste ano, fez uma dura crítica ao contratador por este não ter apresentado imediatamente um fiador, não tendo sócios claros no comércio. As críticas foram, no entanto, mais profundas do que isso:

> Todos os seos [ele se refere ao contratador das carnes verdes, Inácio Rangel de Azevedo Coutinho] esforços tem sido illudir o Senado, e o publico, e eximir-se da fiança, para que mais comodamente possa sustentar o seo beneficio o monopolio deste genero de primeira necessidade.
>
> [...] hua vez que [o contratador] tornou a si o prestar ao publico este diario alimento pelo contracto, que procurou celebrar, e pelo qual fazendo-se hum calculo pelos rendimentos dos annos anteriores veio a lezar o Senado em hua crescente parcela.
>
> [...] [que o contratador apresente] fiador idoneo ao necessario fornecimento de carne, de maneira que se não experimente falta deste gênero, e quando assim o não cumpra, que fique dissolvido esse contracto, damnozo por todos os principios áos povos desta capitania, e que preste, ou não preste a fiança, fique sempre áo Senado o direito de providenciar pelos meios, que lhe parecerem mais convenientes, o prompto, e necessario fornecimento da carne verde áos habitantes desta Corte.[122]

É perceptível o tom de protesto do vereador contra o contrato, o qual ele critica pelo fato de ter lesado as rendas da Câmara, afirmando também que este estava na origem da escassez de carne vivida na cidade. Defendeu o fim do contrato, caso suas condições não fossem cumpridas, e pediu a volta da autoridade do Senado sobre o comércio.

---

121 GOUVÊA, Maria Fátima. "Poder, autoridade...", *op. cit.*, p. 122-4; AGCRJ. Arrematação das carnes verdes e estabelecimento de talhos nesta cidade – objetos relativos. Códice 53-2-20, f. 4.

122 BN. MEIRELLES, Joaquim de Souza. (Seção de Manuscritos, C-18, 43), doc. cit.

Não foi apenas este vereador que fez críticas à existência do contrato e à sua forma. Em 1818, durante a crise da exclusividade do contrato das carnes verdes, um texto do Senado rebateu críticas do contratador contra a Câmara. Trata-se de um texto escrito em nome do Senado, logo, aprovado pela maioria dos vereadores, que eram os mesmos que foram analisados anteriormente: Francisco de Sousa Oliveira, Manuel Caetano Pinto e Luiz José Vianna Gurgel do Amaral Rocha. Eles criticavam o sistema do contrato:

> A esse privilegio exclusivo e ao mao uso que delle fazião o contratador, seus sócios, ou agentes he que se pode atribuir a falta de gados que hoje se experimenta nesta cidade, pois os boiadeiros escandalizados com as perdas e maos tratos que experimentavão largavão esse modo de vida, e deve suppor-se que passará tempo primeiro que a esperança de melhor lucro anime aquelles, ou novos emprehendendo-se a este genero de negociação: não sendo de acreditar que os vastos certoens de Minas e São Paulo, não tenda grande consumo senão nesta cidade, estejão exauridos de hua espécie que tão felizmente se multiplica neste paiz.[123]

Assim, segundo os vereadores, a causa da escassez na cidade estava na própria lógica do contrato e também na forma como ele era explorado pelo contratador Joaquim José de Siqueira, o que remete à lógica da escassez já exposta anteriormente. Os boiadeiros eram os grandes prejudicados neste sistema e a Câmara tinha negociantes que, possivelmente, atuavam no comércio interno terrestre.

A própria Câmara foi a principal responsável pelo colapso do contrato através da ação de boicote ao contratador. Para isso, os vereadores usaram da única prerrogativa que lhes cabia, abrir mais talhos na cidade, com um detalhe, no entanto, talhos fora do regime do contrato:

> Que este Senado em atenção a grande escassez e falta de carne verde que tem padecido o publico lhe concede esta arrematação gratuitamente até o fim deste ano e somente com obrigação de satisfazer aos contractadores ficando das cabeças como dos direitos reais que lhes compete pelos seus contratos e ficão sugeitos aos juízes da almotaçaria.

---

123 AGCRJ. Matadouros e açougues, vários requerimentos (1802-1821). Códice 53-2-16, f. 99-100.

> Que elles arrematantes poderão concorrer nas compras de gado para o seu matadouro com o actual contratador Joaquim José de Siqueira.[124]

Esse é o documento da arrematação de um matadouro em São Diogo, região da Cidade Nova, em 1818, sendo os arrematantes Manoel Joaquim do Carmo e Nuno da Silva Reis. Eles deviam matar um mínimo de 30 reses por dia, número significativo, e fornecer carne a partir do último dia de agosto, ou antes, sendo os responsáveis pela construção do matadouro. Essa arrematação não veio sozinha; no mesmo ano, a Câmara pôs em praça pequenos matadouros em Laranjeiras, Mataporcos, Engenho Velho e São Cristóvão.[125] Nesses quatro matadouros, deveriam ser abatidas 27 cabeças de gado bovino no mínimo por dia. Essas 57 reses compradas por concorrentes de Siqueira reduziam seus lucros, que estavam diretamente ligados à antiga compra exclusiva de reses. O Senado conseguiu suspender o monopólio do contrato e, em pouco tempo, Siqueira desistiu do mesmo, tendo se desvinculado no início de 1819, não sem antes fazer duras críticas aos vereadores.

O posicionamento de alguns vereadores e, de certa forma, do próprio Senado, foi contra o contrato exclusivo das carnes na cidade. Os vereadores ousaram se confrontar com o poderoso contratador e sua rede de contatos, que contava com grandes traficantes, impondo a este uma dura derrota. O intendente geral da Polícia era um dos defensores do sistema de contrato, além de ser o idealizador do mesmo. Inclusive, ele fez a defesa do sistema e do contratador depois, quando este regime foi restaurado em 1820 e 1821. Trata-se de um grande conflito que em aparência opôs o Senado ao Estado joanino, no qual a Câmara, reduzida significativamente em seu poder, dificilmente venceria. Mas, no fundo, era uma disputa entre frações do grupo dos negociantes, em conflito pelo controle do lucrativo comércio, daí a derrota momentânea do contratador, sustentado por funcionários do Estado joanino. A vitória total dos intermediários veio em 1823, com a liberação do comércio e dos preços.

Não foram apenas os vereadores que entraram em conflito com os contratadores e os negociantes ligados ao comércio. Os funcionários da Câmara participavam de disputas, muitas vezes seguindo a posição da maioria dos vereadores. O almotacé Cunha sempre foi o principal funcionário do Senado envolvido nos conflitos, apesar de vários almotacés e depois fiscais terem participado de numerosas disputas com os agentes do comércio. No próprio desentendimento com Joaquim José de Siqueira em 1818, Cunha esteve presente, criticando

---

124 AGCRJ. Arrematações do Senado da Câmara (1818-1829). Códice 39-3-53, f. 26.
125 AGCRJ. Arrematações do Senado da Câmara (1818-1829). Códice 39-3-53, f. 27-9.

aquele contratador e afirmando que ele não matava o número mínimo de 800 reses semanais, o que depois foi reafirmado pelos vereadores.[126] Essa foi apenas uma das críticas de várias que fez o almotacé contra Siqueira em um documento com grande parte ilegível.

Em sua carta de renúncia ao contrato, Siqueira retrucou, afirmando que "os juízes almotacés sem mais razão, que a sua vontade mandarão matar o gado, que n'algumas semanas chegou a 1.400 bois". Siqueira alegou esse e outros motivos para se afastar do contrato.[127]

A maior disputa já travada pelo almotacé foi, no entanto, com o contratador Antonio Joaquim do Carmo. O almotacé Cunha acusou esse e seus sócios de terem criado um sistema ilegal de distribuição de carnes verdes para pessoas poderosas em um período de venda racionada de carne. A denúncia tomou conta dos debates no Senado e foi encaminhada ao Rei, gerando uma crise política e levando os vereadores – os mesmos do boicote ao contrato em 1818 e dos debates de 1820 – a apoiarem o almotacé contra Carmo e o sistema de contrato.[128]

A própria relação do negociante Antonio Joaquim do Carmo com o Senado tem uma longa história de desentendimentos. Após essa crise em 1820, outra teve lugar em 1827, quando Carmo perdeu o controle dos matadouros e envolveu-se em uma medição de forças com Antonio Domingues Velloso. Carmo, porém, não gozava de crédito na Casa e, após a denúncia de que Velloso estava sendo beneficiado nos abates, a Câmara respondeu a Carmo que a "queixa injusta, he filha de um homem, que sempre pertende hir contra as determinações deste Senado sobre a boa ordem", tratando-se de uma queixa que "não é verdadeira", nem "fundada em razão". Com esse mau trânsito no órgão, Carmo perdeu a disputa e viu a perda da liderança das matanças de bois na cidade.[129] Enfim, o domínio de um mercado naquele contexto passava por boas relações nos gabinetes da Câmara e do Império.

Uma possível razão para os constantes conflitos entre os almotacés e os contratadores pode estar na forma como esses funcionários eram remunerados. Linhares afirma que o suborno fazia parte das arrematações de contratos e também eram comuns as propinas, formas legais de contribuir para o salário de funcionários.[130] Isso acontecia com os almotacés e os contratadores das carnes, como indica uma condição do contrato das carnes verdes:

---

126 AGCRJ. Matadouros e açougues, vários requerimentos (1802-1821). Códice 53-2-16, f. 68-9.

127 AGCRJ. Matadouros e açougues, vários requerimentos (1802-1821). Códice 53-2-16, f. 94.

128 AGCRJ. Representação do arrematante das carnes verdes contra o almotacé Cunha. Códice 53-2-21, f. 2-11.

129 BN. CARMO, Antonio Joaquim do. (Seção de Manuscritos, C-899, 13), doc. cit.

130 LINHARES, Maria Yedda Leite. *História do Abastecimento*, op. cit., p. 78-84.

> 14. Que elle contractador fica obrigado a pagar pelos 6 annos unidos de seu contracto as mesmas propinas que se costumavão pagar pelos arrematantes separadamente, as quaes são pertencentes ao desembargador juiz presidente deste Senado, escrivão, almotacés e porteiro.[131]

Não só o almotacé recebia parte de seu salário do contratador, mas também outros três funcionários da Câmara. Isso podia se tornar motivo de conflito entre os que tinham que pagar e os que recebiam, pois, muitas vezes, os arrematantes não aceitavam pagar ou recusavam o valor exigido pelo funcionário. Um exemplo disso é dado em 1822, quando os marchantes de talho de porco da cidade se queixaram do valor das taxas da almotaçaria, referindo-se às propinas.[132] Isso leva à dedução de que quando não havia acordo entre as partes, eram mais prováveis as denúncias de irregularidades.

O sistema era um detonador tal de problemas que foi, aos poucos, abolido com a gradual construção do Estado. A lei de 1823 que tornava livre o comércio de carnes verdes na cidade, também findava uma prática consuetudinária. De acordo com a lei, os novos administradores dos matadouros não tinham as mesmas prerrogativas que os antigos, "ficando revogado o uso de dar as linguas ao Almotacé no sabbado". Essa forma de agraciar o almotacé provavelmente gerou conflitos entre esses funcionários e os antigos contratadores. Em 1829, o sistema de propinas foi legalmente enterrado por uma lei em que "os arrematantes de quaesquer rendas publicas são isentos de propinas e quaesquer outras despezas de arrematação".[133] A construção do Estado imperial foi mais que criação e fortalecimento de órgãos e de funcionários, incluindo também o abandono de certas práticas, típicas da sociedade colonial e herdadas da tradição social portuguesa, que eram o centro de diversos conflitos de interesses.

Mas não eram só de conflitos as relações entre os funcionários da Câmara e os administradores e arrematantes de serviços públicos. Inácio Rangel de Azevedo Coutinho em 1811 – já resolvido seu problema do fiador do contrato e com outra legislatura na Câmara – pediu documentos à Casa comprovando seu bom trabalho como contratador das carnes verdes e sua presença no comércio das carnes há muito tempo. O Senado devolveu o pedido com vários documentos oficializados em cartório atestando o seu bom serviço à frente do comércio. Coutinho utilizou-os para pedir um emprego para sua filha, Dona Rosalia Maria da

---

131 AN. Fundo: Série anterior (A2). IJJ[10] 35, doc. cit.

132 AGCRJ. Matadouros e açougues (1822-1830). Códice 53-3-2, f. 6.

133 CLB de 1823, p. 114-5; CLB de 1829, p. 26.

Soledade, ou para o seu genro, Joaquim José de Silveira, em algum cargo da administração pública.[134] Portanto, a boa relação com membros dos órgãos públicos era um fator positivo para as pessoas naquela sociedade, fortemente marcada pelas relações pessoais.

O regime dos contratos

Anteriormente neste texto já foi explicado, ainda que de forma sumária, o motivo da existência dos contratos. No entanto, não se trata de uma interpretação original, seguindo-se aqui aproximadamente o que foi afirmado por Alcir Lenharo e Riva Gorenstein. Lenharo defende que esses contratos eram muito importantes para o Estado joanino para que este conseguisse uma fonte de renda antecipada e também para que facultasse a outrem uma obrigação sua. Como o contrato é entendido pelo caráter de formação do Estado brasileiro, o fim destes se deve à estruturação gradual do aparelho de Estado.[135]

Riva Gorenstein dá uma interpretação muito similar, destacando outros pontos interessantes, ao afirmar que os contratos se explicam por uma necessidade momentânea do recém-instalado Estado de conseguir fundos fixos e também de estabelecer um funcionalismo sem ter ônus. Acrescenta ainda que os negociantes usaram esses contratos em benefício próprio, já que eles eram os principais arrematantes e já que o contrato, além de altos lucros, garantia-lhes alguns privilégios, o que fazia parte da aliança política da época joanina.[136]

Essas interpretações dão conta desse problema histórico e provando isso está o grande número de contratos por arrematação criado na época de D. João VI, período de grave crise financeira do Estado português. Havia uma carência muito grande de funcionários reais após a fuga da Corte para o Brasil e não havia condições financeiras de se criar instantaneamente um amplo funcionalismo para trabalhar nessas novas áreas. Fica nítido que os contratos eram momentâneos pela própria duração dos mesmos, podendo-se usar como exemplo os ligados ao abastecimento de carne: o contrato das carnes verdes foi criado em 1810, tendo fim em 1821; o contrato dos cinco réis em libra de carne foi criado em 1809, posto sob arrematação em 1811, sob administração em 1821 e, finalmente, sob arrecadação dos coletores – funcionários do Estado Imperial – a partir de 1833; a taxa do subsídio literário, apesar de existir antes da época joanina, foi posta em arrematação em

---

134 BN. Coutinho, Inácio Rangel de Azevedo. (Seção de Manuscritos, C-782, 69), doc. cit.

135 Lenharo, Alcir. *As Tropas da Moderação*, op. cit., p. 40.

136 Gorenstein, Riva. "Comércio e Política", *op. cit.*, p. 150.

1809, seguindo depois uma cronologia similar ao contrato dos cinco réis em libra, passando a arrecadação a ser controlada diretamente pelo Estado; o matadouro foi posto em arrematação com o fim do contrato das carnes verdes, em 1822, e passou a ser administrado por funcionários da Câmara a partir de 1836.

Esses são apenas alguns exemplos dos vários contratos que tiveram fim com a gradual construção do Estado brasileiro. Dessa forma, não se pode explicar esses contratos do mesmo modo como foram explicados os da época colonial ou os reinóis pré-1808.

Luiz Antônio Araújo aborda os contratos da Minas setecentista, vinculando-os ao chamado Antigo Regime nos trópicos.[137] Esses, apesar de serem de forma similar aos existentes na época joanina, diferem destes em muitos aspectos. São contratos que se encontravam dentro do quadro do fiscalismo do sistema colonial e não foram criados emergencialmente para adiantar rendas a um Estado em grave situação financeira e sem um corpo adequado de funcionários públicos para uma situação singular, como o Estado joanino. Da mesma forma, não fizeram parte de uma aliança política com os negociantes de um recém-instalado Estado na América.

Os contratos reais arrematados em Portugal, estudados pelo historiador luso Jorge Pedreira, têm uma historicidade diversa dos contratos joaninos. Aqueles podiam ser entendidos através da política pombalina de favorecimento dos negociantes lisboetas, dentro de um quadro social amplamente distinto do encontrado por D. João VI no Brasil após 1808. Pedreira mostra como apenas uma pequena faixa dos grandes homens de negócio portugueses conseguiam arrematar certos contratos – e também investir nas companhias monopolistas, outra importante área de investimento dos negociantes à época do pombalismo –, que eram extremamente lucrativos para seus arrematantes.[138] O pacto político que se encontra por trás da arrematação dos contratos em Portugal ao tempo de D. José I e de D. Maria I é diverso do pacto presente nas entrelinhas dos contratos criados depois de 1808 no Brasil. Muitos dos negociantes que arremataram os principais contratos a partir de então não eram portugueses, mas se encontravam no Brasil antes da chegada da Corte, como Fernando Carneiro Leão, Joaquim José de Siqueira, Inácio Rangel Coutinho e Elias Antonio Lopes.

Vários autores convergem na ideia de que os contratos no Brasil tinham uma altíssima lucratividade, como Antonio Carlos Jucá de Sampaio, que afirma que no século XVIII os negociantes da praça do Rio já se interessavam pelos contratos reais, devido ao grande

---

137 ARAÚJO, Luiz Antônio Silva. *Contratos e Tributos nas Minas setecentistas: o estudo de um caso – João de Souza Lisboa (1745-1765)*. Dissertação de mestrado. Niterói: UFF/ICHF/PPGHIS, 2002, *passim*.

138 PEDREIRA, Jorge Miguel Viana. *Os Homens de Negócio...*, op. cit., p. 121-4; 145-50; 170-80.

lucro que estes possibilitavam. Helen Osório, que estudou a arrematação de contratos no Rio Grande do Sul no XVIII, concluiu que os contratos podiam ser mais lucrativos do que a lavoura agroexportadora e até do que o tráfico de escravos, chegando a taxas de lucro de 17 a 45%, contra os 5 a 10% da lavoura açucareira e os 19,2% em média do tráfico de escravos, contabilidade que, ressalta a própria autora, não inclui os diversos privilégios que se tiravam dos contratos.[139] Não há razões para pensar que as taxas de lucro eram inferiores na época joanina e nas primeiras décadas do Império do Brasil.

Há um interesse dos negociantes em conseguir arrematar os contratos pelo menor valor possível. Em um panorama geral sobre o processo de arrematação dos contratos, é possível perceber que os arrematantes aumentam em pequenos valores os lances sobre o valor mínimo, seguindo de perto o valor lançado pelos concorrentes. Muitas vezes, arrematações eram feitas com pequenas diferenças de 10$000 em montantes de vários contos de réis, o que é comprovado por um texto preparado pelos marchantes da cidade em 1823:

> Dizem os marchantes de carne verde de vaca, que elles querem serem ouvidos nas arrematações dos matadouros desta cidade com o direito de proprietários dos gados para que finalizando-se o termo da arrematação vê se elles arrematantes lhe faz conta pelo ultimo lance que o outro qualquer oferece, demenizando[sic] lhe ao mesmo Senado a dita quantia que o arrematante oferecer debaixo das condições que junta oferecem debaixo das condições [...][140]

Vê-se que eles queriam ter informações precisas sobre os lances anteriores para poderem fazer suas propostas sem aumentar muito o valor final da arrematação.

Outras práticas são identificadas, como o fato de a maioria dos contratos receber apenas um lance, o que leva a crer que pode haver acordos ocultos anteriores às arrematações, dedução muito difícil de comprovar. Há ainda contratos que são arrematados em um valor abaixo do mínimo, em regime especial de administração no qual o postulante vira administrador e passa a dividir os lucros do contrato com o Tesouro imperial ou municipal.

---

139 SAMPAIO, Antonio Carlos Jucá de. "Os homens de negócio...", *op. cit.*, p. 98-101; OSÓRIO, Helen. "As elites econômicas e a arrematação de contratos reais: o exemplo do Rio Grande do Sul (Século XVIII)". In: FRAGOSO, João Luiz Ribeiro; BICALHO, Maria Fernanda; GOUVEIA, Maria Fátima (orgs.). *O Antigo Regime nos Trópicos, op. cit.*, p. 136.

140 AGCRJ. Matadouros e açougues (1822-1830). Códice 53-3-2, f. 40.

Nos caminhos da acumulação

Além da alta lucratividade dos contratos, os privilégios eram um atrativo para os arrematantes, o que se vê em uma condição do contrato das carnes verdes de 1810:

> 17.
> Que elle contractador gozará de privilégios, honras, excepções que pelos seus serviços haja de merecer e que lhe são necessários para milhor desempenho deste objecto.[141]

Os tais privilégios, honras e exceções não foram especificados, mas um benefício oriundo desse contrato foi a indicação do contratador Inácio Rangel de Azevedo Coutinho para ser o contratador da renda dos cinco réis em libra no triênio 1811-3. Outro possível benefício foi o fato de que, no momento de sua arrematação, Coutinho era capitão; em documentos posteriores, ele possuía a patente de tenente-coronel, a qual teve até sua morte. Coutinho, como já relatado, ainda pediu emprego para sua filha ou seu genro.

Gorenstein relata que os contratos podiam ser alienados a terceiros em sua totalidade ou em parte e que os contratadores tinham direito à ajuda de autoridades locais, o que reforça o seu poder.[142] Essas duas características foram identificadas nos contratos relativos às carnes verdes, porém outras formas de privilégios eram requeridas pelos arrematantes.

Antonio Joaquim do Carmo afirmou em 1820 ou 1821 – o documento não tem data, mas foi nesses anos que ele foi o contratador das carnes verdes – que encontrava problemas para suprir a cidade de carne conforme se estabelecia no contrato:

> Diz Antonio Joaquim do Carmo, actual arrematante das carnes verdes para o fornecimento desta Corte, que ele teve a honra de apresentar a Vossa Real Magestade um requerimento, implorando a graça de conceder pastagem livre aos gados, que o supplicante tivesse, e viesse a ter no Real depozito de Santa Cruz para o abastecimento da Corte na estação chuvosa, em que há consideravel mingua do dito artigo [...] com os graves prejuizos que tem sofrido e actualmente soffre, em consequencia dos exorbitantes preços por que lhe tem sido necessario comprar os precisos gados. E como VRM [Vos-

---

141 AN. Fundo: Série anterior (A2). IJJ[10] 35, doc. cit.
142 GORENSTEIN, Riva. "Comércio e Política", *op. cit.*, p. 152.

sa Real Magestade] não ha dignado de deferir o dito requerimento, e o Visconde de Rio Seco inste pelo pagamento da dita pastagem.[143]

O contratador queria usar terras públicas da Fazenda de Santa Cruz sem o pagamento do aluguel do pasto, o que não estava previsto nos contratos. Em outro documento, Carmo fez novamente o pedido, afirmando ter gasto 50:000$000 na compra de 5 mil bois para abastecer a cidade e que tinha dificuldade de pagar o pasto. Não se teve notícia sobre a resposta para o mesmo, mas fica nítido que Carmo requereu um privilégio.

Cabe abordar cada tipo de contrato individualmente em função do seu extenso número e da confusão que eles acarretaram. A questão é de tal maneira complexa que até o arquivista e historiador Aureliano Restier Gonçalves, conhecedor da documentação do AGCRJ, enganou-se com os diferentes contratos, afirmando que Joaquim Gonçalves Ledo havia arrematado o contrato das carnes verdes em 1817 quando, de fato, Ledo arrematou o contrato da renda das cabeças, que se refere a um imposto cobrado pela Câmara.[144] Essa não é a única confusão acerca dos contratos e impostos encontrada, visto que até os vereadores da Câmara se confundiam com a multiplicidade de impostos e arrematações.

Eram sete os contratos relacionados às carnes verdes: dos talhos de dentro e de fora da cidade, da renda das cabeças; das carnes verdes; dos matadouros e talhos de carne de vitela; do subsídio literário; dos cinco réis em libra de carne verde; dos matadouros; do suprimento de carne verde para a Marinha, o Exército, os hospitais e a Real Uxaria.

O contrato dos talhos

Eram arrematados em sistema de contrato os talhos da área urbana da cidade e os chamados talhos das freguesias de fora, que estavam além da área urbana. Os urbanos não foram arrematados durante o contrato das carnes verdes – de 1810 a 1821 com exceção de alguns no ano de 1819 – e os talhos de fora foram arrematados em todo o período recortado com poucas alterações em suas condições.

A área abrangida pela Câmara do Rio era muito maior do que a área urbana da cidade e também do que veio a ser depois o município neutro da Corte, incluindo diversas freguesias, cada uma com a arrematação dos talhos de carne de vaca, como se vê no quadro a seguir:

---

143 BN. CARMO, Antonio Joaquim do. (Seção de Manuscritos, C-899, 13), doc. cit.
144 GONÇALVES, Aureliano Restier. "Carnes verdes em São Sebastião do Rio de Janeiro", *op. cit.*, p. 305

Quadro 2.1 – Freguesias não urbanas que tinham
arrematação de talhos de carne verde:

Ilha do Governador	Jacarepaguá	Irajá	Inhaúma	Campo Grande
N. S. da Piedade do Iguapão	Pillar	Goratiba	São Gonçalo	Icaraí
São João de Meriti	Inhomirim	Marapuí	Itaguaí	

Fonte: AGCRJ. Arrematações do Senado da Câmara (1806-1817). Códice 39-3-52, *passim*; AGCRJ. Arrematações do Senado da Câmara (1818-1829). Códice 39-3-53, *passim*; AGCRJ. Talhos de carnes verdes (1810-1870). Códice 53-2-18, *passim*.

Fora essas, havia as freguesias de arrabaldes, mais próximas da cidade, que eram as de São João da Lagoa e a do Engenho Velho, que não tinham contratos como as de fora. Algumas freguesias de fora viraram unidades administrativas independentes, como Pilar do Iguassú, onde não houve arrematação depois de 1833 porque a região foi desanexada da Corte.

Assim como no contrato das carnes verdes, o arrematante de cada freguesia tinha o monopólio das vendas no interior da mesma, regra que valeu desde antes de 1808 até a liberação do comércio em 1823, como se vê no documento seguinte:

> Diz Josefa Maria Caiva, inventariante dos bens do seu falecido marido JT da Costa Verniz, que este rematara o ano passado de 1804 para o presente anno hum talho de carne de vaca na freguesia de Inhaúma e porque alguns moradores daquela freguesia tem matado gado para vender ao povo da mesma freguesia sem faculdade do suplicante em grande prejuízo desta dona e direitos que devem pagarem dos reais subsídios contra as ordens do mesmo Senado;[145]

Além dessa regra, o arrematante devia vender a carne no preço tabelado, idêntico ao valor da carne na cidade até 1823, quando foram liberados os preços. Em alguns documentos, havia um número mínimo de reses a se matar por semana e, ao que parece, duran-

---

145 AGCRJ. Matadouros e açougues, vários requerimentos (1802-1821). Códice 53-2-16, f. 24.

te a vigência do contrato das carnes verdes, os arrematantes de fora não podiam comprar reses diretamente dos condutores, apenas do contratador.[146]

O ano de 1823 foi também aqui um marco, já que a partir desse ano deixaram de existir até 1828 as arrematações dos talhos das freguesias de fora, havendo venda de carnes liberada nessas regiões. A Câmara decidiu voltar às arrematações, tanto do matadouro, como dos talhos a partir de 1827, tentando, em 1828, uma experiência diferente, levar à praça pública os talhos das freguesias em bloco. Assim, Antonio Francisco d'Almeida arrematou a matança de bois e venda de carnes nos arrabaldes: em Mataporcos, Engenho Novo, Engenho Velho, Inhaúma e Alagoa de Rodrigo de Freitas, em um contrato válido de 1828 a 1830, diferentemente dos contratos anteriores que eram anuais. O contratador ficava responsável apenas pela matança do gado, não fazendo a venda da carne. Não há notícia sobre o valor do contrato e o fiador do mesmo foi Manoel Joaquim do Carmo, tendo este também arrematado, no início de 1828, a matança dos bois das "freguesias de fora do termo" pelos mesmos três anos.[147] Portanto, nestes três anos, Manoel Joaquim do Carmo teve o controle sobre as matanças nas freguesias de fora e nos arrabaldes. A partir de 1830, com o fim dos contratos trienais, as arrematações dos talhos de fora e de arrabaldes voltaram a ser anuais.

Esses contratos eram de baixo valor, variando em 1816 e 1817 de um mínimo de 4$000 na Ilha do Governador até 406$000 em Icaraí. A média girava em torno de 40$000, tendo Campo Grande, São Gonçalo e Icaraí valores maiores, que ultrapassavam 100$000.[148]

Os talhos de dentro da cidade eram arrematados a um valor maior que estes, sendo que vários foram arrematados até 1810, não se sabendo o seu número total. Porém, em 1822, eles chegavam a 42 e dificilmente eram menos de 20 antes da chegada da família real. O contrato das carnes verdes tirou da Câmara essa fonte de renda, que chegou a 2:670$000 com 12 talhos e o matadouro, em 1819, ano em que não houve contrato. Mesmo alto, esse valor está subvalorizado, já que os talhos postos em praça só valiam de meados de abril até o final do ano e devido ao fato das arrematações terem sido feitas em caráter emergencial. A exceção, no entanto, só existiu neste ano, dado que, em 1820, o contrato das carnes verdes voltou a funcionar.[149]

A partir do início de 1822, com o fim do contrato das carnes verdes, os talhos urbanos passaram a ser arrematados novamente e o matadouro foi posto em administração. Os marchantes dominaram a venda das carnes no varejo, comprando os bois dos condutores

---

146 AGCRJ. Arrematações do Senado da Câmara (1806-1817). Códice 39-3-52, f. 120-30.
147 AGCRJ. Matadouros e talhos (1812-1830). Códice 53-2-19, f. 173-6.
148 AGCRJ. Talhos de carnes verdes (1810-1870). Códice 53-2-18, f. 50-200.
149 AGCRJ. Arrematações do Senado da Câmara (1818-1829). Códice 39-3-53, f. 41-77.

– ou eles mesmos trazendo o gado à cidade, visto que alguns marchantes eram também intermediários –, matando-os nos matadouros públicos, retalhando-os e vendendo-os nos seus talhos. Os marchantes estavam obrigados a aceitar as onze condições do contrato estabelecido pelo Senado em 1822, sendo 19 arrematantes com 42 cepos na cidade, dos quais Antonio Joaquim do Carmo era o responsável por dez e Alexandre José Tinoco de Almeida por nove. Esses dois últimos estavam presentes no comércio de longa distância de reses e podiam ser considerados negociantes no comércio das carnes, ao passo que a maioria dos outros 17 arrematantes de talho era de pequenos comerciantes da cidade não envolvidos na intermediação.[150] Uma pequena taxa era cobrada dos marchantes a um valor entre 14$000 e 28$800 anuais para pagar a aferição das balanças dos talhos.

A partir de 1823, com a liberação do comércio, deixaram de existir as arrematações de talhos urbanos.

A renda das cabeças

No contrato da renda das cabeças, o arrematante tinha que arrecadar o imposto municipal de 120 réis por boi abatido, taxa que existia antes de 1808 – é desconhecida a data de sua fundação – e que, em 1823, passou a ser arrecadada por funcionários da Câmara. O imposto servia para custear a organização do comércio das carnes na cidade, sendo o contrato anual geralmente arrematado a partir de agosto do ano anterior à vigência do contrato. O valor deveria ser pago em quatro partes iguais, os chamados quartéis, dos quais o primeiro era pago adiantado e os outros três pagos ao fim do trimestre respectivo, ou melhor, os quartéis eram pagos no início de janeiro, no final de junho, de setembro e de dezembro.

Tabela 2.2 – Arrematações do contrato da renda das cabeças:

Ano	Arrematante	Fiador	Valor
1805	Leandro Ribeiro da Silva	?	?
1806	?	?	?
1807	Leandro Ribeiro da Silva	João Siqueira da Costa	2:400$000
1808	Leandro Ribeiro da Silva	João Siqueira da Costa	2:420$000
1809	Leandro Ribeiro da Silva	João Siqueira da Costa	2:800$000
1810	Inácio Rangel de Azevedo Coutinho	João Siqueira da Costa	2:810$000
1811	Inácio Rangel de Azevedo Coutinho	João Siqueira da Costa	2:820$000
1812	Leandro Ribeiro da Silva	Joaquim José de Siqueira	4:010$000
1813	Leandro Ribeiro da Silva	Joaquim José de Siqueira	4:415$000

---

150 AGCRJ. Arrematações do Senado da Câmara (1818-1829). Códice 39-3-53, f. 158-61.

1814	Miguel José de Junqueira	Joaquim José de Siqueira	4:417$000
1815	Feliciano Ferreira da Silva	Joaquim José de Siqueira	4:428$000
1816	José Pereira Goivães	Joaquim José de Siqueira	4:429$000
1817	João Teixeira Bastos	Joaquim José de Siqueira	4:600$000
1818	Joaquim Gonçalves Ledo	José da Silva Guimarães	7:200$000
1819	Antonio Teixeira de Fonseca	?	5:000$000
1820	Antonio Teixeira de Fonseca	Nuno da Silva Reis	6:300$000
1821	Antonio Teixeira de Fonseca	Nuno da Silva Reis	6:900$000
1822	João Antonio Camizuhy	Antonio Alves de Silva Pinto	7:260$000
1823	José Domingues Pereira	José Francisco Pereira	5:000$000

Fonte: AGCRJ. Matadouros e açougues, vários requerimentos (1802-1821). Códice 53-2-16, f. 26; AGCRJ. Arrematações do Senado da Câmara (1806-1817). Códice 39-3-52, f. 2; 31; 61; 83; 113; 142; 160; 185; 208; 228; 266; AGCRJ. Arrematações do Senado da Câmara (1818-1829). Códice 39-3-53, f. 1-2; 76; 91; 122; 157; 202.

Essa tabela foi constituída a partir dos livros de arrematações da Câmara e, infelizmente, o referente ao período anterior a 1806 está em péssimo estado e não se pôde conhecer quem controlava a renda e quanto era o valor das arrematações antes desse ano. Só se teve a informação em outro documento de que, em 1805, Leandro Ribeiro da Silva era o arrematante, quando ele fez uma reclamação ao Senado sobre inadimplentes da taxa.

A primeira constatação a se fazer é que nem sempre o arrematante era a pessoa mais importante envolvida no negócio, sendo muitas vezes o fiador do contrato quem tinha o controle do mesmo. O contratador, em alguns casos, era um simples caixeiro do fiador e o fiador era um negociante destacado. Isso acontece com o capitão João Siqueira da Costa e seu filho, o capitão Joaquim José de Siqueira, que dominaram a renda de 1807 a 1817, sendo possivelmente os fiadores do contrato de 1805, que foi arrematado pelo sócio da família, Leandro Ribeiro da Silva, e também o de 1806, conjecturando-se que não houve ruptura nas arrematações. Apesar de terem sido vários os arrematantes, a família se manteve como fiadora do contrato por pelo menos 11 anos seguidos. Essa constatação, de que o fiador pode ser a figura mais importante da arrematação, não é válida só para a renda das cabeças, mas para todos os contratos.

Da mesma forma, possivelmente, Nuno da Silva Reis – negociante da cidade ligado a Antonio da Silva Prado – foi o fiador do contrato de 1819, apesar de não haver no livro de arrematações essa informação. Isso porque parece difícil Antonio Teixeira de Fonseca ter autonomia para arrematar sozinho a renda, já que esse não figurava como importante negociante da Corte.

A arrematação da renda por negociantes ligados ao comércio de boiadas e de carnes prova a prática dos homens de negócio de tentar dominar todas as etapas e ramos do mercado, inclusive a arrematação de impostos. A própria sucessão dos grupos na arrematação do imposto diz muito sobre a sequência destes no domínio do comércio. Quando Siqueira decidiu abandonar o contrato das carnes verdes, em 1818, retirou-se também dos outros ramos ligados ao comércio, inclusive essa renda. Foi sucedido por Nuno da Silva Reis, fiador do contrato até ir à falência em 1822. Os dois últimos anos do contrato – 1822 e 1823 – tiveram arrematantes e fiadores não identificados no comércio de reses, de carnes, de cabotagem, ou no tráfico, sendo apenas João Antonio Camizuhy também arrematante de talhos na cidade em 1822.

Os valores não seguem diretamente uma lógica de mercado, nem acompanham corretamente o número de matanças havidas na cidade, o que chegou a ser motivo de conflito entre Inácio Rangel de Azevedo Coutinho e os vereadores em 1811. Coutinho parecia ter certa vantagem para arrematar a renda das cabeças e o contrato do imposto dos cinco réis em libra por ser o contratador das carnes verdes. Os vereadores reclamavam do baixo valor da arrematação do contrato em 1811, afirmando que este estava abaixo do seu preço justo. No documento, presente no AN, eles fizeram uma conta demonstrando o reduzido valor da arrematação: devia o arrematante matar 800 reses semanais, o que dava um total de 41.600 reses por ano, número que equivalia a 4:992$000 de impostos, sendo o valor do contrato no mesmo ano de apenas 2:820$000, o que daria um índice de lucratividade bruta altíssimo, da ordem de 77,02%. Como os gastos dessa arrematação eram baixos, os vereadores reclamavam e pediam a desvinculação dos contratos, afirmando que havia uma série de negociantes interessados em arrematar a renda, dispostos a pagar mais que Coutinho.[151]

Logo após a morte de Coutinho, mesmo a fiança tendo se mantido com a família Siqueira, o valor do contrato sofreu uma elevação de mais de 30%, mantendo-se com poucos acréscimos até 1817; apenas quando Siqueira se retirou do comércio, o valor do contrato aumentou novamente. Parece que a arrematação desta renda continuava atrelada ao contrato das carnes verdes. O valor sofreu uma redução após 1818, em função da crise do abastecimento sulino e os valores menores dos anos de 1819 e 1823 são casos específicos, dado que nestes anos o contrato foi arrematado depois do início do ano de sua vigência, sendo válido por um período menor que um ano. Assim, em 1819, o contrato foi arrematado apenas em 3 de abril, sendo válido até o final do ano e o contrato de 1823 foi arrematado em 3 de fevereiro, sendo válido também até o final do ano.

---

151 AN. Fundo: Série anterior (A2). IJJ[10] 35, doc. cit.

O peso político desse contrato não é tão forte quanto o da arrecadação dos cinco réis e do contrato das carnes verdes. Neste último, além do importante peso político, o contratador tinha que movimentar dezenas de contos de réis para administrar o comércio.

O contrato das carnes verdes

O contrato das carnes verdes foi estabelecido em 1810, trazendo uma situação nova para o comércio de gado e para a venda de carne na cidade. Para solucionar a escassez e a carestia, o aparelho de Estado criava um monopólio privado da venda de carne e tabelava os preços.

Tabela 2.3 – Arrematação do contrato da carne verde:

Ano	Arrematante	Fiador	Valor	Período proposto
1810	Inácio Rangel de Azevedo Coutinho	João Siqueira da Costa	24:000$000	1810-5
1816	Joaquim José de Siqueira	Joaquim Antonio Alves	24:000$000	1816-21
1820	Antônio Joaquim do Carmo	José Joaquim de Almeida Regadas	4:000$000	1820
1821	Antônio Joaquim do Carmo	J. J. A. Regadas	4:000$000	1821

Fonte: AN. Fundo: Série anterior (A2). IJJ[10] 35, doc. cit.; AGCRJ. Códice 53-2-16, doc. cit. f. 67; AGCRJ. Arrematações do Senado da Câmara (1818-1829). Códice 39-3-53, f. 106-7; 138.

* Nessa e em outras tabelas, nomes repetidos foram abreviados; assim, José Joaquim de Almeida Regadas ficou como J. J. A. Regadas.

O contrato de 1810 foi arrematado por Coutinho, que morreu em dezembro de 1811, deixando sua mulher como herdeira, Joana Rangel de Azevedo Coutinho, que por sua vez repassou-o ao fiador, Joaquim José de Siqueira, filho do ex-fiador, João Siqueira da Costa. Não se sabe quem era o fiador da arrematação entre 1811 e 1815. Siqueira se afastou do contrato em abril de 1819, deixando de existir a figura do contratador das carnes verdes até 1820. Joaquim José de Siqueira, Joaquim Antonio Alves e José Joaquim de Almeida Regadas eram traficantes e negociantes com outras áreas de atuação. O contrato tinha um valor fixo anual de 4 contos de réis.

Existiram dois contratos das carnes verdes diferentes, o de 1810, repetido em 1815, e os de 1820 e 1821, iguais entre si e diferentes do de 1810. O contrato assinado em 1810 tinha 18 condições, assim resumidas: a Câmara devia ceder pasto livre para até 400 reses pertencentes a Coutinho e também construir um açougue ao lado do matadouro de Santa Luzia; o governador de São Paulo e o intendente da Polícia deviam consertar uma estrada que passava por aquela capitania; o contrato estabelecia o número mínimo de 800 reses por semana a partir de 1812 e o monopsônio da compra de gado pelo contratador "desde Santo Antonio da Lapa para cá", como também o monopólio da venda de carne na cidade – desde Botafogo até o Engenho Velho; as isenções de direitos de passagem e de recrutamento de condutores estavam garantidas; a carne era tabelada a 30 réis a libra e Coutinho era obrigado a estabelecer ao menos um talho de venda de carne por freguesia urbana; estabelecia-se que não havia interdependência entre o contrato das carnes verdes e o das cabeças; a forma de pagamento era por quartéis trimestrais de um conto de réis; as propinas estavam incluídas e ficavam proibidas as arrematações de talhos de carne na cidade; e, por fim, afirmava-se que o contratador tinha direito a privilégios, sem especificá-los.[152]

Como se vê, o contrato era muito favorável ao contratador, que possuía diversos direitos, enquanto a Câmara e o Estado joanino assumiam deveres. A população da cidade ficava refém das práticas do contratador monopolista, sendo muitas vezes prejudicada. Siqueira prorrogou seu contrato em 1815 sem ter que participar de pregão algum, tendo apenas com a aceitação real de seu pedido de continuar como contratador. Em 1818 e 1819, sua relação com os vereadores estremeceu até estes boicotarem a sua exclusividade, destruindo seus benefícios.[153] Em dezembro de 1818, Siqueira enviou uma carta ao Rei solicitando o seu desligamento do contrato e, em abril de 1819, o Rei o concedeu e só então o matadouro da cidade foi arrematado, tendo vencido a arrematação Nuno da Silva Reis.[154]

Nesse conflito entre os vereadores e Siqueira, este último indicou quais seriam os seus interesses na arrematação do contrato:

> No contracto das carnes há dois objectos, que fazem o meu interesse, o 1o são os couros, e o 2º he o contrato dos 5 réis, que arrematei: fica claro que quanto mais gado se matar mais approveito eu, e sobretudo eu tenho o mais vivo interesse pela abundancia do publico [...][155]

No segundo objeto citado, seu interesse é de fácil compreensão, já que se trata do mais importante imposto que incide sobre o comércio das carnes verdes. O seu grande interesse pelos couros, no entanto, levanta uma questão poucas vezes mencionada nas fontes, inexis-

---

152 AN. Fundo: Série anterior (A2). IJJ[10] 35, doc. cit.

153 AGCRJ. Matadouros e açougues, vários requerimentos (1802-1821). Códice 53-2-16, f. 95.

154 AGCRJ. Matadouros e açougues, vários requerimentos (1802-1821). Códice 53-2-16, f. 99-100; 105.

155 AGCRJ. Matadouros e açougues, vários requerimentos (1802-1821). Códice 53-2-16, f. 94.

tindo regras ou leis que determinassem seu uso dentro ou fora do sistema de contrato. Mas Siqueira não foi o único a se interessar pelo couro das carnes abatidas no matadouro.

O negociante José da Silva Guimarães, fiador da renda das cabeças em 1818 e possível parente de dois traficantes cariocas – João Ribeiro da Silva Guimarães e João Manoel da Silva Guimarães –, pediu ao Senado da Câmara, em 1822, o direito de usar os couros verdes das reses abatidas nos matadouros da cidade. Guimarães aproveitava que o contrato das carnes verdes havia acabado, não sendo mais os couros pertencentes ao contratador, porém seu pedido foi negado sem maiores discussões na Casa.[156]

Dois anos depois, o mesmo negociante tentou tal concessão com o Imperador, escrevendo uma carta mais elaborada, na qual descreveu suas intenções e motivos, afirmando já ter instalado uma "fabrica de fazer solla que possue junto ao porto do Meyer, da outra banda do Rio" que, segundo ele, contava com os métodos mais avançados do país, quiçá do mundo.

> Não obstante porém tão felizes resultádos, vê-se o suplicante reduzido á extremidade de abandonálos com gravissimo prejuizo de seus interesses, e de bem publico, se VMI, não se dignar de conceder-lhe a Imperial Protecção que vem respeitózamente supplicár, por quanto não podendo laborár a fabrica sem a certêza do prompto, e regulár abastecimento dos coiros verdes de que, á mister, succede que cada vez mais se lhe dificulta esse abastecimento, já porque o preço que na concurrencia se offerece para exportação em bruto é superiôr áquelle porque convém aos fabricantes; e n'estes termos, ou o suplicante há de fechár a fabrica, ou propôr-se a ser elle mesmo o fornecedor dos coiros matando por sua conta gádo quanto segue o numero dos que precisár para a sua laboração.[157]

Afirmava ainda que aceitaria também somente os couros do gado abatido para o consumo da armada nacional, entendendo que a sua empresa só "reverte em suma vantagem do pays [...] pelo augmento da industria nacional, e fortuna de todos os súbditos".

---

156 AGCRJ. Matadouros e açougues (1822-1830). Códice 53-3-2, f. 19.

157 BN. GUIMARAENS, José da Silva, negociante do Rio de Janeiro. Requerimento encaminhado ao Ministério do Império solicitando preferência ao fornecimento de carne para a Armada, uma vez que abate grande quantidade de gado, fim de tirar o couro para a sua fábrica de sola. Fundo/Coleção Documentos biográficos. Praia Grande: 1824. (Seção de Manuscritos, C-747, 5).

Dificilmente Guimarães conseguiu essa concessão, já que não houve nenhuma decisão ou documento encontrado relacionado às carnes que se reporte ao assunto. No entanto, o comércio de couros, sejam crus – verdes – ou trabalhados, não pode ser ignorado em sua relação com o comércio e matança dos bois na cidade. O contratador tinha acesso a couros de pelo menos 41.600 reses anuais, sendo esta uma grande fonte de renda para o antigo contratador ou para alguém que conseguisse o controle destes couros após o fim do contrato. A exportação – mencionada por Guimarães – parece ter sido o destino mais provável desse couro em função da falta de proteção à indústria nacional no período e às tarifas de 1810, que facilitavam tanto a importação de couro trabalhado, como a exportação de couro cru.

Os dois contratos arrematados por Antonio Joaquim do Carmo em 1820 e 1821 traziam condições diferentes dos de 1810 e 1815: eram anuais, o novo preço tabelado da carne era de 35 réis em 1820 e 40 réis a partir do segundo semestre de 1821; as reses diárias a serem mortas eram 120 inicialmente, depois passando a 137 conforme um pedido do Rei e, caso Carmo não cumprisse a meta, seria multado em 4$000 por rês não morta; ele vendia carne nos açougues anexos aos matadouros de Santa Luzia e Cidade Nova, devendo abrir talhos na cidade. Esses contratos, diferentemente dos antigos, foram realmente a pregão e, em 1821, Carmo concorreu com Nuno da Silva Reis pela arrematação e venceu já que oferecia um número maior de reses a serem abatidas diariamente.[158]

Os contratos do subsídio literário e dos cinco réis em libra de carne

O subsídio literário não incidia apenas na carne verde, mas também na cachaça e em outros produtos. Nesse imposto, criado na época de Pombal para financiar a educação após a expulsão dos jesuítas da colônia, cobravam-se 320 réis sobre cada cabeça de rês morta, pagamento feito no matadouro. As informações do Conselho de Fazenda sobre o contrato são escassas, mas permitem fazer uma tabela com os valores das arrematações.

Tabela 2.4 – Arrematações do contrato do subsídio literário:

Anos	Arrematante	Fiador	Valor	Período
1809-11	Manuel Pinheiro Guimarães	?	120:200$000	Triênio
1812-4	Joaquim Antonio Alves	Elias Antonio Lopes	120:250$000	Triênio
1815-7	?	?	120:300$000	Triênio
1818-20	?	?	122:100$000	Triênio

Fonte: AN. Fundo: Conselho da Fazenda (EL). Códice: 33, vol. 1, doc. cit; AN. Fundo: Conselho de

---

158 AGCRJ. Arrematações do Senado da Câmara (1818-1829). Códice 39-3-53, f. 106-8.

Fazenda (EL). Ordens e ofícios expedidos. 1813-1823. Códice: 39, vol. 1; AN. Fundo: Conselho de Fazenda (EL). Registro de consultas. 1821-1826. Códice: 40, vol. 1; AN. Fundo: Conselho da Fazenda (EL). Consulta sobre vários assuntos. 1808-1830. Códice: 41; SILVA, Maria Beatriz Nizza da. "Negócios em família", *op. cit.*, p. 130-2.

O valor era bastante alto e se manteve relativamente estável no período em que houve rematação do contrato. Após 1821, a cobrança passou a ser administrada, e depois de 1833, os coletores foram designados para fazer a arrecadação. Infelizmente, não há os dados sobre os arrematantes ou fiadores, sendo os três nomes que aparecem na lista de traficantes e negociantes de grosso trato da cidade: Joaquim Antonio Alves era ligado aos negócios das carnes verdes, Manuel Pinheiro Guimarães era um destacado negociante e Elias Antonio Lopes um dos mais importantes homens de negócio da Corte. As contribuições deste imposto para a receita do Real Erário do Rio eram relativamente importantes, perdendo por pouco para o imposto dos cinco réis em libra de carne verde e chegando a 40 e 50 contos por ano no início da década de 1810 e a 59:521$857 em 1824.[159]

O imposto dos cinco réis da carne verde era concernente apenas a este produto, tendo uma arrecadação maior do que a do subsídio literário. Novamente, a tabela é incompleta.

Tabela 2.5 – Arrematação do imposto dos cinco réis em libra de carne verde:

Anos	Arrematante	Fiador	Valor	Período
1811-3	Ignácio Rangel de Azevedo Coutinho	?	120:000$000	Triênio
1815-7	José Luiz da Motta e Manuel Bernardes da Veiga	Alexandre José Pereira da Fonseca	160:060$000	Triênio
1818-21	Joaquim José de Siqueira	José Joaquim de Almeida Regadas	187:200$000	Triênio

Fonte: CLB de 1811, p. 27; AN. Fundo: Conselho da Fazenda (EL). Códice: 33, vol. 1, doc. cit.; AN. Fundo: Conselho de Fazenda (EL). Códice: 39, vol. 1, doc. cit.; AN. Fundo: Conselho de Fazenda (EL). Códice: 40, vol. 1, doc. cit.; AN. Fundo: Conselho da Fazenda (EL). Códice: 41, doc. cit.; AGCRJ. Arrematações do Senado da Câmara (1818-1829). Códice 39-3-53, f. 106-7.

---

[159] BN. RIO DE JANEIRO – Orçamentos. (Seção de Manuscritos, I-48, 19, 41), doc. cit.; ESCHWEGE, Willhelm Ludwig von. "Brasil", *op. cit.*, p. 214.

Essa tabela apresenta diferenças em relação à anterior, como a progressão do valor do contrato, que aumenta em mais de 50% da primeira para a terceira arrematação. Esse imposto não é colonial como o outro, sendo criado pela administração joanina em 1809. Coutinho, Siqueira e Regadas são nomes conhecidos do comércio das carnes, José Luiz da Motta era um poderoso traficante da cidade, já Manoel Bernardes da Veiga e Alexandre José Pereira da Fonseca não parecem estar ligados ao negócio das carnes ou ao grande comércio.[160]

Uma dúvida que esta tabela suscita é o que ocorreu com o contrato de Coutinho quando este morreu. Não foi encontrado nenhum documento referente ao assunto, mas o mais provável é que Joaquim José de Siqueira também fosse o fiador de Coutinho nesse contrato e tenha se apropriado do mesmo até o final de 1813.

Vê-se ainda outros negociantes de destaque interessados no contrato ou fazendo lances, como em 1811, quando os traficantes Joaquim Antonio Alves e Elias Antonio Lopes se lançam como contratador e fiador respectivamente. No entanto, o contrato este ano foi entregue a Coutinho diretamente por Sua Alteza Real sem ir a pregão.[161]

Uma característica dos contratos dos cinco réis e do subsídio literário é que os lances de arrematação são quase sempre pouco acima dos valores mínimos, apesar de serem contratos mais disputados. Em 1811, o contrato dos cinco réis foi concedido pelo valor mínimo, 120 contos, nem um real a mais. Em 1818, o valor mínimo do subsídio literário era 122 contos de réis, sendo ele arrematado por 122:100$000 réis e o contrato dos cinco réis no mesmo ano tinha como lance inicial 185 contos, sendo arrematado por 2:200$000 a mais do que o mínimo, quantia pouco expressiva em um universo de 185 contos de réis.[162]

Não foi encontrado o texto do contrato do subsídio literário, apenas o dos cinco réis em libra, cujas 14 condições em 1811 estabeleciam: os 120 contos de réis como lance inicial, o pagamento em quartéis de 10 contos, privilégios para o arrematante, o direito do contratador de repassar ou dividir o contrato entre sócios, a obrigação dos marchantes de pagar o imposto com as devidas penas e a reserva de 1% da arrecadação para obras pias e as propinas.

A arrematação desses dois impostos não era uma área de atuação tão aberta como a de talhos ou do contrato das cabeças, tratando-se de contratos mais restritos devido aos seus altos valores e também em função da necessidade de fiadores que tivessem fundos que condissessem com o valor do lance final. Daí a presença de destacados traficantes e negociantes nessas arrematações.

---

160 FLORENTINO, Manolo. *Em Costas Negras, op. cit.*, p. 255.

161 AN. Fundo: Conselho da Fazenda (EL). Códice 41, doc. cit.

162 AN. Fundo: Conselho da Fazenda (EL). Códice 33, vol. 1, doc. cit.

O contrato dos matadouros

Os matadouros urbanos só foram administrados a partir de 1822, com o fim do contrato das carnes verdes, já que, antes, o contratador era o responsável pelo estabelecimento. O matadouro foi inicialmente posto em administração, sendo depois ora arrematado ora administrado. A renda do contrato vinha da cobrança de 320 réis ao dono do gado a ser morto.

Tabela 2.6 – Administração e arrematação do contrato da renda dos matadouros:

Ano	Arrematante	Fiador	Valor	Regime
1822	Manoel Joaquim do Carmo	-	-	Administração
1823	Inácio da Fonseca Rangel	-	9:400$000	Administração
1824	Manoel Joaquim do Carmo	-	9:000$000	Administração
1825	Manoel Joaquim do Carmo	-	9:000$000	Administração
1826	Manoel Joaquim do Carmo	-	9:000$000	Administração
1827	Manoel Thomaz de Aquino	Antonio Ferreira da Rocha	12:000$000	Arrematação
1828	Manoel Joaquim do Carmo	-	8:000$000	Administração
1829	Manoel Thomaz de Aquino	J. J. A. Regadas e Zeferino José Pinto de Magalhães	11:300$000	Arrematação
1830	Manoel Thomaz de Aquino	J. J. de Almeida Regadas	11:780$000	Arrematação
1831	Luiz Ferreira de Lemos	Manuel Lopes Flores	-	Administração
1832	Luiz Ferreira de Lemos	Manuel Lopes Flores	-	Administração
1833	Joaquim Francisco Paula e Silva	José Pereira Cardoso e Antonio Barbosa Guimarães	8:230$000	Arrematação
1834	J. F. Paula e Silva	J. P. Cardoso e Domingos Custódio Guimarães	8:230$000	Arrematação
1835	J. F. Paula e Silva	J. P. Cardoso e D. C. Guimarães	8:230$000	Arrematação

Fonte: AGCRJ. Matadouros e açougues (1822-1830). Códice 53-3-2, f. 68; AGCRJ. Arrematações do Senado da Câmara (1818-1829). Códice 39-3-53, f. 214; 216; 219-20; 230-3; 253-5; 262-6; AGCRJ. Arrematações da Câmara Municipal (1830-1844). Códice 39-3-56, f. 6-8; 29-32; 43-6; 52-5; AGCRJ. Editais do Senado da Câmara de 1821 a 1828. Códice 16-4-22, f. 14.

Em 1822, a Câmara nomeou Manoel Joaquim do Carmo para cuidar dos matadouros, e só em 1823 a administração foi posta em praça para quem quisesse lançar. O contrato era anual, mas devido a atrasos em arrematações e complicações diversas, ele nem sempre começava em janeiro, tendo início muitas vezes em fevereiro, abril ou junho. Os sistemas de administração e arrematação não eram simples: a administração feita de 1822 a 1826 e de 1828 foi diferente da existente em 1831 e 1832, que, por sua vez, foi diferente da que teve início com o fim do contrato de 1835. A primeira forma de administração, feita de 1822 a 1826 e em 1828, parece não necessitar de fiança, já que nenhum documento a menciona.

Observando os nomes da tabela, percebe-se que vários negociantes ligados ao comércio das carnes estavam presentes na administração ou arrematação dos matadouros, seja pessoalmente ou através de parentes. Manoel Joaquim do Carmo foi um negociante presente no comércio das carnes na cidade, mas era mais conhecido por seu parente, Antonio Joaquim do Carmo, agente central no comércio na década de 1820. Manoel Thomaz de Aquino era ligado a Antonio Domingues Velloso, negociante de reses e carnes, rival de Antonio Joaquim do Carmo. Aquino tinha como fiador José Joaquim de Almeida Regadas, negociante presente no comércio e nas arrematações desde o início dos anos 1820, ligado a Siqueira. Antonio Ferreira da Rocha, fiador de Aquino em 1827, era um traficante e o tenente-coronel Zeferino Magalhães era outro homem de negócios presente no ramo das carnes.[163]

Luiz Ferreira Lemos foi nomeado administrador do estabelecimento em 1831 pelos vereadores e seu fiador foi apontado pelo procurador da Câmara como um proprietário com bens de raiz. Nos seus três anos finais, o contrato foi arrematado pelo setor mineiro do abastecimento de reses, representado por Domingos Custódio Guimarães e Joaquim Francisco Paula e Silva, chamado de caixeiro de Guimarães por um funcionário da Câmara. José Pereira Cardoso era outro negociante do comércio de reses e Antonio Barbosa Guimarães era um possível parente de Domingos Custódio, sendo esse um período de denúncias de monopólio.[164]

Os valores das administrações e dos contratos tinham grande flutuação em função de situações específicas. O objetivo da Câmara era arrematar o contrato por 12 contos de réis, o que ela conseguiu apenas em 1827, mas, mesmo neste ano, o contratador ganhou um desconto de 20% em função de problemas no matadouro da Cidade Nova. Os contratos administrados de 1831 e 1832 não tiveram valor, já que o administrador devia repassar a renda para a Câmara, tirando 5% para si e os gastos usuais com a administração do matadouro.

---

163 BN. CARMO, Antonio Joaquim do. (Seção de Manuscritos, C-899, 13), doc. cit.; FLORENTINO, Manolo. *Em Costas Negras, op. cit.*, p. 256.

164 BN. CARMO, Antonio Joaquim do. (Seção de Manuscritos, C-2, 36), doc. cit.

De 1822 a 1826, a renda foi administrada sem a existência de um contrato formal, que só surgiu, de fato, em 1827. Nos anos de 1823, 1824, 1825, 1826 e 1828, havia apenas documentos que delimitavam alguns pontos da organização do matadouro, sendo a única regra estabelecida que o administrador desse um lance inicial, pagando-o em quartéis à Câmara e dividisse equitativamente com o órgão as rendas que ultrapassassem o valor do lance. Para que as contas fossem feitas, era exigido que o administrador apresentasse os números diários das matanças, havendo denúncias de corrupção nesse sistema.[165]

A partir de 1827, forjou-se um contrato para que fosse arrematado em praça pública, o qual foi, muito provavelmente, o contrato mais bem elaborado de todos acerca do comércio de carne verde, do ponto de vista jurídico. Ele era maior, com 15 longas condições – algumas com origem no antigo contrato das carnes verdes – que regularizavam o comércio e a arrecadação das rendas, deixando poucas questões em aberto. Prova disso é o fato de que, até 1835, apenas alguns detalhes foram modificados nele.

As condições eram as seguintes: o arrematante tinha que mandar matar as reses com asseio e limpeza, cobrando a taxa de 320 réis; era proibida a venda de carnes dentro do matadouro, devendo os donos de gado se responsabilizar por todas as partes do animal morto, com rapidez, para que os outros bois entrassem; o arrematante ficava encarregado de contratar funcionários e conservar os utensílios dos matadouros que eram listados em um inventário; proibia-se qualquer forma de preferência na matança dos bois; o contrato delimitava o horário de funcionamento do matadouro, a limpeza obrigatória do mesmo diariamente e a 'boa' conservação do curral; o arrematante tinha a obrigação de matar o maior número possível de bois, sendo responsabilizado por faltas na cidade; só era permitida a entrada de donos de gado ou seus caixeiros, além dos funcionários do matadouro; o contratador devia supervisionar o pagamento dos tributos nacionais – os cinco réis em libra e o subsídio literário; ele era também um fiscal para possíveis transgressões, recebendo uma recompensa que equivalia à metade do valor da multa em caso de punição; devia escrever um livro mensal para a Câmara, com o número de reses mortas e seus respectivos donos; proibia-se a matança de bois fora do matadouro; e, por fim, o arrematante tinha que pagar o aluguel do matadouro da Cidade Nova a um dono particular. A Câmara se responsabilizava por dar o auxílio necessário e todas as condições deviam ser fiscalizadas pelo almotacé e, depois, pelos fiscais.[166]

Na celebração do contrato, a Câmara finalizava a cerimônia "entregando ao dito arrematante hum ramo verde em sinal de sua arrematação", após a obrigatória aprovação do Impe-

---

165 AGCRJ. Arrematações do Senado da Câmara (1818-1829). Códice 39-3-53, f. 214.
166 AGCRJ. Carnes e matadouros: renda dos matadouros (1830-1846). Códice 53-3-11, f. 11-2.

rador. Visivelmente, o contrato era mais completo que os anteriores, já que além de detalhar a administração, era baseado na experiência vivida no comércio e no cotidiano do matadouro. Isso ficou evidente quando, por exemplo, o contrato proibiu a presença de pessoas que não fossem os donos do gado ou caixeiros ou quando o contrato proibiu preferências na matança. No primeiro caso, pesava a experiência de confusões e pressões comuns no matadouro e, no segundo caso, levavam-se em conta as preferências havidas no período da administração de Manoel Joaquim do Carmo. Mesmo assim, Antonio Joaquim do Carmo denunciou, em 1827, a preferência da matança para Antonio Domingues Velloso.[167]

Esse contrato e todos os documentos que se referem ao matadouro obrigavam os administradores e arrematadores a fazer um livro com todas as matanças e com os donos das reses, porém não foi encontrada essa documentação que deveria estar no AGCRJ. Parte dela, ou toda, foi produzida, mas seu fim é desconhecido, sendo que o acesso a esse material permitiria um levantamento quantitativo do comércio e uma análise mais segura do controle das boiadas.

Com o valor mínimo de 12 contos, o contrato corria em praça por várias semanas e demorava a ser arrematado, levando a abatimentos no valor inicial. Aquino reclamava que o matadouro da Cidade Nova não estava em condições de funcionar, sendo que o contrato se referia à renda dos dois estabelecimentos. Aquino reclamava, ainda, que havia diversos matadouros particulares nos arrabaldes da cidade, em São Cristóvão, Engenho Novo, Mataporcos, Lagoa, o que reduzia a procura aos matadouros públicos. Já no ano de 1827, os vereadores fizeram uma redução de 1:600$000 no valor do contrato e depois aumentaram-na para 2:400$000.[168]

Aquino administrou ainda o matadouro no primeiro semestre de 1830, já que ninguém deu sequer o lance mínimo. Nesse período, ele teve de prestar contas sobre todas as matanças que fazia, enviando à Câmara três documentos, dos quais dois não foram aprovados pela Comissão de contas, pois a quantia remetida estava abaixo do valor correto. Aquino deixou também de pagar um dos quartéis devidos na arrematação de 1830, levando Regadas, seu fiador, a pagar por ele e pedir aos vereadores o contrato para si. A Câmara rejeitou a proposta, mantendo o contratador na sua função, apesar do conflito ter dividido a casa, havendo oficiais que atacavam as pretensões do fiador e outros que o defendiam, como o procurador Domingos Alves Pinto, que tomou o seu partido, dizendo

---

167 AGCRJ. Carnes e matadouros: renda dos matadouros (1830-1846). Códice 53-3-11, f. 11-2; BN. CARMO, Antonio Joaquim do. (Seção de Manuscritos, C-899, 13), doc. cit.

168 AGCRJ. Arrematações do Senado da Câmara (1818-1829). Códice 39-3-53, f. 239-40; AGCRJ. Matadouros e talhos (1812-1830). Códice 53-2-19, f. 169-72.

que este "com aquela probidade, e honra que lhe é própria, pagou o quartel e dispôs-se a pagar os outros desde que herde o contrato, o que me parece justo".[169]

Após a volta das arrematações, em 1833, houve um domínio total de Domingos Custódio Guimarães no comércio e no matadouro. O seu sócio, Paula e Silva, relatou ao fiscal que estava tendo prejuízos com o contrato em 1834, mas, mesmo assim, arrematou-o de novo no ano seguinte. É possível que Paula e Silva não necessariamente dizia a verdade, mas parece que arrematar o matadouro servia mais para controlar aquele espaço do que para arrecadar o imposto, o que não trazia grandes lucros.[170] O objetivo de controlar os matadouros fica exposto através de um relato do vereador Francisco de Alves Britto de 8 de maio de 1835:

> He constante o monopolio dos gados, e do mercado se tem retirado marchantes que embaraçavão não fosse o negocio das carnes exclusivo de um individuo nem lhes convem sugeitarem-se aos extravios que praticão os esfoladores. Examine-se a pessôa que figura no terreno d'arrematação, a quem pertence o gado que se mata, e quem governa o matadouro, para se conhecer que foi simulada a arrematação. E hé decoroso á Câmara Municipal um tal engano?[171]

Da mesma forma, o fiscal do 1º. e 2º. distritos da freguesia de São José afirmou um ano antes que "o arrematante do matadouro he o primeiro, e mais rico marchante, junto que figure como tal o seu caixeiro Joaquim Francisco [de Paula] da Silva".[172]

O vereador Britto disse ainda que a arrematação do ano de 1835 fora simulada, atacando Guimarães no auge do seu controle sobre o comércio, quando este dominava a condução das reses para a cidade, possuía currais particulares, detinha a administração dos matadouros e a maioria dos talhos da cidade. No mesmo documento, já citado, o vereador defendia uma solução para o problema:

---

169 ATAS das sessões da Ilma. Câmara..., *op. cit.*, vol. IV, p. 147-8; 214; 377-9; AGCRJ. Carnes verdes e matadouros: talhos, açougues, ofícios, portarias, representações, pareceres, etc. (1830-1831). Códice 53-3-9, f. 6.

170 AGCRJ. Carnes e matadouros: renda dos matadouros (1830-1846). Códice 53-3-11, f. 42.

171 AGCRJ. Carnes e matadouros: renda dos matadouros (1830-1846). Códice 53-3-11, f. 46.

172 AGCRJ. Carnes verdes e matadouros: talhos, açougues, ofícios, portarias, representações, memórias, impostos sobre o gado a abater, pareceres, etc. (1832-1837). Códice 53-3-14, f. 46-7.

> Concluo que a arrematação tem alimentado malles, e abusos, que convém destruir, devendo-se na forma do arto 45 da Lei conservar-se o matadouro por conta da Câmara, nomeando-se para administrador pessoa zelosa do bem publico, pois he para o publico que revertem todos os rendimentos, para se applicarem em objectos de geral interesse, que nenhum conheço mais digno que seja o alimento saudavel para conservação da saude dos habitantes.[173]

Essa proposta não foi aprovada no plenário da Câmara, mas, no ano seguinte, outro projeto de administração do matadouro foi encaminhado à votação na Casa e foi aprovado. Nesse novo regime, o administrador nomeado pelos vereadores, Jesuíno Teixeira de Carvalho, devia: ficar encarregado do matadouro e de sua renda; receber anualmente 800$000 de ordenado; e prestar uma fiança de um conto de réis. A Câmara ficava encarregada de pagar todos os funcionários do matadouro, que registrariam tudo em um livro.

Já a partir de 5 de abril de 1836, primeiro dia da administração, Teixeira de Carvalho começou a acumular conflitos com Custódio Guimarães, levando o vereador Francisco Alves de Britto a se encarregar de inspecionar o matadouro, combatendo o poder do negociante mineiro neste espaço. Carvalho enviou para a Câmara, em 1836, um documento reclamando que, mesmo assim, Guimarães ainda monopolizava o comércio, tendo excluído um rival na semana de 14 a 20 de novembro e fazendo a carne chegar a 100 réis.[174]

Enfim, parece que o objetivo dos negociantes ao arrematar este contrato não era outro senão controlar o matadouro, o que lhes permitia dar preferência a matanças de animais seus em detrimento dos bois de outrem. Além disso, esse controle permitia as burlas, muito denunciadas pelas autoridades. O domínio da venda das carnes na cidade passava, portanto, por métodos extraeconômicos de exclusão dos adversários. O rebaixamento do preço das carnes nos açougues, uma forma ideal de exclusão do concorrente em um ambiente de mercado, não parece ter sido o método usual para competir e vencer adversários, mas sim métodos monopolistas, como a interdição do adversário de matar reses no matadouro.

---

173 AGCRJ. Carnes e matadouros: renda dos matadouros (1830-1846). Códice 53-3-11, f. 46.

174 AGCRJ. Carnes e matadouros, fiscalização (1830-1879). Códice 53-3-12, f. 22; AGCRJ. Carnes verdes e matadouros: talhos, açougues, ofícios, portarias, representações, memórias, impostos sobre o gado a abater, pareceres, etc. (1832-1837). Códice 53-3-14, f. 55-70.

Os contratos da carne de vitela e do abastecimento de carnes à Marinha, ao Exército, aos hospitais e à Real Uxaria

A venda de carne de vitela na cidade era um contrato menor e que teve existência efêmera, tendo surgido em 1816 devido a pedidos feitos ao Rei para que houvesse oferta dessa carne para pessoas doentes que, segundo os princípios da medicina da época, tinha bons efeitos para a saúde dos pacientes, sendo a carne de vaca normal prejudicial para a saúde de alguns enfermos. Os principais consumidores do produto eram os pacientes particulares e os do Hospital Real Militar, já que a Santa Casa da Misericórdia não tinha fundos adequados para a compra, sendo seus pacientes constituídos majoritariamente por escravos e indigentes. A carne de frango também era recomendada, mas seu preço era muito alto, maior do que o da carne de vitela.[175]

O surgimento desse contrato causou o protesto do contratador das carnes verdes no período, José Joaquim de Siqueira, que afirmava ter o monopólio também da matança de vitelas na cidade, mas ele acabou aceitando a presença de outros comerciantes nesse ramo. Eram duas arrematações, cada uma com um matadouro e dois talhos e deviam ser mortas quatro vitelas diariamente, sendo a carne tabelada em 50 réis a libra. Os contratos anuais foram arrematados apenas nos anos de 1816 e 1817, tendo valores relativamente pequenos, de 630$000 até 861$000. Esse fornecimento depois foi incluído no contrato de suprimento de carne para a Marinha, o Exército e a Real Uxaria.[176]

O outro contrato, que não foi encontrado em suas arrematações ou condições, era o do fornecimento de carne à Marinha, ao Exército e à Real Uxaria, cujo controle aparentemente exigia do arrematante proximidade com importantes figuras do aparelho de Estado. O contratador assumia um serviço essencial para a manutenção diária de órgãos estatais estratégicos, devendo fornecer carne às tropas aportadas na cidade, aos navios de guerra e ao depósito da família real, a chamada Real Uxaria. A partir de 1818, o seu contratador devia fornecer carne, normal e de vitela, para o Hospital Militar. Até o final de 1821, esse contrato parecia estar vinculado ao contrato das carnes verdes; sendo assim, Inácio Rangel de Azevedo Coutinho afirmou ter fornecido carne à Real Uxaria, ao Hospital Real Militar e aos navios britânicos no ano de 1811, e Joaquim José de Siqueira pediu o pagamento da carne fornecida à Marinha no segundo semestre de 1817. Nuno da Silva Reis, arrematante do matadouro em 1819, também forneceu nesse ano carne à Real Uxaria, à Marinha e às tropas residentes na cidade. Apenas depois do fim do

---

175 AGCRJ. Matadouros e açougues, vários requerimentos (1802-1821). Códice 53-2-16, f. 71-4; SILVA, Maria Beatriz Nizza da. *Análise de Estratificação Social, op. cit.*, p. 71-2.

176 AGCRJ. Arrematações do Senado da Câmara (1806-1817). Códice 39-3-52, f. 242-5; 276.

contrato das carnes verdes é que parece ter havido um contrato independente de fornecimento de carne a esses órgãos. Dessa forma, em 1823 e 1827, Antonio Joaquim do Carmo afirmou fornecer carnes frescas aos hospitais da cidade, às tropas e aos navios de guerra.[177]

Esse contrato é sempre clamado por seus controladores como um sinal de *status* e destaque, devendo ter uma relevância política importante, sendo restrito a destacados negociantes da Corte que tinham bons relacionamentos com elementos do aparelho do Estado.

---

[177] AN. Fundo: Ministério da Fazenda (40). Códice 142, vol. 10, doc. cit.; BN. CARMO, Antonio Joaquim do. (Seção de Manuscritos, C-899, 13), doc. cit.; BN. COUTINHO, Inácio Rangel de Azevedo. (Seção de Manuscritos, C-782, 69), doc. cit; AGCRJ. Requerimento de Nuno da Silva Reis, arrematante da venda de carne verde pelo curral e distrito da Ajuda. Códice 53-2-23, f. 1.

Capítulo III

Nas ruas da cidade: o comércio e a cidade do Rio de Janeiro

A chegada da Corte à capital da América portuguesa não representou apenas uma ruptura para a condição do Brasil enquanto colônia, também a cidade do Rio sofreu profundas modificações a partir de então. Além da alteração demográfica, a presença do aparelho de Estado português levou a constantes intervenções urbanas, o que fez com que os historiadores Francisco Falcón e Ilmar de Mattos afirmassem que, no período joanino, a cidade perdeu o seu ar colonial e passou a sofrer um processo de europeização. Essas mudanças trouxeram uma urbanização maior da cidade, sendo sintomático disso o aumento do número de ruas, que eram 46, em 1808, e passaram a 90, em 1828. Houve também perseguição às habitações e construções irregulares por parte da Intendência Geral de Polícia e por Tomás Antonio de Villanova Portugal, ministro que ficou com a incumbência de resolver as questões urbanísticas da nova Corte.[1]

A despeito dessas modificações e políticas urbanísticas, é possível observar muitas continuidades na capital ao longo da primeira metade do xix em relação ao período anterior a 1808. Assim como a própria economia brasileira, que se manteve colonial ao longo do século xix, apesar da emancipação política, a cidade também manteve as suas características coloniais básicas, como destaca Maria Yedda Linhares.[2]

---

1   FALCÓN, Francisco José Calazans; MATTOS, Ilmar Rohloff de. "O processo...", *op. cit.*, p. 293; RENAULT, Delso. *O Rio Antigo nos Anúncios de Jornais, op. cit.*, p. 19-20; 103; SILVA, Maria Beatriz Nizza da. "Medidas urbanísticas no Rio de Janeiro durante o período joanino". In: *Revista do Instituto Histórico e Geográfico Brasileiro*, vol. 161, n°. 407, abr./jun. 2000, p. 99-100.

2   LINHARES, Maria Yedda Leite. *História do Abastecimento, op. cit.*, p. 155-9.

Uma cidade escravista colonial

A cidade colonial já foi abordada de várias formas e com enfoques em vários dos seus aspectos. Ilmar de Mattos, referindo-se ao século XIX, entende a urbe brasileira dentro do modelo do antigo sistema colonial, tendo a cidade como funções destacadas a de porto e a de centro administrativo.³ Há também na historiografia uma constante comparação da cidade colonial portuguesa com a espanhola.⁴

Fernanda Bicalho faz um amplo balanço bibliográfico sobre a urbe colonial e as cidades na História, citando Sérgio Buarque de Holanda, Ronald Raminelli, Michel Foucault e Angel Rama. Ressalta que as cidades coloniais litorâneas eram sempre fortificadas contra ataques vindos de navios, voltadas para o mar e situadas em posições estratégicas, utilizando-se dos recursos naturais para defesa, como colinas, baías e outros.⁵

Maria Yedda Linhares faz uma caracterização da urbe brasileira no século XIX, diferenciando-a da europeia, já que a cidade colonial não teve origem no feudalismo e, por isso, apresenta dessemelhanças em relação àquela. Segundo o modelo apresentado pela autora, no espaço urbano colonial havia limitações às funções administrativa, política e cultural,⁶ elementos que tinha como exceção o Rio de Janeiro pós-1808, já que esta cidade passou a desempenhar um papel político e administrativo central no Império português e também se destacou em suas manifestações culturais, ao menos quando comparada com o período anterior à vinda da Corte. Característico desse último processo, o incremento cultural do Rio é a fundação da Academia Nacional de Belas-Artes, as missões artísticas estrangeiras e a fundação de teatros pela cidade.⁷

Jacob Gorender afirma que no escravismo colonial, o campo domina a cidade, sendo esta um apêndice das áreas rurais. Estas cidades não tinham funções urbanas desenvolvidas, servindo apenas como centro administrativo e comercial, de exportação, importação

---

3 MATTOS, Ilmar Rohloff. *O Tempo Saquarema*, op. cit., p. 37-44.

4 LINHARES, Maria Yedda Leite; SILVA, Francisco Carlos Teixeira da. *História da Agricultura Brasileira*, op. cit., p. 151-4.

5 BICALHO, Maria Fernanda. *A Cidade e o Império: o Rio de Janeiro no século XVIII*. Rio de Janeiro: Civilização Brasileira, 2003, p. 165-76; 201-2; 239-45.

6 LINHARES, Maria Yedda Leite. *História do Abastecimento*, op. cit., p. 155-9.

7 Ver, dentre outros, OBERACKER, Carlos. "Viajantes, naturalistas e artistas estrangeiros". In: HOLANDA, Sérgio Buarque de. *História Geral da Civilização Brasileira*, t. 2, vol. II. São Paulo: Difel, 1962, p. 119-31.

e tráfico.⁸ Apesar da importância do campo e da eminência das funções administrativa e comercial, a cidade do Rio posterior à chegada da Corte foge um pouco a este modelo por apresentar uma complexidade maior.

Segundo Emília Viotti da Costa, na cidade colonial do século XIX, prevaleciam valores aristocráticos, repulsa ao trabalho manual, culto do lazer, espírito rotineiro, pouco apreço pelo progresso tecnológico e científico, fortes relações de dependência, família extensa e tendência à ostentação. Todas essas características, visíveis no Rio e em outros centros urbanos, eram frutos da condição escravista da formação social brasileira.⁹

A escravidão predominante na sociedade trazia muitas consequências para a estrutura da cidade. Gorender destaca que os escravos dominavam o ambiente urbano, estando presentes em todos os ofícios. Jayme Benchimol, em seu livro sobre a passagem da capital de sua situação colonial para capitalista, demonstra as implicações da escravidão sobre o espaço urbano, relatando como muitos viajantes que aportavam no Rio comparavam-na a cidades árabes ou africanas, por conta do comércio barulhento e do imenso número de negros nas ruas. A desorganização imperava na cidade e incomodava estrangeiros, que reclamavam de ruas excessivamente estreitas, da falta de planejamento e do precário sistema de esgoto. As ruas da cidade escravista colonial não eram muito largas porque os animais poucas vezes eram usados para o transporte de objetos e pessoas, sendo os escravos que desempenhavam esta função, levando e trazendo produtos e pessoas, este último em um sistema de transporte chamado 'cadeirinha'. Não havia planejamento para a construção de edifícios, sendo as construções feitas sem uma planta prévia e o esgoto não era, em princípio, uma responsabilidade pública, mas sim dos habitantes particulares que, para isso, utilizavam-se dos 'escravos tigres', cativos usados no trato do esgoto urbano. O abastecimento de água também era feito sobretudo por escravos domésticos, que iam aos chafarizes retirar água.¹⁰

A presença da escravidão marcava a dinâmica e até a organização material do espaço urbano, o que, inclusive, entrou em choque com a organização da cidade europeia com a vinda da família real. Isso porque as carruagens reais trazidas para o Rio não puderam ser utiliza-

---

8 GORENDER, Jacob. *O Escravismo Colonial*, op. cit., p. 472.

9 LINHARES, Maria Yedda Leite. *História do Abastecimento*, op. cit., p. 155-9.

10 BENCHIMOL, Jayme Larry. *Pereira Passos, um Haussman Tropical: renovação urbana na cidade do Rio de Janeiro no início do século XX*. Coleção Biblioteca Carioca. Rio de Janeiro: Secretaria Municipal de Cultura do Rio de Janeiro, 1990, p. 27-35; GORENDER, Jacob. *O Escravismo Colonial*, op. cit., p. 472-81.

das na nova Corte, visto que as ruas da cidade não eram largas o suficiente para a passagem daqueles veículos, projetadas eminentemente para a passagem de cadeirinhas.[11]

Porém, as cidades na Europa não podiam ser consideradas organizadas e bem estruturadas neste momento. Estas eram muradas com fossos e paliçadas, suas ruas eram tortuosas, as praças irregulares e os prédios mal alinhados. As condições técnicas e tecnológicas e a falta de políticas públicas específicas dificultavam a organização geométrica dessas cidades, de forma similar ao que acontecia na cidade escravista.[12] Não à toa, na Paris de meados do século XIX, essas ruas tortuosas e becos vieram a sofrer intervenções das reformas urbanísticas levadas a cabo por Haussmann, já que eram nelas que se formavam as barricadas que o país viu surgir periodicamente desde 1789.[13]

O Rio de Janeiro colonial tinha como localidade central a região portuária, em torno da qual toda a cidade funcionava. Em termos de proximidade, praticamente inexistiam áreas da urbe que não podiam ser consideradas regiões portuárias, dado o domínio geográfico dos portos. Essa centralidade era dada pela força da vinculação comercial do Rio a outras cidades da América portuguesa e, em especial, da relação da urbe com os centros comerciais estrangeiros. Ou melhor, a hiperbólica função portuária na cidade era uma materialização da situação comercial e colonial do Rio e do Brasil. Além disso, os edifícios eram voltados para o mar, para a Guanabara, no caso do Rio no período, e não para a própria cidade e o continente.[14]

Com a decadência da escravidão a partir de 1850 e com as epidemias, surgiram os primeiros projetos urbanísticos para a cidade, sempre com enfoque especial sobre a reforma portuária.[15] A destruição da urbe colonial, no entanto, só se deu na República, com as reformas da primeira metade do século XX, em especial no governo Rodrigues Alves.

A escravidão dominante e a situação colonial ditavam as normas e relações sociais vividas na cidade, mas também se materializavam no espaço urbano, em suas ruas estreitas, porto desproporcional em relação à cidade e edifícios voltados para o mar. A centralidade da escravidão e do porto na urbe dava o tom escravista e colonial deste espaço, o que é importante para se entender as questões do comércio de carnes dentro daquele espaço. A desorganização característica da cidade escravista se reflete nas reclamações sobre o trans-

---

11 BENCHIMOL, Jayme Larry. *Pereira Passos, um Haussman Tropical, op. cit.*, p. 27-35.
12 LINHARES, Maria Yedda Leite; SILVA, Francisco Carlos Teixeira da. *Terra Prometida, op. cit.*, p. 8.
13 Sobre as reformas em Paris, ver BENCHIMOL, Jayme Larry. *Pereira Passos..., op. cit.*, p. 192-8.
14 BICALHO, Maria Fernanda. *A Cidade e o Império, op. cit.*, p. 165-76.
15 LAMARÃO, Sérgio Tadeu de Niemeyer. *Dos Trapiches ao Porto, op. cit.*, p. 53-90, *passim*.

porte irregular de reses e sobre as condições insalubres dos matadouros, que funcionavam em pleno perímetro urbano.[16] Esses impasses no abastecimento de carnes verdes para a população devem ser vistos em sua relação com a dinâmica do espaço urbano colonial.

Os matadouros da cidade e a questão do 'asseio'

O principal matadouro carioca ficava na praia de Santa Luzia, na região Sul da cidade, tendo a rua em que ele estava situado e o próprio matadouro recebido o mesmo nome da tal praia. A construção do matadouro de Santa Luzia remonta ao vice-reinado do marquês de Lavradio, afirmando Sônia Bayão que o edifício era de 1774, ao passo que o padre Perereca o datou de 1777.[17] Provavelmente, o início das obras se deu em 1774, tendo o prédio ficado pronto em 1777. O matadouro foi uma grande obra e ficou em atividade até 1853, sendo o edifício de espaço amplo, o que levou o almotacé a afirmar que, bem conservado, podiam ali ser mortas 200 reses por dia.[18] Porém, como a conservação adequada daquele estabelecimento não era regra, decidiu-se por construir outro no início da década de 1820.

O matadouro da Cidade Nova foi erguido na parte ocupada da cidade após a vinda da Corte e tinha uma capacidade bem menor que o de Santa Luzia para os abates. Além disso, ao contrário do outro, o matadouro da Cidade Nova foi construído por particulares, em 1820 e 1821, com o pagamento posterior do valor da obra pelo Senado da Câmara. Seus construtores foram os parentes Antonio Joaquim do Carmo e Manoel Joaquim do Carmo, tendo em seu projeto o preço de 3:000$000. Manoel Joaquim do Carmo ofereceu um desconto de 400$000 para a Câmara, porém, terminada a obra, afirmou que a construção superou expectativas e custou um total de "três contos, seiscentos mil e tantos réis". Ele pediu à casa o pagamento da diferença "ao visto", o que foi "deferido em forma que requer".[19]

Logo após a sua construção, o novo matadouro começou a receber reclamações dos vizinhos. Em 1823, foi apresentado um abaixo-assinado com 24 assinaturas ao Senado reclamando da falta de "asseio" existente no matadouro, que causava um "fétido [...] insuportavel, com damno da saude". Dos 24 subscritores, apenas um era analfabeto, o que

---

16 ATAS das sessões da Ilma. Câmara Municipal, *op. cit.*, vol. IV, p. 417.
17 VIANA, Sônia Bayão Rodrigues. *A Fazenda de Santa Cruz...*, *op. cit.*, p. 53; SANTOS, Luís Gonçalves dos (Pe. Perereca). *Memórias para Servir a História do Reino do Brasil*, *op. cit.*, vol. 1, p. 79.
18 AGCRJ. Matadouros e açougues (1822-1830). Códice 53-3-2, f. 86-9.
19 AGCRJ. Matadouros e açougues (1822-1830). Códice 53-3-2, f. 47; 158.

indica que provavelmente não eram pessoas de origem humilde, devendo-se lembrar que esta nova área da cidade era ocupada principalmente por pessoas afortunadas.[20] Isso foi importante para o posterior fechamento do matadouro.

Como não bastasse o gasto superior ao previsto na obra, a construção foi rapidamente dando sinais de degradação e, após várias reclamações dos administradores, o matadouro foi fechado para reformas em 1827. Pequenos marchantes, que não tinham condições de competir com os grandes negociantes que matavam seu gado em Santa Luzia, reclamaram do fechamento. Ele foi reaberto no início da década de 1830, mas logo foi fechado novamente para obras em 1834. O arrematante da renda dos matadouros no período, Joaquim Francisco da Paula e Silva, afirmou que a continuação do uso daquele matadouro representava um risco à vida dos trabalhadores do estabelecimento, já que havia "grandes buracos no assoalho".[21] Os vereadores, alegando que o matadouro era prejudicial à saúde pública e que havia projetos para a construção de outros, resolveram não reabri-lo mais e puseram a demolição do mesmo em arrematação pública em 1837.[22] O matadouro da Cidade Nova, em seu pequeno período de funcionamento – de aproximadamente dez anos apenas –, gerou gastos extras na construção e reformas, além das reclamações dos vizinhos de prejuízo à saúde pública. Acabou por ser um ótimo negócio para a família Joaquim do Carmo e um péssimo negócio para o erário público.

Durante todo o período recortado, o principal matadouro da cidade foi o de Santa Luzia, desempenhando o da Cidade Nova sempre um papel secundário, durante os períodos em que esteve aberto. Em 1853, o matadouro foi transferido para São Cristóvão e, em 1881, foi aberto um bem longe do centro urbano, em Santa Cruz.[23]

Além da disparidade no número de matanças em cada estabelecimento – o matadouro de Santa Luzia abatia de 7 a 10 vezes mais que o da Cidade Nova diariamente –, a diferença entre os dois matadouros ficava visível quando se comparam os utensílios usados em cada

---

20 AGCRJ. Matadouros e açougues (1822-1830). Códice 53-3-2, f. 45-6.

21 AGCRJ. Carnes e matadouros: matadouros da Cidade Nova - administração propriamente dita (1827-1837). Códice 53-3-4, f. 21.

22 AGCRJ. Marchantes de gado – autos de agravo (1827). Códice 53-3-3, f. 3; 20-5; AGCRJ. Carnes verdes e matadouros: talhos, açougues, ofícios, portarias, representações, memórias, impostos sobre o gado a abater, pareceres, etc. (1832-1837). Códice 53-3-14, f. 27; AGCRJ. Carnes e matadouros: renda dos matadouros (1830-1846). Códice 53-3-11, f. 40; AGCRJ. Editais da Câmara Municipal (1830-1842). Códice 16-4-24, f. 126.

23 VIANA, Sônia Bayão Rodrigues. *A Fazenda de Santa Cruz...*, op. cit., p. 53.

um ou o número de trabalhadores. Os utensílios eram bem mais numerosos em Santa Luzia e, em 1830, havia 16 funcionários para o matadouro mais antigo e apenas cinco no da Cidade Nova. Desses trabalhadores, 14 em Santa Luzia e três na Cidade Nova eram escravos, enquanto em cada casa havia um feitor e um fiel, ambos livres. Os escravos ganhavam um 'jornal' – salário diário, também chamado de jornada – de 320, 480, 560 ou 600 réis. Provavelmente, eram escravos de ganho que recebiam esse valor diário, sendo obrigados a pagar a maior parte para os seus senhores.[24] Eram dois os tipos de trabalhadores escravos, os serventuários, que recebiam sempre 320, e os esfoladores, que recebiam de 480 a 600 réis.[25]

Em 1826, o almotacé Cunha fez um amplo relatório dos trabalhos no matadouro de Santa Luzia, onde, segundo ele, deveriam trabalhar 20 negros fortes, havendo naquele momento 23, porém não fortes o bastante.[26] Em 1827, há um relatório do arrematante dos matadouros para os vereadores da Câmara e, como no relato de 1830, vê-se que os escravos das duas casas trabalhavam todos os dias do mês sem exceção e as diárias variavam em torno de 320, 480 e 560 réis. Percebe-se que eram escravos porque, além de ser mencionado que se tratam de cativos, acompanha o nome de cada trabalhador da casa os termos "mina", "pardo", "angola", "mozambique", "benguela" e "congo". Além desses escravos, foram alugados cativos de Antonio Domingues Velloso – sócio do arrematante do matadouro naquele ano, Manoel Thomaz de Aquino – pelo preço de 27$000. Havia, além dos escravos, cinco trabalhadores livres que trabalhavam apenas 15 dias no mês e que tinham salários mais elevados, que variavam entre 5$000, 6$400, 12$800 e 16$650 por mês.[27]

Em outro relato de 1830, afirma-se que havia 33 trabalhadores nos dois matadouros, sendo que, desses, 31 eram escravos que ganhavam de 320 a 560 réis diariamente, que trabalhavam, em sua maioria, todos os 50 dias correspondentes ao relatório. Novamente, havia escravos alugados de Antonio Veloso Domingues, em um total de 11 cativos. Os dois trabalhadores livres eram o feitor e o administrador.[28]

---

24 Essa ideia foi uma sugestão do professor Théo Lobarinhas Piñeiro, dada em 25/08/2006, no momento da análise das fontes. Sobre os escravos de ganho, ver GORENDER, Jacob. *O Escravismo Colonial*, op. cit., p. 198-201; 475-81.

25 AGCRJ. Carnes verdes e matadouros: talhos, açougues, ofícios, portarias, representações, pareceres, etc. (1830-1831). Códice 53-3-9, f. 46.

26 AGCRJ. Matadouros e açougues (1822-1830). Códice 53-3-2, f. 86-9.

27 AGCRJ. Matadouros e açougues (1822-1830). Códice 53-3-2, f. 127-31.

28 AGCRJ. Matadouros e açougues (1822-1830). Códice 53-3-2, f. 164-6.

Portanto, é possível afirmar que o trabalho no matadouro era feito em sua maior parte, e também em sua parte mais dura, por escravos. Os poucos trabalhadores livres que exerciam funções na casa não tinham um salário muito superior ao que era recebido pelos escravos, o que comprova a tese de Harold Johnson de que, em contextos escravistas, o salário de homens livres é rebaixado em função da escravidão dominante.[29]

Um ponto polêmico que dizia respeito aos matadouros era o dos terrenos onde estes se situavam, que em parte não eram públicos. Em 1806, o padre prior do convento de Nossa Senhora do Monte do Carmo afirmou que a instituição era proprietária de parte do terreno contíguo ao matadouro, para onde a construção se expandiu com o tempo. Ele exigia o pagamento de 19$200 anuais de foro pelo terreno, sendo que até 1795 esse pagamento foi feito pelo Senado da Câmara à instituição. Um documento do arquivo da Câmara comprovou o pagamento deste foro até 1795, porém não se tem notícia se essa quantia exigida pelo padre foi paga depois disso.[30] Em 1806, ele exigiu os dez anos atrasados, portanto, 192$000, o que provavelmente não foi pago, já que não há documentos que comprovem o pagamento de forma semelhante aos documentos que confirmam o recebimento de dinheiro do foro por Luís Gomes Anjo, outro proprietário de parte do terreno do matadouro de Santa Luzia.

O sargento Luís Gomes Anjo se dizia "proprietário de hum terreno na praia de Santa Luzia, em parte do qual está edificado o matadouro", o que foi comprovado por uma sentença existente no arquivo da Câmara. Desde, pelo menos, o início do contrato das carnes verdes, Anjo recebeu o pagamento do foro do terreno em uma quantia anual de 140$000.[31] Ele era proprietário ainda de currais e açougues espalhados pela cidade, que eram alugados pelo contratador das carnes verdes e pelo Senado da Câmara antes do regime de contratos. Eram tantas as suas propriedades relacionadas à conservação, matança do gado e venda das carnes que o contratador Joaquim José de Siqueira pagou-lhe, em 1818, um montante de 784$000 réis por todos esses aluguéis. Anjo se queixou que os sucessores de Siqueira não efetuaram corretamente o pagamento dos foros, acusando Nuno da Silva Reis e Antonio Joaquim do Carmo de não lhe pagarem o valor dos terrenos dos açougues e do matadouro em 1819.[32]

Por mais de duas décadas, Luís Gomes Anjo recebeu o pagamento do mesmo valor anual pelo foro do matadouro. Por conta de sua morte, em 1832, sua viúva, Maria Leonar-

---

29 JOHNSON Jr., Harold B. "Investigação preliminar sobre dinheiro, preços e salários...", *op. cit.*, p. 261.

30 AGCRJ. Matadouros e açougues, vários requerimentos (1802-1821). Códice 53-2-16, f. 29-32.

31 AGCRJ. Matadouro de Santa Luzia: processo referente ao pagamento dos foros do terreno ocupado pelo matadouro de Santa Luzia (1830). Códice 53-3-8, f. 13-5.

32 AGCRJ. Matadouros e talhos (1812-1830). Códice 53-2-19, f. 12-3.

da Severa, passou a fazer o pedido do pagamento à Câmara periodicamente, como fazia o ex-marido. No entanto, um fiscal da cidade questionou o cabimento do pagamento, afirmando que tem "a Câmara pagado o foro tão mal e indevidamente ao falecido Luiz Gomes Anjo, concluindo-se tudo que a Câmara tem 30 braças, e dois palmos de terreno dentro do qual está colocado o matadouro". Mesmo assim, após investigações, o advogado da Câmara deu parecer favorável à viúva e o pagamento voltou a ser feito,[33] apesar de, em outros momentos, a propriedade de Luís Gomes Anjo sobre o terreno ter sido questionada.[34]

O matadouro da Cidade Nova também não era edificado em terreno público e, além disso, foi construído por particulares, tendo todos os arrematantes dos matadouros que pagar um aluguel pelo seu uso, em um total de 480$000 anuais.[35] Enfim, os foros públicos e particulares foram uma área de constantes conflitos de interesses, gerando disputas e processos diversos.

O estado de manutenção dos matadouros nunca foi satisfatório, segundo o relato dos fiscais, almotacés e administradores. As reformas eram constantes nos dois matadouros públicos, sendo registrada, ao menos, uma obra por ano em cada um deles. Em muitos casos, os consertos foram ininterruptos, havendo casos de reformas serem pedidas por fiscais logo após o fim de uma obra. Isso aconteceu em 1833 quando, após uma ampla reforma no matadouro de Santa Luzia que consumiu 940$000 réis dos cofres municipais, o fiscal de São José fez uma lista de consertos necessários no edifício e nos utensílios usados para o abate e pesagem, como as balanças e os pesos.[36] Assim, mesmo havendo reformas consecutivas nos matadouros, o estado dos mesmos sempre foi retratado como de péssima qualidade por funcionários municipais e imperiais e também por vizinhos e estrangeiros.

Em 1830, o matadouro de Santa Luzia necessitava de amplas reformas e apenas pequenos consertos eram feitos, postergando-se o problema. Os relatos e pedidos de obras se repetiram até 1832, quando parte do problema foi resolvido. Um vereador atestou que o estado do espaço era de "ruína e desleixo"[37] e o fiscal de São José afirmava-o "em mizeravel estado [...] com prejuízo da saude publica" e em um relatório de 1831 completou: "todas as portas estão arruinadas, sem chaves, dobradiças [...] pelas quaes podem roubar com muita facilidade [...], o telhado

---

33 AGCRJ. Matadouro de Santa Luzia: requerimento e mais papéis sobre pagamento do foro do terreno onde está edificado o matadouro de Santa Luzia (1833). Códice 53-3-19, f. 1-5.

34 ATAS das sessões da Ilma. Câmara Municipal, *op. cit.*, vol. IV, p. 218.

35 AGCRJ. Carnes e matadouros: renda dos matadouros (1830-1846). Códice 53-3-11, f. 11-2.

36 AGCRJ. Carnes e matadouros: matadouro de Santa Luzia - administração propriamente dita (1832-1853). Códice 53-3-15, f. 10.

37 ATAS das sessões da Ilma. Câmara Municipal, *op. cit.*, vol. IV, p. 122.

para o lado do mar tem algumas [partes] abertas".[38] Finalmente, foi feita uma grande reforma em 1832, o que diminuiu o estado de decadência do ambiente. No entanto, alguns problemas rondaram esta reforma que, como as demais, foi posta em hasta pública para a arrematação de particulares. Primeiramente, houve a morte do arrematante das obras durante o período de conserto e, em seguida, o segundo arrematante se recusou a consertar o telhado, alegando que esta parte não estava nos planos iniciais das reformas. Francisco Caetano Martins, o fiscal de São José, travou uma disputa áspera com o responsável pela obra, reclamando aos vereadores que "os arrematantes em geral não perdem a occasião de illudir".[39] Por fim, o telhado do matadouro foi refeito, mas o estado do espaço nunca foi dado como satisfatório.

O cotidiano dos matadouros e dos açougues

Fazia parte do cenário da cidade colonial a desorganização em relação ao comércio das carnes, com a passagem de gado pelas ruas em todas as horas do dia, escravos levando os pedaços do animal abatido para os açougues, além de currais e matadouros em péssimas condições de higiene em áreas centrais do espaço urbano, o que acarretava problemas para a saúde dos habitantes. Os relatos quanto a esses problemas, principalmente em tom de reclamação e asco, são abundantes na documentação.

Diante de várias reclamações vindas de habitantes e de autoridades, o governo imperial decidiu, em 1822, proibir o transporte de gado de dia na cidade, sendo o único horário permitido de meia-noite às três da manhã. Uma medida contrária a esta foi tomada pelo próprio governo imperial em 1823:

> SMI, conformando-se com o parecer do Intendente geral da Polícia, em officio de 30 do mez próximo passado, sobre a pretenção dos negociantes e condutores de gados, a que lhes franqueie a entrada dos mesmos nesta cidade a certa hora do dia, revogando-se o Edital de 26/11 do anno preterito, que só permitte no tempo da noite até as 3 horas da madrugada. Manda pela Secretaria de Estado dos Negócios do Império participar o sobredito Intendente que há por bem approvar a alteração feita na letra

---

38 AGCRJ. Matadouro de Santa Luzia: ofícios, pareceres, orçamentos, etc. sobre concertos (1830-1831). Códice 53-3-10, f. 7-8.

39 AGCRJ. Carnes verdes e matadouros: talhos, açougues, ofícios, portarias, representações, memórias, impostos sobre o gado a abater, pareceres, etc. (1832-1837). Códice 53-3-14, f. 6; 8; 13; 18.

> do referido Edital, para que seja permittido o ingresso dos gados desde a meia noite até o romper do dia"[40]

Essa decisão, apesar de tratar de um aspecto menor dos interesses dos negociantes relacionados ao comércio das carnes verdes, deve ser compreendida dentro de uma série de resoluções da mesma época que beneficiavam os condutores e envolvidos no mercado das reses e das carnes, culminando na lei também que liberou o comércio de varejo na cidade.

Apesar de não alterar tanto o período permitido para a travessia de gado na cidade, a decisão levou a uma série de confusões com as boiadas pelas ruas. O número de reclamações sobre a passagem de gado na cidade em horários proibidos aumentou,[41] o que permite supor que os condutores, a partir dessa demonstração de força representada pela decisão, podem ter se sentido mais à vontade para burlar as limitações de horário.

Não era só este tipo de confusão que o gado fazia nas ruas da cidade, já que algumas fugiam do curral e geravam caos na urbe:

> Entre as boiadas que chegam à capital, vindas de regiões longínquas, há de vez em quando um boi arisco e forte que não se mostra disposto a entregar a vida sem luta desesperada. Foge do curral e dispara pelas ruas da cidade ameaçando espatifar quem quer que se lhe anteponha. Para tais emergências, há sempre um cavalo arreado e com forte laço atado a cincha, que, montado, parte imediatamente em perseguição à rês. A caçada é bem diferente da que se processa em campos abertos; nem por isso, entretanto, o povo perde o interesse pelos lances com as curvas fechadas nas esquinas, o tropel dos cascos do calçamento e os rápidos ajuntamentos de espectadores. Em pouco tempo, porém, o laço descreve no ar amplo giro e cai em volta das aspas do fugitivo, prendendo-o rapidamente; abre-se uma grande clareira entre o povo e então desenrola-se toda a cena acima descrita, até que o boi egresso é abatido no local ou conduzido em triunfo para o matadouro.[42]

---

40 CLB de 1823, p. 69.

41 AGCRJ. Carnes verdes e matadouros: talhos, açougues, ofícios, portarias, representações, pareceres, etc. (1830-1831). Códice 53-3-9, f. 17; ATAS das sessões da Ilma. Câmara Municipal, *op. cit.*, vol. IV, p. 413.

42 KIDDER, Daniel Parish. *Reminiscências de Viagens e Permanências no Brasil*. Brasília: Senado Federal, Conselho Editorial, 2001, p. 236.

O acontecimento de cenas deste tipo, características da cidade colonial, era auxiliado pela péssima conservação do curral e do matadouro, que permitiam a fuga de reses antes do abate.

Terminado o abate, escravos dos donos de açougues levavam a carne em quartos de bois dos matadouros para os açougues. Não havia, no entanto, muito cuidado no manuseio e no transporte da carne:

> Chegam constantemente do interior rebanhos de gado negro, que são levados a um local aberto na Praia de S. Luzia, chamado curral, próximo à beira-mar. Ao lado dele foram construídos os matadouros, onde os bois são mortos e levados sobre a cabeça de negros às várias barracas de venda na cidade. Um dos espetáculos mais desagradáveis que já presenciei foi ver um desses açougueiros negros levando um pedaço gordurento de carne em torno de sua cintura, com o corpo coberto de sangue e transpirando debaixo dessa carcaça crua.[43]

O transporte manual dos quartos de boi para os açougues, relatada com asco pelo viajante inglês, foi proibido a partir de 1830 com a publicação das novas posturas municipais. Estas eram bem diretas no parágrafo sétimo do título quatro, que diz respeito à "economia e aceio nos curraes, e matadouros, açougues publicos ou talhos", determinando que "as carnes serão conduzidas para os talhos em carroças ou cestos envoltos em pannos, ficando absolutamente proibida a condução á cabeça de pretos sem ser em cestos: sob pena de 4$000".[44] A postura se voltava exatamente contra o tipo de transporte visto e relatado pelo viajante.

A passagem de Robert Walsh dá também uma ideia de como eram os açougues, ao citar as "barracas" espalhadas pela cidade, tendo-se a impressão de que, na maior parte dos casos, a carne não era vendida em estabelecimentos com edifícios de alvenaria próprios. Um relato de 1820 da guarda da Polícia se refere a 17 açougues espalhados na urbe,[45] sendo difícil aferir, no entanto, se o texto diz respeito a casas próprias para venda de carne ou apenas barracas espalhadas pela rua. Em 1821, após o fim do contrato das carnes verdes, o Senado da Câmara arrematou 42 cepos – pedaço de madeira onde a carne do animal era

---

43 WALSH, Robert. *Notícias do Brasil (1828-1829)*. Belo Horizonte/São Paulo: Itatiaia/Edusp, 1985, p. 213-4.

44 CÓDIGO de Posturas da Ilma. Câmara Municipal do Rio de Janeiro, doc. cit.

45 BN. OFÍCIO... (Seção de Manuscritos, II-34, 32, 22), doc. cit.

cortada e vendida às pessoas – a 19 arrematantes das vendas da carne no varejo.⁴⁶ Novamente, esses cepos podem se situar em edifícios próprios ou em barracas no meio da rua, porém o mais provável é que a maioria desses estivessem situados no meio da rua, como relata o viajante, com prejuízo para a qualidade da carne.

A maioria dos trabalhadores no varejo do gênero – os chamados carniceiros – também era de escravos. Segundo diferentes relatos, era difícil conseguir um carniceiro que pesasse corretamente a carne e que a tratasse com cuidado e asseio. Daí um francês anunciar no *Diário do Rio de Janeiro*, em 1822, que vendia carne de vaca com "asseio, limpeza, sendo exacto no pezo".⁴⁷ A regra geral era exatamente o oposto disso, falta de asseio e limpeza e inexatidão no peso; por isso, essa e outras exceções eram sempre valorizadas:

> O açougue existente na rua do Lavradio, pela sua localidade, se torna não só útil mas de necessidade aos habitantes da mesma rua e circuvizinhanças: o actual carniceiro tem se conduzido excellentemente, fornecendo boa carne, sem roubo no peso como he geralmente praticado na maior parte dos açougues da cidade; muita expedição sem até hoje o preço da arrematação.
> Os moradores da rua recorrem ao Senado pedindo a graça da conservação, entre eles he o senhor General conselheiro de Guerra Corado: da boa administração que o mencionado carniceiro fas pode ostentar o presidente da Camara;⁴⁸

Os moradores da região enfatizam que esse carniceiro era uma exceção em relação aos outros, pesando corretamente e escolhendo bem a carne. Como o contrato das carnes verdes deixava de existir no fim do ano, todos os açougues mudariam de dono e seriam reorganizados. Para manter aquele carniceiro, eles invocavam o nome de um morador da região que tinha escravos que comprava no açougue, um general e conselheiro de Guerra. No abaixo-assinado anexo a este pedido, os moradores pedem também a manutenção do açougue no local, pois "seus escravos que vão buscar lhes esse provimento tão necessário

---

46 AGCRJ. Arrematações do Senado da Câmara (1818-1829). Códice 39-3-53, f. 158-61.
47 RENAULT, Delso. *O Rio Antigo nos Anúncios de Jornais*, op. cit., p. 74.
48 AGCRJ. Matadouros e açougues, vários requerimentos (1802-1821). Códice 53-2-16, f. 120.

aos supplicantes [...] em quanto os ditos escravos, hindo a maiores distancias são distrahidos, e se entregão a mil dezordens".[49]

Essa passagem, além de reiterar o pedido da manutenção do açougue e do carniceiro, demonstra quem era a maioria das pessoas que ia comprar a carne nos açougues, os cativos, que compravam a mando se seus senhores. Um vereador, certa vez, reportou que quem não tivesse escravos para comprar a carne, perdia um bom tempo nas filas.[50] Portanto, os escravos estavam em todas as fases do processo produtivo e distributivo do item: nas estâncias e fazendas, nas boiadas, na Fazenda de Santa Cruz, nos abates nos matadouros, no transporte para os açougues, na venda nos talhos e na compra do produto. Apesar disso tudo, os escravos raras vezes consumiam a carne verde.

Os marchantes envolvidos com o comércio das carnes verdes tinham várias estratégias para burlar os impostos cobrados sobre a venda da mercadoria e para conseguir o máximo de lucro possível com o comércio, mesmo que em detrimento dos compradores do gênero. A partir da documentação trabalhada, é possível relacionar as várias formas encontradas para atingir esses ganhos extras.

O uso de balanças e pesos nos açougues não aferidos pelos órgãos competentes era uma das formas mais relatadas por compradores do gênero e funcionários para o ganho extra dos vendedores. As próprias balanças e pesos existentes nos matadouros públicos não eram confiáveis, já que o trabalho constante com as mesmas as danificavam, bem "como pela brutalidade dos negros, e mesmo brancos occupados naquele serviço", de acordo com o relato do fiscal. Este afirmou ainda que as balanças eram de madeira, apenas chapeadas de ferro, sendo que as que foram compradas em 1831 não estavam bem reguladas. Esses pesos eram ruins, segundo o mesmo fiscal, por se tratarem de ferro fundido, o que não aconteceria se fossem de bronze.[51] Portanto, desde o matadouro, a carne podia ser pesada incorretamente.

Uma estratégia dos marchantes para burlar o pagamento dos direitos era fazer as matanças em horário posterior ao fechamento do matadouro. O estabelecimento devia fechar às cinco horas, horário em que os coletores dos impostos municipais e nacionais terminavam o expediente, porém, muitas vezes, o matadouro permanecia aberto "até as oito da tarde, o que precizamente deve ter lugar a extravios dos direitos respectivos".[52] Esse relato

---

49 AGCRJ. Matadouros e açougues, vários requerimentos (1802-1821). Códice 53-2-16, f. 125-6.

50 AGCRJ. Talho de carne verde (1820). Códice 53-2-25, f. 2-9.

51 AGCRJ. Carnes verdes e matadouros (1833). Códice 53-3-18, f. 5-6.

52 AGCRJ. Carnes verdes e matadouros (1833). Códice 53-3-18, f. 1-2.

do fiscal dizia respeito ao matadouro de Santa Luzia, porém também na Cidade Nova era registrado o mesmo. Em 1831, as portas desse matadouro foram violadas e, às manhãs, viam-se os sinais de matança realizada à noite.[53]

Não era só além do horário permitido que ocorriam matanças proibidas. Nos períodos em que o matadouro da Cidade Nova ficou fechado para obras, foram feitas denúncias de continuação do uso do espaço para abates, o que levou à abertura de uma investigação específica. Um meirinho, munido de um auto de exame, em 1827,

> achou que naquele logar há matança de gado em razão de se achar um boy morto, e esquartejado e varios couros frescos estendidos pelo chão, de sangue fresco por todo o chão do mesmo matadouro, e igualmente mais de vinte cabeças de gado vivo dentro do mesmo, e fora dele varias pretas em promptificação de [ilegível], cujas pretas nos informarão que ahy se matava gado[54]

O marchante que fazia essas matanças foi encontrado e alegou que se baseava na lei de 1823, que permitia a livre matança de gado nos matadouros. Nas investigações realizadas pelas autoridades, fez-se a acusação de que "o escrivam do Illustre Senado he quem maneja neste negócio", o que levou a conflitos entre vereadores, meirinhos e demais funcionários da Câmara.[55]

Outra forma utilizada pelos negociantes envolvidos no comércio para maximizar os lucros era a matança de reses pestilentas e a venda de carne podre. Contam-se várias as reclamações sobre a má qualidade da carne no varejo vindas de funcionários e petições da população. Da mesma forma, são diversos os relatos que se referem a reses visivelmente enfermas abatidas no matadouro público ou em local proibido para a posterior venda:

> O Ilmo Senado [...] sendo informado de que alguns marchantes com manifesto dolo tem diminuido huma grande parte da matança de seus gados nos matadouros desta cidade, augmentando-a em grande numero em

---

53 AGCRJ. Carnes verdes e matadouros: talhos, açougues, ofícios, portarias, representações, pareceres, etc. (1830-1831). Códice 53-3-9, f. 18.

54 AGCRJ. Marchantes de gado – autos de agravo (1827). Códice 53-3-3, f. 4-10.

55 AGCRJ. Marchantes de gado – autos de agravo (1827). Códice 53-3-3, f. 4-10.

> outros particulares, introduzindo d'entro d'ella, tanto por mar, como por terra as carnes em quartos, defraudando-se por esta forma continuadamente tanto a renda nacional dos cinco réis em libra, como a dos 320 por cada rez pertencentes ao Ilmo Senado [...].[56]

Havia currais e matadouros particulares clandestinos que não necessariamente ficavam dentro da cidade e que introduziam carnes na urbe até por navio, prática que tinha o fito de burlar as rendas nacional e municipal.

De posse de currais particulares ao longo da cidade, o negociante de reses Domingos Custódio Guimarães tentava o controle total do comércio das carnes. Em 1834, Guimarães reclamou do pequeno tamanho do curral do Concelho – que era anexo ao matadouro de Santa Luzia –, pedindo um outro "nos telheiros do finado Luiz Gomes Anjo". Alegando que o gado saído de seus currais fazia confusões nas vielas da cidade, ele pediu licença para construir cancelas em becos para organizar a passagem das reses.[57] O fiscal de São José respondeu de maneira dura à consulta pedida pelos vereadores, pois

> conceder-se o que o suplicante pede equivale a conceder-lhe um matadouro particular, o que de nenhum modo a Camara pode tolerar. He indigna de attenção a razão dada para se ter o gado em hum curral particular, porque o curral do concelho podia receber 200 bois em tempo em que tantos se matavão diariamente, hoje, que pouco mais de 70 se matão é pequeno. Não sei quais sejam os verdadeiros fins porque tão tenaz se acha o suplicante em guardar o gado em curral seu / podendo ser odiozos os que conjunturo deixo, a perspicada de VSas o adivinha-lo / mas he evidente que não são as allegadas no requerimento.[58]

Nesse caso, a tentativa de interferência do negociante não se refere diretamente à tentativa de burla dos impostos, mas ao controle do matadouro de Santa Luzia.

---

56 AGCRJ. Editais do Senado da Câmara de 1821 a 1828. Códice 16-4-22, f. 80-1.

57 AGCRJ. Carnes verdes e matadouros: talhos, açougues, ofícios, portarias, representações, memórias, impostos sobre o gado a abater, pareceres, etc. (1832-1837). Códice 53-3-14, f. 42.

58 AGCRJ. Carnes verdes e matadouros: talhos, açougues, ofícios, portarias, representações, memórias, impostos sobre o gado a abater, pareceres, etc. (1832-1837). Códice 53-3-14, f. 43.

A burla de impostos e a tentativa de controle monopolista das vendas eram estratégias comerciais comuns naquele contexto, que se davam em desproveito dos consumidores e das arrecadações estatais. Em todas as fontes trabalhadas, há poucas condenações, como uma de 1825, que se refere à punição de quatro pequenos marchantes pela venda de carne podre e utilização de pesos e balanças não aferidos, tendo as multas variado de 1$000 a 6$000.[59]

A questão do "asseio" e a saúde pública

A cidade do Rio de Janeiro viveu graves problemas de saúde no século xix, contando diversas epidemias que tiveram lugar principalmente a partir de meados do século. Maria Yedda Linhares e Bárbara Levy, ao analisar a evolução demográfica da cidade, notam um decréscimo populacional entre 1849 e 1856 que – sem ter na época da publicação do artigo informações mais precisas – elas acreditavam que tenha sido causado por uma epidemia de cólera. De fato, uma epidemia de cólera teve lugar na cidade neste período, mas Jayme Benchimol mostra que, em 1849, houve um grande surto de febre amarela que fez adoecer 90 mil pessoas na Corte, deixando um total de 4.160 mortos e, em 1855, uma epidemia de cólera matou 4.828 pessoas. Essas doenças não mataram apenas nesses anos, mas por muito mais tempo e não vieram desacompanhadas de outras doenças. Delso Renault relata que desde as décadas de 1820, 30 e 40, houve epidemias de varíola e escarlatina na capital do Império.[60]

A preocupação era maior com a chamada "colera morbus", visto que desde pelo menos a década de 1830, epidemias da doença vinham ocorrendo no mundo. Em 1831, a Câmara Municipal acionou a Sociedade de Medicina, atentando para o risco da doença na cidade, já que ocorria naquele momento uma epidemia na Rússia, temendo-se pela chegada de navios vindos desse país ao porto carioca.[61]

A partir da década de 1850, houve uma ruptura no enfrentamento dessas doenças, o que se explica em grande parte pelas epidemias ocorridas no período. Nessa década, o Estado passa a tratar a "salubridade", área de atuação estatal inaugurada na Revolução

---

59 AGCRJ. Matadouros e açougues (1822-1830). Códice 53-3-2, f. 79-82.

60 LINHARES, Maria Yedda Leite; LEVY, Maria Bárbara. "Aspectos da história demográfica...", *op. cit.*, p. 131; BENCHIMOL, Jayme Larry. *Pereira Passos, um Haussman Tropical*, *op. cit.*, p. 113; RENAULT, Delso. *O Rio Antigo nos Anúncios de Jornais*, *op. cit.*, p. 262.

61 ATAS das sessões da Ilma. Câmara Municipal, *op. cit.*, vol. v, p. 242.

Francesa, nos comitês de salubridade que percorriam a cidade de Paris em 1790 e 1791.[62] Jayme Benchimol data de 1850 o primeiro órgão de saúde pública do Estado, a Junta de Higiene Pública,[63] sendo uma de suas primeiras medidas a proibição do enterro de corpos nas igrejas, tomada no ano de inauguração para evitar as epidemias.[64] Porém, por mais que a criação desse órgão represente uma ruptura no enfrentamento das epidemias e doenças na cidade e no país, existiram órgãos de saúde pública que funcionavam antes dessa data. Em 1810, o governo joanino criou a provedoria-mor de Saúde, tendo o provedor-mor como função, entre outras, verificar as condições de uso dos matadouros e dos açougues em suas repercussões para a "saúde pública".[65] Da mesma forma, discussões sobre a saúde pública proliferaram na primeira metade do século XIX, como a referente ao dano à vizinhança representado pelo cemitério dos negros recém-chegados, próximo ao mercado de escravos no Valongo.[66] No Senado da Câmara, havia a discussão dessa questão e de outras relacionadas à saúde pública, em particular algumas que tinham como tema os matadouros, as boiadas e os açougues.

Muitas vezes, essas doenças que se abatiam sobre a população urbana eram relacionadas pelos habitantes da cidade e funcionários públicos às más condições de conservação e abate dos animais e à má qualidade da carne. Vários moradores enviavam reclamações à Câmara relatando casos de falta de asseio que podiam levar a doenças e os maiores objetos dessas queixas eram os matadouros públicos.

O matadouro da Cidade Nova, em seu curto período de existência, e mesmo tendo menor porte, recebeu mais reclamações dos vizinhos que o de Santa Luzia.[67] Ele se situava em uma área que sofrera expansão de moradias após a chegada da Corte, as regiões a Oeste do Campo de Santa Ana. Das várias queixas sobre o estabelecimento enviadas à Câmara, emblemática foi uma datada de 1827, onde os vizinhos do matadouro reclamaram, através de

---

62 SILVA, Francisco Carlos Teixeira da. *Camponeses e Criadores...*, op. cit., p. 138.

63 BENCHIMOL, Jayme Larry. *Pereira Passos, um Haussman Tropical*, op. cit., p. 114.

64 RENAULT, Delso. *O Rio Antigo nos Anúncios de Jornais*, op. cit., p. 84-5.

65 SANTOS, Luís Gonçalves dos (Pe. Perereca). *Memórias para Servir a História...*, op. cit., p. 312-3; SILVA, Maria Beatriz Nizza da. "Medidas urbanísticas no Rio de Janeiro...", op. cit., p. 106-8.

66 LAMARÃO, Sérgio Tadeu de Niemeyer. *Dos Trapiches ao Porto*, op. cit., p. 39-44.

67 São várias as reclamações sobre falta de asseio e outras questões no matadouro da Cidade Nova; apenas algumas queixas foram aqui analisadas; para outras, ver AGCRJ. Matadouros e açougues (1822-1830). Códice 53-3-2, f. 45-6; 159; AGCRJ. Matadouros e talhos (1812-1830). Códice 53-2-19, f. 101-8; 122-44; 158-60.

um abaixo-assinado com 32 assinaturas, do cheiro gerado pelas reses, relacionando a falta de cuidados do lugar com o surgimento de "germens" e "febres". Eles faziam a comparação de matadouros no Brasil e em outros países: "Na America do Norte e na mor parte dos estados civilizados os matadouros construidos com tal arte e asseio que até no interior se não prove mao cheiro, assim mesmo estão retirados da parte povoada".[68] A ideia de retirar o matadouro do perímetro urbano não era original e no final do século foi colocada em prática. Anexo ao abaixo-assinado, os moradores enviaram à Câmara quatro atestados médicos reafirmando a relação entre as más condições do matadouro e o surgimento de doenças. O primeiro dos documentos é do cirurgião do 2º regimento da 2ª. linha:

> Atesto que tenho tratado o senhor Firmino Gonçalves Dias desde o ano de 1825, atte o presente, estou tratando de sua filha [ilegível] que tem tomado diferentes [ilegível] e churado de hua seção a outra isto causado pela inalação de vapores putridos e fezes que se depuzitão dos bois que se matão no novo matadouro estabelecido no mangue ao pé da rua do Bom Jardim que não só prejudica os moradores daquele lugar na sua saúde, mas athe os passageiros que são obrigados a transitar por alli, e por ser verdade o referido e esta me ter pedido a passo que afirmo com o juramento da minha profissão.[69]

O cirurgião creditou ao matadouro e seus vapores a doença da filha de Firmino Gonçalves Dias, ressaltando que o estabelecimento poderia causar males semelhantes a outros moradores e também a transeuntes.

Os outros atestados tinham um teor muito semelhante, todos feitos por diferentes cirurgiões. No segundo documento, o médico afirmou que uma febre que atingia três filhos de uma senhora da região era causada pelo "mao habito cauzado pela putrefação do sangue e fezes que se depositão naquele pântano, dos boes que se matão no novo matadouro". O terceiro atestado, assinado por um médico formado em Oxford, condicionava a doença de um casal local às fezes e aos "miasmas da putrefação de sangue de um matadouro há

---

68 AGCRJ. Marchantes de gado – autos de agravo (1827). Códice 53-3-3, f. 12-4.
69 AGCRJ. Marchantes de gado – autos de agravo (1827). Códice 53-3-3, f. 15.

pouco estabelecido". Por fim, o cirurgião-mor José Maria Rodrigues afirmou que várias doenças na região tinham sido causadas pelo matadouro.[70]

Todos esses documentos eram datados de 10 de outubro de 1827, e a partir de 8 de novembro do mesmo ano ficaram proibidas as matanças no dito matadouro e este foi fechado.[71] Essa era uma região de morada de pessoas da classe dominante carioca, o que explica, ao menos em parte, a desativação do matadouro. É também digno de nota o fato de que a medicina daquele período creditava doenças à inalação de vapores e miasmas.

No entanto, as relações entre as doenças que se abatiam sobre a população da cidade e os problemas de asseio com as reses e as carnes não eram uma especificidade das reclamações sobre o matadouro da Cidade Nova. Também no de Santa Luzia e fora desses estabelecimentos, moradores e funcionários faziam essas relações. As caracterizações feitas do matadouro maior mostravam um cenário também pouco agradável:

> Muitas das cenas que ali ocorrem são altamente comovedoras e, todas elas, da máxima sujeira, já que tentativa alguma se faz para limpar o local, ainda mesmo que em parte.
>
> [...] Não existe talvez, nem localização, nem atenção ou cuidado que possam fazer de um matadouro um cenário atraente; seja sob a direção que for, deve ser tarefa árdua a de mantê-lo perfeitamente asseado. Lugares tais, deveriam pois, ser mantidos longe de nossas vistas;[72]

O viajante John Luccock deu um caráter sujo e pouco atraente ao principal estabelecimento de abate de reses da cidade e, assim como vários viajantes, funcionários e moradores, sugeria a remoção do matadouro para longe da área urbana.

Outros viajantes relataram um matadouro com traços semelhantes, como Robert Walsh, que afirmou que este estava "situado sobre uma aprazível calçada ao longo da praia. Mas a visão e o cheiro de qualquer coisa à sua volta é tão repugnante que poucas pessoas se aventuram por essas paragens".[73] A desvantagem do matadouro de Santa Luzia era que este não estava situado em uma área com habitações da classe dominante, o que dificultou a

---

70 AGCRJ. Marchantes de gado – autos de agravo (1827). Códice 53-3-3, f. 16-19.
71 AGCRJ. Marchantes de gado – autos de agravo (1827). Códice 53-3-3, f. 20-5.
72 LUCCOCK, John. *Notas sobre o Rio de Janeiro...*, op. cit., p. 30.
73 WALSH, Robert. *Notícias do Brasil (1828-1829)*, op. cit., p. 213-4.

sua possível remoção do local, como no caso do matadouro da Cidade Nova, onde relatos de médicos particulares foram utilizados para que se fizesse tal pressão.

Em 1830, após diversas reclamações populares, a Câmara tomou uma iniciativa nova, formando uma comissão para identificar se o matadouro de Santa Luzia era prejudicial à saúde pública. O resultado foi o que já era um senso comum, que o estabelecimento era "extremamente prejudicial à saúde da cidade". A comissão propôs melhoramentos emergenciais no matadouro, como a construção de uma rampa para se levar os restos e sangue para o mar, além de ladrilhos e assoalhos novos no edifício. No entanto, a comissão teve como proposta principal a construção de um novo matadouro longe da cidade.[74]

Essa proposta passou a ser frequente em todos os documentos oficiais relativos ao matadouro. Em 1833, um desconhecido chamado Estevão Magalhães – provavelmente um morador da cidade preocupado com o assunto – propôs a construção de outro matadouro longe do centro urbano, com a destruição do de Santa Luzia. Ele reconhecia, no entanto, que a Câmara dificilmente conseguiria fundos para fazer essa mudança e propôs dez medidas para melhorar o asseio do estabelecimento, dentre elas a utilização da Ilha dos Ratos – atual Ilha Fiscal – como depósito de restos de gado. Ele vinculou a continuação das más condições de limpeza e asseio no matadouro e outros estabelecimentos que manuseavam gado e carne à chegada do "cholera morbus" à cidade.[75]

Existia uma preocupação com a limpeza e o asseio nos matadouros que estava evidenciada nas posturas e nas condições do contrato da administração dos matadouros, apesar de estas serem poucas vezes colocadas em prática. Nas condições de arrematação dos matadouros a partir de 1827, havia uma cláusula que obrigava o arrematante a matar com "asseio e limpeza" e a fazer uma lavagem diária do estabelecimento. Em 1830, foi adicionada a ordem de deixar o tanque cheio de água nos currais para que o gado a bebesse.[76] Mesmo com essas determinações, o asseio no local não parece ter melhorado, como indica a documentação.

As condições de manutenção das reses no curral público e nos currais particulares era outro tema de discussão e acusações entre funcionários, negociantes e administradores do matadouro. O viajante Seidler mostrou como "muitas vezes o pobre gado fica dois e três dias, sem água e sem alimento, à espera de que chegue a vez da matança, e não é raro, que antes disso se abatam de cansaço, fome e sede".[77]

---

74 ATAS das sessões da Ilma. Câmara Municipal, *op. cit.*, vol. IV, p. 269.
75 AGCRJ. Carnes verdes e matadouros (1833). Códice 53-3-18, f. 3-4.
76 AGCRJ. Carnes e matadouros: renda dos matadouros (1830-1846). Códice 53-3-11, f. 11-4.
77 SEIDLER, Carl. *Dez Anos no Brasil*. Belo Horizonte/São Paulo: Itatiaia, Edusp, 1980, p. 80.

Como havia um uso corrente de bois doentes na matança ou então do uso da carne de reses que morriam de doenças, o Imperador obrigou, a partir de 1824, que todas as reses abatidas nos matadouros deviam ser antes examinadas por peritos.[78] A medida, ao que parece, não foi posta em prática em caráter permanente, visto que as reclamações e pedidos para a implantação de um funcionário especializado para a função continuaram por todo o período recortado. As denúncias e condenações por esse tipo de infração eram várias, tendo sido condenado por ter utilizado reses pestilentas o negociante Antonio Joaquim do Carmo em 1827.[79] Um fiscal, em 1834, destacou que as matanças de reses doentes não eram acidentes ou ações localizadas, mas sim uma prática "no que está o principal lucro de hum arrematante ou marchante".[80] Isso leva a crer que uma parte significativa, senão a maioria, da carne consumida na cidade era proveniente de reses que não estavam em condições de serem abatidas, ou melhor, era carne não adequada ao consumo.

É isso o que é afirmado em diversos textos que caracterizavam a qualidade da carne em todo o período abarcado. O almotacé Cunha afirmou, em 1826, que a maioria da carne vendida na cidade era "damnificada", ressaltando que, para que a carne não se "corrompa", estas não podiam ser expostas ao ar por mais de 10 horas, nem ao sol forte ou à chuva. O marquês de Caravelas reclamou, em 1827, que havia muita venda de carne podre pela cidade.[81] Por sua vez, o coletor dos impostos nacionais afirmou, em 1833, que, em função da má manutenção do gado, a carne retirada dos mesmos era de péssima qualidade, sendo sua "cor quase roxa".[82]

O almotacé Cunha prendeu, em 1820, alguns escravos do matadouro de Santa Luzia por terem retalhado um boi doente fora do estabelecimento para que fosse aproveitado seu couro e sua carne. Os escravos seguiam ordens do administrador do matadouro, José Joaquim Nunes, que fora indicado pelos fiadores do contrato das carnes verdes. Apesar de a ordem ter sido dada pelo administrador, este não foi diretamente punido e os três escravos foram presos por utilizar a carne de uma rês pestilenta. Há outros casos também de condenação de escravos por terem tentado utilizar carne de bois doentes, porém

---

78 AGCRJ. Matadouros e açougues (1822-1830). Códice 53-3-2, f. 61.

79 BN. CARMO, Antonio Joaquim do. (Seção de Manuscritos, C-899, 13), doc. cit.

80 AGCRJ. Carnes verdes e matadouros: talhos, açougues, ofícios, portarias, representações, memórias, impostos sobre o gado a abater, pareceres, etc. (1832-1837). Códice 53-3-14, f. 46-7.

81 AGCRJ. Matadouros e açougues (1822-1830). Códice 53-3-2, f. 86-9; 114.

82 AGCRJ. Carnes verdes e matadouros (1833). Códice 53-3-18, f. 1-2.

grande parte da carne de reses pestilentas parece se dirigir ao consumo da população, tendo sido os casos de condenações e enterro dessas reses exceções à regra.[83]

Os viajantes atestam com unanimidade quase total essa má condição da carne bovina no Rio. Maria Graham afirmou em 1821 que "a carne verde é barata, mas ruim", e Leithold, que ficou na cidade em 1819 e 1820, disse que "a melhor carne no Rio de Janeiro é a de porco [...] [;] a carne de boi é má". Os relatos de John Mawe e Seidler estão muito próximos desses; o primeiro, estabelecido na cidade até 1813, afirma que "as provisões, geralmente abundantes, mas de qualidade pouco escolhida; a carne [bovina], não digna de menção, é, na verdade, má", enquanto o segundo, que foi mercenário durante todo o I Império, indicou que "a carne no Brasil é magra e ruim".[84] Esses relatos são visíveis em diversos momentos do período balizado e a semelhança das opiniões entre viajantes de nacionalidades distintas é notável, atestando a má qualidade do gênero em todo o recorte cronológico.

Todas essas condições de manutenção e matança do gado e da carne consumida eram relacionadas pela população na época às doenças que chegavam à cidade. No entanto, as relações muitas vezes eram feitas sem nenhum critério, com desconhecimento da causa das doenças, ou então a partir dos conhecimentos da medicina daquele período histórico, depois superados. Nesta época, a transmissão das doenças epidêmicas não era ainda conhecida, sendo patente o caso da febre amarela, em que "nos primórdios dos conhecimentos sobre a doença, acreditou-se que a transmissão se dava pelo ar (miasmas), mas já em 1848, Nott sugeria que o mosquito deveria desempenhar papel importante na sua transmissão". Assim, o miasma tinha uma importância central para a medicina daquele período, sendo considerado então um transmissor de doenças. O mesmo valia para as outras doenças que acometeram a cidade, como a cólera, a escarlatina e a varíola. Portanto, as tais moléstias supostamente causadas pelos "vapores pútridos" e o medo de epidemias na cidade a partir dessas más condições de asseio não eram certeiros quanto à real causa das doenças, apesar de terem apoio nos conhecimentos médicos daquele tempo. O que podia acontecer a partir

---

83 AGCRJ. Arrematação das carnes verdes e estabelecimento de talhos nesta cidade – objetos relativos. Códice 53-2-20, f. 2-3; AGCRJ. Representação do Almotacé Cunha sobre as carnes verdes (1820). Códice 53-2-22, f. 4.

84 GRAHAM, Maria. *Diário de uma Viagem ao Brasil, op. cit.*, p. 196; LEITHOLD, Theodor von; RANGO, Ludwig von. *O Rio de Janeiro Visto por Dois Prussianos em 1819, op. cit.*, p. 19; MAWE, John. *Viagens ao Interior do Brasil*. Rio de Janeiro: Zélio Valverde, 1944, p. 106; SEIDLER, Carl. *Dez Anos..., op. cit.*, p. 79.

da insalubridade nos matadouros e açougues era a proliferação de ratos – algo relatado em algumas fontes – que auxiliavam o contágio da peste bubônica.[85]

A questão dos miúdos

Além da carne, vários produtos eram feitos a partir do gado bovino, como as diversas formas de couro: o seco, o salgado, as vaquetas, os meios de sola e os atanados. Todos esses tipos de couro eram exportados pelo Brasil no início do século XIX e, juntos, representavam o terceiro produto de exportação do país, só perdendo para o açúcar branco e o algodão entre 1796 e 1811.[86] Apesar do couro e da carne serem os mais importantes subprodutos das reses bovinas, havia ainda outros usos das mesmas, como o sebo, a banha, os adubos de cinzas de ossos, os chifres, as unhas e os miúdos[87] – esses eram referidos nas fontes ora como os produtos derivados dos intestinos dos bois, ora como todos esses itens possíveis de produção a partir do boi, fora a carne e o couro.

Além do couro, também os miúdos eram interessantes aos homens de negócio que exploravam o comércio das carnes verdes. Jacinto José Carneiro, um comerciante, enviou uma carta à Câmara Municipal, em 1834, expressando o desejo de construir uma casa ao lado do matadouro da Cidade Nova para fazer "fusão de sebo, salga do couro, extração de miúdos e aproveitamento de sangue e chifres":

> Diz Jacinto Jose Carneiro que tendo de sua conta todos os miúdos do gado que diariamente se mata, no matadouro da cidade Nova; não consente o rematante do dito matadouro, que ali estejão os miúdos por tempo algum, a pezar de conhecer que o suplicante sentirá grave prejuizo se expuser os miúdos do gado ao Sol, e chuva, no entanto que lhes dá extração: motivo por que tendo o suplicante em vista que entre o mesmo no matadouro e o [ilegível] da rua do Sabão, há terreno livre e suficiente para se fazer hua caza, para o fim dito: recorre o suplicante a VVSS sejão servidos conceder

---

85 VERONESI, Ricardo (org.). *Doenças Infecciosas e Parasitárias*. 5ª ed. Rio de Janeiro: Guanabara Koogan, 1972, p. 78-100; 217-24; 279-85; 486-92.

86 ARRUDA, José Jobson de Andrade. "A produção econômica", *op. cit.*, p. 80-1; 113-4.

87 GORENDER, Jacob. *O Escravismo Colonial, op. cit.*, p. 226-36.

lhe de aForamento 5 braças do dito terreno, pelo preço que forem servidos arbitrar bem como outras quaisquer condições.[88]

O comerciante tentou alugar um terreno junto ao pequeno matadouro para ali estabelecer uma casa de miúdos, os quais, possivelmente por um acordo com os donos das reses, lhes pertenciam. O arrematante Paula e Silva não lhe permitia armazená-los dentro do matadouro.

Um ano antes, o marchante José Maria Esteves mandou uma carta à Câmara demonstrando o mesmo interesse, o de construir um armazém para as partes miúdas dos bois mortos contíguo ao matadouro, afirmando que antes havia uma "cazita" pertencente a Manoel Joaquim do Carmo, que fazia o aproveitamento dos miúdos, mas que foi demolida.[89] Esse segundo requerimento foi negado pela Câmara e, quanto ao primeiro, não se sabe o resultado.

Essas não foram as únicas tentativas de exploração dos miúdos encontradas na documentação. Em 1830, o procurador da Câmara e também negociante matriculado na Junta de Comércio, Domingos Alves Pinto, relatou que o arrematante da renda do matadouro, Manoel Thomaz de Aquino, começou a construir um armazém para depósito dos intestinos dos bois por determinação da Câmara.[90] O órgão parecia estar empenhado em organizar a exploração dos miúdos, área de interesse de alguns negociantes. Infelizmente, não foi possível analisar quantitativamente a produção e o comércio desses itens, dada a ausência de informações desse tipo nas fontes trabalhadas.

Os hábitos de consumo e a estrutura social da cidade

A cidade do Rio de Janeiro teve transformações em diversas dimensões da vida social a partir da chegada da Corte e da abertura dos portos para além da implantação da sede do Estado português na cidade e da influência econômica britânica. Os hábitos sociais tiveram grandes transformações, influenciados pela presença da família real, dos cortesãos e dos estrangeiros.

---

88 AGCRJ. Carnes e matadouros: fusão do sebo, salga do couro, extração de miúdos, aproveitamento de sangue e chifres (1833-1908). Códice 53-3-22, f. 1

89 AGCRJ. Carnes e matadouros: matadouros da Cidade Nova - administração propriamente dita (1827-1837). Códice 53-3-4, f. 14.

90 AGCRJ. Matadouros e açougues (1822-1830). Códice 53-3-2, f. 167; AN. Fundo: Junta de Comércio, doc. cit.

Olga Pantaleão, em um artigo clássico sobre o assunto, analisa a influência dos ingleses sobre o Brasil e a cidade a partir de 1808, destacando modificações na vida cotidiana, como a adoção do garfo e faca nas refeições – era normal se comer com as mãos no Brasil antes disso –, dos remédios ingleses, do chapéu redondo, a construção de casas no interior pela classe dominante local e a utilização das carruagens britânicas. Esses hábitos novos são explicados, em grande parte, pela enxurrada de produtos ingleses na cidade a partir da abertura dos portos, já que a nação europeia se encontrava em profunda crise econômica, decorrente do bloqueio continental determinado por Napoleão. Assim, já em setembro de 1808, eram 100 as firmas inglesas estabelecidas na cidade, representando o Brasil 80% das exportações britânicas para a América Latina. Apesar de o Brasil ter auxiliado moderadamente a Inglaterra em sua recuperação econômica, a absorção dos produtos ingleses foi reduzida,[91] devido às limitações próprias do mercado escravista colonial.

Nessa grande mudança de hábitos na cidade, a classe dominante urbana, constituída pelos homens de negócio, adotou o estilo de vida da nobreza do paço.[92] Todas essas mudanças trouxeram modificações para os hábitos alimentares de consumo na cidade, o que influenciou a quantidade de carne verde consumida.

A estrutura social da cidade do Rio no período assinalado

A sociedade brasileira na primeira metade do século XIX era altamente hierarquizada e desigual e a capital não fugia a esta regra. João Fragoso e Manolo Florentino estabeleceram interessantes estudos da estratificação social vigente na cidade e na área rural em seu entorno a partir dos inventários *post mortem*, o que exclui os escravos e os indigentes, que representavam algo como metade da população da Corte. Mesmo com esta exclusão significativa, nota-se uma estrutura social altamente hierarquizada entre os homens livres. Entre o período entre 1790 e 1840, João Fragoso afirma que cerca de 14% dos mais ricos inventários continham mais de 60% da riqueza total, enquanto mais de 45% dos inventários dos mais pobres contavam com 4% da riqueza. Além disso, o mesmo autor destaca que, nas primeiras

---

91 PANTALEÃO, Olga. "A presença inglesa". In: HOLANDA, Sérgio Buarque de (org.) *História Geral da Civilização Brasileira*, t. II, vol. 1. Rio de Janeiro, Bertrand Brasil, 1993, p. 64-5; 70-3; 79-80; 88-92. Delso Renault também cita outras modificações nos hábitos sociais relacionadas por John Luccock, ver RENAULT, Delso. *O Rio Antigo nos Anúncios de Jornais, op. cit.*, p. 43-4. Ver também FREYRE, Gilberto. *Os Ingleses no Brasil*. Rio de Janeiro: José Olympio, 1948.

92 GORENSTEIN, Riva. "Comércio e Política", *op. cit.*, p. 189.

décadas do XIX, essa disparidade se acentuou, acompanhando a transferência da Corte, a vinda de estrangeiros e a chegada de inúmeros escravos à cidade depois de 1808.[93]

Essa alta hierarquização social era visível também em Salvador no mesmo período, como demonstra João José Reis em seu estudo com 395 inventários fichados entre 1800 e 1850. Naquele contexto, 10% dos inventários mais abastados continham 67% de toda a riqueza, ao passo que os 60% dos inventários de menor valor contavam com apenas 6,7% da riqueza total.[94] Esses dados estão próximos dos cariocas, o que se explica pela forte presença da escravidão nas duas cidades portuárias, fato que acentuava as diferenças sociais entre os livres. Essa estrutura social criou nas duas cidades um mercado fortemente restrito – reduzidíssimo como afirma Fernando Novais[95] –, no qual alguns poucos consumiam com grande luxo, havendo uma grande porção de livres com pequeno poder de compra, além dos escravos e indigentes.

Maria Beatriz Nizza da Silva, em um livro dedicado especialmente à estratificação social no Rio de Janeiro na época joanina, ilustra bem a dinâmica dessa hierarquização. Pretendendo apenas descrever e classificar a estratificação no período, e não analisá-la, a autora afirma que se vê uma grande desigualdade na cidade. Os salários de funcionários públicos eram altamente variáveis, indo de 150$000 réis ou menos para um escrivão anualmente até 4:800$000 réis de um ministro de estado, uma variação de 3.100%. Também no comércio, ela descreve o que já foi visto aqui e o que João Fragoso depois caracterizou,[96] que existia uma pequena parcela de poderosos homens de negócio, seguidos por uma multidão de comerciantes e caixeiros. Usando dados de John Luccock, ela se refere a 40

---

93 FRAGOSO, João Luiz Ribeiro. "O império escravista e a República dos plantadores", *op. cit.*, p. 149. Dados mais detalhados podem ser encontrados em FRAGOSO, João Luiz Ribeiro. *Homens de Grossa Aventura*, *op. cit.*, p. 255-6; FLORENTINO, Manolo. *Em Costas Negras*, *op. cit.*, p. 186-7.

94 REIS, João José. *Rebelião Escrava no Brasil: a história do levante dos malês em 1835*. São Paulo: Companhia das Letras, 2003, p. 30.

95 NOVAIS, Fernando Antonio. *Portugal e Brasil na Crise do Antigo Sistema Colonial*, *op. cit.*, p. 109-10. João Fragoso, em pesquisas mais recentes, utiliza o conceito de 'mercado imperfeito' para a economia colonial, o qual não partilhamos. FRAGOSO, João Luiz Ribeiro; BICALHO, Maria Fernanda; GOUVEIA, Maria Fátima. "Uma leitura do Brasil colonial: bases da materialidade e da governabilidade no Império". In: *Penélope*, n°. 23, ano 2000, p. 67-75.

96 Ver capítulo 1 desta dissertação, na parte referente à estrutura do comércio de carnes verdes, e também FRAGOSO, João Luiz Ribeiro. *Homens de Grossa Aventura*, *op. cit.*, p. 173-4.

negociantes, 2 mil retalhistas e 4 mil caixeiros na cidade, números que, apesar de excessivamente arredondados, denotam a hierarquização existente no ramo mercantil.[97]

O mercado de consumo também tinha a sua desigualdade, como na compra e venda de escravos. Usando o inventário de Elias Antonio Lopes, Nizza da Silva nota que existiam escravos de 6$400 réis até outros de 153$600 réis, o que variava de acordo com experiência, sexo, idade, saúde e outros fatores. Ela nota e enumera diversos adjetivos, conotações, nomes e títulos que emitem um valor hierárquico aos trabalhadores e às pessoas, o que caracteriza, segundo a sua análise, uma sociedade de ordens, mais do que de classes. Os grupos dominantes urbanos eram compostos pelos negociantes e os altos funcionários do Estado português e, segundo a autora, a estratificação social na cidade era maior do que outras sociedades pré-industriais.[98]

Entende-se que a sociedade brasileira da primeira metade do XIX era altamente desigual, mais do que outras contemporâneas ou não capitalistas, em função da existência da escravidão, o que, além de separar a existência entre livres e cativos, cria distâncias no controle da propriedade entre os livres, situação em que alguns não têm escravos, outros têm poucos, e alguns poucos têm muitos, gerando uma forte desigualdade social. Portanto, era o fato dessa sociedade de classes ser escravista que a fazia altamente hierarquizada, mesmo entre os não cativos, ou, como afirma Gorender, era a propriedade de escravos sobretudo que posicionava o indivíduo na estrutura de classes.[99]

Os hábitos de consumo

As obras dos viajantes que vieram ao Brasil e ao Rio de Janeiro após 1808 constituem a fonte mais rica sobre os hábitos de alimentação aqui existentes no período. Seus relatos são bastante diversos, havendo alguns que afirmavam ser péssima e escassa a comida brasileira e outros que indicam haver aqui uma superabundância de alimentos. Essa diversidade dos registros pode ser explicada pela diversidade da origem geográfica dos mesmos, da origem de classe e também de períodos diferentes de suas estadias na cidade. Apesar das contradições entre as descrições, a riqueza do detalhamento transmitido nesses livros supera os problemas, permitindo que seja apresentado um quadro amplo da alimentação dos cariocas desde a chegada da Corte. No entanto, não se pretende aqui mostrar quais eram os gêneros consumidos e as

---

97 SILVA, Maria Beatriz Nizza da. *Análise de Estratificação Social, op. cit.*, p. 7; 20-4; 93-7.

98 *Ibidem*, p. 142-3; 156-61; 164-5.

99 GORENDER, Jacob. *O Escravismo Colonial, op. cit.*, p. 205-9.

minúcias da alimentação, mas sim a divisão social do consumo, particularmente na obtenção de proteínas animais, o que é enfaticamente retratado por alguns desses viajantes.

Algo geral a todas as descrições sobre a alimentação dos brasileiros era a surpresa com o grande número de frutas e iguarias ausentes na culinária europeia. Eles notaram a grande quantidade de água, frutas e pouca carne no cardápio nacional, vinculando-a ao clima tropical. Segundo Debret, a temperatura também era responsável pelo abandono da etiqueta, visível em todas as partes da cidade e classes sociais. Há um grande número de produtos estrangeiros e gastrônomos europeus, que vieram com a Corte e os estrangeiros, com o objetivo maior de atender a estes. Várias casas de pasto faziam refeições, especialmente para os estrangeiros não acostumados à cozinha brasileira, e ainda botequins, pastelarias e confeitarias vendiam petiscos e empadas. Muitos estrangeiros, porém, reclamavam da falta de boas casas de pasto na cidade que atendessem aos hábitos alimentares do paladar dos negociantes e viajantes.[100]

Debret mostrou como o horário das refeições variava de acordo com a profissão das pessoas, citando uma casa de um negociante inglês onde o proprietário jantava às 18 horas e os empregados faziam a mesma refeição às 14 horas. Era costume fazer uma sesta após o jantar, descanso que podia se estender por duas ou três horas.[101] Foi também deste viajante o melhor relato sobre a diferenciação social do consumo, obtida a partir de um jantar na casa de um negociante britânico. Primeiramente, ele descreve refeições cotidianas desse homem de negócios:

> Quanto ao jantar em si, compõe-se, para um homem abastado, de uma sopa de pão e caldo gordo, chamado de caldo de substância, porque é feito de enorme pedaço de carne de vaca, salsichas, tomates, toucinho, couves, imensos rabanetes brancos com suas folhas, chamados inapropriadamente nabos etc, tudo bem cozido.[102]

A esses alimentos se acrescentava, ao longo de um extenso banquete, o seguinte: folhas de hortelã "e mais comumente outras de uma erva cujo cheiro muito forte dá-lhe um gosto

---

100 SILVA, Maria Beatriz Nizza da. "Tradições alimentares e culinárias". In: *Vida Privada e Quotidiano no Brasil na Época de D. Maria I e D. João VI*. Lisboa: Estampa, 1993, p. 219-20; 224-5; DEBRET, Jean-Baptiste. *Viagem Pitoresca e Histórica ao Brasil*. Belo Horizonte/São Paulo: Itatiaia/Edusp, 1989, vol. 2, p. 60-3; KIDDER, Daniel Parish. *Reminiscências de Viagens e Permanências no Brasil, op. cit.*, p. 87-8.

101 DEBRET, Jean-Baptiste. *Viagem Pitoresca e Histórica ao Brasil, op. cit.*, p. 60-3.

102 *Ibidem*, p. 60-3.

marcadamente desagradável"; um cozido com carnes e legumes variados; escaldado – flor de farinha de mandioca – junto com caldo de carnes, tomates ou camarões; galinha com arroz; verduras cozidas extremamente apimentadas; suco; uma "resplendente pirâmide de laranjas"; molho a frio feito com malagueta esmagada no vinagre; salada com cebola crua e azeitonas; como sobremesa, doce de arroz frio com canela, queijo de minas, queijos holandeses e ingleses, laranjas, ananases, maracujás, pitangas, melancias, jambos, jabuticabas, mangas, cajás, frutas-do-conde e outras frutas. Tudo era acompanhado de vinhos Madeira e Porto, servidos em cálices, juntamente com um copo de água sempre mantido cheio pelos criados, com um café no final da refeição.[103]

De toda essa descrição, deve-se salientar o luxo e sofisticação do banquete, com produtos de origens diversas e, principalmente, a presença destacada de todos os tipos de carne, em especial o "enorme pedaço de carne de vaca", que se refere à carne verde. O consumo ilimitado de proteínas é uma das grandes características da alimentação das pessoas abastadas da cidade, fundamentalmente quando comparada com a dos homens livres pobres e dos escravos. Não foi possível identificar a data exata das refeições que o viajante fez com esse negociante inglês, sabendo-se apenas que Debret ficou no Brasil entre 1816 e 1831. Na mesma parte da obra do memorialista francês, destinada a descrever a alimentação no Brasil, há o relato do jantar de outras classes sociais:

> Passando-se ao humilde jantar do pequeno negociante e sua família, vê-se, com espanto, que se compõe apenas de um miserável pedaço de carne-seca, de três a quatro polegadas quadradas e somente meio dedo de espessura; cozinham-no à grande água com um punhado de feijões-pretos, cuja farinha cinzenta, muito substancial, tem a vantagem de não fermentar o estômago. Cheio o prato com esse caldo, no qual nadam alguns feijões, joga-se nele uma grande pitada de farinha de mandioca, a qual, misturada com os feijões esmagados, forma uma pasta consistente, que se come com a ponta de uma faca arredondada, de lâmina larga. Essa refeição simples, repetida invariavelmente todos os dias e cuidadosamente escondida dos transeuntes, é feita nos fundos da loja, numa sala que serve igualmente de quarto de dormir.[104]

---

103 *Ibidem*, p. 60-3.

104 *Ibidem*, p. 60-3.

É possível constatar o contraste com a refeição tida por Debret na casa do homem de negócios inglês. Apesar de o texto acima afirmar se tratar de um pequeno negociante, o termo não é o mesmo que o usado nesta dissertação, devendo a pessoa retratada pelo viajante francês ser um simples comerciante da cidade, proprietário de uma loja, e não um grande comerciante que atuava no atacado. Nota-se também que o comerciante não consome carne verde, mas sim o charque, gênero de preço mais compatível com a sua condição social. A quantidade de carne é pouca, como ressalta o próprio relato, e não há diferentes tipos de carne, como no caso do banquete do homem de negócios britânico. Além disso, há nesse prato o feijão e a farinha de mandioca, gêneros de caráter mais popular inexistentes no cardápio do negociante.

Os indigentes se alimentavam dos "restos que a caridade lhe prodigaliza" e os escravos que nasciam na casa dos senhores eram inicialmente

> mimados até a idade dos cinco ou seis anos, [e] são em seguida entregues à tirania dos outros escravos, que os domam a chicotadas e os habituam [...]. Essas pobres crianças, revoltadas por não mais receberem das mãos carinhosas de suas donas manjares suculentos e doces, procuram compensar a falta roubando as frutas do jardim ou disputando aos animais domésticos os restos de comida que sua gulodice, repentinamente contrariada, leva a saborear com verdadeira sofreguidão.[105]

Os escravos eram de tal forma mal alimentados que tinham que lançar mão de artifícios como o roubo para conseguir alimentos essenciais. Isso era patente para a obtenção de proteínas animais, visto que estas eram muito escassas ou mesmo ausentes de sua alimentação.

Vê-se que a hierarquização social se fazia visível na alimentação da população urbana, já que enquanto os negociantes podiam fazer diariamente amplos banquetes, comerciantes e setores médios urbanos não tinham acesso a todos os tipos de alimentos, principalmente algumas carnes. Já os indigentes eram sustentados majoritariamente por caridade, enquanto os escravos tinham muitas vezes que criar formas improvisadas para conseguir seu sustento básico. John Luccock dá mais exemplos dessa prática dos cativos, ao se referir à dispensa dos restos de bois no mar após os trabalhos diários no matadouro:

---

105 *Ibidem*, p. 60-3.

> Também se atira à água o rebotalho onde fica a boiar, a menos que um número bastante de pretos da mais baixa casta se achem presentes para apanhar e lavar as tripas a fim de enchê-las com lingüiça ou para finalidades de natureza doméstica ou medicinal.[106]

Nem sempre esses restos eram consumidos, mas muitas vezes, como o texto mostra, eram utilizados para a confecção de linguiças. Da mesma forma, Luccock afirma que "tudo quanto tem vida, exceto, talvez, alguns répteis, [...] e todas as criaturas pareciam igualmente benvindas pelas classes baixas dos nativos e pretos".[107] Enfim, muitas vezes os escravos tinham que improvisar para conseguir seu sustento básico cotidiano, em especial as carnes.

O viajante também afirma que, logo que chegou à cidade, em 1808, a carne bovina era bastante escassa, levando o boi a ser "empregado quase que unicamente na confecção de sopas". Porém, com a relativa normalização do comércio de carnes verdes, "começou a aparecer à mesa em postas e sob a forma de bifes, mas neste estado seu uso se limita às classes mais altas".[108] Essa distinção social do consumo é visível no relato de quase todos os viajantes, mas ela é sempre mais acentuada quando o alimento é a carne. Isso era destacado na cidade colonial, especialmente no Rio de Janeiro daquele período, que vivia uma grave crise de abastecimento, sendo diferente do que acontecia em regiões como o Rio Grande do Sul, onde as diferenciações sociais no consumo de proteínas eram mais tênues, devido à ampla oferta de carne na região.[109]

Não era apenas a carne verde que era um gênero relativamente caro e, portanto, reduzido às classes dominantes urbanas e, em menor quantidade, a setores médios da cidade colonial. Seidler destaca que a carne de ovelha é de consumo ainda mais excludente que a carne bovina, já que sua libra variava de 400 a 480 réis em 1833 e 1834, valor aproximadamente quatro vezes maior que a carne bovina no mesmo período. As carnes de frango e a de peru também eram bastante caras e todos os produtos importados eram artigos de consumo restrito, incluindo o pão de trigo, cujo preço era ponto de reclamação de vários viajantes.[110]

---

106 LUCCOCK, John. *Notas sobre o Rio de Janeiro e partes meridionais do Brasil, op. cit.*, p. 30.

107 *Ibidem*, p. 32.

108 *Ibidem*, p. 30.

109 SILVA, Maria Beatriz Nizza da. "Tradições alimentares e culinárias", *op. cit.*, p. 219.

110 Ver, por exemplo, SEIDLER, Carl. *Dez Anos no Brasil, op. cit.*, p. 80.

Os escravos e indigentes quase nunca comiam a carne verde, fazendo-o apenas em épocas de muita fartura e em festas especiais na cidade. A carne geralmente consumida por estes era a carne-seca ou o toucinho, porém quando havia falta ou excessiva carestia destas, os escravos apelavam para a carne verde, mesmo que seu preço fosse desvantajoso. O vereador Luís José Vianna Gurgel do Amaral Rocha explica essa distinção no consumo:

> Todos sabem que o charque, ou carne secca he diario, e indispensavel sustento, não só da escravatura, que trabalha nas mais laboriosas fabricas do Brasil, que na sua falta he que procurão então suprir-se de carne verde, augmentando por isso o seu consumo, e carestia: senão também mesmo de inumeraveis familias, que igualmente só na falta do charque lanção mão de carne verde [...].[111]

O vereador escreveu esse relato ainda sob o choque da crise de 1818, portanto, em um momento que a carne-seca era cara e a carne verde era escassa na cidade. Como o preço da carne fresca no período era tabelado, era possível consumir esse gênero, porém a alimentação corrente dos pobres e escravos não incluía esse tipo de carne bovina. O relato de Spix e Martius é esclarecedor:

> Também a alimentação das classes inferiores do povo dá pouco ensejo às doenças. A mandioca (Cassava), o fubá e o feijão preto, em geral cozidos com toicinho e carne seca ao sol e salgada, formam a principal parte do embora pesado e grosso alimento, mas saudável para quem faz muito exercício e toma vinho português ou cachaça.[112]

A descrição dos viajantes alemães coincide com a feita por Debret e também com a de Robert Walsh, que afirma que "o alimento do pobre é o feijão-preto e a farinha de mandioca. O primeiro é sempre preparado com toucinho [...] [e] a mandioca é servida também com carne-seca".[113] Assim, as carnes mais consumidas por escravos e homens livres pobres eram o

---

111 AN. Fundo: Diversos códices – SDH (NP). Códice 807, vol. 22, doc. cit.
112 SPIX, Johann Baptiste von; MARTIUS, Carl Friederich Philipp von. *Viagem pelo Brasil, op. cit.*, p. 60.
113 WALSH, Robert. *Notícias do Brasil, op. cit.*, p. 215-6.

toucinho e o charque, sendo a carne verde um gênero mais consumido pelos setores dominantes da estrutura social urbana e por alguns grupos dos homens livres não tão abastados.

Várias já foram as análises da alimentação na economia colonial escravista feitas na historiografia. Em seu livro clássico, Josué de Castro se volta contra Gilberto Freyre, discordando de sua afirmação de que os senhores e os escravos eram os mais bem alimentados na colônia, ao contrário dos homens livres pobres, que tinham uma alimentação insuficiente. Castro prova como os escravos tinham diversos problemas de saúde em função do déficit de nutrientes, devido à má alimentação, o que corresponde às descrições dos viajantes arroladas acima. Castro afirma que se a alimentação dos homens livres pobres era ruim na época colonial, a dos escravos era pior ainda ou, na melhor das hipóteses, similar à dos homens livres pobres.[114]

Maria Yedda Linhares e Francisco Carlos Teixeira da Silva demonstram como, desde o século XVI, veem-se duas faixas de consumo na colônia, com uma classe dominante que optava pelos produtos estrangeiros, como o pão de trigo, o vinho, o azeite, o vinagre, azeitona, queijos e outros.[115] Amaral Lapa, ao caracterizar o comércio das monções, também notou a distinção social na alimentação através do consumo de artigos estrangeiros, em que a maioria dos moradores do sertão consumia produtos nacionais, ao passo que uma fina faixa dominante podia consumir produtos portugueses e estrangeiros.[116] Esse consumo de importados por parte das pessoas mais ricas também era visível no Rio de Janeiro da primeira metade do XIX, mas não se pode afirmar nesse contexto que havia apenas duas faixas de consumo de alimentos.

Toda a descrição feita permite uma síntese de como era a alimentação na cidade no período recortado em sua distinção social. Pode-se afirmar que há, pelo menos, três faixas de consumo na cidade no período analisado. Em primeiro lugar, uma classe dominante constituída por homens de negócio e também por altos funcionários públicos com grande poder de compra que podiam se alimentar com gêneros estrangeiros e diversas fontes de proteínas animais, em especial a carne verde, tipo de carne de caráter restrito. Em seguida, um setor intermediário, constituído por comerciantes, médios e pequenos funcionários do Estado português e da Câmara, caixeiros, artesãos e outros trabalhadores livres com alguma renda ou salário. Essas pessoas não podiam consumir produtos estrangeiros correntemente e nem

---

114 CASTRO, Josué de. *Geografia da Fome*. 15ª ed. Rio de Janeiro: Civilização Brasileira, 2002, p. 127-8.

115 SILVA, Francisco Carlos Teixeira da. *A Morfologia da Escassez, op. cit.*, p. 100; LINHARES, Maria Yedda Leite. *História do Abastecimento, op. cit.*, p. 29-32.

116 LAPA, José Roberto do Amaral. *A Economia Colonial*. São Paulo: Perspectiva, 1973, p. 75-110.

todos os tipos de carne, porém podiam consumir a carne verde esporadicamente, principalmente quando o seu preço era tabelado, apesar de não em quantidade significativa. Por fim, havia os escravos e indigentes, que consumiam os produtos mais simples e baratos, como o feijão e a farinha de mandioca. No que se refere às proteínas, consumiam a carne-seca e o toucinho, sempre em uma quantidade reduzida, sendo que a carne verde quase nunca era consumida por esse grupo, a não ser em ocasião de festas, fartura ou saque.

Deve-se ressaltar, porém, que há certa diversidade dentro de cada um desses três grupos em função da grande hierarquização da sociedade carioca. O primeiro grupo incluía o grupo dos negociantes, que se caracteriza pelo forte escalonamento de suas fortunas e, portanto, do seu poder de compra. O grupo intermediário é o mais diverso, contando com comerciantes com certo destaque econômico-social e também com caixeiros, que tinham um poder de consumo bem menor, devendo existir no grupo pessoas que podiam consumir a carne verde todos os dias e outras que quase nunca a consumiam. E também o terceiro grupo tinha a sua diferenciação em função da própria diversidade intrínseca à escravidão urbana e à inclusão dos indigentes neste grupo. Essa divisão do mercado consumidor da cidade em três grupos distintos entre si e hierarquizados internamente é fruto da sociedade escravista e retrata um mercado escravista que, altamente restrito, criou dinâmicas sociais próprias.

A exclusão social do consumo

As denúncias de atividades ilícitas realizadas pelos contratadores e outros agentes do comércio de carne verde feita por funcionários do Estado, como almotacés e coletores, foram correntes em todo o período trabalhado. Uma dessas denúncias, no entanto, tomou um vulto maior e teve repercussões mais graves que as outras, sendo uma de suas consequências o próprio fim do sistema de contrato exclusivo da venda de carne. Em 1820, o juiz almotacé Antonio Luiz Pereira da Cunha afirmou que o arrematante do contrato das carnes verdes no período, Antonio Joaquim do Carmo, havia criado um mecanismo ilegal de venda de carne para pessoas abastadas da cidade. Esse almotacé, pelo grande número de acusações feitas e pela constante atividade como funcionário municipal, merece uma abordagem pormenorizada em sua trajetória.

Antonio Luiz Pereira da Cunha (1760-1837), natural da Bahia, cursou estudos na faculdade de Leis de Coimbra e, após isso, permaneceu em Portugal cumprindo cargos públicos no aparelho de Estado do Império. De origem fidalga – de acordo com Maria Beatriz Nizza da Silva –, foi transferido para o Brasil, exercendo cargos destacados, como o de chanceler da Relação da Bahia e do Rio de Janeiro. Foi nomeado para diversas funções durante a época joanina, tendo acumulado diversos cargos, dentre eles o de juiz almotacé ao menos nos anos de 1816, 1820, 1821 e 1826 por indicação do Rei, sendo na Câmara ligado ao juiz de fora José Clemente Pereira. Tornou-se intendente geral de polícia da Corte em 1821, em substituição de Paulo Fernandes Vianna. Era deputado da Real Junta de Comércio, em 1818, e foi eleito deputado pela província do Rio de Janeiro para a Assembleia Constituinte em 1823. Nessa instituição, fez parte do grupo dos moderados e teve atuação constante, fazendo parte de várias comissões e exercendo o cargo de vice-presidente em outubro de 1823. Tornou-se um grande aliado de D. Pedro I durante o seu reinado, fazendo parte da comissão que elaborou a Constituição outorgada de 1824 e da comissão que investigou as questões internas da Fazenda e do Banco do Brasil em 1827, antes da liquidação do banco. Essas duas comissões tinham a mesma composição e junto de Antonio Luiz Pereira da Cunha estavam figuras políticas altamente destacadas no período, no chamado grupo dos marqueses: Mariano da Fonseca, o marquês de Maricá, José Egídio Alves de Almeida, o marquês de Santo Amaro, Manoel Jacinto Nogueira da Gama, o marquês de Baependi e José Joaquim Carneiro de Campos, o marquês de Caravelas. A partir de 1823, Cunha se tornou membro do Conselho de Estado, até o fechamento temporário deste órgão em 1834. Foi nomeado senador por Pernambuco em 1826, exercendo esse mandato até a morte, sendo presidente do Senado em 1837. Foi ainda diversas vezes ministro de Estado: ministro da Fazenda em 1825, dos Estrangeiros, em 1826, e do Império, em 1831. Por fim, acumulou diversos títulos, como a Comenda de Cristo, de 1811, o Hábito de Cristo, de 1825, tornando-se visconde e, depois, marquês de Inhambupe.[117]

Essa rica trajetória pelo aparelho de Estado realizada pelo almotacé Cunha não deve ser vista esquecendo-se sua origem social, da fidalguia portuguesa. Mesmo assim, ele se vinculou a diversos negociantes da praça do Rio de Janeiro, entrando também em disputa aberta com vários outros. O maior exemplo desse último caso foi esta disputa realizada em 1820, quando entrou em choque com Antonio Joaquim do Carmo, Joaquim José de Siqueira e José Joaquim de Almeida Regadas, todos eles destacados homens de negócio da praça.

Em maio de 1820, após diversas denúncias feitas pelo almotacé Cunha contra o contratador Antonio Joaquim do Carmo, este último pediu ao Senado da Câmara um "juiz privativo para fiscalizar a matança e distribuição das carnes". Os vereadores defenderam

---

[117] MOLITERNO, Dylva Araújo. "A atuação dos fluminenses na Constituinte de 1823". In: GRAHAM, Richard (org.). *Ensaios...*, *op. cit.*, p. 236-7; GOUVÊA, Maria Fátima. "Poder, autoridade...", *op. cit.*, p. 145-6; FRANCO, Afonso Arinos de Melo. *História do Banco do Brasil*, *op. cit.*, p. 127; SILVA, Maria Beatriz Nizza da. *Ser Nobre na Colônia*, *op. cit.*, p. 284; AGCRJ, diversos documentos já citados.

o almotacé Cunha e se voltaram contra o arrematante do contrato; em seguida, Antonio Luiz Pereira da Cunha escreveu uma resposta aos vereadores explicando o ocorrido e o motivo do pedido do contratador em uma longa carta. Antonio Joaquim do Carmo perdeu a disputa, permanecendo sob a fiscalização dos almotacés, após o envio de cópia do documento para o rei D. João VI.[118]

No início do documento, Cunha chamou Antonio Joaquim do Carmo de "funcionário público", dando a entender que este tinha obrigações tal qual um funcionário do Estado, mas de acordo com o relato, ao contrário do que deveria acontecer, o contratador não cumpria as funções determinadas, tendo achado o almotacé "neste homem o verdadeiro espírito da Cabala".[119] Em seguida, parte-se para a acusação de fato:

> Sim. Mata-se o número de vezes prescrito, matando-se outras muitas e porventura sera para se destribuírem pelo povo? Sera para o fornecimento dos açougues desta cidade? O administrador assim o confessa, mas eu indo fiscalizar a verdade desta confissão, achei que além da carne, que em abundância se deve distribuir pela Real Uxaria, pelas mães, pelos hospitais, pelas casas de parto se distribuía para ilustres particulares a maior parte da carne, e melhor, [...].[120]

O estilo apelativo e o padrão culto eram características dos escritos do almotacé Cunha, o que não tira a dureza da denúncia. Grande parte da carne ou "a maior parte", como dizia Cunha, e os melhores pedaços, eram distribuídos em um comércio paralelo para "ilustres particulares". Esse mercado negro criado pelo contratador, de acordo com a acusação do juiz almotacé, tinha seus efeitos sobre o comércio regular, de acordo com a mesma denúncia:

> [...] sendo alias certo, e escandalozamente público que numerosas pessoas se sentirão dos açougues sem carne, espancadas e que correm a minha porta clamando como podem atestar os meus vizinhos contra esta falta, e sem dúvida a mais sensível porque este gênero é de primeira necessidade

---

118 AGCRJ. Representação do arrematante das carnes verdes contra o almotacé Cunha. Códice 53-2-21, f. 2-11.

119 AGCRJ. Representação do arrematante das carnes verdes contra o almotacé Cunha. Códice 53-2-21, f. 4-11.

120 AGCRJ. Representação do arrematante das carnes verdes contra o almotacé Cunha. Códice 53-2-21, f. 4-11.

> e nas circunstâncias atuais, em que não há recursos de carnes de porco, em que há carestia de outros gêneros [...].
> He verdade que tenho distribuído muitos bilhetes por pessoas, que todos os dias e ainda mesmo quando não estou de semana vem me pedir que lhes mande dar a carne para o seu alimento [...].[121]

De acordo com o relato deste funcionário, havia escassez nos açougues da cidade, que era explicada, ao menos parcialmente, em função do mercado paralelo de carne fresca que abastecia mesas de grandes cabedais. Um relato da Intendência Geral de Polícia de dezembro desse ano confirma que esse foi um período de grave falta de carne verde nos açougues, ficando, em um dia simples, 27 pessoas sem a carne.[122]

O almotacé afirmou ainda neste trecho que distribuía bilhetes para pessoas comprarem carne, o que denota que a venda de carne no período era racionada em função da escassez, ou então que o bilhete dava ao comprador a possibilidade de compra de certa quantidade de carne. Disse que fazia isso mesmo quando não era a sua semana de trabalho no cargo.

Pereira da Cunha continuou a sua denúncia, afirmando querer acabar com a "predileção de particulares", fazendo distribuir a carne ao "povo pobre". Em seguida, ele aprofundou a acusação, destacando que havia uma grande desordem no matadouro e nos açougues "pela prepotência do contractador, abrigado a sombras poderosas que o sustentão, grite embora o povo". Nessa carta, no entanto, ele não afirmou com nomes quem eram essas "sombras poderosas",[123] mas em uma carta anterior ao Senado da Câmara, na qual ele já havia se referido à mesma denúncia, ele citou a que grupo estava aludindo:

> O contratador Exmo Sor e seus administradores e fautores não querem que se coíba a arbitrariedade com que distribuem para casa de fidalgos e poderosos grandes porções de quartos de carnes que mandam buscar para si e seus afilhados contra a ordem do Lo 1º T 68, §4º, pois que esta distribuição cede em prejuízo do povo. Eles não querem que eu vede a

---

121 AGCRJ. Representação do arrematante das carnes verdes contra o almotacé Cunha. Códice 53-2-21, f. 4-11.

122 BN. Ofício... (Seção de Manuscritos, II-34, 32, 22), doc. cit.

123 AGCRJ. Representação do arrematante das carnes verdes contra o almotacé Cunha. Códice 53-2-21, f. 4-11.

> distribuição que se faz em favor de pessoas que são recomendadas pelo
> dito Regadas e pelo comendador Joaquim José de Siqueira [...].[124]

Ele acusou o fiador do contrato, José Joaquim de Almeida Regadas e o antigo contratador, que continuava vinculado ao contrato, Joaquim José de Siqueira, de organizarem o mercado ilegal de carne verde para "fidalgos e poderosos", referindo-se provavelmente à primeira faixa de consumo da cidade: negociantes, traficantes e altos funcionários do Estado. Vale lembrar que tanto Regadas como Siqueira eram conhecidos traficantes de escravos da praça de comércio, podendo o grupo de consumo privilegiado por ambos ser constituído especialmente por traficantes. Da mesma forma, em outra parte da mesma carta, ele afirmou que despertou o "ódio do antigo e novo contratador e [...] das figuras que os ocultam".[125] O almotacé Cunha fez referência às Ordenações Filipinas, que condenavam esse tipo de prática em suas determinações, demonstrando ter conhecimento das leis vigentes.

Nesta mesma carta, datada de março de 1820, Cunha afirmou que foi procurado por Regadas para receber "oferecimentos", provavelmente incitando-o a participar ou, ao menos, fazer 'vista grossa' ao mercado paralelo:

> O contratador das carnes ainda não me apareceu uma só vez e apenas à
> minha morada foi ter José Joaquim de Almeida Regadas, inculcando-se
> sócio e administrador geral do contrato a pedir a minha condescendência
> e a fazer-me muitos oferecimentos, eu lhe respondi que o maior obséquio
> que podia me fazer seria remover os inconvenientes que resultavam ao
> público de comprar a carne por menor preço que o taxado legalmente e
> de sofrer uma diminuição de seu verdadeiro peso, o que seria devido a
> imoralidade de certos carniceiros [...].[126]

O almotacé Cunha afirmou no texto ter recusado os oferecimentos, só aceitando benefícios em favor do bem público. Além disso, essa passagem reforça a tese de que o fiador dos contratos, muitas vezes, era mais importante do que o contratador em si. Regadas e Siqueira controlavam o comércio, ao passo que Antonio Joaquim do Carmo era o encar-

---

124 AGCRJ. Representação do Almotacé Cunha sobre as carnes verdes (1820). Códice 53-2-22, f. 7-9.
125 AGCRJ. Representação do Almotacé Cunha sobre as carnes verdes (1820). Códice 53-2-22, f. 7-9.
126 AGCRJ. Representação do Almotacé Cunha sobre as carnes verdes (1820). Códice 53-2-22, f. 7-9.

regado direto pelo contrato, sendo dependente dos dois poderosos negociantes cariocas. Em outra passagem da mesma carta, ele afirmou que o administrador dos matadouros, Joaquim José Nunes, foi escolhido não por Carmo, mas pelos dois negociantes citados, sendo um "afilhado de Regadas e Siqueira".[127]

Por fim, o almotacé Cunha atacou a proposta do contratador Carmo de ter para si um juiz privativo:

> Sim Illmo Senado o contractador não pediria tal juiz, porque elle quer antes hum fantasma revestido de autoridade sem exercício que hum juiz activo e observador dos seus deveres. Eis aqui porque o almotacé Cunha se reputa hum homem prejudicial aos interesses do contracto, e protesto a Vsa Sria que hei de ser inflexível sobre este ponto inspeccionado todos estes artigos como maior disvelo possível.[128]

O almotacé expôs o que parecia nítido, que o pedido do contratador de um juiz privativo era uma tentativa de fuga das denúncias e coerções impostas por Antonio Luiz Pereira da Cunha.

Não se pode afirmar, apenas a partir desse relato do almotacé Cunha, que havia um mercado ilegal de carne verde que abastecia a mesa de pessoas ricas da cidade no período. Há, no entanto, algumas notícias desse ou de outros períodos que convergem na mesma denúncia.

No mês de outubro do mesmo ano de 1820, o juiz almotacé Alexandre Ferreira Vasconcellos Drummond, contemporâneo de Pereira da Cunha na almotaçaria, fez uma série de propostas para reordenar a venda de carnes verdes, a fim de evitar roubos, comércio ilegal e outros problemas. Ele afirmou que os donos de talhos tinham que ser coibidos e fiscalizados "a fim de se evitar o monopolio que estes costumão fazer, vendendo de noite quartos de carne a fregueses que lhe pagam maior preço".[129] Trata-se do mesmo mecanismo exposto pelo almotacé Cunha, mas cujos agentes eram os donos de talhos, o que não quer dizer que o contratador não estivesse também envolvido em um esquema similar, provavelmente maior do que o relativo a esses donos de talho. O almotacé Drummond acusou também Antonio Joaquim do Carmo de venda ilegal das carnes frescas, afirmando que é preciso

---

127 AGCRJ. Representação do Almotacé Cunha sobre as carnes verdes (1820). Códice 53-2-22, f. 7-9.
128 AGCRJ. Representação do arrematante das carnes verdes contra o almotacé Cunha. Códice 53-2-21, f. 4-11.
129 AN. Fundo: GIFI (01). 6J-86, doc. cit.

> [...] bem vedar o mesmo monopolio que o contratador ou seu caixeiro costuma fazer de dar a seu arbitrio os quartos de carne que lhe parece aos fregueses que também a fim de vender, como vende a estes com excesso de preço, segundo os tractos e ajustes particulares que tem feito sendo por isso preferidos da melhor carne, ficando a pior, e rejeitada, para ser repartida e vendida ao povo.[130]

Trata-se da mesma denúncia feita pelo almotacé Cunha, agora por um agente diferente, outro almotacé. Os elementos eram os mesmos, venda da melhor carne a um preço mais alto do que o tabelado para pessoas afortunadas da cidade e conhecidas dos controladores do contrato em um mercado ilegal. Assim como na denúncia do almotacé Cunha, Drummond demonstrou as repercussões dessa prática no povo pobre da cidade, que era obrigado a comprar as piores carnes, muitas vezes não em quantidade suficiente.

Houve ainda outras denúncias, como uma em 1827, na qual Antonio Joaquim do Carmo foi novamente acusado de vender carne ilegalmente. O juiz almotacé do período, João Silveira do Pillar – que era um negociante da praça matriculado na Real Junta de Comércio[131] –, fez acusações ao negociante de reses, afirmando que este pôs no matadouro um cepo para "cortar, e vender carne [...] aos seus amigos, e aos revendedores, que a vão vender com ajustado monopólio".[132] Logo, as denúncias não se reduziam unicamente a 1820 e, também, não atingiam unicamente Antonio Joaquim do Carmo.

Em agosto de 1816, o almotacé Cunha relatou que nos açougues da cidade a carne estava sendo vendida a 40 e 50 réis a libra, quando o seu preço tabelado naquele momento era de 30 réis, e estava sendo vendida primeiramente a amigos dos carniceiros. Indo juntamente com dois oficiais de justiça, encontrou açougues com a carne escondida e "balanças desconcertadas e pezos falcificados". Os carniceiros foram presos e o almotacé Cunha acabou sendo saudado pela população, que fez um abaixo-assinado com 193 assinaturas endereçado à Sua Majestade pedindo a "conservação dos almotacés que muito bem vêm fazendo seus trabalhos".[133] Possivelmente, esse histórico de ações do almotacé Cunha a favor dos consumidores tenha sido importante para a sua eleição para a Assembleia Constituinte em 1823.

---

130 AN. Fundo: GIFI (OI). 6J-86, doc. cit.

131 AN. Fundo: Junta de Comércio, doc. cit.

132 BN. CARMO, Antonio Joaquim do. (Seção de Manuscritos, C-899, 13), doc. cit.

133 AN. Fundo: Diversos códices – SDH (NP). Documentos manuscritos do Senado da Câmara sobre vários assuntos. Códice 812, vol. 1 (1808-17).

Nos caminhos da acumulação

Por fim, um edital municipal proibiu a venda privilegiada de carnes pouco depois dos relatos de 1820. Trata-se de um edital especial feito em julho de 1821, que aditava cinco condições aos contratos das carnes verdes, sendo a segunda condição bem nítida em seu objetivo:

> Que todos os talhos se distribuão as reses inteiras, sem distinção, a fim de que a carne possa chegar com qualidade a todo o povo e fica proibido o abuso de separar os quartos traseiros a favor de huns e com prejuízo de outros, e infração dos direitos em que todos são iguais.[134]

Esse edital parece ter sido concebido especialmente em função das denúncias apresentadas pelo almotacé Cunha, dado que se menciona "o abuso de separar os quartos traseiros", prática que constituía na separação das melhores partes do boi, relatada pelo almotacé Cunha e pelo almotacé Drummond.

Enfim, as acusações e denúncias de um mercado ilegal de carne fresca circulando paralelamente ao mercado regular, no qual as melhores partes da carne eram vendidas a um preço maior que o tabelado, são múltiplas. A partir de tantos relatos e descrições convergentes, é possível supor que este comércio ilegítimo realmente existiu, tendo repercussões graves para os setores médios que tentavam adquirir a carne nos açougues.

Esse mercado negro não pode, no entanto, ser visto como uma exceção ou algo extraordinário na sociedade escravista, já que estava inscrito na lógica social vigente. A estrutura social da cidade do Rio de Janeiro, de caráter altamente excludente e hierarquizada, possibilitava que fenômenos desse tipo surgissem, excluindo setores médios que buscavam consumir a carne verde e tornando o gênero farto na mesa de traficantes, negociantes, altos funcionários e pessoas ricas em geral. O mercado ilegal é uma forma de adequação perversa, de ajuste, do consumo de carne verde àquela estrutura social escravista. Não cabia em uma sociedade escravista um racionamento, que dava a mesma possibilidade de consumo para todos os compradores, ainda mais porque se tratava do gênero da carne verde. Não cabia também que todos pagassem o mesmo valor pela carne, sendo que alguns poucos afortunados podiam pagar mais do que o preço tabelado. Portanto, o mercado ilegal é uma adequação perversa do consumo de um gênero específico a uma estrutura social altamente excludente e hierarquizada. Esse impasse só se resolveu com a liberação do comércio e dos preços do gênero em 1823, que fizeram o seu preço disparar, tornando

---

134 AGCRJ. Editais do Senado da Câmara de 1821 a 1828. Códice 16-4-22, f. 7.

o caráter excludente do consumo desse item algo normal e, mais importante ainda, legal, visto que inserido na lógica do mercado.

Enquanto negociantes, traficantes e altos funcionários se valiam do mercado negro para encherem as suas mesas de uma boa e farta carne, os setores médios da sociedade carioca ficavam alijados do consumo do mesmo, ou então comiam os piores pedaços em uma quantidade racionada ou limitada. Enquanto isso, indigentes e escravos tinham que improvisar ainda mais para poderem suprir suas necessidades de proteína com carne bovina.

Em 1834, o juiz de paz de Irajá relatou que naquela região, caminho das boiadas em direção à Corte, passavam reses gordas que, aparentemente saudáveis, caíam mortas inexplicavelmente. Alguns escravos e "pessoas miseraveis" retalhavam esses bois e comiam sua carne, descumprindo as normas das posturas municipais e acabando por se acometer de uma doença, o "carbúnculo". Os escravos acabavam morrendo e outros ficavam um bom período em tratamento, levando o dono dos cativos a reclamar ao juiz de paz. Este afirmava que, em Campo Grande, havia também relatos de escravos que morriam por "afecção carbunculosa". Ele pediu à Câmara providências e os vereadores ordenaram que todo o gado fosse enterrado em Irajá e em Campo Grande.[135]

Da mesma forma, o almotacé Cunha descreveu em 1826 roubos de carne e quartos de reses no caminho desses do matadouro para os açougues:

> [...] a condução das carnes he sempre de tarde depoes das tres horas, com tal aceleramento, e confusão que debaixo desse lábyrintho fervem os roubos, huns perpretados pelos caixeiros dos compradores de gado cujo numero me espanta; outros pelos negros de ganho coadjuvadas pelos mesmos esfoladores.[136]

Tratava-se também do consumo ilegal do gênero por parte de escravos, assim como o caso de Irajá e de Campo Grande. A passagem relata o roubo feito por caixeiros de vendedores de gado e o feito por escravos de ganho. No primeiro caso, pode se tratar de uma guerra comercial entre os vendedores de carne e não de roubo para consumo, o que não se

---

135 AGCRJ. Carnes verdes e matadouros: talhos, açougues, ofícios, portarias, representações, memórias, impostos sobre o gado a abater, pareceres, etc. (1832-1837). Códice 53-3-14, f. 53-4.
136 AGCRJ. Matadouros e açougues (1822-1830). Códice 53-3-2, f. 86-9.

pode, no entanto, atestar. Porém, no segundo caso, o roubo era feito por escravos de ganho, provavelmente se tratando de roubo com o objetivo de consumo de carne fresca.

Enfim, escravos e indigentes não tinham como consumir a carne fresca segundo canais legais e formais, dada a própria situação social dos mesmos. Assim, eles lançavam mão de artifícios como o consumo de reses pestilentas e o roubo de pedaços de carne na cidade, o que faz parte da lógica da exclusão social do consumo deste gênero. A estrutura e a dinâmica da sociedade escravista colonial se impunham de uma forma altamente excludente e perversa, sendo a alimentação, especialmente de proteínas, um campo em que ficava patente essa exclusão.

O mercado ilegal não era a única forma de exclusão social do consumo de carnes verdes, havendo pelo menos mais duas: a distribuição espacial dos açougues e matadouros pela cidade e a venda de carne fresca feita aos estrangeiros.

É possível enxergar na década de 1830 uma desigualdade na distribuição de talhos e matadouros de carne verde pela cidade, com um beneficiamento de áreas habitadas por membros da classe dominante carioca, as regiões de São Cristóvão e de Mataporcos.

Mataporcos, que ficava na freguesia do Engenho Velho, era uma região de chácaras e quintas de comerciantes de grosso trato, como a de Joaquim José de Siqueira. Foi uma das regiões que mais cresceu a partir da chegada da Corte, não sendo computada sua população nos censos municipais de 1799; porém, já em 1821 moravam lá 4.877 pessoas, sendo contados 8.166 moradores em 1838.[137] Em 1817, quando a freguesia do Engenho Velho nem era considerada urbana, os moradores da região fizeram um abaixo-assinado pedindo talhos no local.[138] Em 1822, novamente os habitantes locais reclamaram junto à Câmara, afirmando que, apesar do estabelecimento de um talho na região, a carne não chegava a Mataporcos, sendo desviada para outro distrito.[139] É possível que o referido distrito seja o de São Cristóvão, já que este era um distrito da freguesia do Engenho Velho ainda mais rico que o de Mataporcos.

Na década de 1830, os habitantes do local pediram um matadouro próprio, tendo o administrador dos matadouros da cidade comentado, em 1833, o seguinte sobre o assunto: "Em quanto a longetude que allego, o que observei, vejo que os assogueiros da Villa de Praia Grande vem todos os dias buscar aos matadouros deste municipio carne verde para o consu-

---

137 LINHARES, Maria Yedda Leite; LEVY, Maria Bárbara. "Aspectos da história demográfica...", *op. cit.*, p. 130.

138 AGCRJ. Matadouros e açougues, vários requerimentos (1802-1821). Códice 53-2-16, f. 150.

139 AGCRJ. Matadouros e açougues (1822-1830). Códice 53-3-2, f. 171-2.

mo da mesma".[140] Segundo o administrador, o pedido feito pelos moradores de Mataporcos não se justificava, sendo feito mais por comodidade que por necessidade, já que moradores de regiões ainda mais distantes iam até o centro da cidade comprar carne fresca.

Mesmo assim, em 1830, surgiram os primeiros matadouros particulares na freguesia do Engenho Velho. De um matadouro apenas, em 1830, a freguesia passou a ter pelo menos cinco em 1833, onde havia uma grande e crescente matança de reses bovinas.[141] Assim, a população de maior poder aquisitivo da cidade estava bem suprida de carne enquanto os moradores da área central da urbe estavam à mercê dos matadouros públicos e dos açougues, onde havia o controle de Domingos Custódio Guimarães. Em 1833, o quadro das matanças na freguesia era o seguinte:

Tabela 3.1 – Matadouros particulares na freguesia do Engenho Velho, com donos e abates realizados em 1833:

Matadouro	Dono da concessão	Reses anuais
2ª. Cancela de São Cristóvão	Antonio José Duarte	285
Mataporcos	Pedro Alves	264
Rua do Andarahi	Cristóvão da Costa Guimarães	196
Em frente à igreja do Engenho Velho	Joaquim José Monteiro	52
Bem-fica*	?	aprox. 100*
Total		897

Fonte: AGCRJ. Carnes verdes e matadouros: talhos, açougues, ofícios, portarias, representações, memórias, impostos sobre o gado a abater, pareceres, etc. (1832-1837). Códice 53-3-14, f. 19-21.

* Esse matadouro surgiu no mês de fevereiro de 1833 e matavam-se no local 10 a 12 reses mensalmente, de acordo com o coletor da região; portanto, 120 a 144 em um ano inteiro.

Houve um crescimento vertiginoso das matanças realizadas na freguesia, onde os matadouros surgiram consecutivamente em apenas três anos, sendo o de Benfica criado em fevereiro de 1833. Nota-se também a preponderância de São Cristóvão, que tinha o matadouro mais ativo da região. Para uma população da freguesia que tinha por volta de 7 mil habitantes em 1833, matavam-se quase 900 reses, o que, apesar de não ser um número muito elevado quando comparado aos aproximadamente 57 mil bois que eram mortos em Santa Luzia no mesmo período, deve ser analisado detidamente.

---

140 AGCRJ. Carnes verdes e matadouros: talhos, açougues, ofícios, portarias, representações, memórias, impostos sobre o gado a abater, pareceres, etc. (1832-1837). Códice 53-3-14, f. 27.

141 AGCRJ. Carnes verdes e matadouros: talhos, açougues, ofícios, portarias, representações, pareceres, etc. (1830-1831). Códice 53-3-9, f. 16; 20; 27; 49.

Nos caminhos da acumulação

Em primeiro lugar, esses números eram entregues pelos donos dos matadouros para os coletores e fiscais da Câmara Municipal para que fossem feitos os pagamentos dos direitos municipal e nacional. Não havia fiscais e coletores suficientes para supervisionar os cinco matadouros ao mesmo tempo, existindo apenas um fiscal e um coletor para toda a freguesia. É possível, portanto, que tenha havido nesses matadouros muito mais burlas e matanças acima do indicado do que nos matadouros públicos urbanos, que contavam com coletores e fiscais permanentemente em seus recintos. O número de abates podia ser bem maior do que os 897 informados à Câmara e aos coletores, como admitem os próprios funcionários do Estado imperial e da Câmara.[142]

Em segundo lugar, deve-se destacar que não havia uma corrida para abertura de matadouros em outras freguesias como houve no Engenho Velho, sendo a abertura de cinco matadouros na região um sinal de que existia um grande mercado consumidor de carnes no local.

Essa dinâmica do comércio de carnes verdes em São Cristóvão, Mataporcos e arredores denota outro fenômeno da exclusão social do consumo, a distribuição de matadouros e açougues de modo desigual pelas freguesias da cidade. Enquanto outras freguesias que estavam se urbanizando neste momento, como Lagoa, Glória e Santana, não tinham matadouros específicos e dependiam do matadouro de Santa Luzia, a freguesia do Engenho Velho tinha uma rede própria e dinâmica de abastecimento de carnes para os seus moradores. Da mesma forma, os habitantes do centro da cidade dependiam das oscilações e má distribuição dos seus açougues, que tinham um suprimento de reses monopolizado no período, o que não acontecia no Engenho Velho. É bem possível também que a carne vendida nos açougues presentes nesta freguesia fosse mais cara do que no centro da urbe, já que se tratava de habitantes que podiam pagar mais caro pelo item, apesar de não se ter tido acesso aos preços do gênero na região.

Os donos de açougue dessa região, apesar de não aparentarem ser importantes negociantes cariocas, não podem ser considerados pequenos comerciantes, economicamente desprezíveis. Antonio José Duarte era o dono do principal matadouro da freguesia e o principal dono das reses abatidas no dito matadouro. Também abatiam reses no local Severino Mendes da Costa, Cristóvão da Costa Guimarães e Francisco da Silva.[143] Severino Mendes da Costa era um negociante de gados tradicional da cidade, sendo membro de

---

142 AGCRJ. Carnes verdes e matadouros: talhos, açougues, ofícios, portarias, representações, memórias, impostos sobre o gado a abater, pareceres, etc. (1832-1837). Códice 53-3-14, f. 22-4.

143 AGCRJ. Carnes e matadouros: matadouro particular do Campo de São Cristóvão, segunda cancela (1832-1853). Códice 53-3-16, f. 8-9.

uma família presente no ramo, com os parentes João Mendes da Costa, Pedro Mendes da Costa e Fermino Mendes da Costa envolvidos no comércio desde 1821, pelo menos. Toda a família era de marchantes e de antigos detentores de açougues em São Cristóvão.[144]

Cristóvão da Costa Guimarães, apesar de analfabeto, era dono do açougue do Andaraí, matava reses no matadouro de Antonio José Duarte e no matadouro de Santa Luzia no mesmo período, sendo sócio de Domingos Custódio Guimarães.[145] Possivelmente, era parente deste e de um vereador deste período, Francisco Luiz da Costa Guimarães.

Pedro Alves, também analfabeto, era dono do matadouro de Mataporcos, tendo Severino Mendes da Costa como fiador no contrato desse matadouro. Por fim, Joaquim José Monteiro era dono do novo matadouro do Engenho Velho e nenhuma conexão com outros comerciantes ou com negociantes foi encontrada para ele.

Os coletores, fiscais e vereadores reclamavam desses matadouros pelos possíveis abusos dos impostos feitos pelos marchantes. O coletor Manoel Pinto de Miranda enviou aos vereadores uma carta pedindo mais controle para a região ao lembrar que estes estabelecimentos geravam "1:400$000 réis para a Fazenda nacional e 300 e tantos mil réis para a Câmara". Afirmando que se matavam 60 a 80 reses por mês na freguesia, ele pediu um matadouro público para a região, lembrando que o pertencente a Antonio José Duarte, na segunda cancela de São Cristóvão, tinha boas condições para ser tomado pelo poder municipal.[146]

A resposta da Câmara veio no edital de arrematação dos matadouros do mesmo ano de 1833, que em sua condição segunda afirmava o seguinte:

> Que além dos dois matadouros acima mencionados [Santa Luzia e Cidade Nova] o arrematante se obrigará a estabelecer á sua custa hum matadouro na 2ª cancella de São Cristóvão fornecendo-o dos sarilhos, e mais

---

[144] BN. CARMO, Antonio Joaquim do. (Seção de Manuscritos, C-2, 36), doc. cit; AGCRJ. Matadouros e açougues (1822-1830). Códice 53-3-2, f. 41-2; AGCRJ. Carnes verdes e matadouros: talhos, açougues, ofícios, portarias, representações, memórias, impostos sobre o gado a abater, pareceres, etc. (1832-1837). Códice 53-3-14, f. 20.

[145] AGCRJ. Carnes verdes e matadouros: talhos, açougues, ofícios, portarias, representações, memórias, impostos sobre o gado a abater, pareceres, etc. (1832-1837). Códice 53-3-14, f. 60-70.

[146] AGCRJ. Carnes verdes e matadouros: talhos, açougues, ofícios, portarias, representações, memórias, impostos sobre o gado a abater, pareceres, etc. (1832-1837). Códice 53-3-14, f. 22-4.

utencilios necessarios, para se matar ahi o gado preciso, para os habitantes desses lugares.[147]

A partir de meados de 1833, quando esse contrato foi arrematado, São Cristóvão ganhou um matadouro público no local onde existia o estabelecimento de Antonio José Duarte. Não se sabe se essa condição se referia à compra do matadouro de Duarte e se ficavam proibidos esses estabelecimentos particulares na freguesia a partir de então. No entanto, é emblemático que uma freguesia que não devia contar ainda com 8 mil habitantes ganhasse em 1833 um matadouro público próprio, no momento em que a freguesia de Santana, que tinha por volta de 15 mil habitantes, perdia um – o da Cidade Nova – e que outras freguesias menores não contavam com esses estabelecimentos.

A terceira forma identificada de exclusão social do consumo e de privilégios na obtenção de carne verde está vinculada ao fornecimento do gênero para os estrangeiros e feito por estrangeiros, sobretudo ingleses. Inácio Rangel de Azevedo Coutinho, o contratador das carnes verdes em 1810 e 1811, ficou incumbido de fornecer reses aos navios britânicos aportados na cidade no período de vigência do seu contrato. Em um documento sem data, concebido em um desses dois anos, há uma contabilidade de reses vendidas às casas de carne inglesas, que revendiam o gênero preferencialmente para seus conterrâneos. São oito açougues que comercializaram, em outubro de tal ano, um total de 248 reses e um quarto.[148] Se este número for generalizado para os outros meses do ano, tem-se um total de 2.979 reses mortas e direcionadas para as casas inglesas em um ano, número significativo, quando se lembra que a partir de 1812 o contingente total de matanças anuais na cidade devia ser de 41.600, de acordo com as regras do contrato.

Outros documentos mostram como comerciantes e negociantes ingleses, e depois também de outras nacionalidades,[149] tentaram participar diretamente do comércio de carnes verdes, sendo muitas vezes vetados. Um comerciante inglês tentou estabelecer um talho na cidade, em 1820, mas foi obrigado a pedir autorização do contratador das carnes verdes. Em 1823, o comerciante britânico Hector Peacock tentou arrematar talhos de car-

---

147 AGCRJ. Carnes e matadouros: renda dos matadouros (1830-1846). Códice 53-3-11, f. 26-30.

148 BN. COUTINHO, Inácio Rangel de Azevedo. (Seção de Manuscritos, C-782, 69), doc. cit.

149 Delso Renault relata a presença de franceses no comércio em 1822. RENAULT, Delso. *O Rio Antigo nos Anúncios de Jornais, op. cit.*, p. 74.

ne na praia do Peixe e na Candelária, depois de ter um cepo na dita praia no ano de 1822, para a venda de carne para os ingleses e navios estrangeiros aportados no local.[150]

No entanto, a presença britânica no comércio de carne verde não se deu pacificamente e envolveu diversas disputas, processos e até prisões de comerciantes ingleses. Diversas denúncias feitas contra os vendedores ingleses de carne permitem afirmar que os seus conterrâneos tiveram em alguns momentos certo privilégio na compra do gênero, mesmo que a um preço mais elevado do que o tabelado. O almotacé Alexandre Ferreira Vasconcellos Drummond foi incisivo na sua já referida proposta de reorganização da venda das carnes:

> Que o juiz almotacé simanário na Inspeção das carnes do curral de S. Luzia assista igualmente a repartição dos quartos de carne, que se destribuirem para os talhos disperços a fim de haver igualdade da carne, para evitar predileções e a irregularidade que tenho sempre observado, bem como no dia 6 do corrente mês de outubro, que recebendo o talho de S. José oito quartos, o de Santa Rita quatro, o do largo do Capim 4, os dois da Valla 3 e o outro dois, todos mais com a mesma diminuição, recebeo o da praia do Peixe 32 quartos e sempre he este preferido com o maior número, e qualidade por ser o dito açougue do partido do mesmo contratador e alli vender-se a 50 réis a libra, a título de ser para os estrangeiros, acontecendo que não achando o povo carne nos outros açougues vão também alli comprar pelo mesmo preço de 50 réis a libra.[151]

O trecho, datado de 1820, mostra um mecanismo similar ao do mercado negro, porém com beneficiamento voltado em especial para os estrangeiros aportados na praia do Peixe. O almotacé explicita também que não só ingleses e outros estrangeiros iam ao dito açougue, mas também outras pessoas da cidade que podiam pagar os 50 réis por libra de carne, 15 réis a mais do que o preço tabelado no período. A carne nesse açougue, como de praxe, era de melhor qualidade que a dos outros estabelecimentos.

O contratador Antonio Joaquim do Carmo já havia feio em agosto do mesmo ano a mesma denúncia, citando o nome do administrador do referido açougue, Tho-

---

150 AGCRJ. Arrematações do Senado da Câmara (1818-1829). Códice 39-3-53, f. 158-61; AGCRJ. Matadouros e talhos (1812-1830). Códice 53-2-19, f. 52.

151 AN. Fundo: GIFI (OI). 6J-86, doc. cit.

mas Mores. Ele afirmou que o talho era abastecido diariamente com quartos de reses mortas e também com gado em pé para os navios aportados no local. Relata também que a carne era vendida no local a "50 réis e alguã a 60",[152] pedindo ao intendente geral de Polícia, Paulo Fernandes Vianna, a expulsão do comerciante inglês desse talho. A venda da carne acima do preço tabelado por Thomas Mores era maléfica a Carmo porque esvaziava os outros açougues, conseguindo o inglês retirar uma boa quantidade de lucro em cima de seu comércio e, além disso, essa venda acima do valor tabelado atuava na mesma faixa de consumo que o mercado negro acionado por Antonio Joaquim do Carmo.

Paulo Fernandes Vianna fez uma perseguição aos comerciantes ingleses envolvidos em irregularidades, entrando em desavenças inclusive com o conde de Linhares em função disso. Ele denunciou, em 1811, que os ingleses estavam comprando gado em pé, o que feria o contrato das carnes verdes, acusando Inácio Rangel de Azevedo Coutinho de ser o agente dessa venda. Afirmou que nesse "trafico", eram vendidas aos ingleses 3.600 cabeças de gado por ano, o que rendia grande lucro para Coutinho, mas prejuízo para a população da cidade.[153] Vianna assumiu uma posição de investigação dos ingleses, o que era uma das responsabilidades da Intendência Geral de Polícia. Ele pediu ao contratador das carnes verdes, em março de 1811, uma relação com todos os açougueiros ingleses, afirmando que manteria "hum ou mais soldados da polícia" junto a cada talho inglês na cidade.[154]

Durante o contrato de Joaquim José de Siqueira, os conflitos se acirraram, visto que o contratador era ligado ao intendente geral e ambos se uniram contra alguns comerciantes ingleses. Em uma carta de 1816, endereçada ao burocrata Conde de Aguiar, Paulo Fernandes Vianna explicou as disputas tidas recentemente com os britânicos, comentando especificamente o requerimento do comerciante Federico Rook enviado ao Rei:

> Queixa-se elle [Federico Rook] de que vendendo em talho a carne debaixo da licença do mesmo administrador, a quem comprava a 30 réis a libra, o revendia a 40 ao povo, e que certa porção lhe foi tomada e prezo o seu caixeiro infringin-

---

152 AN. Fundo: GIFI (OI). 6J-86, doc. cit.
153 AN. Fundo: GIFI (OI). 6J-78, doc. cit.
154 AN. Fundo: GIFI (OI). 6J-78, doc. cit.

do-se nisso o tratado que temos com os ingleses de poderem elles contractar, vender, revender todos os generos e effeitos de todos os generos.[155]

A acusação é de que o comerciante britânico vendia a carne acima do preço tabelado, tendo Rook apelado ao tratado que regia a presença dos ingleses no Brasil, tratado várias vezes acionado por comerciantes anglo-saxões. Ele explicou, em seguida, que o atual contratador entrou em um acordo com os ingleses de que revenderia para eles o gado ou a carne, sendo estes proibidos de comprar o gado diretamente dos condutores, como preponderava o contrato. No entanto, os ingleses compravam reses diretamente dos condutores, gerando prejuízos para o contratador, levando Paulo Fernandes Vianna a sair em defesa deste. Este afirmou que todas as carnes nessa situação foram apreendidas e doadas "aos prezos e ao Hospital da Misericórdia" e os caixeiros envolvidos nessas atitudes foram encarcerados.[156]

O caixeiro de Federico Rook, disse Vianna, logo depois foi solto, sendo esta apenas uma medida com o objetivo de intimidar esses comerciantes. Segundo o intendente, Rook não tinha licença para vender carne e deveria obedecer as regras do contrato, já que "o tratado não trata dos objectos que tocão a municipalidade".[157]

Joaquim José de Siqueira também escreveu uma resposta ao requerimento do comerciante Federico Rook, encaminhando-a a Vianna. Ele ressaltou que o inglês quebrou as posturas ao ser pego em flagrante vendendo carne a 40 réis, 10 réis a mais que o tabelado.[158]

Esse não foi o único caso em que Vianna e Siqueira se voltaram contra os comerciantes ingleses no mercado das carnes verdes. O mercante britânico Hector Peacock, mais atuante ainda no comércio, foi preso em 1813 pela Polícia a pedido de Siqueira, por ter descumprido as normas do contrato. O comerciante britânico, que ficou retido por cinco dias, dizia ter a liberdade de atuar no comércio baseado no "Tractado de Commercio e Navegação" entre Sua Alteza Real e Sua Majestade Britânica, em que se afirmava que os ingleses podiam "negociar por grosso, ou por miúdo" no Brasil com toda a liberdade. Não

---

155 AN. Fundo: GIFI (01). Ministério dos negócios do Brasil, do Reino, dos estrangeiros, dos negócios do Império (Intendência geral de polícia). 1816-1817. 6J-83.

156 AN. Fundo: GIFI (01). 6J-83, doc. cit.

157 AN. Fundo: GIFI (01). 6J-83, doc. cit.

158 AN. Fundo: GIFI (01). 6J-83, doc. cit.

se teve acesso direto à acusação que o levou à prisão, mas pode-se presumir que Peacock não tinha licença para vender carne verde, ou sua licença tinha perdido a validade.[159]

Em uma carta ao Ministério do Império, Peacock anexou uma licença ao documento que explicava sua prisão, na qual havia uma "carta de privilegios e immunidades", que afirmava que os negociantes britânicos podiam

> Livremente negociar, tratar, vender e comprar por todos os reinos, e senhorios, por suas proprias pessoas, ou por seus feitores, ou servidores [...] os povos da Inglaterra pudessem nestes reynos comprar, usar e gozar todos da primeira mão qualquer generos de fazendas, bens, e mercadorias, por miúdo, ou em qualquer numero, e grandeza, e que pagos huma vez os direitos em alguma das alfândegas não sejão obrigados a pagar outras, e no seu negocio devem ser favorecidos.[160]

O documento, reconhecido em cartório, faz parte do contexto da preeminência inglesa no Brasil,[161] mas não foi aceito por Paulo Fernandes Vianna e Joaquim José de Siqueira como legítimo para que o comerciante tivesse a liberdade de comerciar as carnes verdes.

Peacock juntou os documentos e enviou à Sua Majestade tentando reaver o seu talho de carne. A resposta foi curta e simples, escrita no próprio documento: "Não tem lugar em razão do contracto".[162] Peacock perdia a batalha, mas não desistiu da tentativa de estabelecer açougues na cidade ainda no período de vigência do contrato.

Em 1820, ele entrou em conflito com o novo contratador, Antonio Joaquim do Carmo, desejando estabelecer um talho na cidade, o que foi rejeitado por Carmo, que afirmava ter essa exclusividade. Carmo apelou a Vianna e este repassou a questão ao ministro Villanova Portugal, dando antes o seu parecer. Vianna elogiou Carmo na carta e acusou Peacock de querer ferir as regras do contrato, acusando-o de, provavelmente, levar a carne a 50 réis a libra, caso conseguisse a licença. Relatou o histórico de Peacock, lembrando que ele

---

159 BN. PEACOCK, Heitor. Requerimento encaminhado ao Ministério do Império solicitando ordem para corte de carne verde. Fundo/Coleção Documentos biográficos. Rio de Janeiro: 1813-1818. (Seção de Manuscritos, C-17, 17).

160 BN. PEACOCK, Heitor. (Seção de Manuscritos, C-17, 17), doc. cit.

161 Sobre isto ver, dentre vários outros títulos, PANTALEÃO, Olga. "A presença inglesa", *op. cit.*, *passim*.

162 BN. PEACOCK, Heitor. (Seção de Manuscritos, C-17, 17), doc. cit.

era conhecido pela Polícia por extraviar direitos, tendo ele e caixeiros seus já sido presos anteriormente. Por fim, afirmou que "em quanto os contractadores poderem estar com os nossos nacionais he melhor do que com os estrangeiros".[163]

Essa última afirmação de Vianna pode suscitar interpretações polêmicas. Não se trata de uma defesa nacionalista do comércio e dos comerciantes nacionais, mas sim dos grupos diretamente ligados ao intendente, dos quais ele era um dos mais notáveis representantes no aparelho do Estado português. Nas disputas pelo controle desse comércio, que ficaram evidenciadas em todos estes conflitos citados acima, Vianna assumiu a defesa de alguns negociantes nacionais não por questões de cunho ideal, mas por sua própria estreita ligação com o grupo dos homens de negócio da cidade. Isso ficou explícito em sua própria trajetória familiar, e na ótima relação que manteve com Joaquim José de Siqueira.

Por fim, é interessante observar uma discussão entre Vianna e Rodrigo de Sousa Coutinho, o conde de Linhares, realizada em 1810 e que reforça os argumentos apresentados no parágrafo anterior. A discussão pairou em torno da questão do comércio das carnes verdes, de como deveria ser feito esse comércio e qual deveria ser a posição dos ingleses nele. A carta de Coutinho foi resposta ao documento de Vianna, em que ele defendia a criação do sistema de contrato no comércio das carnes verdes. Vianna havia agregado à sua proposta o problema da presença inglesa no comércio, o que causava a venda do gênero acima do preço estipulado pela Polícia, levando Vianna a defender um sistema de contrato, com a exclusão dos ingleses do comércio. Sobre essa proposta, o conde de Linhares afirmou:

> Diz VSa que há trez casas inglezas que se arrojarão ha mezes a vender a carne verde a maior preço do que se paga no açougue, indo compra-la pelo preço comum ao matadouro, e depois vendendo-a, segundo a sua qualidade por 40, 50 ou mais reis.
>
> Se tantas cazas inglesas comprão a carne no matadouro, e pagão os direitos a SAR, que damno rezultou de que elles fação são o que uma policia da cidade bem entendida deveria ter introduzido, e he que a carne se venda a diferentes preços segundo sua qualidade, como se pratica em toda Europa, excepto Portugal e Espanha.
>
> Que incoveniente he que elles vendão esta carne depois de feita esta separação, e que assim sirvão aquella parte do publico que quer comprar

---

163 AN. Fundo: GIFI (0I). 1820-1821. 6J-86, doc. cit.

melhor carne, mais cara, e sem fazer sacrifício de comprar muita carne para escolher a bôa de que quer servir-se.

Que contradição ha nesta pratica? seja com as Reaes Ordens que estabelecem que o preço da carne nos açougues seja 30 réis e que damno pode resultar desta especulação ao novo contracto que V.S. me dis já o Sr Conde de Aguiar me segurou estar quase concluido.[164]

Rodrigo de Sousa Coutinho apresentou um argumento liberal e classista para que os ingleses pudessem vender a carne. Liberal porque ele acreditava que o livre comércio organizava bem as vendas e de classe porque ele defendia a venda de carne, mesmo que mais cara, para uma pequena faixa da população que assim podia pagar, conseguindo também uma carne de melhor qualidade.

Na sequência do documento, Coutinho explicitou a que escola de pensamento se filiava: "escreva a My Lord Strangford e se faça esta proibição, que aos meus olhos, e aos dos que conhecem a pratica da economia política sempre parecerá redicula".[165] O conde de Linhares estava seguindo orientações teóricas da escola escocesa, o que nesse caso era defender os interesses dos negociantes e comerciantes britânicos estabelecidos no Brasil e também o interesse dos consumidores de maior cabedal da cidade.

Na resposta de Paulo Fernandes Vianna, que veio no mesmo dia, este reforçou suas críticas aos comerciantes ingleses que vendiam carne acima do preço acertado como limite máximo. Ele repetiu a denúncia de que ingleses vendiam a carne a 40, 50 réis ou mais, lembrando que a situação piorava bastante nos meses de falta, quando o preço disparava nos açougues. Assim, o sistema de contrato reduziria essas flutuações, obrigando o contratador a comprar reses para o ano inteiro, deixando-as na Real Fazenda de Santa Cruz.[166]

A argumentação técnica e em prol dos preços tabelados de Vianna se punha a favor de negociantes nacionais específicos, defendidos por ele. Em especial, foi emblemático o resultado do debate: o contrato foi aprovado, os ingleses foram parcialmente afastados do comércio e limitados em suas ações dentro deste, os comerciantes britânicos que vendiam acima do valor estipulado foram perseguidos e os interesses dos contratadores passaram a ser defendidos por Vianna. A medição de forças dentro do Estado português, novamente

---

164 AN. Fundo: GIFI (01). 6J-78, doc. cit.

165 AN. Fundo: GIFI (01). 6J-78, doc. cit.

166 AN. Fundo: GIFI (01). 6J-78, doc. cit.

em ação, foi vencida por grandes negociantes nacionais, claramente Joaquim José de Siqueira, que se manteve por doze anos vinculado ao contrato das carnes verdes.

A exclusão social do consumo efetuada pela venda de carne por comerciantes ingleses – com a venda de carne de melhor qualidade a preços acima do tabelado – ocorreu em alguns momentos entre 1810 e 1821, mas a prática sofreu coerção do intendente geral de polícia, associado aos contratadores das carnes. Isso se explica pela disputa entre frações de classe dos negociantes e comerciantes, no qual alguns grandes negociantes nacionais tiveram mais sucesso nesse momento, em função de sua penetração no aparelho de Estado português.

A exclusão social do consumo feita por ingleses e outros estrangeiros no comércio de varejo teve vez com maior intensidade a partir de 1823, com a liberação do comércio. Se, no comércio, essa foi a vitória de um grupo mercantil contra outro, na órbita do consumo, foi a vitória dos que tinham maior poder de compra contra os setores intermediários da estrutura social da cidade colonial. Caixeiros, pequenos comerciantes, artesãos e funcionários do Estado passaram a ter mais dificuldade de comprar carne devido ao aumento nos preços.

As conturbações urbanas e o comércio

Em quase todas as ocasiões em que foi analisado pela historiografia, o comércio de abastecimento foi relacionado a motins, revoltas e agitações populares contra a falta, escassez e carestia de alimentos. A relação não é acidental, já que diversas vezes na história nacional a precariedade do comércio interno condicionou esses eventos vividos nos centros urbanos.

Maria Yedda Linhares mostrou como a escassez de alimentos, epidemias e conturbações sociais se relacionavam na colônia. Kenneth Maxwell se referiu a diversas reclamações e agitações populares em Salvador no século XVIII, tendo como alvo a Câmara Municipal, pela postura reticente do órgão em relação ao controle do comércio de gêneros básicos na cidade.[167]

Se esses fenômenos ocorreram antes da primeira metade do século XIX, também depois desse período notaram-se motins relacionados aos impasses do abastecimento urbano. Afonso Alencastro Graça Filho demonstrou como, na década de 1870, período de crise na produção para o mercado interno, houve várias revoltas na cidade do Rio de Janeiro que tinham como motivo a escassez e a carestia. Em um período ainda posterior,

---

167 LINHARES, Maria Yedda Leite. *História do Abastecimento*, p. 84-97; MAXWELL, Kenneth. *A Devassa da Devassa: a Inconfidência mineira*, Brasil-Portugal – 1750-1808. 2ª ed. Rio de Janeiro: Paz e Terra, 1978, p. 245.

Boris Fausto notou que as revoltas na primeira década do século XX na cidade do Rio, incluindo aí a revolta da Vacina, tinham como fundo críticas à carestia de alimentos e de outras mercadorias. Esse autor identificou inclusive um motim em 1902 que teve como tema central a carestia da carne verde.[168] Entretanto, essa revolta não pode ser comparada às ocorridas na mesma cidade na primeira metade do século XIX, já que aquelas foram realizadas pelo movimento operário e tinham como tema reivindicações dessa classe social, questionando o salário e o custo de vida, em um contexto histórico totalmente diferente do início dos oitocentos.

No período específico dessa pesquisa, historiadores encontraram revoltas similares às ocorridas na Corte na cidade de Salvador. Kátia Mattoso descreveu motins ocorridos de 1808 a 1850, um período bastante agitado na cidade, havendo aí diversas revoltas escravas. Era uma característica das revoltas desse período na urbe o antilusitanismo, que a autora vinculou a um conflito de caráter classista. De acordo com ela, os portugueses eram, em grande parte, estabelecidos no comércio, sendo recorrentes as práticas de especulação e de monopólio, de forma similar ao Rio de Janeiro do mesmo período, e a população pobre da cidade, incentivada pelos grandes proprietários de escravos e terras – os brasileiros –, voltava-se contra os portugueses, saqueando suas lojas e atacando-os em público. A autora notou também revoltas relacionadas com a carestia de alimentos e as epidemias nos anos de 1858 e 1878, inclusive com falta de carne verde na cidade.[169]

João José Reis também fez um amplo estudo da cidade no XIX para explicar a revolta dos malês de 1835. Ele mencionou motins contra a carestia e a escassez nas décadas de 1820 e 1830, relacionando-os com as revoltas escravas do período. Ele vinculou também essas revoltas, que pressionavam o poder público a tabelar os alimentos, à realidade encontrada por Edward Thompson na Inglaterra do século XVIII, afirmando que essa prática da população de Salvador "se parecia com o que Thompson chamou de economia moral da multidão".[170] Cabe uma discussão sobre a aplicabilidade desse conceito para o Brasil do século XIX.

Em seus estudos sobre o século XVIII, tentando entender as origens da formação da classe operária britânica, Thompson estudou diversas formas de ação do que ele chamava de

---

168 GRAÇA FILHO, Afonso Alencastro. *Os Convênios da Carestia: organização e investimento do comércio de subsistência da Corte (1850-1880)*. Dissertação de mestrado. Rio de Janeiro: UFRJ/IFCS/PPGHIS, 1991, p. 191; FAUSTO, Boris. *Trabalho Urbano e Conflito Social (1890-1920)*. Rio de Janeiro/São Paulo: Difel, 1976 apud BENCHIMOL, Jayme Larry. *Pereira Passos, um Haussman Tropical, op. cit.*, p. 298-305.

169 MATTOSO, Kátia Maria de Queiroz. *Bahia: a cidade de Salvador..., op. cit.*, p. 180-9; 24-8.

170 REIS, João José. *Rebelião Escrava no Brasil, op. cit.*, p. 37-8.

'plebe', evitando o termo classe social para o período. O autor identificou particularmente rebeliões populares feitas ao longo do país que, segundo ele, tinham causas econômicas e materiais, porém essa plebe revoltada invocava normas e costumes tradicionais, o que ele chamou de economia moral dos pobres ou economia moral da multidão. Thompson rejeitava a ideia de que a fome por si gerava uma revolta natural, afirmando que as revoltas podiam ser de diferentes tipos, de acordo com a cultura vigente. No segundo artigo sobre o assunto, ele se defendeu das críticas sofridas e utilizou o termo 'cultura política'. Os motins giravam em torno da venda de alimentos, principalmente o pão de trigo – alimento básico da dieta da 'plebe' britânica. Eram revoltas e protestos contra a carestia e a falta dos produtos no mercado, motivados pela especulação dos comerciantes, exportação de cereais e outras práticas comerciais que acarretavam um encarecimento desses produtos. Os amotinados se reuniam e destruíam moinhos, saqueavam cereais armazenados para exportação, às vezes até pagando por esses. Eles invocavam a moral e o preço justo para defender os seus direitos, o que se opunha à economia política nascente, que rejeitava os aspectos da economia moral.[171]

Não cabe aqui uma discussão se a análise thompsoniana é válida para o caso inglês, apenas se é possível utilizar esse conceito no Brasil do XIX. Existiam algumas semelhanças aparentes e diversas diferenças entre o contexto inglês e o brasileiro. As diferenças, que se avolumam, podem ser sumariamente relacionadas: não se vivia aqui uma formação de classe operária como na Inglaterra de passagens do XVIII para o XIX, tratando-se de uma sociedade escravista colonial, na qual a maioria dos trabalhadores não era livre; o mercado analisado por Thompson é um mercado de uma economia capitalista, com alguns poucos resquícios de outros modos de produção, o que é plenamente diferente do caso brasileiro, em que havia um mercado de economia escravista, que tinha uma dinâmica e hierarquização diferenciadas; a atuação do poder público nos dois casos também era diferente, visto que a composição social dos aparelhos de Estado em questão não era passível de comparação; assim, os conflitos no interior do Estado brasileiro, entre defensores do comércio nacional e os que defendiam a abertura máxima da economia, são diferentes das disputas entre industriais e agricultores na Inglaterra.

Por esses e por outros motivos, não cabe a utilização desse conceito no Brasil oitocentista. Se havia revoltas aqui, elas se deviam a uma lógica própria da dinâmica social escravista. A atuação da população, da mesma forma, se era aparentemente similar nos dois casos, pedindo o tabelamento de preços e a liberação de comida de armazéns, tinha explicações

---

171 THOMPSON, Edward Palmer. "A economia moral da multidão inglesa no século XVIII". In: *Costumes em Comum*. São Paulo: Companhia das Letras, 1998, p. 152-4; 164-70; 18-82; 202; THOMPSON, Edward Palmer. "A economia moral revisitada". In: *Costumes em Comum, op. cit.*, p. 206-9; 232; 234-46.

diferentes em cada caso, já que eram estruturas sociais plenamente diversas umas da outras. As revoltas dos caixeiros no Rio de Janeiro da época da independência, por exemplo, não ganhou grande adesão dos escravos urbanos, havendo uma lógica nas revoltas sociais brasileiras do período que remetem à estrutura social do escravismo colonial.

Os motins na cidade do Rio de Janeiro e sua relação com o comércio das carnes

Da mesma forma que há uma produção historiográfica que aborda a relação entre questões no comércio de abastecimento de alimentos e motins no período colonial e em Salvador no século XIX, há também estudos do mesmo tipo para o Rio de Janeiro na primeira metade do século XIX. O arquivista Aureliano Restier Gonçalves menciona revoltas urbanas em 1818, relacionadas à grave crise de falta de carne verde na cidade naquele ano.

> Em julho de 1818, a falta de carne para abastecer a cidade deu motivo para forte agitação, vindo o povo à rua, amotinado, com francas manifestações de simpatia ao movimento emancipatório de Pernambuco. Esses acontecimentos foram levados a ciência do governo real [...].[172]

Essa parece ter sido a mais grave turbulência vivida na cidade que teve como motivo principal a falta de carne verde nos açougues públicos. Outras várias aconteceram no período recortado, mas essa foi motivada especialmente pela falta do gênero, levando os participantes dos motins a dar vivas à Revolução Pernambucana ocorrida no ano anterior.

Esses motins eram realizados principalmente por homens livres pobres da cidade, incluindo aí pequenos artesãos, comerciantes e, principalmente, os caixeiros. Esses constituíam o grupo mais turbulento da cidade, sendo os braços dos negociantes, de acordo com Maria Beatriz Nizza da Silva. Lenira Martinho, que fez uma pesquisa específica sobre esse grupo social à época da independência, afirma, da mesma forma que Nizza, que os caixeiros se envolviam em várias revoltas ocorridas na cidade, inclusive nas existentes nos primeiros anos da década de 1820 e relacionadas com a independência. Segundo a autora, eles eram manipulados pelos homens de negócio e, constituídos em sua maioria por estrangeiros, es-

---

[172] GONÇALVES, Aureliano Restier. "Carnes verdes em São Sebastião...", *op. cit.*, p. 304.

pecialmente portugueses, concorriam no mercado de trabalho com os homens livres pobres nacionais, gerando o ódio desses, o que era uma das causas da lusofobia do período.[173]

Lojistas e artesãos também se amotinavam e foram chamados por Emília Viotti da Costa de 'sans-cullotes' por causa de suas ideias avançadas. Eles chegaram a defender o fim da escravidão na época da independência.[174]

Outra autora que estudou os motins do período foi Gladys Sabina Ribeiro, que identificou perturbações na urbe em vários anos desde 1818 a 1835, ressaltando que os períodos de maior efervescência social na cidade se deram de 1821 a 1824/5 e de 1831 a 1834/5. Para essa autora, por trás dos conflitos urbanos, havia rivalidades opondo o povo de um lado e os negociantes e comerciantes envolvidos no comércio de abastecimento de outro. Os homens de negócio e comerciantes que atuavam no atacado e no varejo do mercado dos produtos essenciais se tornavam alvos da fúria dos amotinados.[175]

Ribeiro citou também os motins de 1818, dando também como causa principal desses a falta de carne verde na cidade. Homens armados foram colocados ao longo das ruas para evitar agitações, o que não foi suficiente para evitar tumultos, furtos e pancadarias. É em função dessa crise de desabastecimento e dos distúrbios sociais decorrentes que foram criados mais dois cargos de juiz almotacé na cidade, em 1819, já que muitos afirmavam que os culpados pela falta eram carniceiros e agentes do comércio que faziam práticas ilícitas, como a incorreta pesagem da carne e venda de melhores pedaços para pessoas específicas.[176]

A autora menciona também uma revolta ocorrida em 9 de março de 1820, em função da falta das carnes verdes, quando um "immenso povo" se ajuntou em frente ao açougue de Santa Luzia e deu início a um motim. Nesse dia, 180 pessoas ficaram sem carne nesse açougue – o principal da cidade –, mais 66 pessoas no açougue da Vala e 18 em um talho no Catete. Ela lista revoltas ocorridas também em 1829, 1831, 1834 e 1835.[177]

Na conclusão de sua tese, Gladys Ribeiro relaciona o antilusitanismo existente na cidade no período com um suposto monopólio do comércio de carne verde por parte dos

---

173 SILVA, Maria Beatriz Nizza da. *Análise de Estratificação Social, op. cit.*, p. 98; MARTINHO, Lenira Menezes. "Caixeiros e Pés-descalços", *op. cit.*, p. 104-5.

174 COSTA, Emília Viotti da. *Da Monarquia à República, op. cit.*, p. 222.

175 RIBEIRO, Gladys Sabina. *A Liberdade em Construção: identidade nacional e conflitos antilusitanos no Primeiro Reinado*. Rio de Janeiro: Relume-Dumará/FAPERJ, 2002, p. 19.

176 *Ibidem*, p. 275.

177 *Ibidem*, p. 275.

portugueses.[178] Há um equívoco nessa afirmação, visto que os portugueses não constituíam maioria no comércio, como essa dissertação mostrou em outras passagens. Tampouco os negociantes e retalhistas envolvidos no comércio das carnes eram, em geral, absolutistas – termo usado como sinônimo de portugueses –, apesar de alguns deles serem aliados de D. Pedro I. A maioria dos negociantes envolvidos no comércio de reses e de carnes na cidade era constituída de brasileiros, ou melhor, pessoas nascidas no Brasil, sendo eles politicamente ligados a funcionários do Estado joanino e do I Império, o que não era regra geral, visto que Joaquim Gonçalves Ledo, por exemplo, foi um dos arrematantes do contrato da renda das cabeças, tendo sido rival de José Bonifácio e desterrado logo após a independência.[179]

Após um período relativamente calmo na cidade na segunda metade da década de 1820, os motins voltaram a ter lugar na Corte no início da Regência. José Murilo de Carvalho cita um primeiro ciclo de revoltas regenciais, ocorrido até 1835, com diversas pequenas rebeliões pelo país, das quais seis ocorreram na capital em 1831 e 1832, com a participação do povo e da tropa.[180] Nessas revoltas, alguns amotinados defenderam propostas como a expropriação de latifúndios improdutivos.[181]

Esses dois primeiros anos da Regência são particularmente sensíveis no que concerne à ordem social da cidade do Rio de Janeiro. Uma desvalorização da moeda nacional em 1831 levou a uma carestia de alguns produtos,[182] o que levou Maria Yedda Linhares e Maria Bárbara Levy a enxergarem ali revoltas geradas pela inflação.[183]

As revoltas no período tinham múltiplas causas, sendo determinante não só a carestia, mas também as turbulências políticas vividas na capital. A Câmara pediu, em uma sessão extraordinária de abril de 1831, insistentemente, que a população mantivesse a calma e que voltasse à rotina. O vereador Joaquim José Pereira de Faro fez uma proposta de um edital para ser afixado pela cidade que foi aceita unanimemente pelos outros vereadores:

---

178 *Ibidem*, p. 361.

179 COSTA, Emília Viotti da. *Da Monarquia à República, op. cit.*, p. 55.

180 CARVALHO, José Murilo de. *O teatro das Sombras: a política imperial*. In: *A Construção da Ordem: a elite política imperial*. 4ª ed. Rio de Janeiro: Civilização Brasileira, 2003, p. 250.

181 COSTA, Emília Viotti da. *Da Monarquia à República, op. cit.*, p. 11-8.

182 RENAULT, Delso. *O Rio Antigo nos Anúncios de Jornais, op. cit.*, p. 137-8.

183 LINHARES, Maria Yedda Leite; LEVY, Maria Bárbara. "Aspectos da história demográfica...", *op. cit.*, p. 127.

> Proponho que se mande afixar hum edital convidando todos os nossos concidadãos a abrirem suas casas de comercio, armazéns de mantimentos em geral, e a todos os lavradores do Municipio para continuarem a importar para a Cidade os seos mantimentos de toda especie, na certeza de que o governo tem dado as providencias precizas para conservar a cidade na maior armonia, e socego, recomendando outro sim que a todos cumpre a mais cega obediencia as Leis, e respeito as autoridades estabelecidas, que devem merecer a todos a maior confiança.[184]

Apesar de esse ser o mês da abdicação, juntando várias turbulências urbanas, como as noites das garrafadas, essas agitações não podem ser apreendidas apenas em sua dimensão política. O próprio autor do texto dá indícios do contrário ao afirmar que os donos de casas de comércio e de armazéns deveriam abrir as portas de seus estabelecimentos. Estes estavam sendo atacados pelos setores intermediários urbanos e escravos, que culpavam comerciantes e negociantes pela carestia e escassez de alimentos e gêneros básicos. Assim, causas políticas e comerciais se juntavam na detonação dessas revoltas.

Diversos documentos similares a este, pedindo a calma e a harmonia à população, foram encontrados nas atas da Câmara Municipal no ano de 1831. Em um deles, também de abril do dito ano, o "encarregado da repartição do quartel mestre general" pediu ao órgão certas salas da Câmara para acomodação da tropa, o que foi aceito pelos vereadores para parte do prédio. Além desses dois documentos, mais três foram encontrados nas atas, mencionando os motins existentes na cidade e com decisões para restringir as armas na cidade e reprimir revoltas. Nos anos seguintes, editais de 1833 e 1834 citavam as crises políticas vividas no período e também os problemas de ordem urbana havidos na Corte.[185]

Muitos desses motins urbanos tinham como local inicial ou privilegiado o matadouro e o açougue anexo, o chamado açougue de Santa Luzia, o principal da cidade. São correntes em toda a documentação municipal os pedidos de vereadores, almotacés, fiscais e administradores do matadouro para que houvesse tropas da polícia permanentemente nesses locais, com o objetivo de evitar esses distúrbios.

Em 3 de março de 1830, o fiscal de São José pediu, em um ofício endereçado à Câmara Municipal, que houvesse no matadouro e no açougue de Santa Luzia "3 ou 4 soldados da polícia para conter a multidão de gente que ali concorre, devendo ser diariamente muda-

---

184 ATAS das sessões da Ilma. Câmara Municipal, *op. cit.*, vol. v, p. 97.
185 ATAS das sessões da Ilma. Câmara Municipal, *op. cit.*, vol. v, p. 97; 151-3; 225.

das". Oito dias depois, a Câmara recebia um aviso do intendente de polícia afirmando que quatro soldados seriam enviados ao local e revezados diariamente com outros quatro.[186]

Mesmo com esse pedido e a sua aparente efetivação, novamente em 1832, o mesmo fiscal reclamou da falta de guarda no matadouro. Ele explicou o pedido aos vereadores:

> Tenho a honra de levar ao conhecimento desta illustre Câmara que a falta de uma guarda em o matadouro de Santa Luzia, he bastante sensível, porque a gente que alli se occupa, no serviço daquelle estabelecimento, he pouco morigerada, e de péssima educação propença a fazer desordens a cada momento, e nem se lhe dando de observar o que está estabelecido nas posturas, como por exemplo: entrarem no matadouro, e tirarem do curral bois, matalos, preparalos, e venderem sem que ali esteja o administrador, ou que suas vezes faz, isto com o desembaraço que lhes he próprio, abusa do assim mao estado em que estão as portas do matadouro. E como agora se vai fazer o conserto do dito matadouro, e tem de se fazer algumas divisoens no mesmo, para se poder trabalhar no dito concerto sem ser interrompido pelo povo, ou pelos taes traficantes que a nada atendem. Por isso tomo a liberdade de lembrar a VVSS, para alem da ordem, e deve evitar algum mal que a insubordinação daquella gente a cada momento está ameassando; hajão de requisitar uma guarda, de tres homens, para ali estar como sempre houve, pois só assim se restabelecerá a ordem naquella casa, onde reina a confusão.[187]

O fiscal retratou um cenário de grande desordem e confusão como constituintes do cotidiano do matadouro, reclamando dos distúrbios causados pelos donos de gado e pelo povo que ia ter no açougue vizinho. Ele citou também o mau estado do estabelecimento e a costumeira presença de tropa no local, o que foi interrompido por um motivo que se desconhece. O relato do fiscal reforça a noção de que o matadouro era um local propício para confusões, desordens e, muitas vezes, epicentro de revoltas e motins vividos na cidade.

Esses não foram os únicos casos de funcionários públicos que pediram tropas da polícia no matadouro e açougues da cidade. Em uma proposta de 1833 para a criação de um

---

186 ATAS das sessões da Ilma. Câmara Municipal, *op. cit.*, vol. IV, p. 125.

187 AGCRJ. Carnes e matadouros: matadouro de Santa Luzia - administração propriamente dita (1832-1853). Códice 53-3-15, f. 8.

novo matadouro em outro local que não Santa Luzia, um desconhecido chamado Estevão Magalhães afirmou que a "primeira medida [a ser tomada para a construção de um novo estabelecimento deste tipo] é a existência de uma guarda para regular o policiamento do matadouro".[188] Vê-se, assim, a centralidade da questão.

Da mesma forma, na discussão já aludida de 1820, ocorrida no plenário do Senado da Câmara, onde os vereadores Francisco de Sousa Oliveira e Manoel Caetano Pinto se confrontaram no plano da construção de um novo mercado na cidade, ambos concordaram na importância da guarda de polícia nesses estabelecimentos. Na proposta do vereador Oliveira, ele explicitou que em uma parte da feira pública "deve ficar huma caza, para goarda da Tropa, a qual deve ser indispensavel para evitar tumultos, e conservar a boa ordem". Essa passagem foi uma das poucas que não foi criticada pelo vereador e negociante Manoel Caetano Pinto, afirmando este que a construção e organização do mercado "daria lugar a que os soldados fizessem dependencia como sucede no açougue". Portanto, o homem de negócios e vereador deixou claro que havia necessidade permanente das tropas no açougue público e que o mesmo aconteceria em um mercado livre, como o imaginado por Oliveira.[189]

Há ainda outros relatos de pancadaria e confusões em Santa Luzia. Em 1826, o almotacé Francisco Pereira da Rocha enviou para os vereadores a descrição de um desses eventos ocorrido no matadouro público. Em 3 de novembro daquele ano, "um caixeiro / ainda que elles todos querem ser marchantes / por nome de João Mendes empurrou o feitor e traficante", tendo ele, em seguida, chamado a polícia para prender o caixeiro. A passagem reforça a tese de que os caixeiros eram um grupo social que se envolvia correntemente em agitações e pancadarias e, além do mais, estavam sempre tentando uma ascensão social. Além disso, o almotacé relatou que no mesmo dia um preto forro "cortador, matador e esfolador no curral" foi preso por ordem de um general.[190]

Em 1830, um marchante encaminhou à Câmara Municipal uma denúncia contra a administração do matadouro. Ele afirmou que faltavam negros no estabelecimento, que o serviço era feito com "desordem, barulho, descomposturas e athe pancadas, como aconteceo ha dois dias, que o feitor deo uma bofetada em um francez que compra carne, e ameaçou no dia seguinte ao caixeiro do suplicante de fazer o mesmo". Além disso, o marchante

---

188 AGCRJ. Carnes verdes e matadouros (1833). Códice 53-3-18, f. 3-4.
189 AGCRJ. Talho de carne verde (1820). Códice 53-2-25, f. 2-9.
190 AGCRJ. Matadouros e açougues (1822-1830). Códice 53-3-2, f. 103-4.

relatou as já referidas imundícies, sangue, balanças e pesos desregulados e falta de água para o gado, acrescentando que a polícia nada fazia no local.[191]

O coletor encaminhou em 1834 ao governo regencial uma reclamação sobre as condições de convívio no matadouro, fazendo críticas ao fiscal e relatando um caso de pancadaria no local: "Acresce porém que no dia nove do corrente um esfolador assacino de profição, atacando a um soldado da patrulha, que ali se acha para os fazer reforçar a mesma por se pressentirem ameaças dos companheiros de officio".[192]

Todas essas agitações mencionadas envolvendo o matadouro e açougue de Santa Luzia reforçam a tese de que o local era um espaço altamente explosivo da cidade colonial, visto que era ponto de venda de um produto essencial para boa parte da população. Daí que várias revoltas tenham tido como local privilegiado o açougue de Santa Luzia, como a de 1820, quando 180 pessoas que, depois de terem se dirigido ao local e ficado sem carne, iniciaram um motim que acabou tomando proporções bem maiores, vinculando-se a causas políticas.

---

191 AGCRJ. Matadouros e talhos (1812-1830). Códice 53-2-19, f. 188-90.

192 AGCRJ. Carnes verdes e matadouros: talhos, açougues, ofícios, portarias, representações, memórias, impostos sobre o gado a abater, pareceres, etc. (1832-1837). Códice 53-3-14, f. 48.

Conclusão

Conclusão

A carne verde é o gênero básico de consumo que mais acumulou fontes nos arquivos públicos brasileiros antes do século xx, em função da importância do produto para a alimentação das populações urbanas e também devido à deficiência do abastecimento do mesmo em todo o período colonial e imperial. Apesar dessa deficiência na distribuição, o produto teve grande destaque nos circuitos do comércio interno e na integração das regiões da América portuguesa, já que era, ao lado da carne-seca, a principal fonte de proteínas para o consumo dos habitantes das cidades coloniais. O comércio das carnes articulou uma produção pecuária importante, boiadas que dominavam alguns caminhos, interesses, pressões, leis de incentivo e subsídio, mercado negro, enfim, toda uma série de fenômenos de ordem econômica, social e política que devem ser estudados e compreendidos.

Na produção pecuária do gado bovino que acabaria por ser abatido nos matadouros da capital, há uma caracterização muito próxima ao que foi sistematizado por Jacob Gorender como a plantagem, elemento fundamental do escravismo colonial. Afirma esse autor que a plantagem utilizava muitos trabalhadores, sendo a mão de obra escrava dominante; a propriedade podia ser pequena, média ou grande, porém sempre maior que a familial; a produção era itinerante, com baixo nível técnico, quase nunca havendo inovações.[1] Essas características correspondem às propriedades sulinas, mineiras, goianas e mato-grossenses que supriam o Rio de Janeiro de gado, já que nesses locais a produção era extensiva, o gado mudava de ambiente periodicamente em busca de pasto e havia quantidade significativa de escravos, apesar de nem sempre dominantes. O único senão é que Gorender considera que a plantagem produz sempre para o mercado internacional, o

---

1 GORENDER, Jacob. *O Escravismo Colonial, op. cit.*, p. 77-98.

que não é o caso da produção do gado em pé, que, apesar de produzido em plantagens, é feita para o mercado interno. Isso ocorre porque o mercado interno da economia colonial era mais dinâmico do que imaginou Gorender em 1978, ano em que escreveu o livro, e também por se tratar de uma conjuntura específica de grande força da produção para o abastecimento, gerada pelo mercado carioca após a chegada da Corte, que criou uma poderosa teia econômica no Centro-Sul da América portuguesa. Enfim, é possível pensar em plantagem produzindo gêneros básicos para um mercado interno e não somente produtos de exportação de alto valor no mercado internacional.

Essa dinâmica, constatada por diversos pesquisadores, rompe com alguns postulados tradicionais da historiografia, como a ideia de Harold Johnson de que a economia brasileira nessas primeiras décadas do século XIX podia ser entendida como uma economia dupla ou dual, uma capitalista exportadora e outra de quase subsistência, em grande parte fora do mercado.[2] Se não se deve utilizar o termo capitalismo para o Brasil oitocentista,[3] muito menos se pode afirmar que o mercado interno era uma economia de quase subsistência. O dinamismo da produção e do comércio de carnes verdes é emblemático de uma economia que não é de subsistência e que é produtora de mercadorias. Não apenas Harold Johnson incorreu nesse equívoco sobre a produção para o abastecimento, também o próprio Gorender e outros autores pensavam o mercado interno sempre como secundário e diretamente subordinado à produção para exportação, caracterizando-se, muitas vezes, como 'economia natural'.

As crises de suprimento no comércio de carnes verdes também podem ser compreendidas dentro da lógica do escravismo colonial, já que cada estrutura social tem sua crise própria. Limitações como as cláusulas dos contratos, a concorrência com a produção de charque, a má condição das estradas e a não intervenção firme dos governos para forçar produtores e mercadores a suprir os mercados com abundância e baixos preços eram fatores que levavam à escassez e à carestia do gênero na Corte. Todas essas limitações devem ser compreendidas dentro das disputas econômicas e das relações de força presentes na sociedade escravista e nos aparelhos políticos, que acabavam por afetar as

---

2   JOHNSON Jr., Harold B. "Investigação preliminar sobre dinheiro...", *op. cit.*, p. 262-3.
3   Sobre o circulacionismo, dois bons ensaios críticos são os de LACLAU, Ernest. "Feudalismo e capitalismo na América Latina". In: SANTIAGO, Théo Araújo (org.). *América Colonial, op. cit.*, p. 34-60; CARDOSO, Ciro Flamarion Santana. "As concepções acerca do 'sistema mundial' e do antigo sistema colonial': a preocupação obsessiva com a 'extração de excedentes'". In: LAPA, José Roberto do Amaral (org.). *Modos de Produção e Realidade Brasileira, op. cit.*, p. 109-32.

populações urbanas, incidindo muito mais sobre as camadas inferiores e intermediárias dos habitantes da cidade, já que os membros da classe dominante podiam recorrer ao mercado paralelo ou a outras carnes mais caras.

Um dos fatores principais da má qualidade do suprimento de bens para a urbe, a má condição dos caminhos, não pode ser entendida apenas no seu sentido técnico ou na falta de recursos públicos para tal. Em uma economia colonial, em que os setores sociais primário-exportadores têm mais força, a política estatal para as estradas tende a priorizar a ligação das regiões agroexportadoras aos portos e não a integração interna. Os caminhos que visavam o abastecimento urbano, como as estradas que ligavam a região Sul do território ou o Sul de Minas Gerais ao Rio de Janeiro, não eram áreas prioritárias de atuação dos governos entre 1808 e 1835, mesmo que houvesse um período de relativa mudança na política para as estradas entre 1808 e 1831, com a criação das estradas do Comércio e da Polícia. Mesmo assim, não se pode afirmar que a construção e a conservação das estradas que ligavam o mercado interno eram temas prioritários desses governos, até porque a configuração social e a dinâmica no interior do Estado não eram plenamente favoráveis aos grupos sociais ligados ao comércio de abastecimento terrestre. Portanto, a explicação para a condição dos caminhos que ligam o território brasileiro no período deve ser encontrada nas relações de força dentro do Estado imperial, que, com idas e vindas, acabou por manter as estradas em mau estado de conservação.

A estrutura do comércio das carnes também pode ser entendida dentro do escravismo colonial, visto que assumia moldes similares a outras formas de comércio de abastecimento e também ao tráfico de escravos. A grande distância entre as áreas produtoras de gado e a cidade, os diversos impostos, a complexa manutenção de uma boiada e as dificuldades de conservação do gado nas imediações da cidade, enfim, o alto custo para se montar uma boiada em direção ao Rio fazia com que esse comércio fosse altamente concentrado. Além disso, as dificuldades de abate e venda do gado nos matadouros faziam com que alguns ou até um só negociante tivesse controle sobre a maior parte do comércio de longa distância e sobre a matança dos bois. Essa concentração, similar à existente no tráfico de escravos e no comércio de gêneros diversos, fazia o comércio tender ao monopólio, gerando consequências maléficas para os consumidores, que encontravam altos preços do produto no varejo.

Os impasses do abastecimento do gênero à cidade, em parte gerados por esta concentração do comércio e pela especulação corrente praticada pelos negociantes, levaram o governo joanino a intervir no suprimento do produto, criando o sistema de contratos de monopólio em 1810. Ao contrário do que se esperava, o contrato gerou uma lógica de escassez no mercado das carnes frescas, já que o contratador tinha a exclusividade das compras de gado na cidade, não tendo ele interesse de comprar muitos bois, o que faria elevar o preço da rês. Comprando muitas reses a um preço mais elevado, ele poderia até ter prejuízo, já que as cláusulas do contrato determinavam o preço tabelado da carne vendida no varejo. Esses dois postulados do contrato – o monopsônio das reses pelo contratador e o preço tabelado da carne – levavam o arrematante do contrato a não comprar muito gado e a não suprir adequadamente os açougues entre 1810 e 1821, acarretando uma escassez da carne no período. O fim do contrato acaba com a exclusividade do contratador na compra do gado e na venda das carnes, tendo fim o preço tabelado em 1823, o que leva ao rearranjo do comércio na cidade, com menor escassez do gênero, porém com preços maiores. Dá-se a lógica da carestia – que é fruto do comércio de um gênero básico em uma sociedade altamente desigual –, segundo a qual a liberdade de comércio e de preços levava à alta do valor de varejo do gênero, limitando o seu consumo a grupos sociais com faixa de renda superior e excluindo outros que podiam comprá-lo durante a vigência do tabelamento de preços. A estrutura escravista colonial faz o suprimento do gênero à cidade nunca ser satisfatório em quantidade, qualidade e preço ao mesmo tempo.

Grandes interesses se originaram do comércio das carnes verdes, em que atuavam destacados negociantes da praça do Rio de Janeiro, de São Paulo, Minas Gerais e Rio Grande de São Pedro do Sul. Desses, os homens de negócio da Corte tinham suas incipientes formas de organização, seja através do Corpo de Commercio do Rio de Janeiro, seja através de abaixo-assinados e propostas apresentados aos aparelhos políticos joanino, imperial e municipal. Esses interesses e, de vez em quando, também a organização e pressão assumidas pelos agentes do comércio ajudam a entender as políticas relativas às carnes verdes adotadas pelas diferentes instâncias políticas, como, por exemplo, a criação do contrato das carnes verdes em 1810, a partir de uma proposta do intendente geral da Polícia da Corte.

Ao se deter sobre as determinações e leis tomadas pela sociedade política ante o comércio, vê-se a importância dos interesses dos grupos sociais ligados à condução de boiadas e à venda de carne na cidade, e notam-se os momentos de maior poder do grupo dentro das disputas com outras frações da classe dominante da sociedade escravista. Construção e conservação de caminhos, isenção e subsídios ao transporte dos bois pelas estradas, isenção de recrutamento aos condutores de gado, leis imperiais que puseram fim ao contrato e ao tabelamento de preços no varejo são exemplos de medidas do Estado joanino e do Estado imperial que beneficiaram diretamente os negociantes envolvidos com o comércio de longa distância das carnes verdes. Também a Câmara Municipal, que era por excelência a casa dos homens de negócios cariocas, tinha uma maioria de membros que defendia os setores intermediários do comércio, muitas vezes assumindo posições contra o contrato, o contratador e o chefe da Intendência Geral de Polícia da Corte. O governo joanino beneficiou condutores ao defendê-los do recrutamento forçado, construindo e conservando razoavelmente caminhos e criando o contrato que beneficiava apenas alguns negociantes, o contratador e seus sócios. D. Pedro I manteve a política de incentivo relativo à conservação das estradas, mas, principalmente, liberou o comércio na cidade, o que beneficiou os condutores em detrimento dos antigos contratadores e seus sócios. Finalmente, no início do período regencial, vê-se uma mudança radical na política para o setor, com o fim de todos os incentivos nas estradas e uma penetração menor dos interesses oriundos do comércio de reses dos negociantes em geral no aparelho de Estado.

A cidade colonial também é expressão da sociedade tanto em suas características materiais, como nas relações sociais que dominavam a sua vida cotidiana. Materialmente, a urbe tinha como área central o porto – que se desenvolvia ao longo de toda a costa do que era a cidade naquele tempo –, o que demonstra a condição colonial da economia e a importância que ganha o contato com o mundo exterior a partir de 1808. Também interferia sobre a planta urbana da Corte a escravidão, que desenhava as suas ruas estreitas, dava o sistema de transporte, o sistema de abastecimento de água e esgoto, além de organizar a matança do gado e distribuição de carne pelos açougues da cidade. A escravidão também influía diretamente sobre as relações sociais, as mentalidades e a vida cotidiana no Rio de Janeiro.

No seu suprimento à população da cidade do Rio, os agentes do comércio de carnes verdes deparavam com um mercado peculiar, diferente dos mercados europeus nesse mesmo período. O mercado da cidade do Rio de Janeiro após a chegada da família real, corte e estrangeiros sofreu um grande incremento, elevando em quantidade e qualidade o consumo de diversos produtos. Porém, o mercado no escravismo colonial é reduzido, já que a maioria dos escravos não é diretamente consumidora de mercadorias – nas cidades existem escravos de ganho e outras formas de escravidão que aumentam em certo grau o consumo – e também porque a desigualdade social gerada pela posse de escravos gera uma forte hierarquização social no consumo de mercadorias. Tem-se, no fim das contas, um mercado que não abarca toda a população urbana e é altamente estratificado.

Esse mercado altamente hierarquizado criou um fenômeno social interessante e perverso, quando se tentou impor uma prática comercial exógena à sua lógica, a venda racionada de carne. Quando a carne verde era escassa, a venda do gênero passava a ser racionada em pequena quantidade com preço tabelado, o que subvertia a hierarquização social daquele meio, já que um importante negociante teria a mesma possibilidade de consumo de carne verde que um caixeiro, por exemplo. Assim, surgiu um mercado negro, que desviava a carne em maior quantidade e qualidade dos açougues para a casa de pessoas que podiam pagar mais caro pelo produto. Essa foi apenas uma das formas de exclusão social do consumo, havendo outras como o posicionamento geográfico dos matadouros e açougues pela cidade e a venda privilegiada para estrangeiros. Aos indigentes e escravos, restava a alimentação através de restos do gado, de carne pestilenta – que muitas vezes levavam à morte – e o roubo.

As crises de escassez e carestia do produto nos açougues levaram a outro fenômeno social na cidade no período recortado, os motins urbanos, que estiveram presentes em vários momentos da primeira metade do século XIX, sendo os mais profundos os de 1818. Eles eram levados a cabo por caixeiros e escravos, que eram os grupos sociais que eram excluídos do consumo através de vários mecanismos, como o alto preço da carne, o mercado ilegal, a distribuição geográfica dos açougues e matadouros e outros. O gênero da carne verde parecia ser especialmente explosivo, já que, por ser consumido em toda a cidade, uma pequena redução no abastecimento que gerasse uma leve escassez ou carestia levava à exclusão dos setores menos afortunados da população. Mesmo assim, esses motins se relacionaram algumas vezes com movimentações políticas, conflitos antilusitanos e crises gerais de preço e inflação.

Todas essas conclusões parciais têm um ponto central em comum, a relação com o escravismo colonial. Isso porque, crê-se, o modo de produção escravista colonial ainda é válido para explicar os fenômenos sociais diversos existentes no Brasil desde o século XVI ao fim do XIX, visto que a produção era dominada pela escravidão mercantil. Vale destacar que se tratava de uma formação econômico-social com a coexistência de diversos modos de produção, como o camponês e o assalariado, porém com a preeminência do modo de produção escravista colonial, tal qual está na análise de João Fragoso em sua tese de doutoramento.[4]

Não é possível explicar o que foi citado partindo-se das relações de troca, como tentaram fazer alguns historiadores que caracterizaram a América portuguesa como inserida no capitalismo comercial. É a produção e as relações de produção que devem servir de vetores explicativos dos diversos fenômenos sociais e, como afirma Maria Yedda Linhares, é preciso olhar para os circuitos internos de exploração e dominação e menos para a subordinação externa do país para que se entendam as questões pretéritas e atuais da sociedade brasileira.[5]

---

4 FRAGOSO, João Luiz Ribeiro. *Homens de Grossa Aventura, op. cit.*, p. 118-22. Para o conceito de formação econômico-social, ver GODELIER, Maurice. "Conceito de 'formação econômica e social': o exemplo dos incas". In: SANTIAGO, Théo (org.). *A América Latina Colonial, op. cit.*, p. 11-20.

5 LINHARES, Maria Yedda Leite. "O capitalismo e seus novos métodos de ação". In: *Revista Civilização Brasileira*, n°. 15, set. 1967, p. 84-9; LINHARES, Maria Yedda Leite. "Entrevista: ensino e pesquisa em

Tampouco será possível explicar essas questões se, assumindo-se o aparato teórico marxista, separarmos base e superestrutura e pensarmos que há uma produção escravista sob uma superestrutura social, política e jurídica de Antigo Regime ou de qualquer outro sistema social. Se algumas instituições do Antigo Regime foram impostas à colônia, como a sesmaria, elas ganharam um novo significado ao se estabelecerem em um contexto escravista colonial.[6] Se existem práticas econômicas, sociais e políticas na colônia e no Império que são bem diferentes de práticas de sociedades burguesas, elas podem ser explicadas ao serem relacionadas com a produção dominante no Brasil, a escravista colonial.

Por fim, há uma última característica do comércio de carnes verdes que, crê-se, também é estrutural à formação econômico-social em que prepondera o modo de produção escravista colonial. A produção e comércio de bois e carnes, apesar de limitados pela produção e pelo mercado escravistas, podiam gerar acumulação de capitais, principalmente na circulação, já que essa produção, mesmo que limitada, gerava mercadorias e também lucro para os negociantes envolvidos no circuito comercial. Não se concorda aqui com a ideia de José Jobson Arruda de que a economia colonial não podia ter acumulações internas, apenas externas, em função de sua subordinação econômica à metrópole e, depois, às potências europeias.[7] Contra essa tese, é possível responder arrolando diversos casos de acumulação de capitais no XIX.

O caso já estudado de Antonio da Silva Prado é emblemático, por ser um negociante que arrematava contratos, negociava reses, açúcar e outros gêneros e que se tornou um barão, senhor de engenho e banqueiro.[8] A acumulação nesse caso se deu na circulação, sendo uma de suas atividades como negociante a de intermediário no mercado de reses do Sul da América portuguesa para a Corte até 1825.

Também Ventura José de Abreu, um negociante que levava reses do Sul do território até a cidade do Rio de Janeiro, acumulou capitais com o comércio. Correspondente de Inácio Rangel de Azevedo Coutinho, Abreu tinha seu parente Antônio José Ferreira de Abreu também envolvido no comércio, sendo os dois classificados por Renato Marcondes como o terceiro e o quarto maiores negociantes de reses que passavam pelo registro de

---

História". In: *Revista Arrabaldes*. Ano I, n°. 1, mai.-ago. 1988, p. 86.

6   Para o caso das sesmarias e outros, ver GORENDER, Jacob. *O Escravismo Colonial, op. cit.*, p. 379-402.
7   ARRUDA, José Jobson de Andrade. "A produção econômica", *op. cit.*, p. 87-90.
8   HOLANDA, Sérgio Buarque de. "Prefácio". In: PETRONE, Maria Thereza Schörer. *O Barão de Iguape, op. cit.*, p. XI-XV.

Lorena entre 1801 e 1811. Ventura José de Abreu acumulou recursos com esse comércio e montou uma fazenda de café em São Paulo.⁹

Outro caso de homem de negócios que acumulou no comércio das carnes foi o de Domingos Custódio Guimarães. Depois de controlar o comércio das carnes verdes de longa e curta distância no Rio de Janeiro, Guimarães virou um grande proprietário em Valença, montando 11 fazendas de café na região e tornando-se Visconde de Rio Preto. Sua família, os Teixeira Leite, esteve envolvida na construção da Estrada de Ferro D. Pedro II, defendendo que esta passasse perto das fazendas da família, em uma tentativa frustrada.¹⁰

Juntamente com Domingos Custódio Guimarães, o outro nome de grande destaque no comércio de carnes verdes no período recortado era o de Joaquim José de Siqueira, que dominou o comércio e todos os contratos ligados às carnes na década de 1810, estando sua família presente nos contratos desde os primeiros anos do século XIX. No ano de sua morte, em 1834, Joaquim José de Siqueira deixou o inventário de maior valor arrolado por Riva Gorenstein em sua pesquisa – excluindo os da família Carneiro Leão –, em um total de 397:709$418 de réis. Dentro desse montante, o maior contingente estava expresso em imóveis urbanos, que eram orçados em mais de 162 contos de réis, sendo seguido de perto pelo dinheiro deixado em cofres, em um total de mais de 155 contos, o que era paradigmático da prática do entesouramento, comum na época. Havia ainda mais de 45 contos em terras, além de escravos e navios,¹¹ tendo parte de toda essa fortuna sido acumulada com o comércio das carnes verdes.

Todos esses negociantes que acumularam capitais e investiram em imóveis urbanos, propriedades de terra, produção de café e de outros gêneros exportáveis eram representantes de certa tendência. Isso porque eles não foram os únicos negociantes que saíram, às vezes parcialmente, da área da circulação para a produção agrícola, tendência que não pode ser considerada geral aos homens de negócios. A partir desse dado, Manolo Florentino e João Fragoso entenderam que esta inversão gerava uma esterilização do capital comercial, com um objetivo de obtenção de *status*, reproduzindo uma estrutura arcaica.¹²

---

9 MARCONDES, Renato Leite. *O Abastecimento de Gado do Rio de Janeiro, op. cit.*, p. 15.

10 FRAGOSO, João Luiz Ribeiro. *Homens de Grossa Aventura, op. cit.*, p. 295; EL-KAREH, Almir Chaiban. "A companhia E.F.D.P.II: uma tentativa capitalista no Brasil imperial". In: GRAHAM, Richard (org.). *Ensaios..., op. cit.*, p. 158-9.

11 GORENSTEIN, Riva. "Comércio e Política", *op. cit.*, p. 238.

12 FRAGOSO, João Luiz Ribeiro; FLORENTINO, Manolo. *O Arcaísmo como Projeto: mercado atlântico, sociedade agrária e elite mercantil do Rio de Janeiro, c. 1790-c. 1840*. 4ª ed. Rio de Janeiro: Civilização

Em primeiro lugar, esse fenômeno era próprio da reprodução econômico-social de uma sociedade escravista colonial, logo não pode ser considerada arcaica, mas própria da reprodução daquela sociedade. O historiador luso Jorge Pedreira analisa o caso dos negociantes lisboetas de passagens do XVIII para o XIX que também investiam bens em prédios urbanos e rurais, como os cariocas estudados por Florentino e Fragoso. Eles o faziam por questões de segurança, já que o comércio de grosso trato podia propiciar grandes perdas, havendo alta taxa de falências entre os negociantes.[13] Da mesma forma, os homens de negócios do Brasil investiam em propriedades urbanas e rurais para obter renda fixa, que podia ser muitas vezes menor que a obtida no comércio e outras atividades, porém continha maior segurança.

Existem ainda outros exemplos de acumulação com o comércio de abastecimento, como o citado por Riva Gorenstein na época joanina que, como afirma a autora, foi um ótimo período para a acumulação de capitais por parte dos negociantes. João Fragoso identificou, em sua tese de doutorado, o tráfico de escravos e o comércio de abastecimento como as áreas privilegiadas de acumulação de capitais por parte dos comerciantes de grosso trato.[14]

Afonso Alencastro de Graça Filho menciona a grande projeção social conseguida pelos negociantes de carne verde da cidade do Rio de Janeiro em meados do século XIX. A partir da montagem de companhias e convênios de venda de carne verde, eles acumularam recursos e passaram a investi-los em navios, ações de empresas e na montagem de fábricas. Passaram a receber títulos honoríficos do governo e assumiram cargos importantes em bancos e companhias.[15] Esse foi um caso de reprodução do capital comercial e de fluxo do mesmo para a área industrial e bancária.

No mesmo Rio de Janeiro na época da República, Fábio Garcez de Carvalho vê que o capital do comércio de abastecimento estava envolvido com diversas outras áreas econômicas, como a indústria, o mercado imobiliário e a navegação a vapor.[16]

Brasileira, 2001, p. 159-65.

13 PEDREIRA, Jorge Miguel Viana. *Os Homens de Negócio da Praça de Lisboa...*, op. cit., p. 459-70.

14 GORENSTEIN, Riva. "Comércio e Política", op. cit., p. 200; FRAGOSO, João Luiz Ribeiro. *Homens de Grossa Aventura*, op. cit., p. 140-50.

15 GRAÇA Filho, Afonso Alencastro. *Os Convênios da Carestia*, op. cit., p. 162; 204-5.

16 CARVALHO, Fábio Garcez. *Hierarquização e oligopólio: o caso do comércio de abastecimento de gêneros alimentícios na cidade do Rio de Janeiro (1892-1922)*. Dissertação de mestrado. Rio de Janeiro: UFRJ/IFCS/PPGHIS, 1992, p. 136-44.

Na tese de doutorado de Graça Filho, o autor mostra como a cidade de São João del Rei, envolvida no comércio de abastecimento, em especial de reses bovinas para a capital, reforçou o seu poder econômico ao longo do século XIX. Ele rebateu a tese de Francisco de Oliveira, de que o capital bancário da cidade é oriundo apenas da produção cafeeira, citando nomes de negociantes que estavam envolvidos com atividades bancárias e que provinham do comércio de abastecimento. Ainda no século XIX, a cidade tinha importante atividade creditícia, tendo os negociantes locais uma dívida ativa com os homens de negócio da praça do Rio de Janeiro.[17]

Todos esses casos demonstram que houve acumulação com o comércio de abastecimento de carnes verdes, havendo também vários outros caminhos de acumulação de capitais em outras áreas da circulação, como: o comércio de importação e exportação, o abastecimento de outros gêneros básicos por terra ou por cabotagem, as companhias de seguro, o tráfico de escravos, a arrematação e administração de contratos e outros. Isso tudo mostra como a acumulação não era exceção no escravismo colonial e sim um fenômeno comum, podendo ser entendido como estrutural neste modo de produção, já que o mesmo produzia mercadorias. Dessa acumulação de capitais, mesmo que limitada, se ergueu parte do setor fabril e bancário nacional.

---

17 GRAÇA Filho, Afonso Alencastro. *A Princesa do Oeste*, op. cit., p. 72-5; 90-5.

Fontes primárias e secundárias

Fontes impressas

1.1 – Viajantes

Banburry, Charles James Fox. "Narrativa de viagem de um naturalista inglês ao Rio de Janeiro e a Minas Gerais (1833-1835)". *Anais da Biblioteca Nacional do Rio de Janeiro*. Ano: 1940; vol. LXII. Rio de Janeiro: Imprensa Nacional, 1942.

Debret, Jean-Baptiste. *Viagem Pitoresca e Histórica ao Brasil*. Belo Horizonte/São Paulo: Itatiaia/Edusp, 1989. 3v.

Eschwege, Willhelm Ludwig von. *Brasil: novo mundo*. Belo Horizonte: Fundação João Pinheiro, 1996. 276p.

Graham, Maria. *Diário de uma Viagem ao Brasil*. Belo Horizonte/São Paulo: Itatiaia/Edusp, 1990. 423p.

Kidder, Daniel Parish. *Reminiscências de Viagens e Permanências no Brasil*. Brasília: Senado Federal, Conselho Editorial, 2001. 316p.

Leithold, Theodor von; Rango, Ludwig von. *O Rio de Janeiro Visto por Dois Prussianos em 1819*. São Paulo: Companhia Editora Nacional, 1966. 166p.

Luccock, John. *Notas sobre o Rio de Janeiro e partes meridionais do Brasil*. Belo Horizonte/São Paulo: Itatiaia/USP, 1975. 435p.

MAWE, John. *Viagens ao Interior do Brasil*. Rio de Janeiro: Zélio Valverde, 1944. 348p.

POHL, João Emanuel. *Viagem ao Interior do Brasil*. Rio de Janeiro: Ministério da Educação e Cultura/Instituto Nacional do Livro, 1951. 2v.

SAINT-HILAIRE, Auguste de. *Viagem ao Rio Grande do Sul, 1820-1821*. Belo Horizonte/São Paulo: Itatiaia/Edusp, 1974. 215p.

SCHLICHTRORST. *O Rio de Janeiro como é: 1824-1826 (Uma vez e nunca mais)*. Rio de Janeiro: Zélio Valverde, 1943. 300p.

SEIDLER, Carl. *Dez Anos no Brasil*. Belo Horizonte/São Paulo: Itatiaia, Edusp, 1980. 335p.

SPIX, Johann Baptiste von; MARTIUS, Carl Friederich Philipp von. *Viagem pelo Brasil: 1817-1820*. 4ª ed. Belo Horizonte/São Paulo: Itatiaia/Edusp, 1981. 3v.

WALSH, Robert. *Notícias do Brasil (1828-1829)*. Belo Horizonte/São Paulo: Itatiaia/Edusp, 1985.

1.2 – Memorialistas

COSTA, Antônio Correia de Souza. *Qual a alimentação que usa a classe pobre do Rio de Janeiro e qual a sua influência sobre essa classe?* Rio de Janeiro: Universal de Laemmert, 1857 (tese à cadeira de higiene da faculdade de medicina do Rio de Janeiro) (BN / II – 294, 7, 20, nº 3).

SANTOS, Luís Gonçalves dos (Pe. Perereca). *Memórias para Servir a História do Reino do Brasil*. Rio de Janeiro: Zélio Valverde, 1943. 2v. [original de 1821]

SOARES, Sebastião Ferreira. *Notas Estatísticas Sobre a Produção Agrícola e Carestia de Alimentos no Império do Brasil*. Rio de Janeiro: IPEA/INPES, 1977. 368p.

1.3 – Fontes oficiais e outras fontes impressas

"ATAS das sessões da Ilma. Câmara Municipal: 1830-1831". *Revista do Arquivo do Distrito Federal*, vol. III; vol. IV; vol. V. Rio de Janeiro, 1952; 1953; 1954.

CÓDIGO *de Posturas da Ilma. Câmara Municipal do Rio de Janeiro*. Rio de Janeiro: Typographia Imperial e Nacional, 1830.

COLEÇÃO *das leis e decisões do Brasil (período de 1808 a 1834)*. Rio de Janeiro: Imprensa Nacional, s/d.

"Estudantes brasileiros na Universidade de Coimbra entre 1772 e 1872". In: *Anais da Biblioteca Nacional do Rio de Janeiro*. Ano: 1940; vol. LXII. Rio de Janeiro: Imprensa Nacional, 1942.

IHGB. Coleção: IH, lata 51, pasta 11. Resumo: relação dos juízes de fora da cidade do Rio de Janeiro e dos vereadores da mesma cidade desde 1791 até a posse da nova Câmara Municipal criada pela lei de 1º de novembro de 1828.

"Mapa da população da Corte e da província do Rio de Janeiro em 1821". *Revista do Instituto Histórico e Geográfico Brasileiro*, tomo 33, parte 1, p. 135-142.

Fontes manuscritas

2.1 – Arquivo Geral da Cidade do Rio de Janeiro (AGCRJ)

Arrematação das carnes verdes e estabelecimento de talhos nesta cidade – objetos relativos. Códice 53-2-20.

Arrematações da Câmara Municipal (1830-1844). Códice 39-3-56.

Arrematações do Senado da Câmara (1806-1817). Códice 39-3-52.

Arrematações do Senado da Câmara (1818-1829). Códice 39-3-53.

Arrematações: rendas dos contractos, telheiros, matadouros, aferições, barracas, animais, terrenos (1822-1845). Códice 39-3-54.

Carnes e matadouros: fusão do sebo, salga do couro, extração de miúdos, aproveitamento de sangue e chifres (1833-1908). Códice 53-3-22.

Carnes e matadouros: matadouros da Cidade Nova - administração propriamente dita (1827-1837). Códice 53-3-4.

Carnes e matadouros. Pagamento de foro do terreno do matadouro de Santa Luzia (1827-1832). Códice 53-3-5.

Carnes e matadouros: matadouro da bica dos marinheiros (1833). Códice 53-3-20.

Carnes e matadouros: matadouro de Santa Luzia - administração propriamente dita (1832-1853). Códice 53-3-15.

Carnes e matadouros: matadouro particular do Campo de São Cristóvão, segunda cancela (1832-1853). Códice 53-3-16.

Carnes e matadouros: renda dos matadouros (1830-1846). Códice 53-3-11.

Carnes e matadouros, fiscalização (1830-1879). Códice 53-3-12.

Carnes verdes (arrematação) e estabelecimento de talhos. Códice 53-2-24.

Carnes verdes e açougues (1827-1908). Códice 53-3-7.

Carnes verdes e matadouros (1833). Códice 53-3-18.

Carnes verdes e matadouros: talhos, açougues, ofícios, portarias, representações, memórias, impostos sobre o gado a abater, pareceres, etc. (1832-1837). Códice 53-3-14.

Carnes verdes e matadouros: talhos, açougues, ofícios, portarias, representações, pareceres, etc. (1830-1831). Códice 53-3-9.

Editais do Senado da Câmara de 1821 a 1828. Códice 16-4-22.

Editais da Câmara Municipal (1830-1842). Códice 16-4-24.

Marchantes de gado – autos de agravo (1827). Códice 53-3-3.

Matadouro de Santa Luzia: ofícios, pareceres, orçamentos, etc. sobre concertos (1830-1831). Códice 53-3-10.

Matadouro de Santa Luzia: processo referente ao pagamento dos foros do terreno ocupado pelo matadouro de Santa Luzia (1830). Códice 53-3-8.

Matadouro de Santa Luzia: requerimento e mais papéis sobre pagamento do foro do terreno onde está edificado o matadouro de Santa Luzia (1833). Códice 53-3-19.

Matadouros e açougues (1822-1830). Códice 53-3-2.

Matadouros e açougues, vários requerimentos (1802-1821). Códice 53-2-16.

Matadouros e talhos (1812-1830). Códice: 53-2-19.

Representação do Almotacé Cunha sobre as carnes verdes (1820). Códice: 53-2-22.

Representação do arrematante das carnes verdes contra o almotacé Cunha. Códice: 53-2-21.

Requerimento de Nuno da Silva Reis, arrematante da venda de carne verde pelo curral e distrito da Ajuda. Códice 53-2-23.

Talho de carne verde (1820) – cópias extraídas no Arquivo Nacional em 1915. Códice 53-2-25.

Talhos de carnes verdes (1810-1870). Códice 53-2-18.

2.2 – Arquivo Nacional (AN)

Fundo: Conselho da Fazenda (EL). Registro de avisos dirigidos à secretaria. 1808-1819. Códice 33, vol. 1.

Fundo: Conselho de Fazenda (EL). Ordens e ofícios expedidos. 1813-1823. Códice 39, vol. 1.

Fundo: Conselho de Fazenda (EL). Registro de consultas. 1821-1826. Códice 40, vol. 1.

Fundo: Conselho da Fazenda (EL). Consulta sobre vários assuntos. 1808-1830. Códice 41.

Fundo: Diversos códices – SDH (NP). Documentos manuscritos do Senado da Câmara sobre vários assuntos. 1808-17. Códice 812, vol. 1.

Fundo: Diversos códices – SDH (NP). Coleção de memórias e outros documentos sobre vários objetos. 1763-1819. Códice 807, vol. 22.

Fundo: GIFI (OI). Ministério dos estrangeiros e da guerra (Intendência geral de polícia). 1795-1811. 6J-78.

Fundo: GIFI (OI). Ministério dos negócios do Brasil, do Reino, dos estrangeiros, dos negócios do Império (Intendência geral de polícia). 1816-1817. 6J-83.

Fundo: GIFI (OI). Ministério dos negócios do Brasil, do Reino, dos estrangeiros, dos negócios do Império (Intendência geral de polícia). 1820-1821. 6J-86.

Fundo: Junta de Comércio, Agricultura, Fábricas e Navegação (7X). Secretaria da Real Junta de Comércio. Livro de matrícula dos negociantes de grosso trato e seus guarda-livros e caixeiros. 1809-26. Códice 170, vol. 1.

Fundo: Ministério da Fazenda (40). Registro de avisos e portarias da Junta da Fazenda. Real Erário. 1808-1819. Códice: 142, vol. 2.

Fundo: Ministério da Fazenda (40). Registro de avisos e portarias da Junta da Fazenda. Real Erário. 1821-1825. Códice: 142, vol. 10.

Fundo: Série anterior (A2). Corte. Ministério do Império. Câmara Municipal da Corte. 1806-1880. IJJ[10] 35.

Fundo: Série anterior (AA). Minas Gerais. Ministério do Reino e Império. Registro de correspondência. 1808-1830. IJJ[9] 49.

2.3 – Biblioteca Nacional (BN)

AGUIAR, Conde de. Requerimento à Junta de Real Fazenda de Minas Gerais de parecer a respeito da situação dos tropeiros que estão sendo cobrados de impostos ditos irregulares. Rio de Janeiro: 1809. Fundo/Coleção Documentos biográficos. (Seção de Manuscritos, I-26, 15, 65).

AMARAL, Francisco das Chagas Silva do. Memória sobre a agricultura. Memória dirigida à Câmara dos Deputados. Fundo/Coleção Carvalho. Rio de Janeiro: 1826. (Seção de Manuscritos, mss – 5, 3, 25).

CARMO, Antonio Joaquim do. Requerimento encaminhado a Sua Alteza Real relatando a verdade quanto a representação feita contra ele, por Jose Antonio Ribeiro. Fundo/Coleção Documentos biográficos. Rio de Janeiro: 1821. (Seção de Manuscritos, C-2, 36).

CARMO, Antonio Joaquim do. Requerimento encaminhado ao Ministério do Império solicitando que sejam avocados os autos que tiveram na contenda com o Senado da Câmara, ajuntando-se a eles o requerimento que existe na Secretaria de Estado dos Negócios do Reino. Fundo/Coleção Documentos biográficos. Rio de Janeiro: 1822. (Seção de Manuscritos, C-776, 12).

CARMO, Antonio Joaquim do, negociante no Rio de Janeiro. Requerimento encaminhado ao Ministério do Império solicitando livre pastagem para seu gado na fazenda de Santa Cruz; solicita providências contra a administração do matadouro por atitudes arbitrárias e violentas; Requerimento encaminhado ao Ministério do Império solicitando a execução da carta da lei de 1823 e providências contra os arrematadores, visto esses possuírem o monopólio das carnes a favor dos marchantes; Requerimento encaminhado ao Ministério do Império solicitando licença para ter no matadouro um cepo e utensílios necessários para pesar as carnes. Fundo/Coleção Documentos biográficos. Rio de Janeiro: 1825-1827. (Seção de Manuscritos, C-899, 13).

CARTAS Pastorais dos Bispos do Rio de Janeiro, frei Antônio do Desterro e D. José Caetano da Silva Coutinho sobre os costumes que devem ser seguidos nos dias da Quaresma, e sobre a problemática da abstinência da carne durante esse período. Pastorais/Real Biblioteca. Rio de Janeiro: 1767-1812. (Seção de Manuscritos, 1, 4, 3).

COUTINHO, Inácio Rangel de Azevedo. Requerimento encaminhado ao Ministério do Império solicitando supressão do tributo no valor de 80 réis a cada vez que o gado transitar pelo Caminho Novo, desde a Ponte da Bocaina, São Paulo, até Piraí; certidão declarando condições para a arrematação e contrato da carne verde; que pelo livro de lançamento das rematações se lavre novo termo declarando ficar pertencendo ao suplicante a renda das cabeças de gado pelo tempo de quatro anos. Fundo/Coleção Documentos biográficos. Rio de Janeiro: 1809-11. (Seção de Manuscritos, C-609, 16).

COUTINHO, Inácio Rangel de Azevedo, arrematante do contrato da carne verde no Rio de Janeiro. Requerimento encaminhado ao Ministério do Império solicitando ser dispensado do imposto para o cofre de saúde, que seja incluído no seu contrato a renda das cabeças, a propriedade do ofício de despachante dos viandantes da terra, com sobrevivência para sua filha. Fundo/Coleção Documentos biográficos. Rio de Janeiro: 1810-11. (Seção de Manuscritos, C-782, 69).

FARIA, Manuel da Costa. Requerimento encaminhado ao Ministério do Império solicitando auxílio de um soldado miliciano para que seja mais respeitado na cobrança do novo imposto em cada libra de carne verde. Fundo/Coleção Documentos biográficos. Rio de Janeiro: 1817. (Seção de Manuscritos, C-413, 36).

GONÇALVES, Sebastião et alii. Representação, com abaixo-assinado, dos proprietários da casa de pasto, pedindo providências contra o administrador do contrato da carne. Fundo/Coleção Cidade do Rio de Janeiro. Rio de Janeiro: 1818. (Seção de Manuscritos, II-35, 10, 21).

GUIMARAENS, José da Silva, negociante do Rio de Janeiro. Requerimento encaminhado ao Ministério do Império solicitando preferência ao fornecimento de carne para a Armada, uma vez que abate grande quantidade de gado, fim de tirar o couro para a sua fábrica de sola. Fundo/Coleção Documentos biográficos. Praia Grande: 1824. (Seção de Manuscritos, C-747, 5).

MEIRELLES, Joaquim de Souza. Requerimento encaminhado ao Ministério do Império solicitando dispensa do cargo de vereador e nomeação para outro cargo; solicitando representação do Senado da Câmara sobre o fornecimento de carnes verdes. Fundo/Coleção Documentos biográficos. Rio de Janeiro: 1810. (Seção de Manuscritos, C-18, 43).

Ofício referente ao abastecimento de carne da cidade do Rio de Janeiro com um relato completo aos acontecimentos do dia 01/12/1820. Coleção Augusto de Lima Junio. Rio de Janeiro: 1820. (Seção de Manuscritos, ii-34, 32, 22).

PEACOCK, Heitor. Requerimento encaminhado ao Ministério do Império solicitando ordem para corte de carne verde. Fundo/Coleção Documentos biográficos. Rio de Janeiro: 1813-1818. (Seção de Manuscritos, C-17, 17).

PRADO, Antonio da Silva, primeiro barão de Iguape. Requerimento encaminhado ao Ministério do Império solicitando que seja entregue ao seu procurador o produto da venda de seu gordo, apetuada no Rio de Janeiro. Fundo/Coleção Documentos biográficos. Rio de Janeiro: 1822. (Seção de Manuscritos, C-842, 40).

RANGEL, Joana Ignacia (viúva de Inácio Rangel). Informação referente à contratação da carne verde, termo de fiador e administrador e termo de fiador tácito, assinado por Joaquim José de Siqueira. Fundo/Coleção Documentos biográficos. Rio de Janeiro: 1812. (Seção de Manuscritos, C-887, 45).

RIBEIRO, Jorge de Villanova. Requerimento encaminhado ao Ministério do Império solicitando um aviso régio à Câmara do município de Praia Grande, fim que seja anulado seu contrato de arrematação de carne verde, uma vez que não pode efetuar os pagamentos. Fundo/Coleção Documentos biográficos. Praia Grande: 1831-1832. (Seção de Manuscritos, C-840, 20).

RIO DE JANEIRO – Orçamentos. Balanço da receita e despesa efetiva do erário do Rio de Janeiro. 1821-1825. Impresso. (Seção de Manuscritos, i-48, 19, 41).

ROSA, José Fernandes. Requerimento encaminhado ao Ministério do Império solicitando providências no sentido que possa continuar conduzindo suas boiadas para vender diretamente nos engenhos sem a intervenção de marchantes. Fundo/Coleção Documentos biográficos. S/l: 1811. (Seção de Manuscritos, C-456, 33).

Fontes secundárias

ARAÚJO, Luiz Antônio Silva. *Contratos e Tributos nas Minas Setecentistas: o estudo de um caso – João de Souza Lisboa (1745-1765)*. Dissertação de mestrado. Niterói: UFF/ICHF/PPGHIS, 2002. 206p.

ARRUDA, José Jobson de Andrade. "A produção econômica". In: SILVA, Maria Beatriz Nizza da. *O Império Luso-Brasileiro, 1750-1822*. Lisboa: Estampa, 1986, p. 87-153.

BICALHO, Maria Fernanda. *A Cidade e o Império: o Rio de Janeiro no século XVIII*. Rio de Janeiro: Civilização Brasileira, 2003. 420p.

BENCHIMOL, Jayme Larry. *Pereira Passos, um Haussman Tropical: renovação urbana na cidade do Rio de Janeiro no início do século XX*. Coleção Biblioteca Carioca. Rio de Janeiro: Secretaria Municipal de Cultura do Rio de Janeiro, 1990. 328p.

BLOCH, Marc Leopold Benjamin. *Apologia da História, ou o Ofício do Historiador*. Rio de Janeiro: Jorge Zahar, 2001. 159p.

BOHRER, Saulo Santiago. "O 'seguro' morreu de velho: a Associação dos Seguros Mútuos Brasileiros na manutenção dos interesses dos Negociantes no Rio de Janeiro". In: *Anais do III Encontro Nacional de Pós-Graduação em História Econômica* (CD-ROM). Campinas: ABPHE, 2006. 19p.

CAMPOS, Pedro Henrique Pedreira. "A contribuição da história do abastecimento para a historiografia brasileira". In: *Anais do XXIII Encontro Nacional de História* (CD-ROM). Londrina: Mídia, 2005. 8p.

CARDOSO, Ciro Flamarion Santana. *A Afro-América: a escravidão no Novo Mundo*. São Paulo: Brasiliense, 1982. 120p.

_____. *Agricultura, Escravidão e Capitalismo*. Petrópolis: Vozes, 1979. 210p.

_____. *Economia e Sociedade em Áreas Coloniais Periféricas*: Guiana francesa e Pará (1750-1817). Rio de Janeiro: Graal, 1984. 201p.

_____. *Escravo ou Camponês: o protocampesinato nas Américas*. São Paulo: Brasiliense, 1987. 125p.

_____. *Uma Introdução à História*. São Paulo: Brasiliense, 1982. 141p.

_____. *O Trabalho na América Latina Colonial*. São Paulo: Ática, 1995. 96p.

_____; BRIGNOLI, Héctor Pérez. *História Econômica da América Latina*. 2ª. ed. Rio de Janeiro: Graal, 1984. 327p.

_____. *Métodos da História*. 6ª. ed. Rio de Janeiro: Graal, 2002. 530p.

CARDOSO, Ciro Flamarion Santana; VAINFAS, Ronaldo (orgs.). *Domínios da História: ensaios de teoria e metodologia*. Rio de Janeiro: Campus, 1997. 508p.

CARRARA, Ângelo Alves. *Agricultura e Pecuária na Capitania de Minas Gerais (1647-1807)*. Tese de doutoramento. Rio de Janeiro: UFRJ/IFCS/PPGHIS, 1997. 286p.

CARVALHO, Fábio Garcez. *Hierarquização e Oligopólio: o caso do comércio de abastecimento de gêneros alimentícios na cidade do Rio de Janeiro (1892-1922)*. Dissertação de mestrado. Rio de Janeiro: UFRJ/IFCS/PPGHIS, 1992. 241p.

CARVALHO, José Murilo de. *A Construção da Ordem: a elite política imperial. O teatro das Sombras: a política imperial*. 4ª. ed. Rio de Janeiro: Civilização Brasileira, 2003. 459p.

CASTRO, Josué de. *Geografia da Fome*. 15ª. ed. Rio de Janeiro: Civilização Brasileira, 2002. 318p.

CORSETTI, Berenice. *Estudo da Charqueada Escravista do Rio Grande do Sul, 1800-1890*. Dissertação de mestrado. Niterói: UFF/ICHF/PPGHIS, 1983. 343p.

COSTA, Emília Viotti da. *Da Monarquia à República: momentos decisivos*. São Paulo: Grijalbo, 1977. 361p.

COUTO, Jorge. "O Brasil pombalino". In: *Camões: revista de letras e culturas lusófonas*, nº. 15, jan.-jun. 2004. Lisboa: Instituto Camões, 2004, p. 53-74.

DIAS, Maria Odila Leite da Silva. "A interiorização da metrópole: 1808-1853". In: MOTA, Carlos Guilherme (org.). *1822: Dimensões*. 2ª. ed. São Paulo: Perspectiva, 1986, p. 60-84.

ELLIS, Myriam. *Contribuição ao Estudo do Abastecimento das Áreas Mineradoras no Século XVIII*. Rio de Janeiro: MEC, 1961. 68p.

ENGEMANN, Carlos. *Os Servos do Santo Inácio a Serviço do Imperador: demografia e relações sociais entre a escravaria da Real Fazenda de Santa Cruz (1790-1820)*. Dissertação de mestrado. Rio de Janeiro: UFRJ/IFCS/PPGHIS, 2002. 137p.

FALCÓN, Francisco José Calazans; MATTOS, Ilmar Rohloff de. "O processo de independência no Rio de Janeiro". In: Carlos Guilherme Mota. *1822: Dimensões*. 2ª. ed. São Paulo: Perspectiva, 1972, p. 292-339.

FARINATTI, Luís Augusto Ebling. "Escravidão e pecuária na fronteira Sul do Brasil: primeiras notas de pesquisa – Alegrete, 1831-1850". In: *Anais do II Encontro de Pós-Graduação em História Econômica* (CD-ROM). Niterói: 2006. 21p.

FLORENTINO, Manolo. *Em Costas Negras: uma história do tráfico de escravos entre a África e o Rio de Janeiro, séculos XVIII e XIX*. São Paulo: Companhia das Letras, 1997. 300p.

FONTANA, Josep. *História: análise do passado e projeto social*. Bauru: EdUSC, 1998, 398p.

FRAGOSO, João Luiz Ribeiro. *Homens de Grossa Aventura: acumulação e hierarquia na praça mercantil do Rio de Janeiro (1790-1830)*. Rio de Janeiro: Arquivo Nacional, 1992. 324p.

_____. "A Roça e as Propostas de Modernização na Agricultura Fluminense do Século XIX: o caso do sistema agrário escravista exportador em Paraíba do Sul". In: *Revista Brasileira de História*, vol. 6, n°. 12. São Paulo: ANPUH/Marco Zero, 1986, p. 125-150.

_____. "A nobreza vive em bandos: a economia política das melhores famílias da terra do Rio de Janeiro, século XVII. Algumas notas de pesquisa". In: *Tempo*, vol. 8, n°. 15, jul. 2003. Rio de Janeiro: Setteletras, 2003, p. 11-35.

_____; FLORENTINO, Manolo. *O Arcaísmo como Projeto: mercado atlântico, sociedade agrária e elite mercantil do Rio de Janeiro, c. 1790-c. 1840*. 4ª. ed. Rio de Janeiro: Civilização Brasileira, 2001. 251p.

FRAGOSO, João Luiz Ribeiro; BICALHO, Maria Fernanda; GOUVEIA, Maria Fátima. "Uma leitura do Brasil colonial: bases da materialidade e da governabilidade no Império". In: *Penélope*, n°. 23, ano 2000, p. 67-88.

_____ (orgs.). *O Antigo Regime nos Trópicos*. Rio de Janeiro: Civilização Brasileira, 2001. 473p.

FRANCO, Afonso Arinos de Melo. *História do Banco do Brasil*, vol. I. Brasília: Banco do Brasil, 1973. 279p.

FUNES, Eurípedes Antonio. *Goiás, 1800-1850: um período de transição da mineração à agropecuária*. Dissertação de mestrado. Niterói: UFF/ICHF/PPGHIS, 1983. 169p.

GIL, Thiago Luís. *Infiéis Transgressores: os contrabandistas da fronteira (1760-1810)*. Dissertação de mestrado. Rio de Janeiro: UFRJ/IFCS/PPGHIS, 2002. 220p.

GONÇALVES, Aureliano Restier. "Carnes verdes em São Sebastião do Rio de Janeiro (1500-1900)". In: *Revista do Arquivo do Distrito Federal*, vol. III. Rio de Janeiro: 1952, p. 283-358.

_____. "Paço Municipal da cidade de São Sebastião do Rio de Janeiro". In: *Revista do Arquivo do Distrito Federal*, vol. IV. Rio de Janeiro: 1953, p. 27-70.

GORENDER, Jacob. *A Burguesia Brasileira*. São Paulo: Brasiliense, 1982. 117p.

_____. *O Escravismo Colonial*. 6ª. ed. São Paulo: Ática, 2001. 625p.

GORENSTEIN, Riva. "Comércio e Política: o enraizamento dos interesses mercantis portugueses no Rio de Janeiro (1808-1830)". In: MARTINHO, Lenira Menezes; GORENSTEIN, Riva. *Negociantes e Caixeiros na Sociedade de Independência*. Coleção Biblioteca Carioca. Rio de Janeiro: Secretaria Municipal de Cultura do Rio de Janeiro, 1993. 260p.

GOUBERT, Pierre. "História local". In: *Revista Arrabaldes*. Ano I, n°. 1, mai-ago. 1988. Petrópolis: 1988, p. 69-97.

GOUVÊA, Maria Fátima. "Poder, autoridade e o Senado da Câmara do Rio de Janeiro, c. 1780-1820". In: *Tempo*, vol. 7, n°. 13, jul. 2002. Rio de Janeiro: Sette Letras, 2002, p. 111-155.

_____. *Dos Poderes do Rio de Janeiro Joanino: administração e governabilidade no contexto do Império luso-brasileiro (1808-1821)*. Departamento de História da UFF, 2002 (texto inédito). 40p.

GRAÇA Filho, Afonso Alencastro. *Os Convênios da Carestia: organização e investimento do comércio de subsistência da Corte (1850-1880)*. Dissertação de mestrado. Rio de Janeiro: UFRJ/IFCS/PPGHIS, 1991. 305p.

_____. *A Princesa do Oeste: elite mercantil e economia de subsistência em São João Del-Rey (1831-1888)*. Tese de doutoramento. Rio de Janeiro: UFRJ/IFCS/PPGHIS, 1998. 344p.

_____. "Negociantes mineiros depois da travessia dos tempos coloniais". In: *Tempo*, vol. 8, n°. 15, jul. 2003. Rio de Janeiro: Sette Letras, 2003, p. 93-110.

GRAHAM, Richard (org.). *Ensaios Sobre a Política e a Economia da Província Fluminense no Século XIX*. Rio de Janeiro: Arquivo Nacional, 1974. 287p.

GRAMSCI, Antonio. "Caderno 13: Breves notas sobre a política de Maquiavel". In: *Cadernos do Cárcere*, vol. 3. Rio de Janeiro: Civilização Brasileira, 2000, p. 11-109.

HOLANDA, Sérgio Buarque de. "A herança colonial: sua degradação". In: IDEM (org.) *História Geral da Civilização Brasileira*, t. II, vol. 1. Rio de Janeiro: Bertrand Brasil, 1993, p. 9-39.

_____. "Sobre uma doença infantil na historiografia". In: *O Estado de São Paulo*, 17 de junho de 1973, n° 829. São Paulo: 1973.

JOHNSON Jr., Harold B. "Investigação preliminar sobre dinheiro, preços e salários no Rio de Janeiro (1763-1823)". In: *Camponeses e Colonizadores: estudos de história luso-brasileira*. Lisboa: Estampa, 2002, p. 225-277.

_____. "*Money and prices in Rio de Janeiro*". In: Mauro, Frederic. *L'Histoire Quantitative du Brésil de 1808-1930*. Paris: Centre National de Recherche Scientifique, 1973, p. 39-57.

Labrousse, Ernest. "*La crisis de la economia francesa al final del Antiguo Regimen y al princípio de la revolución*". In: *Fluctuaciones Economicas e Historia Social*. Madri: Tecnos, 1973.

Lamarão, Sérgio Tadeu de Niemeyer. *Dos Trapiches ao Porto: um estudo sobre a área portuária do Rio de Janeiro*. Coleção Biblioteca Carioca. Rio de Janeiro: Secretaria Municipal de Cultura do Rio de Janeiro, 1991. 172p.

Lapa, José Roberto do Amaral. *O Antigo Sistema Colonial*. São Paulo: Brasiliense, 1982. 110p.

_____. *A Economia Colonial*. São Paulo: Perspectiva, 1973. 299p.

_____ (org.). *Modos de Produção e Realidade Brasileira*. Petrópolis: Vozes, 1980. 212p.

Lenharo, Alcir. *As Tropas da Moderação: o abastecimento da Corte na formação política do Brasil*. Coleção Biblioteca Carioca. 2ª. ed. Rio de Janeiro: Secretaria Municipal de Cultura do Rio de Janeiro, 1993. 135p.

_____. "A Rota Menor: o movimento mercantil da economia de subsistência no Centro-Sul do Brasil (1808-1831)". In: *Anais do Museu Paulista*. Tomo xxxiii, ano 1977-8. São Paulo: 1978, p. 25-49.

Levy, Maria Bárbara. *História Financeira do Brasil Colonial*. Rio de Janeiro: ibmec, 1979. 136p.

_____. *A Indústria do Rio de Janeiro através de suas Sociedades Anônimas*. Coleção Biblioteca Carioca. Rio de Janeiro: EdUFRJ/Secretaria Municipal de Cultura do Rio de Janeiro, 1994. 306p.

Linhares, Maria Yedda Leite. "O capitalismo e seus novos métodos de ação". In: *Revista Civilização Brasileira*, n°. 15, set. 1967, p. 65-89.

_____. "Entrevista: ensino e pesquisa em História". In: *Revista Arrabaldes*. Ano i, n°. 1, mai.-ago. 1988, p. 83-97.

_____. *História do Abastecimento: uma problemática em questão (1530-1918)*. Brasília: Binagri, 1979. 220p.

_____. "A pesquisa histórica no Rio de Janeiro: a história agrária como programa de trabalho (1977-1994) – um balanço". In: *Revista Brasileira de História*, vol. 15; n°. 30. São Paulo: anpuh/Contexto, 1995, p. 77-89.

_____ (org.). *História Geral do Brasil*. 9ª. ed. Rio de Janeiro: Campus, 2000. 445p.

LINHARES, Maria Yedda Leite; SILVA, Francisco Carlos Teixeira da. *História da Agricultura Brasileira: combates e controvérsias*. São Paulo: Brasiliense, 1981. 170p.

_____. *História Política do Abastecimento*. Brasília: Binagri, 1979. 220p.

_____. "Região e história agrária". In: *Estudos Históricos*, vol. 8, nº. 15. Rio de Janeiro: 1995, p. 17-26.

_____. *Terra Prometida*: uma história da questão agrária no Brasil. Rio de Janeiro: Campus, 1999. 211p.

LINHARES, Maria Yedda Leite; LEVY, Maria Bárbara. "Aspectos da história demográfica e social do Rio de Janeiro: 1808-1889". In: MAURO, Frederic (org.). *L'Histoire Quantitative do Brésil de 1808 a 1930*. Paris: Centre Nacional de Recherche Scientifique, 1973, p. 123-142.

LOBO, Eulália Maria Lahmeyer. "O comércio atlântico e a comunidade de mercadores no Rio de Janeiro e em Charleston no século XVIII". In: *Revista de História*, vol. LI, nº. 101. São Paulo: 1975, p. 49-106.

_____. "Evolução dos preços e do padrão de vida no Rio de Janeiro, 1820-1930". In: *Revista Brasileira de Economia*, vol. 4, nº. 25, out./dez. 1971. Rio de Janeiro: FGV, 1971, p. 235-265.

_____. *História do Rio de Janeiro: do capital comercial ao capital industrial e financeiro*. Rio de Janeiro: IBMEC, 1978. 2v.

_____. *História Político-administrativa da Agricultura Brasileira, 1808-1889*. Brasília: Ministério da Agricultura, 1979. 213p.

_____ et alli. "Estudo das categorias socioprofissionais, dos salários e do custo de alimentação no Rio de Janeiro de 1820 a 1930". In: *Revista Brasileira de Economia*, nº. 27, out./dez. 1973. Rio de Janeiro: FGV, 1973, p. 129-176.

MAESTRI Filho, Mário. *Deus é Grande, o Mato é Maior: história, trabalho e resistência dos trabalhadores escravizados no Rio Grande do Sul*. Passo Fundo: UPF, 2002. 232p.

MANZONI, Francis Márcio Alves. *Os Trabalhadores "Caipiras" em Mercados e Feiras-livres: São Paulo (1867-1914)*. Assis, SP: Unesp, 2004. 223p.

MARCONDES, Renato Leite. *O Abastecimento de Gado do Rio de Janeiro: 1801-1810*. Ribeirão Preto, SP: USP/FEA, 2000. 19p.

MARTINHO, Lenira Menezes. "Caixeiros e Pés-descalços: conflitos e tensões em um meio urbano em desenvolvimento". In: MARTINHO, Lenira Menezes; GORENSTEIN, Riva. *Negociantes e Caixeiros na Sociedade de Independência*. Coleção Biblioteca Carioca. Rio de Janeiro: Secretaria Municipal de Cultura do Rio de Janeiro, 1993. 260p.

MARTINS, Roberto Borges. *A Economia Escravista de Minas Gerais no Século XIX*. Belo Horizonte: CEDEPLAR/UFMG, 1980. 55p.

MARX, Karl. "Introdução". In: *Para a Crítica da Economia Política*. Coleção Os Pensadores. São Paulo: Abril Cultural, 1974, p. 109-31.

MATTOS, Hebe Maria. *Ao Sul da História: lavradores pobres na crise do trabalho escravo*. São Paulo: Brasiliense, 1987. 190p.

_____. *Escravidão e Cidadania no Brasil Monárquico*. Rio de Janeiro: Jorge Zahar, 2000. 73p.

MATTOS, Ilmar Rohloff. *O Tempo Saquarema: a formação do Estado imperial*. 5ª. ed. São Paulo: Hucitec, 2004. 311p.

MATTOS, Marcelo Badaró de (org.). *História: pensar & fazer*. Rio de Janeiro: Laboratório de Dimensões da História, 1998. 134p.

MATTOSO, Kátia Maria de Queiroz. *Bahia: a cidade de Salvador e seu mercado no século XIX*. São Paulo: Hucitec, 1978. 387p.

MELLO, João Manuel Cardoso de. *O capitalismo tardio: contribuição à revisão crítica da formação e desenvolvimento da economia brasileira*. São Paulo: Brasiliense, 1994. 182p.

MENDONÇA, Sônia Regina de. "Estado, agricultura e sociedade no Brasil da primeira metade do século XX". In: GIRAL-BLANCHA, Noemi; VALENCIA, Marta. *Agro, Tierra y Política: debate sobre la historia rural de Argentina y Brasil*. Buenos Aires: REUNÍ, 1998, p. 131-163.

MOTTA, Márcia Maria Menendes. *Nas Fronteiras do Poder: conflito e direito à terra no Brasil do Século XIX*. Rio de Janeiro: Vício de Leitura/APERJ, 1998. 247p.

_____. *Pelas Bandas d'Além: fronteira fechada e arrendatários escravistas em uma região policultora (1808-1888)*. Dissertação de mestrado. Niterói: UFF/ICHF/PPGHIS, 1989. 175p.

_____. "Niterói rural: elite de ontem e arrendatários de outrora". In: MARTINS, Ismênia de Lima; KNAUSS, Paulo (org.). *Cidade Múltipla*. Niterói: Niterói Livros, 1997, p. 169-183.

Moura, Ana Maria da Silva. *Cocheiros e Carroceiros: homens livres no Rio de Janeiro de senhores e escravos*. São Paulo: Hucitec, 1988. 108p.

Novais, Fernando Antonio. *Portugal e Brasil na Crise do Antigo Sistema Colonial: 1777-1808*. São Paulo: Hucitec, 1979. 420p.

Oberacker, Carlos. "Viajantes, naturalistas e artistas estrangeiros". In: Holanda, Sérgio Buarque de. *História Geral da Civilização Brasileira*, t. 2, vol. ii. São Paulo: Difel, 1962, p. 119-31.

Oliveira, Geraldo Beauclair Mendes de. *A Construção Inacabada: a economia brasileira (1828-1860)*. Rio de Janeiro: Vício de Leitura, 2001. 255p.

_____. *Raízes da Indústria no Brasil*. Rio de Janeiro: Studio F & S, 1992. 206p.

Osório, Helen. *Estancieiros, Lavradores e Comerciantes na Constituição da Estremadura Portuguesa na América: Rio Grande de São Pedro, 1737-1822*. Tese de doutoramento. Niterói: uff/ichf/ppghis, 1999. 315p.

Pantaleão, Olga. "A presença inglesa". In: Holanda, Sérgio Buarque de (org.) *História Geral da Civilização Brasileira*, t. ii, vol. 1. Rio de Janeiro, Bertrand Brasil, 1993, p. 64-99.

Pedreira, Jorge Miguel Viana. *Os Homens de Negócio da Praça de Lisboa de Pombal ao Vintismo (1750-1822): diferenciação, reprodução e identificação de um grupo social*. Tese de doutoramento. Lisboa: Universidade Nova de Lisboa, 1995. 620p.

Pereira, Luciana Lamblet. "A política energética no Brasil imperial". In: *Anais do iii Encontro Nacional de Pós-Graduação em História Econômica* (cd-rom). Campinas: abphe, 2006. 24p.

Petrone, Maria Thereza Schörer. *O Barão de Iguape: um empresário na época de independência*. São Paulo: Nacional, 1976. 177p.

Piñeiro, Théo Lobarinhas. *Os Simples Comissários: negociantes e política no Brasil Império*. Tese de doutoramento. Niterói: uff/ichf/ppghis, 2002. 299p.

_____. "Negociantes, independência e o primeiro banco do Brasil: uma trajetória de poder e de grandes negócios". In: *Tempo*, vol. 8, nº. 15, jul. 2003. Rio de Janeiro: Sette Letras, 2003, p. 71-91.

Pires, Júlio Manoel; Costa, Iraci Del Nero da. *O Capital Escravista-mercantil*. São Paulo: nehd-fea/usp, 1995. 14p.

POULANTZAS, Nicos. *Estado, o Poder e o Socialismo*. 3ª. ed. Rio de Janeiro: Graal, 1985. 308p.

PRADO, Maria Lígia; LUIZETTO, Maria Cristina Z. "Contribuição para o estudo de comércio de cabotagem no Brasil, 1808-1822". In: *Anais do Museu Paulista*. Tomo XXX, ano 1980-1. São Paulo: 1981, p. 159-196.

REIS, João José. *Rebelião Escrava no Brasil: a história do levante dos malês em 1835*. São Paulo: Companhia das Letras, 2003. 664p.

RENAULT, Delso. *O Rio Antigo nos Anúncios de Jornais, 1808-1850*. 3ª. ed. Rio de Janeiro: CBBA/Propeg, 1985. 290p.

RIBEIRO, Gladys Sabina. *A Liberdade em Construção: identidade nacional e conflitos antilusitanos no Primeiro Reinado*. Rio de Janeiro: Relume-Dumará/FAPERJ, 2002. 402p.

RONCO, Adriana Patrícia. *O Desenvolvimento Econômico de Mato Grosso na Primeira Metade do Século XIX*. Dissertação de mestrado. Niterói: UFF/ICHF/PPGHIS, 1998. 152p.

SANTIAGO, Théo (org.). *A América Latina Colonial: ensaios*. Rio de Janeiro: Pallas, 1975. 180p.

SILVA, Francisco Carlos Teixeira da. *A Morfologia da Escassez: crises de subsistência e política econômica no Brasil colônia (Salvador e Rio de Janeiro, 1680-1790)*. Tese de doutoramento. Niterói: UFF/ICHF/PPGHIS, 1990. 416p.

_____. *Camponeses e Criadores na Formação Social da Miséria*. Dissertação de mestrado. Niterói: UFF/ICHF/PPGHIS, 1981. 256p.

SILVA, Maria Beatriz Nizza da. *Análise de Estratificação Social: o Rio de Janeiro de 1808 a 1821*. São Paulo: USP, 1975. 183p.

_____. "A Intendência Geral de Polícia (1808-1821)". In: *Revista Acervo*, vol. 1, nº. 2, jul.-dez. 1986. Rio de Janeiro: 1986, p. 187-204.

_____. "Medidas urbanísticas no Rio de Janeiro durante o período joanino". In: *Revista do Instituto Histórico e Geográfico Brasileiro*, vol. 161, nº. 407, abr./jun. 2000, p. 95-108.

_____. "Negócios em família". In: *História da Família no Brasil Colonial*. Rio de Janeiro: Nova Fronteira, 1998, p. 107-36.

_____. *Ser Nobre na Colônia*. São Paulo: Unesp, 2005. 341p.

_____. "Tradições alimentares e culinárias". In: *Vida Privada e Quotidiano no Brasil na Época de D. Maria I e D. João VI*. Lisboa: Estampa, 1993, p. 217-225.

Souza, Iara Liz Carvalho. *A Independência do Brasil*. Rio de Janeiro: Jorge Zahar, 2000. 71p.

Sousa, Ricardo Martins de. *Terras Foreiras: espaço de conflito agrário no recôncavo da Guanabara (1751-77)*. Dissertação de mestrado. Niterói: UFF/ICHF/PPGHIS, 2001. 122p.

Thompson, Edward Palmer. *Costumes em Comum*. São Paulo: Companhia das Letras, 1998.

Veronesi, Ricardo (org.). *Doenças Infecciosas e Parasitárias*. 5ª. ed. Rio de Janeiro: Guanabara Koogan, 1972. 1.096p.

Viana, Sônia Bayão Rodrigues. *A Fazenda de Santa Cruz e a Política Real e Imperial em relação ao Desenvolvimento Brasileiro, 1790-1850*. Dissertação de mestrado. Niterói: UFF/ICHF/PPGFHIS, 1974. 104p.

Vieira, Dorival Teixeira. "Política financeira e o primeiro Banco do Brasil". In: Holanda, Sérgio Buarque de. *História Geral da Civilização Brasileira*, t. 2, vol. II. São Paulo: Difel, 1962, p. 100-118.

Villalta, Luís Carlos. *1789-1808: o Império luso-brasileiro e os Brasis*. São Paulo: Companhia das Letras, 2000. 151p.

Zemella, Mafalda. *O Abastecimento da Capitania de Minas Gerais no século XVIII*. 2ª. ed. São Paulo: Hucitec, 1990. 246p.

Anexos

Anexo 1

Membros eletivos do Senado da Câmara e Câmara Municipal de 1795 a 1830[1],[2]

12/01/1791
Juiz de fora: Balthazar da Silva Lisboa
1º vereador: Jose Dias da Cruz
2º vereador: Antonio Pereira da Lima Velasco Molina
3º vereador: Antonio Luiz Ferreira de Meneses
Procurador: Luiz Dias d'Almeida
Thezoureiro: Amaro Velho da Silva

---

1 IHGB. Coleção: IH, lata 51, pasta 11. Resumo: relação dos juízes de fora da cidade do Rio de Janeiro e dos vereadores da mesma cidade desde 1791 até a posse da nova Câmara Municipal criada pela lei de 1º de novembro de 1828.

2 As partes sublinhadas são de leitura dificultada ou impossibilitada. As legendas à direita dos nomes se referem a: T – Traficante de escravos; N – negociante; PT – possível traficante de escravos; PN – possível negociante; PPT – possível parente de traficante de escravos; PPN – possível parente de negociante; S – senhor de engenho.

T
14/01/1792
Juiz de fora: Balthazar da Silva Lisboa
1º vereador: Manuel Ribeiro Guimarães
2º vereador: Vicente Jose de Coimbra
3º vereador: Luiz José Vianna Gurgel do Amaral Rocha
Procurador: Julião Martino da Costa
Thezoureiro: Francisco Antonio da Costa

12/01/1793
Juiz de fora: Balthazar da Silva Lisboa
1º vereador: Anacleto Elias da Fonseca
2º vereador: José Velho Pereira

PPT
3º vereador: José Pereira de Sousa
Procurador: Manuel Gomes Cardoso
Thezoureiro: Manoel Gomes Pinto

12/01/1794
Juiz de fora: Balthazar da Silva Lisboa
1º vereador: Antonio Leite Pereira
2º vereador: Andréa _____ Pereira Vianna Ribeiro _____
3º vereador: José da Costa Barros Vianna do Amaral
Procurador: Jose Rodrigues Fragoso
Thezoureiro: Manuel Gomes Pinto

10/01/1795
Juiz de fora: Balthazar da Silva Lisboa
1º vereador: José da Motta Pereira
2º vereador: José d'Oliveira Fagundes
3º vereador: Pedro Carvalho de Morais
Procurador: Manuel Martino da Costa Passos
Thezoureiro: José Antonio da Costa Guimarães

T
19/01/1796
Juiz de fora: José Bernardes de Castro (tomou posse em 04/11/1795)
1º vereador: Antonio d'Azevedo Coutinho Maldonado
2º vereador: José de Sousa Marques
3º vereador: José Caetano d'Araújo
Procurador: João Gomes de Campos
Thezoureiro: Francisco José Rodrigues

T
11/01/1797
Juiz de fora: José Bernardes de Castro
1º vereador: Joaquim Luiz Furtado de Mendonça
2º vereador: Francisco Garcia do Amaral
3º vereador: Francisco Dias Delgado
Procurador: Luiz Nicolao Fagundes Varella
Thezoureiro: Roque da Costa Franco

10/01/1798
Juiz de fora: José Bernardes de Castro
1º vereador: Francisco Soares de Mello
2º vereador: José Pereira Guimarães

N
3º vereador: Bento Luiz d'Oliveira Braga
Procurador: João Fernandes Vianna
Thezoureiro: Antonio Fernandes _____

09/01/1799
Juiz de fora: José Bernardes de Castro
1º vereador: Manuel Ribeiro Guimarães
2º vereador: Antonio Gomes Barroso

T
3º vereador: Ignácio Manoel Lemos _____
Procurador: Roque da Costa Franco
Thezoureiro: Francisco José Tinoco d'Almeida

PP N
xx/01/1800
Juiz de fora: José Bernardes de Castro
1º vereador: Francisco Manoel Cabral
2º vereador: Bernardo Carneiro Pinto d'Almeida
3º vereador: João Antonio d'Aredias Lardosa
Procurador: Francisco Antonio de Carvalho
Thezoureiro: Antonio Fernandes Torre, depois Antonio da Cunha

T/ N
14/01/1801
Juiz de fora: José Bernardes de Castro
1º vereador: Manuel Gómez Cardozo
2º vereador: José de França Miranda
3º vereador: Lourenço de Sousa Meirelles
Procurador: Carlos José Moreira
Thezoureiro: Antonio da Cunha / Joaquim Antonio Alves

T/N
13/01/1802
Juiz de fora: José Bernardes de Castro
1º vereador: Manoel Velho da Silva

PPT
2º vereador: José Paulo Duque-Estrada
3º vereador: Domingos Antunes Guimarães
Procurador: João Alves da Cunha
Thezoureiro: Diogo de Castro Guimarães

15/01/1803
Juiz de fora: José Bernardes de Castro
1º vereador: Antonio de Pinna
2º vereador: José Luiz Vianna Gurgel do Amaral Rocha
3º vereador: José Rodrigues de Mattos
Procurador: Caetano José d'Almeida
Thezoureiro: Manoel Francisco Pereira e Sá

14/01/1804
Juiz de fora: José Bernardes de Castro
1º vereador: Thomaz José de Gusmão
2º vereador: Domingos Alves Ribeiro Guimarães
3º vereador: João Pedro Carvalho de Morais
Procurador: Miguel da Silva Vieira Braga
Thezoureiro: Antonio Manuel Machado de Carneiro

05/01/1805
Juiz de fora: José da Silva Loureiro Borges, desde 01/02/1804
1º vereador: Francisco José Leite Guimarães

PN e PPT
2º vereador: José Caetano d'Araújo _____
3º vereador: João da Costa Lima
Procurador: Manuel Caetano Pinto

N
Thezoureiro: Francisco Pereira Monteiro

08/01/1806
Juiz de fora: José da Silva Loureiro Borges
1º vereador: Fernando Carneiro Leão

N e T
2º vereador: Custódio Moreira

N
3º vereador: João Fernandes Vianna
Procurador: Leandro José Marques Franco
Thezoureiro: Ricardo Soares d'Almeida

07/01/1807
Juiz de fora: José da Silva Loureiro Borges
1º vereador: João Gomes Barroso

T e N
2º vereador: Francisco Pereira de Mesquita

T e N
3º vereador: Amaro Velho da Silva

T
Procurador: Lourenço Antonio Ferreira
Thezoureiro: Manoel Coelho Ferreira

PPT
09/01/1808
Juiz de fora: Agostinho Petra Bittencourt, desde 24/04/1807
1º vereador: Manoel José da Costa
2º vereador: Francisco Xavier Pires

N
3º vereador: Manoel Teixeira Guimarães

PPN e PT
Procurador: José Luiz Alves

T e N
Thezoureiro: José Marques Pereira

22/02/1809
Juiz de fora: Agostinho Petra Bittencourt
1º vereador: Cláudio José Pereira da Silva

N
2º vereador: José Pereira Guimarães
3º vereador: Pedro Décio Paes Leme
Procurador: João de Souza Motta
Thezoureiro: Manoel Coelho Ferreira / Francisco Antonio Malheiros

PPT/T
22/02/1810
Juiz de fora: Agostinho Petra Bittencourt
1º vereador: Antonio de Pinna
2º vereador: Joaquim de Souza Meirelles

N
3º vereador: Manoel Ignacio d'Andrade Sotto-Maior
Procurador: Joaquim José Pereira de Faro
Thezoureiro: -

23/01/1811
Juiz de fora: Agostinho Petra Bittencourt
1º vereador: Antionio Gomes Barrozo

T
2º vereador: Manoel Gomes Cardozo
3º vereador: José Luiz Vianna Gurgel do Amaral Rocha

S
Procurador: Lourenço Antonio Ferreira
Thezoureiro: Joaquim Antonio Alves

T
25/01/1812
Juiz de fora: Agostinho Petra Bittencourt
1º vereador: Bento Luiz d'Oliveira Braga
2º vereador: Manoel Caetano Pinto

N
3º vereador: Manoel Velho da Silva

PPT
Procurador: Antonio José da Costa Barboza
Thezoureiro: Antonio Francisco Leite

23/01/1813
Juiz de fora: Agostinho Petra Bittencourt
1º vereador: Cláudio José Pereira da Silva
2º vereador: José Pereira Guimarães

N
3º vereador: Luis da Souza Dias

N
Procurador: João de Souza Motta
Thezoureiro: João Alberto d'Almeida Vidal

T
26/01/1814
Juiz de fora: Agostinho Petra Bittencourt
1º vereador: Lourenço de Sousa Meirelles

PPN
2º vereador: José Marcelino Gonçalves

N
3º vereador: Francisco Xavier d'Araújo
Procurador: João de Sousa Motta
Thezoureiro: José Gomes Pessoa Correa

25/01/1815
Juiz de fora: Luiz Joaquim Duque-Estrada Furtado de Mendonça, desde 07/09/1814
1º vereador: Antonio Gomes Barrozo

T
2º vereador: Antonio de Pinna
3º vereador: Manoel Ignacio d'Andrade Sotto-Maior
Procurador: João de Sousa Motta
Thezoureiro: João da Silva Pinto / Castro José Moreira

07/02/1816-15/01/1822
Juiz de fora: Agostinho Petra Bittencourt
1º vereador: Francisco de Sousa Oliveira
2º vereador: Manoel Caetano Pinto

N
3º vereador: Luiz José Vianna Gurgel do Amaral Rocha

S
Procurador: Antonio Alves d'Araújo
Thezoureiro: José Marques Pereira

Juiz de Fora: Antonio Lopes Calheiro de Meneses, desde 15/04/1818
Juiz de Fora: José Clemente Pereira, desde 30/05/1821

16/01/1822
Juiz de fora: José Clemente Pereira

1º vereador: João Soares Bulhões
2º vereador: José Pereira da Silva Manoel
3º vereador: Domingos Vianna Gurgel do Amaral Rocha

S e N
Procurador: José Antonio dos Santos Xavier
Thezoureiro: Francisco José dos Santos Rodrigues Filho

PPT e PN
22/01/1823
Juiz de fora: Lúcio Soares Teixeira de Goveia, desde 16/11/1822
1º vereador: Manoel Theodoro d'A   Azambuja
2º vereador: Paulo Prudêncio Duque-Estrada
3º vereador: Antonio José da Costa Ferreira
Procurador: Manoel Gomes d'Oliveira Canto
Thezoureiro: José Gomes Ferreira

PPN
1824 (não há mais dia e mês)
Juiz de fora: Lúcio Soares Teixeira de Goveia
1º vereador: Joaquim de Souza Meirelles

PPN
2º vereador: Antonio Teixeira Porto
3º vereador: Domingos José Teixeira
Procurador: José Agostinho Barbosa
Thezoureiro: -

1825
Juiz de fora: Henrique Veloso d'Oliveira, desde 11/1824
1º vereador: Manoel Frasão de Sousa Rondon
2º vereador: Lourenço Antonio do Rego

T
3º vereador: Antonio Gomes de Brettas
Procurador: João José de Mello

T
Thezoureiro: -

1826
Juiz de fora: Francisco José _____ Carneiro, desde _____
1º vereador: Lourenço de Souza Meirelles

PPN
2º vereador: Manoel Moreira Lírio

PPN
3º vereador: Diogo Gomes Barroso
Procurador: João _____ de Sousa Guimarães

T
Thezoureiro: -

1828, não há nada sobre 1827
Juiz de fora: Francisco José _____ Carneiro
1º vereador: Antonio Francisco Leite
2º vereador: Manoel José Ribeiro d'Oliveira
3º vereador: Bernardo José Borges
Procurador: Venâncio José Lisboa
Thezoureiro: -
Juiz de fora: Francisco Gomes de Campos, desde 08/10/1828
Câmara Municipal, 1830
Vereador: Bento d'Oliveira Braga
Vereador: Antonio Pereira Pinto
Vereador: José Pereira da Silva Manoel
Vereador: Francisco Luiz da Costa Guimarães

T
Vereador: Francisco Antonio Leite
Vereador: Joaquim José Pereira de Faro

N
Vereador: Henrique José d'Araújo
Vereador: Antonio José Ribeiro da Cunha

PPT
Vereador: José de Carvalho Ribeiro

T e N

Obs.: Não se tem notícia do Senado da Câmara anterior a 1791, por se terem consumido no incêndio que houve no Arquivo do Senado em 1790 os livros de juramento dos anos anteriores.

Anexo II

Negociantes da praça do Rio de Janeiro matriculados na Real Junta de Comércio de 1809 a 1826[3], [4]

_____, Agostinho da Silva

AIROCA, Antonio José
ALMEIDA, João Baptista Pinto de

---

3 AN. Fundo: Junta de Comércio, Agricultura, Fábricas e Navegação (7X). Secretaria da Real Junta de Comércio. Livro de matrícula dos negociantes de grosso trato e seus guarda-livros e caixeiros (1809-26). Códice 170, vol. 1. 247f.

4 As partes sublinhadas são de leitura dificultada ou impossibilitada. Os negociantes que têm escrito '(de Lisboa)' após o nome são oriundos de Lisboa e cadastraram-se na Junta de Comércio como negociantes da praça do Rio de Janeiro. Não estão listados homens de negócio de outras praças da América portuguesa ou do Império português.

ALVES, Antonio Pereira
ALVES, Domingos Fernandes
ALVES, Isidoro
ALVES, José Luiz
AMADO, Francisco Severino Nunes
AMARAL, Antonio Marcondes do
AMARAL, Bonifácio José Sérgio do
AMARAL, Jose Antonio Freitas
AMARAL Filho, Joaquim José Pereira do
AMORIM, Joaquim José Pereira de
ANDRADE, João Pereira de
ANJOS, Antonio Rafael dos
ARAÚJO, Albino Gonçalves de
ARAÚJO, Antonio Ferreira de
ARAÚJO, Antonio Pereira Cardoso de
ARAÚJO, Domingos José Correia de
ARAÚJO, Domingos Lopes da Silva
ARAÚJO, Ignácio José de
ARAÚJO, João Pereira Cardoso de
ARAÚJO, José Botelho de Siqueira Mattos e
ARAÚJO Filho, Antonio José Lopes de
AROCHES, José Rodrigues da Silva
ASSIS, Francisco Ferreira de
AZEVEDO, Antonio José Alves de
AZEVEDO, Domingos Gonçalves de
AZEVEDO, Manoel Alvares
AZEVEDO, Manoel Alves de
BACELLETE, Antonio José da Costa
BARBOSA, Francisco José Fernandes
BARBOSA, Francisco José Rodrigues
BARBOSA, José Agostinho
BARBOSA, José Bento de Araújo
BARCELOS, Antonio José de Oliveira
BARROS, Joaquim José Gomes de
BARROSO, Francisco Alves

Barroso, João Martins
Barroso, José Gomes
Basto, Antonio José da Cunha
Basto, Francisco Antonio de Oliveira
Basto, Gabriel José Pereira
Basto, Manoel Lobo de Souza
Bastos, Antonio Teixeira Machado
Bastos, Francisco José Rebello
Bastos, João Baptista
Bastos, João Leite de Souza
Bivar, Diogo Soares da Silva
Borba, João Pereira
Braga, Domingos José Ferreira
Braga, Francisco José da Silva
Braga, Ignácio da Luz Silva e
Braga, Joaquim Vieira
Braga, José Antonio Marques
Brandão, José Alexandre Ferreira
Britto, Antonio José de
Britto, Francisco Alves de
Cabral, Clemente de Sousa
Caldas, Luiz de Souza
Caldeira, José Francisco
Campiam, Joaquim José
Cardoso Netto, José
Carneiro, Antonio José
Carneiro, Francisco Gonçalves
Carneiro, Manoel Moreira Lírio da Silva
Carvalho, Albino José de
Carvalho, Antonio Alves Machado de
Carvalho, Antonio Carlos de
Carvalho, Filippe Neri de
Carvalho, Francisco Antonio de
Carvalho, João Bernardo de
Carvalho, José Antonio Alves de

Carvalho, José Antonio de
Carvalho, José Pinheiro de
Carvalho, Lourenço Antonio Alves de
Carvalho, Manoel Albino Rodrigues de
Carvalho, Manoel Gonçalves de
Castro, Antonio José de
Castro, Bernardino Brandão
Castro, João Joaquim Marques de
Castro, José Joaquim de Azevedo
Castro, José Pereira de Azevedo
Chaves, João Baptista
Cidade, José Francisco
Cochina, Manoel Joaquim Pedro
Coelho, Carlos Rodrigues
Coelho, Manoel Machado
Coelho Neto, Antonio Dias
Correa, Antonio Dias
Correa, Francisco José
Correia, Antonio da Roza
Correia, Manoel de Passos
Costa, Antonio Timotheo da
Costa, Faustino José Delduque da
Costa, João Pereira da
Costa, Joaquim Bernardino da
Costa, Joaquim de Mattos
Costa, José Vicente da (mercador de varejo)
Coutinho, José Lopes Coelho
Coutinho, José Pinto de Miranda
Cruz, Frutuoso José da
Cruz, Ignácio Gomes da
Cruz, Manoel Pinto Netto
Cunha, Antonio José Ribeiro da
Cunha, Francisco José da
Cunha, João José da
Dantas, Antonio José Pereira

DEMICHELES, Francisco Antonio
DIAS, Luiz de Sousa
DIOGO, José Francisco
DUARTE, Bernardino Antonio
DUARTE, Domingos Gomes
DUARTE, João Ferreira
DUARTE, José Alvares
DUARTE, José Gonçalves Pereira
ESTEVES, Antonio Joaquim Rodrigues
FAGUNDES, Manoel Gonçalves
FARIA, Joaquim Francisco de
FARIA, Joaquim Peixoto de
FARIA, José Justino Pereira de
FARINHA, Joaquim Pires
FARO Filho, Joaquim José Pereira de
FERNANDES, João Baptista
FERNANDES, José Pedro
FERNANDES, Manoel Gomes
FERRÁS, João Pinto
FERREIRA, Antonio José da Costa
FERREIRA, Antonio José Domingues
FERREIRA, Constaulino José
FERREIRA, Joaquim Antonio
FERREIRA, Sebastião José
FERREIRA, Silvestre
FERRUGEM, Hilário Gonçalves Lopes
FIGUEIREDO, José Fernandes
FONSECA, Alexandre José Pereira da
FONSECA, Antonio Pereira da
FONSECA, Francisco José da
FONSECA, José Pereira da
FONSECA, Manoel Joaquim da
FONTES, Custódio Cardoso
FREIRE, Patrício Ricardo
FREITAS, José Joaquim de

Freitas, José Joaquim Rodrigues da
Freitas, Luiz Antonio de
Fróes, Alexandre José
Garcez, Joaquim da Silva
Gil, João Pereira
Girão, Joaquim da Silva (de Lisboa)
Góes, José Nogueira
Goivães, José Pereira
Gomes, Antonio Barbosa
Gomes, Caetano Moreira
Gomes, Manoel Affonso
Gomes, Miguel Ferreira
Gomes Filho, Miguel Ferreira
Gonçalves, Domingos José
Gonçalves, José Antonio de
Graça, Manoel José Pereira
Guerra, Antonio Tavares
Guimarães, Antonio Joaquim
Guimarães, Antonio José de Abreu
Guimarães, Antonio José Lopes
Guimarães, João Antunes
Guimarães, João Baptista Antunes
Guimarães, Joaquim José Cardoso
Guimarães, José Antonio de Albuquerque
Guimarães, José Antonio de Freitas
Guimarães, José Antonio de Mello Ribeiro
Guimarães, José Antonio de Oliveira
Guimarães, José Bernardes Monteiro
Guimarães, José da Silva
Guimarães, José Pereira da Silva
Guimarães, Francisco Antonio de Sampaio
Guimarães, Francisco José Fernandes
Guimarães, Francisco José Pereira
Guimarães, João Teixeira
Guimarães, José Antonio da Costa

GUIMARÃES, José Fernandes Pinto
GUIMARÃES, José Luiz Ferreira
GUIMARÃES, José Dias da Silva
GUIMARÃES, Manoel de Sousa Ribeiro
GUIMARÃES, Manoel de Moura
GUIMARÃES, Manoel José de Moreira
HENRIQUES, Antonio da Silva
HENRIQUES, João Militão
INSUA, Joaquim Antonio
LEÃO, Joaquim Marques Baptista
LEITE, Antonio Francisco
LEITE, Domingos Alves Ferreira
LEITE, Domingos Ferreira
LEITE, Francisco Antonio
LEITE, Francisco de Bessa
LEITE, João Antonio de Castro
LEITE, José Joaquim Alves
LEMOS, Antonio de Azevedo
LEMOS, Manoel Francisco de Souza
LESSA, Bernardo Francisco
LISBOA, Antonio da Silva
LIMA, Albino de
LIMA, André Antonio da Silva
LIMA, Candido Fernandes
LIMA, Francisco Antonio Pereira de
LIMA, Francisco Joaquim de
LIMA, Francisco José de
LINS, José Carlos Novaes
LÍRIO, Antonio Moreira
LÍRIO, Custódio Moreira
LÍRIO, José Moreira
LÍRIO, Manoel Moreira
LISBOA, João Soares
LISBOA, Manoel Ferreira
LOBO, Francisco

LOBO, José Joaquim de Sousa
LOUREIRO, Domingos Alves
LOUREIRO, Henrique José
LOUZADA, Angelo Alves dos Reis
MACEDO, Joaquim Teixeira de
MACEDO, Manoel José de
MACHADO, Gonçalo José
MAGALHÃES, Antonio Teixeira de
MAGALHÃES, João Teixeira de
MAGALHÃES, Zeferino José Pinto de
MAIA, Antonio Joaquim
MAIA, Custódio Moreira
MAIA, Francisco da Costa
MAIA, Francisco Moreira
MAIA Filho, Custódio Moreira
MAIA, João Simões da Costa
MAIA, Luís Moreira
MALHEIROS, Francisco Antonio
MANÇORS, Domingos Duarte
MARQUES, Antonio de Miranda
MARQUES, Domingos Joaquim
MARQUES, João Antonio
MARQUES, Manoel Martins
MARTINS, José Antonio
MARTINS, Manoel Luiz
MATTOS, Custodio Manoel de
MATTOS, Fernando Joaquim de
MATTOS, José Ferreira de
MATTOS, Silvério José de
MEDEIROS, Antonio Ignácio de
MEDELLA, José Joaquim
MEIRELLES, José de Sousa
MELLO, João José de
MENDES, José de Sousa Nunes
MESQUITA, José Francisco de

Mesquita, José Luís de
Midosi, Guilherme
Miranda, André Pires de
Miranda, Candido Manoel de
Miranda, Manuel Candido de
Monteiro, Domingos José
Monteiro, Francisco Duarte
Moreira, Antonio da Costa
Moreira, Antonio José Gomes
Moreira, Bernardo Vicente de Sousa
Moreira, Carlos José
Moraes, João Affonso de
Moraes, Manoel José Gomes de
Motta, Faustino Luiz da
Nazareth, Sabino da Silva
Neves, Francisco José Pereira das
Nogueira, capitão José Antonio de (de Lisboa)
Oliveira, Antonio Gualberto de
Oliveira, Antonio José de
Oliveira, Antonio Martins de
Oliveira, Felipe Luiz de
Oliveira, Francisco Coelho de
Oliveira, Joaquim Affonso de
Oliveira, Joaquim Coelho de
Oliveira, Manoel Francisco de
Oliveira, Manoel José Ribeiro de
Oliveira, Wadislão José de
Pacheco, José Nunes Pereira
Paiva, José Moreira de
Paiva, Victorino de Queirós
Passos, Manoel Teixeira
Paulino, José Antonio
Peixoto, João Vieira
Penna, Francisco José Ferreira
Penna, José Fernandes de Oliveira

PENNA, José Francisco Pereira
PEREIRA, Antonio José
PEREIRA, Bento Alves de Oliveira
PEREIRA, João Gonçalves
PEREIRA, João Monis
PEREIRA, José Rafael de Souza
PEREIRA, Manoel Félix
PEREIRA, Sebastião Lopes
PESSOA, João Ribeiro de Campos
PESSOA, José Henriques
PILLAR, José Silveira do
PIMENTEL, Jacinto José de Souza
PINHEIRO, Antonio José dos Santos
PINHEIRO, João da Costa
PINHEIRO, Joaquim Antonio
PINTO, Antonio Alves da Silva
PINTO, Antonio Clemente
PINTO, Antonio da Costa
PINTO, Antonio José
PINTO, Antonio Luiz Fernandes
PINTO, Domingos Alves
PINTO, João Guedes
PINTO, Luiz Caetano
PINTO, Manoel Caetano
PIRES, Francisco Xavier
PITADA, José Antonio Vieira e Mello
PORTO, Antonio José da Silva
PORTO, Manoel Joaquim dos Santos
QUEIRÓS, José Joaquim Miranda de
RAMALHO, Manoel José da Silva
RAMOS, Francisco José
RANGEL, Antonio José da Cruz
RANGEL, Joaquim de Pinna
RANGEL, José de Araújo
REBELLO, Antonio Manoel

Rebello, João Francisco Vellozo
Rebelo, Francisco José Velloso
Rebelo, Manoel José
Regadas, José Joaquim de Almeida
Rego, José Gaspar
Reis, Nicoláo Antonio Cosme dos
Reis, Nuno da Silva
Reis, Pascoal Corsuedos
Ribas, João Rodrigues
Ribeiro, Felippe José
Ribeiro, Francisco de Paulo
Ribeiro, João Alves
Ribeiro, Joaquim de Almeida
Ribeiro, José de Miranda
Ribeiro, José Miguel
Ribeiro, Manoel Joaquim
Ribeiro, Pedro Antonio
Rocha, Antonio da Costa
Rocha, Antonio José da
Rocha, Domingos Vianna Gurgel do Amaral
Rocha, capitão Francisco José da (de Lisboa)
Rocha, João Manoel Soares da
Rocha, Joaquim Luderico da
Rocha Sobrinho, Joaquim José da
Rocha, Manoel Coelho da
Rocha, Manoel Tedim da
Rocha, Vicente de Sá
Rocha Filho, Francisco José da
Rodrigues, José Antonio
Rodrigues, Francisco José dos Santos
Rodrigues, João Antonio dos Santos
Rodrigues, João Gonçalves
Rodrigues Filho, Francisco José
Rozo, coronel Domingos Francisco Araújo
Sá, Francisco Carvalho de

SÁ, José Antonio Fernandes de
SALAZAR, Francisco José Fernandes
SALLES, Francisco José Guimarães
SAMPAIO, Francisco Ferreira
SAMPAIO, Joaquim José de Castro Araújo
SANTOS, Antonio Rodrigues dos
SANTOS, Francisco José dos
SANTOS, João Correia dos
SANTOS, João Ferreira dos
SANTOS, João Lopes dos
SANTOS, Joaquim Ferreira dos
SANTOS, capitão Joaquim José dos
SANTOS, José Pinheiro dos
SANTOS, José Ribeiro dos
SANTOS, Sebastião José dos
SARMENTO, Francisco José de Moraes
SERTEIRA, José Severino
SERZEDELLO, João Antonio
SILVA, Antonio Rodrigues da
SILVA, Apolinário José Gaspar da
SILVA, Bernardo Manoel da
SILVA, Bernardo Pinto Gonçalves
SILVA, Cipriano José Tinoco da
SILVA, Faustino Correia da
SILVA, Francisco de Paula da
SILVA, Joaquim Antonio da
SILVA, Joaquim José Lopes da
SILVA, José Bernardes
SILVA, José Francisco da
SILVA, José Gabriel da
SILVA, José Joaquim da
SILVA, José Jorge da
SILVA, José Ludgero Gomes da
SILVA, José Maria Velho da
SILVA, Manoel Pereira da

SILVA, Manoel Pinto Nogueira e
SILVA, Manoel Teixeira da Costa
SILVA, Tristão Ramos da
SILVA Júnior, Antonio José da
SILVEIRA, Antonio Goularte da
SILVEIRA, viúva Joana Vitória da
SILVEIRA, Joaquim Climaco da
SILVEIRA, Theófilo José da
SIQUEIRA, Bernardo Botelho de
SOUSA, Bento Alvares de
SOUSA, João Nepomuceno de
SOUSA, Joaquim Fausto de
SOUSA, José Carvalho de
SOUTO, Joaquim de Almeida
SOUTO, Joaquim dos Santos
SOUTO, Manoel José da Silva
SOUZA, Antonio José de
SOUZA, Antonio José Rodrigues de
SOUZA, Fernando José de
SOUZA, Francisco Antonio de
SOUZA, Luiz Carlos Adolfo de
SOUZA, Manoel Carvalho de
SOUZA, Manoel Pereira de
TAVARES, Francisco Ferreira
TEIXEIRA, Domingos José
TEIXEIRA, João Lopes
TEIXEIRA, Joaquim José
TEIXEIRA, José Antonio
TELLES, Manoel da Silva
THOMAZ, João Fernandes
TIBAU, Manoel Francisco da Costa
TIBRE, Antonio Joaquim da Silva
TINOCO Filho, Thomé Ferreira
TORRES, Antonio Dias
TORRES, Manoel Antonio

Travassos, José Caetano
Valente, Caetano José da Silva
Valim, José Caetano
Valle, João Gomes do
Vasconcellos Júnior, João Baptista de
Vaz, Antonio Fernando
Veiga, Joaquim José Ferreira
Velho, Manoel da Silva
Viana, Antonio Luiz Gonçalves
Viana, Sebastião Luiz
Viana, Tomás Pereira de Castro
Viana, João Martins Lourenço
Viana, José Antonio Alves
Vianna, Manoel de Araújo Coutinho
Vianna, Manoel Lobo
Vianna, Manoel José Rodrigues
Vidal, José Pereira
Vieira, João Marcos
Vieira, Manoel Martins
Xavier, José Antonio
Xavier, José Antonio dos Santos

Total: 444 negociantes.

Anexo III

Nomes recorrentes na pesquisa com informações complementares

Abreu, Antônio José Ferreira de – Capitão, de Lorena, foi o terceiro maior negociante de reses presente no registro de Lorena na primeira década do século XIX, controlando 11,9% da quantidade de gado transportada pelo local entre 1801 e 1811.[1] Possível parente de Ventura José de Abreu.

Abreu, Ventura José de – Sargento-mor, de Lorena, foi correspondente de Inácio Rangel de Azevedo Coutinho em São Paulo por volta de 1810, dizendo-se um dos quatro maiores negociantes de gados do Sul do país para a Corte no período.[2] Foi o quarto maior negociante de reses presente no registro de Lorena na primeira década do século XIX, controlando 11,4% da quantidade de gado transportada pelo local entre 1801 e 1811. Tornou-se, depois, senhor de fazendas de café.[3] Possível parente de Antônio José Ferreira de Abreu.

Aleixo, Matias – Detentor de um curral junto ao mercado de São Cristóvão em 1830, o que denota que ele podia ser negociante de reses.[4]

Almeida, Alexandre José Tinoco de – Negociante de gados para o Rio de Janeiro em 1821.[5] Trazia reses de Minas Gerais em 1822 e arrematou nove cepos na cidade neste ano.[6] Pediu licença ao Senado para construir um curral particular e conseguiu-a. Assinou o projeto de reorganização da venda de carnes verdes de Antonio Joaquim do Carmo de 1823.[7] Possível parente do traficante de escravos Tomé José Ferreira Tinoco.[8]

Almeida, Bernardo Joaquim Pereira de – Arrematante das carnes verdes na freguesia de Mataporcos e Engenho Velho em 1828.[9] Possível parente de Joaquim Rodrigues Pereira de Almeida.

Almeida, Francisco José Tinoco de – Tesoureiro do Senado da Câmara em 1799.[10] Possível parente de Luís José Tinoco de Almeida e de Alexandre José Tinoco de Almeida.

Almeida, João José – Tropeiro mineiro em 1809, assinou um abaixo-assinado reclamando da suposta cobrança errada de impostos em um registro na estrada nova do Rio Preto.[11]

Almeida, Joaquim Rodrigues Pereira de – Um dos maiores negociantes do abastecimento da praça do Rio de Janeiro.[12] Arrematante do contrato das dízimas da capitania do Rio de Janeiro junto com Manuel Caetano Pinto de 1797 a 1802.[13] Parente de João Rodrigues Pereira de Almeida e José Rodrigues Pereira de Almeida, todos traficantes de escravos.[14] Possível parente de Bernardo Joaquim Pereira de Almeida. A família Pereira de Almeida era proprietária de 13 navios e foi a 12ª. maior presente no tráfico de escravos de 1811 a 1830.[15]

Almeida, Luís José Tinoco de – Arrematou um matadouro e dois talhos de carne de vitela em 1816 e 1817.[16] Possível parente de Alexandre José Tinoco de Almeida.

ALVES, Joaquim Antonio – Arrematante do contrato do subsídio literário na capitania do Rio de Janeiro pelo triênio 1812-4, tendo Elias Antonio Lopes como fiador.[17] Fiador do contrato das carnes verdes feito por Joaquim José de Siqueira em 1816.[18] Traficante de escravos.[19] Deputado da Junta do Banco do Brasil em 1809.[20] Parecia ter vários parentes traficantes: Antonio Ferreira Alves, Domingos Fernandez Alves, José Luiz Alves e José Alves. Possível parente de José Caetano Alves.

ALVES, José Caetano – Capitão, um dos três maiores negociantes da cidade do Rio de Janeiro segundo o relatório do marquês de Lavradio de 1779.[21] Cavaleiro da Ordem de Cristo em 1803.[22] Possível parente de Joaquim Antonio Alves.

ALVES, Pedro – Analfabeto, tinha um açougue na rua de Mataporcos na freguesia do Engenho Velho em 1832, tendo como fiador Severino Mendes da Costa.[23]

AMARAL, Domingos Vianna Gurgel do – Terceiro vereador em 1822.[24] Possível parente de Luís José Vianna Gurgel de Amaral e de Luís José Vianna Gurgel do Amaral Rocha.

AMARAL, Luís José Vianna Gurgel do – Senhor de engenho e cavaleiro da Ordem de Cristo em 1803.[25] Possível parente de Luís José Vianna Gurgel do Amaral Rocha, ou era ele mesmo.

Amorim, Francisco Soares de – Marchante na cidade por volta de 1826.[26]

ANDRADE, Antonio Faria de – Tropeiro mineiro em 1809, assinou um abaixo-assinado reclamando da suposta cobrança errada de impostos em um registro na estrada nova do Rio Preto.[27]

ANJO, Luís Gomes – Sargento, proprietário de parte do terreno do matadouro de Santa Luzia e de seu açougue anexo, que era alugado pelo contratador para a venda das carnes verdes. Queixou-se ao Senado que Nuno da Silva Reis não lhe pagou o aluguel.[28] Recebeu da Câmara a cada quartel de ano o foro do terreno onde se instalou o matadouro de Santa Luzia, em um total anual de 140$000.[29]

ANTONIO, Manuel – Tropeiro mineiro em 1809, assinou um abaixo-assinado reclamando da suposta cobrança errada de impostos em um registro na estrada nova do Rio Preto.[30]

ANTUNES, Manuel José – Tropeiro mineiro em 1809, assinou um abaixo-assinado reclamando da suposta cobrança errada de impostos em um registro na estrada nova do Rio Preto.[31]

AQUINO, Manoel Tomás de – Segundo Restier Gonçalves, monopolizou o comércio de carnes verdes na cidade em fins da década de 1820.[32] Arrematou o contrato dos dois matadouros da cidade – Santa Luzia e Cidade Nova – em 1827, 1829, 1830 e primeiro semestre de 1831.[33] Não conseguiu pagar um quartel do contrato no início de 1831, sendo este pago pelo fiador José Joaquim de Almeida Regadas, que tentou tomar o contrato de Aquino, mas a Câmara vetou.[34] Negociante de gado para a cidade em 1821.[35] Antonio Joaquim do Carmo o acusou de ser ligado a Antonio Domingues Velloso, beneficiando este na administração do matadouro.[36]

ARAÚJO, Antônio Alves de – Procurador do Senado da Câmara de 1816 a 1822.[37] Defendeu, em 1820, a liberação do comércio das carnes verdes e a liberdade de mercado para outros gêneros básicos em debates no plenário da Câmara.[38]

ARAÚJO, Henrique José d' – Vereador na nova Câmara Municipal que tomou posse em janeiro de 1830.[39] Envolvido no processo de liquidação do Banco do Brasil.[40]

ARAÚJO, João José de – Juiz almotacé em 1822.[41]

ARAÚJO, José Paulo de Figueiroa Nabuco e – Juiz de fora e presidente do Senado da Câmara do Rio de Janeiro de abril de 1822 a novembro de 1822.[42] Não consta como presidente do Senado da Câmara nos documentos do IHGB.[43]

ARAÚJO, José Theodoro – Sócio de Cristóvão da Costa Guimarães em 1822.[44]

ARCOS, Conde dos – Juiz de fora e presidente do Senado da Câmara do Rio de Janeiro de abril de 1821 a maio de 1821.[45]

ARRUDA, Braz de Oliveira – Capitão, de Bananal, dizia-se um dos quatro maiores negociantes de gado do Sul para a Corte por volta de 1810.[46] Foi o maior negociante de reses presente no registro de Lorena na primeira década do século XIX, controlando 25,1% da quantidade de gado transportada pelo local entre 1801 e 1811.[47]

AZEVEDO, João Manuel de – Marchante que, em abril de 1833, dividiu o controle das matanças no matadouro da Cidade Nova com Domingos Custódio Guimarães, abatendo 40,3% das reses nesse mês.[48] Possível parente do traficante de escravos Manoel Joaquim de Azevedo.[49]

BARBOSA, Antonio Leines – Tropeiro mineiro em 1809, assinou um abaixo-assinado reclamando da suposta cobrança errada de impostos em um registro na estrada nova do Rio Preto.[50]

BARROS, Joaquim José de – Tropeiro mineiro em 1809, assinou um abaixo-assinado reclamando da suposta cobrança errada de impostos em um registro na estrada nova do Rio Preto.[51]

BASTO, Luiz Paulo de Araújo – Intendente geral da Polícia da Corte em 1830.[52] Visconde de Fiais.[53]

BASTOS, Francisco da Silva – Marchante em 1823, assinou o projeto de Antonio Joaquim do Carmo referente à reorganização da venda de carnes verdes.[54]

BASTOS, João Teixeira – Arrematou o contrato da renda das cabeças em 1817, tendo como fiador Joaquim José de Siqueira e, também, um matadouro e dois talhos de carne de vitela em 1817.[55] Possível parente de José Manoel Teixeira Bastos.

BASTOS, José Manoel Teixeira – Dono de açougue, alugava-o para o Senado da Câmara.[56] Possível parente de João Teixeira Bastos.

BITENCOURT, Agostinho Petra – Juiz de fora e presidente do Senado da Câmara do Rio de Janeiro de outubro de 1807 a 1811.[57] Segundo documento do IHGB, seu mandato de presidente da Câmara foi de abril de 1807 a setembro de 1815.[58]

BRAGA, Bento d'Oliveira – Vereador na nova Câmara Municipal que tomou posse em janeiro de 1830.[59] Presidente da Câmara em 1830 e 1831 pelo menos.[60]

BRITO, Marcos de Noronha – Último vice-rei do Brasil (1806-1808), criou o sistema de franquias para o comércio das carnes verdes, tentando acabar com a coerção sobre o comércio.[61]

BRITTO, Antonio Muniz Pinto de – Escrivão do Senado da Câmara pelo menos de 1807 a 1815 e comendador da Ordem de Cristo.[62]

CAMARGO, Francisco Bueno – Criador e/ou negociante de gado em Goiás em 1820.[63]

CAMIZUHY, João Antonio – Arrematante do contrato da renda das cabeças em 1822, tendo como fiador Antonio Alves de Silva Pinto.[64] Arrematante de vários talhos na cidade em 1822.[65]

CAMPOS, Francisco Gomes de – Juiz de fora e presidente do Senado da Câmara do Rio de Janeiro de outubro de 1828 até a posse da nova Câmara, em 1830.[66] Presidente da Câmara Municipal em 1834.[67] Virou barão de Campo Grande.[68]

CARDOSO, José Pereira – Negociante de reses para o Rio de Janeiro em 1821.[69] Fiador do contrato do matadouro em 1833, 1834 e 1835 junto com Antonio Barbosa Guimarães em 1833 e Domingos Custódio Guimarães em 1834 e 1835, sempre tendo Joaquim Francisco de Paula e Silva como o arrematante.[70]

CARDOSO, Manuel da Costa – Um dos três maiores negociantes da cidade do Rio segundo relatório do marquês de Lavradio de 1779.[71]

CARMO, Antônio Joaquim do – Arrematante do contrato das carnes verdes para os anos de 1820 e 1821.[72] Entrou em conflito aberto com o almotacé Cunha em 1820.[73] Teve José Joaquim de Almeida Regadas como sócio administrador geral do seu contrato das carnes verdes em 1821, sendo este ligado a Joaquim José de Siqueira, segundo a denúncia do almotacé Cunha.[74] Fez junto com os outros marchantes da cidade um projeto para reorganização do comércio das carnes verdes na cidade, segundo o qual os marchantes dominariam o comércio. Abasteceu de carne a tropa, os navios de guerra e os hospitais em 1823 e 1827 ao menos.[75] O maior marchante carioca em 1822, tendo a concessão municipal de 10 cepos ao longo da cidade.[76] Possível parente de Manoel Joaquim do Carmo. Possível parente de Mariana do Carmo, que era filha de um capitão-de-mar-e-guerra e que amamentou o príncipe Dom Antônio no paço.[77]

CARMO, Manoel Joaquim do – Capitão, arrematou o direito de administrar os matadouros de Santa Luzia e Cidade Nova nos anos de 1822, 1824, 1825, 1826 e 1828, sendo acusado de beneficiar Antonio Joaquim do Carmo nas matanças de gado.[78] Arrematou o contrato da exclusividade das matanças nas freguesias de fora no triênio 1828-30 e foi o fiador do contrato no mesmo triênio das matanças das freguesias de arrabaldes: Mataporcos, Engenho Novo, Engenho Velho, Inhaúma e Alagoa Rodrigo de Freitas.[79] Disse um marchante de carne de porco em 1822 que Manoel Joaquim do Carmo era o único marchante de carne de porco ao público neste ano.[80] Possível parente de Mariana do Carmo, que era filha de um capitão-de-mar-e-guerra e que amamentou o príncipe Dom Antônio no paço.[81] Possível parente de Antônio Joaquim do Carmo.

CARNEIRO, Francisco José – Juiz de fora e presidente do Senado da Câmara de 1826 a outubro de 1828.[82]

CARVALHO, Jesuíno Teixeira de – Administrador dos matadouros a partir de 1836, ganhava 800$000 anuais e entrou em conflito com Domingos Custódio Guimarães.[83]

CHAGAS, Francisco Ribeiro das – Tropeiro mineiro em 1809, assinou um abaixo-assinado reclamando da suposta cobrança errada de impostos em um registro na estrada nova do Rio Preto.[84]

COELHO, Antonio José – Porteiro do Senado da Câmara ao menos em 1817 e 1818.[85]

COELHO, Francisco de Paula – Negociante de gados para o Rio de Janeiro em 1821.[86] Foi detentor de um curral junto ao mercado de São Cristóvão em 1830.[87]

CORREA, Antonio da Roza – Fez lances sobre o contrato dos cinco réis em libra de carne verde, mas não venceu o pregão.[88] Negociante matriculado na Junta de Comércio.[89] Possivelmente é o mesmo Antonio Correa que era negociante de gados para o Rio de Janeiro em 1821.[90]

COSTA, João Mendes da – Marchante em 1823, assinou o projeto de Antonio Joaquim do Carmo do mesmo ano sobre a reorganização da venda de carnes verdes na cidade.[91] Possível parente de Pedro Mendes da Costa, Fermino Mendes da Costa e Severino Mendes da Costa.

COSTA, João Siqueira da – Capitão, pai de Joaquim José de Siqueira, foi fiador do contrato das carnes verdes desde 1810 a 1811, quando morre, assumindo seu filho a fiança.[92] Foi também fiador do contrato da renda das cabeças de 1807 a 1811.[93]

COSTA, Pedro Mendes da – Conseguiu um contrato gratuito para um matadouro em São Cristóvão em 1818.[94] Possível parente de João Mendes da Costa, Fermino Mendes da Costa e Severino Mendes da Costa.

COSTA, Fermino Mendes da – Analfabeto, marchante em 1823, assinou o projeto de Antonio Joaquim do Carmo do mesmo ano sobre a reorganização da venda de carnes verdes na cidade.[95] Arrematou dois cepos no Valongo em 1822.[96] Possível parente de João Mendes da Costa, Pedro Mendes da Costa e Severino Mendes da Costa.

COSTA, Severino Mendes da – Negociante de gados para o Rio de Janeiro em 1821.[97] Fiador da licença municipal para o açougue de Pedro Alves em Mataporcos nos primeiros anos da década de 1830.[98] Marchante em 1823, assinou o projeto de Antonio Joaquim do Carmo do mesmo ano sobre a reorganização da venda de carnes verdes na cidade.[99] Arrematou um cepo na cidade para o ano de 1822.[100] Possível parente de João Mendes da Costa, Pedro Mendes da Costa e Fermino Mendes da Costa.

COUTINHO, Dom José Caetano da Silva – Bispo do Rio de Janeiro ao menos em 1812 e capelão-mor do Príncipe Regente.[101] Deputado da Assembleia Constituinte de 1823 pela província do Rio de Janeiro.[102] Possível parente de Inácio Rangel de Azevedo Coutinho.

COUTINHO, Inácio Rangel de Azevedo – Arrematante do contrato das carnes verdes de 1810 a 1815, morreu em dezembro de 1811, deixando o contrato para a sua viúva,

Joana Rangel, que depois foi transferido para Joaquim José da Siqueira.[103] Arrematou ainda o contrato das cabeças em 1810 e 1811.[104] Conseguiu o contrato do imposto dos cinco réis em libra de carne verde de 1811 a 1813.[105] Estava no comércio de carnes verdes na cidade pelo menos desde 1803, tendo abastecido, ao menos em 1804, as esquadras da marinha em contrato.[106] Possível parente de D. José Caetano da Silva Coutinho e de José Joaquim de Azeredo Coutinho.

COUTINHO, Joana Rangel de Azevedo – Viúva de Inácio Rangel de Azevedo Coutinho, herdou o contrato das carnes verdes em dezembro de 1811 e repassou-o para Joaquim José da Siqueira.[107]

COUTINHO, José da Cunha de Azevedo – Tabelião em 1812.[108] Possível parente de Inácio Rangel de Azevedo Coutinho.

COUTINHO, José Vicente de Azevedo – Suplente de fiscal da freguesia de Santa Rita que tomou posse em julho de 1830.[109] Possível parente de Inácio Rangel de Azevedo Coutinho.

COUTINHO, Manoel Calisto – Marchante, arrematou cinco cepos na cidade em 1822.[110]

CUNHA, Antonio da – Tesoureiro do Senado da Câmara em 1800 e 1801.[111] Poderoso negociante da Corte.[112] Deputado da Junta do Banco do Brasil em 1809.[113] Possível parente de Antonio Luiz Pereira da Cunha.

CUNHA, Antonio Alves da – Tropeiro mineiro em 1809, assinou um abaixo-assinado reclamando da suposta cobrança errada de impostos em um registro na estrada nova do Rio Preto.[114]

CUNHA, Antonio José Ribeiro da – Vereador na nova Câmara Municipal que tomou posse em janeiro de 1830.[115] Negociante matriculado na Junta de Comércio.[116]

CUNHA, Antônio Luiz Pereira da (1760-1837) – Juiz almotacé do Senado da Câmara do Rio de Janeiro pelo menos em 1816, 1820, 1821 e 1826.[117] Pareceu cumprir uma função hierarquicamente mais alta em relação aos outros almotacés existentes em sua época.[118] Ligado a José Clemente Pereira.[119] Entrou em conflito aberto com o arrematante Antônio Joaquim do Carmo.[120] A partir de 26 de fevereiro de 1821, tornou-se intendente geral da Polícia da Corte.[121] Comendador do Hábito de Cristo a partir de 1825.[122] Escolhido por D. Pedro I em 1827 para uma comissão apenas com os funcionários de altíssima confiança que investigou as questões internas da Fazenda e do Banco do Brasil. A tal comissão também foi responsável pela elaboração do projeto da Constituição de 1824, sendo seus membros: Mariano da Fonseca – marquês de Maricá –, José

Egídio Alves de Almeida – marquês de Santo Amaro –, Manuel Jacinto Nogueira da Gama – marquês de Baependi – e José Joaquim Carneiro de Campos – marquês de Caravelas. Depois, manteve-se envolvido com o Banco do Brasil após a sua liquidação.[123] Natural da Bahia, chanceler da Relação do Rio de Janeiro e da Bahia, fidalgo.[124] Fez seus estudos na Faculdade de Leis de Coimbra, cumpriu diversos cargos em Portugal e no Brasil desde 1788, condecorado com a Comenda de Cristo em 1811. Deputado da Junta de Comércio a partir de 1818, deputado da Assembleia Constituinte de 1823 pela província do Rio de Janeiro, vice-presidente da Assembleia Constituinte em outubro de 1823, ministro da Fazenda em 1825, ministro dos Estrangeiros em 1826, ministro do Império em 1831, do Conselho de Estado entre 1823 e 1834, nomeado senador por Pernambuco em 1826, presidente do Senado em 1837, visconde e, depois, marquês de Inhambupe.[125] Possível parente do negociante Antônio da Cunha.[126]

DRUMMOND, Alexandre Ferreira de Vasconcelos – Juiz almotacé do Senado da Câmara em 1820, reclamava dos atravessadores.[127]

DUARTE, Antonio José – Detentor de um matadouro particular em São Cristóvão na década de 1830, sendo o principal abatedor de reses neste estabelecimento.[128]

DUARTE, Manuel Carvalho – Tropeiro mineiro em 1809, assinou um abaixo-assinado reclamando da suposta cobrança errada de impostos em um registro na estrada nova do Rio Preto.[129]

DUQUE-ESTRADA, José Paulo – Segundo vereador do Senado da Câmara em 1802.[130] Possível parente de Luís Joaquim Duque-Estrada Furtado de Mendonça.

FARO, Joaquim José Pereira do – Vereador na nova Câmara Municipal que tomou posse em janeiro de 1830.[131] Arrematou o imposto da passagem do registro de Lages por volta de 1819.[132] Dono da seguradora Previdente.[133]

FERNANDES, Antonio – Tropeiro mineiro em 1809, assinou um abaixo-assinado reclamando da suposta cobrança errada de impostos em um registro na estrada nova do Rio Preto.[134]

FERRÃO, Manoel Joaquim – Fiscal da freguesia do Engenho Velho pelo menos de 1830 a 1832.[135]

FERREIRA, Antonio Lopes – Criador e/ou negociante de gado em Goiás em 1820.[136]

FIGUEIRA, Antonio José de Viveiros – Negociante de reses para o Rio de Janeiro em 1821.[137]

FLORES, Manuel Lopes – Fiador da administração dos matadouros feita por Luiz Ferreira Lemos em 1831 e 1832.[138]

FONSECA, Alexandre José Pereira de – Fiador do contrato do imposto dos cinco réis em libra de carne verde no triênio 1815-7.[139] Negociante matriculado na Junta de Comércio.[140]

FONSECA, Antonio Teixeira de – Arrematante do contrato da renda dos matadouros nos anos de 1819, 1820 e 1821. Em 1820 e 1821, seu fiador foi Nuno da Silva Reis, já para o ano de 1819, não se sabe quem foi seu fiador, podendo ser o mesmo Nuno da Silva Reis.[141]

FRANCO, Joaquim Inácio – Tropeiro mineiro em 1809, assinou um abaixo-assinado reclamando da suposta cobrança errada de impostos em um registro na estrada nova do Rio Preto.[142]

FRANÇA, Manoel José de – Administrador do subsídio literário e do novo imposto das carnes verdes depois de 1821.[143] Deputado da Assembleia Constituinte de 1823 pela província do Rio de Janeiro.[144]

FREIRE, Antonio de Sousa – Tropeiro mineiro em 1809, assinou um abaixo-assinado reclamando da suposta cobrança errada de impostos em um registro na estrada nova do Rio Preto.[145]

FURTADO, Antonio – Tropeiro mineiro em 1809, assinou um abaixo-assinado reclamando da suposta cobrança errada de impostos em um registro na estrada nova do Rio Preto.[146]

GALVÃO, Bernardo José Alves – Sargento-mor, tentou arrematar o matadouro de carne de vitela e de carneiro em 1816, mas foi impedido pelo contratador das carnes verdes, Joaquim José de Siqueira, entrando em rota de colisão com este.[147]

GOIVÃES, José Pereira – Arrematante do contrato da renda das cabeças em 1816, tendo como fiador Joaquim José de Siqueira.[148]

GOMES, Luiz Manoel – Marchante em 1823, assinou o projeto de Antonio Joaquim do Carmo para a reorganização da venda de carnes verdes na cidade.[149]

GOUVÊA, Lúcio Soares Teixeira e – Juiz de fora e presidente do Senado da Câmara do Rio de Janeiro de novembro de 1822 a novembro de 1824.[150]

GOUVEIA, Joaquim Bandeira de – Juiz almotacé em 1823.[151]

GUIMARÃES, Antonio Barbosa – Fiador do contrato do matadouro em 1833 em associação com José Pereira Cardoso.[152] Possível parente de Domingos Custódio Guimarães.

GUIMARÃES, Cristóvão da Costa – Analfabeto, dono de um açougue na rua do Andarahi, no Engenho Velho, matando 196 reses por ano em 1832, sendo sócio de Domingos Custódio Guimarães.[153] Possível parente de Domingos Custódio Guimarães e do traficante de escravos e vereador Francisco Luiz da Costa Guimarães. Possível parente do negociante carioca do século XVIII, Nicolau da Costa Guimarães.[154]

GUIMARÃES, Domingos Custódio – Negociante de gados para a Corte em 1821.[155] Fiador do contrato do matadouro junto com José Pereira Cardoso nos anos de 1834 e 1835, sempre tendo Joaquim Francisco da Paula e Silva como arrematante.[156] Sócio de Cristóvão da Costa Guimarães.[157] Teve amplo controle sobre as matanças em Santa Luzia na primeira metade da década de 1830, sendo acusado de práticas monopolistas no matadouro.[158] Da família Teixeira Leite, era de São João del Rei e montou sua fortuna através do comércio de carne para o Rio de Janeiro, virando o visconde de Rio Preto na segunda metade do XIX, com 11 fazendas em Valença em 1868.[159]

GUIMARÃES, Francisco Luiz da Costa – Vereador na nova Câmara Municipal que tomou posse em janeiro de 1830.[160] Foi sempre o vereador mais interessado nos negócios dos matadouros e do comércio de carnes frescas.[161] Traficante de escravos, parecendo ter parentes traficantes também.[162] Deputado da Junta do Banco do Brasil em 1829 e da comissão de sua liquidação.[163] Possível parente do negociante carioca do século XVIII, Nicolau da Costa Guimarães.[164] Possível parente de Domingos Custódio Guimarães e Cristóvão da Costa Guimarães.

GUIMARÃES, José da Silva – Negociante matriculado na Junta de Comércio.[165] Pediu a Sua Alteza Real e à Câmara para usar os couros verdes descartados no matadouro em 1822.[166] Fiador do contrato das cabeças em 1818, tendo como arrematante Joaquim Gonçalves Ledo.[167] Possível parente dos traficantes de escravos João Ribeiro da Silva Guimarães e João Manoel da Silva Guimarães.

GUIMARÃES, Manuel Pinheiro – Arrematante do contrato do subsídio literário na capitania do Rio de Janeiro no triênio de 1809 a 1811, não se sabe seu fiador.[168] Traficante de escravos.[169] O 8º maior traficante da cidade entre 1811 e 1830.[170]

JOSÉ, Manuel – Tropeiro mineiro em 1809, assinou um abaixo-assinado reclamando da suposta cobrança errada de impostos em um registro na estrada nova do Rio Preto.[171]

JUNQUEIRA, Miguel José de – Arrematante do contrato da renda das cabeças em 1814, tendo como fiador Joaquim José de Siqueira.[172]

LEÃO, Fernando Carneiro – Filho do coronel e grande negociante Braz Carneiro Leão.[173] Arrematou um contrato de 12 anos para a pesca da baleia junto com Joaquim José Siqueira em 1816.[174] Amplamente ligado ao Banco do Brasil, foi acionista, deputado da Junta e diretor do banco em diferentes épocas, sendo também membro de uma comissão com mais sete destacados negociantes cariocas que foi oferecer ao Rei um capital para benefício da instrução pública.[175] A família constituía uma das grandes casas de abastecimento do Rio de Janeiro.[176] A família estava no comércio de importação e exportação, abastecimento e tráfico.[177]

LÊDO, Joaquim Gonçalves – Arrematante do contrato das cabeças para o ano de 1818, tendo como fiador José da Silva Guimarães.[178] Importante personagem no processo da independência, um radical.[179] Fundou em setembro de 1821 o jornal *Revérbero Constitucional Fluminense*, que pregava ideias liberais, foi perseguido pelos Andrada por querer uma monarquia constitucional e refugiou-se em Buenos Aires no final de 1822.[180] Foi membro da Junta de Commercio, esteve envolvido na fundação da Academia Fluminense de Ciências e Artes em 1821 e defendia veementemente, junto com João da Silva Caldeira, a industrialização do país.[181] Maçom, deputado da Câmara Federal no I Império, interessou-se pelo tema da liquidação do Banco do Brasil, defendendo a apropriação e venda de propriedades eclesiásticas para saldar a dívida do banco.[182]

LEITE, Antônio Francisco – Tesoureiro do Senado da Câmara em 1812 e primeiro vereador em 1828.[183] Negociante matriculado na Junta de Comércio.[184] Possível parente de Francisco Antônio Leite.

LEITE, Francisco Antônio – Encarregado das revendas de Antônio da Silva Prado no Rio de Janeiro, sucedendo Nuno da Silva Reis.[185] Vereador da nova Câmara Municipal depois de 1830.[186] Encarregado de fazer o edital do contrato dos matadouros em 1830 junto com outro vereador, interessava-se pelas questões das carnes verdes.[187] Deputado da Junta do Banco do Brasil em 1827 e membro de comissão no banco em 1831.[188] Negociante matriculado na Junta de Comércio.[189] Possível parente de Antônio Francisco Leite.

LEMOS, Luiz Ferreira de – Administrador dos matadouros em 1831 e 1832.[190]

LIMA, Custódio de Oliveira – Negociante de gados para o Rio de Janeiro em 1821.[191]

LÍRIO, Custódio Moreira – Juiz almotacé em 1800 e vereador do Senado da Câmara em 1806.[192] Pediu ao Rei o Hábito de Cristo em 1809.[193] Negociante matriculado na Junta de Comércio.[194] Possível parente do vereador Manoel Moreira Lírio.

LISBOA, Francisco Lopes Pereira – Tropeiro mineiro em 1809, assinou um abaixo-assinado reclamando da suposta cobrança errada de impostos em um registro na estrada nova do Rio Preto.[195]

LISBOA, Venâncio José – Almotacé do Senado da Câmara em 1820 e 1821 pelo menos.[196] Procurador do Senado da Câmara em 1828.[197] Vereador em 1831.[198] Teve um escravo seu preso nas noites das garrafadas em 1831.[199]

LOPES, Alexandre José – Tropeiro mineiro em 1809, assinou um abaixo-assinado reclamando da suposta cobrança errada de impostos em um registro na estrada nova do Rio Preto.[200] Possível parente do também tropeiro João José Lopes.

LOPES, Elias Antonio – Grande negociante da praça do Rio de Janeiro, filho do capitão Antonio Lopes Guimarães, começou as suas atividades no comércio por volta de 1792 e morreu em 1815, contabilizando um inventário de mais de 235 contos de réis. Provedor de três companhias de seguro, foi fiador do contrato do subsídio literário no Rio de Janeiro de 1812 a 1814, tendo Joaquim Antonio Alves como arrematante, com valor de 120:250$000.[201] Doou a Quinta da Boa Vista para a família real por ocasião da chegada desta na cidade, recebendo em troca grandes benefícios.[202]

LOPES, João José – Tropeiro mineiro em 1809, assinou um abaixo-assinado reclamando da suposta cobrança errada de impostos em um registro na estrada nova do Rio Preto.[203] Possível parente do também tropeiro Alexandre José Lopes.

MACEDO, Joaquim Teixeira de – Juiz almotacé em 1825.[204] Traficante de escravos com possíveis parentes traficantes.[205] Envolvido no processo de liquidação do Banco do Brasil através de uma indicação do governo.[206] Negociante matriculado na Junta de Comércio.[207]

MAGALHÃES, Zeferino José Pinto de – Tenente-coronel, fiador do contrato dos matadouros junto com José Joaquim de Almeida Regadas em 1829.[208] Negociante matriculado na Junta de Comércio.[209]

MAGANO, Francisco Xavier dos Santos – Negociante de gados para o Rio de Janeiro em 1821.[210]

MALHEIROS, Francisco Antônio – Tesoureiro do Senado da Câmara em 1809 e 1810.[211] Pequeno traficante de escravos que logo faliu em 1813.[212] Negociante matriculado na Junta de Comércio.[213]

MANOEL, José Pereira da Silva – Vereador na nova Câmara Municipal que tomou posse em janeiro de 1830, sendo o presidente interino da mesma.[214]

MARTINS, Francisco Caetano – Fiscal da freguesia de São José ao menos de 1832 a 1834.[215]

MATOS, Francisco Pereira de – Escrivão do Senado da Câmara ao menos em 1824, cavaleiro da Ordem de Cristo.[216]

MATTOS, Felisberto Garcia de – Tropeiro mineiro em 1809, assinou um abaixo-assinado reclamando da suposta cobrança errada de impostos em um registro na estrada nova do Rio Preto.[217]

MEIRELLES, João José – Tropeiro mineiro em 1809, assinou um abaixo-assinado reclamando da suposta cobrança errada de impostos em um registro na estrada nova do Rio Preto.[218]

MELLO, Manuel José de – Capitão, de Guaratinguetá, grande negociante de reses de São Paulo por volta de 1810, era ligado a Inácio Rangel de Azevedo Coutinho, afirmando que manda de 2 mil a mais de 3 mil reses anualmente para o Rio de Janeiro.[219] Era o segundo maior negociante de reses no registro de Lorena na primeira década do século XIX, controlando 20% da quantidade de gado transportada pelo local entre 1801 e 1811.[220] Possível parente de Duarte José de Mello, traficante de escravos.[221]

MENDONÇA, Antonio Manuel de Melo Castro e – Capitão-general, governador da capitania de São Paulo. Criou um imposto de 80 réis sobre cada cabeça de gado que passava no registro de Lorena por volta de 1810, o que deixou os negociantes de gado e Inácio Rangel de Azevedo Coutinho indignados.[222]

MENDONÇA, Luís Joaquim Duque-Estrada Furtado de – Primeiro vereador do Senado da Câmara em 1797.[223] Juiz de fora, presidente do Senado da Câmara do Rio de Janeiro e ouvidor-geral de outubro de 1811 a 1814 e de setembro de 1814 a abril de 1818, segundo Maria de Fátima Gouvêa.[224] Segundo o IHGB, foi presidente do Senado da Câmara apenas de setembro de 1814 a abril de 1818.[225]

MENESES, Antônio Lopes de Calheiros – Juiz de fora e presidente do Senado da Câmara do Rio de Janeiro de abril de 1818 a março de 1821.[226]

MESQUITA, José Cardoso de – Tropeiro mineiro em 1809, assinou um abaixo-assinado reclamando da suposta cobrança errada de impostos em um registro na estrada nova do Rio Preto.[227] Possível integrante da empresa de carnes verdes Mesquita & Guimarães, na qual os Guimarães deviam se referir à família de Domingos Custódio Guimarães.[228]

Miranda, Marcelino Alves de – Tropeiro mineiro em 1809, assinou um abaixo-assinado reclamando da suposta cobrança errada de impostos em um registro na estrada nova do Rio Preto.[229]

Monteiro, Joaquim José – Dono de um açougue no Engenho Velho, matava 52 reses por ano no ano de 1832.[230]

Moreira, Custódio José de – Tropeiro mineiro em 1809, assinou um abaixo-assinado reclamando da suposta cobrança errada de impostos em um registro na estrada nova do Rio Preto.[231]

Moreira, Mathias Aleixo – Marchante na cidade por volta de 1826.[232]

Morovia, Jorge – Comerciante inglês que tinha um talho na cidade e vendia carne para os estrangeiros em 1833.[233]

Morres, Thomas – Comerciante inglês que administrou um talho cedido por Antonio Joaquim do Carmo em 1820 na Praia do Peixe, e que foi acusado por Carmo de vender a carne a um preço maior do que o tabelado.[234]

Mosson, Joaquim Malta – Negociante de gados para o Rio de Janeiro em 1821.[235]

Motta, José Luiz da – Comendador da Ordem de Cristo.[236] Arrematante do contrato do imposto dos cinco réis em libra no triênio 1815-7 em associação com Manuel Bernardes da Veiga.[237] Teve como fiador Alexandre José Pereira da Fonseca.[238] Traficante de escravos.[239] Amplamente envolvido com o Banco do Brasil, foi deputado da Junta do banco em 1815 e 1816, diretor em 1817, 1825 e 1826 e tinha 26 ações do Banco em 1821.[240] Em sua morte, em 1842, deixou um inventário com valor total de 232:202$764 réis.[241]

Nascimento, Bento Manuel do – Tropeiro mineiro em 1809, assinou um abaixo-assinado reclamando da suposta cobrança errada de impostos em um registro na estrada nova do Rio Preto.[242]

Navarro, Joaquim Francisco de Souza – Coletor do imposto das carnes verdes ao menos em 1833.[243]

Nunes, Joaquim José – Administrador do matadouro de Santa Luzia em 1820, possivelmente indicado pelo contratador Antonio Joaquim do Carmo.[244]

Oliveira, Francisco Antonio de – Marchante em 1823, assinou o projeto de Antonio Joaquim do Carmo do mesmo ano de reorganização da venda das carnes verdes.[245]

OLIVEIRA, Francisco de Souza – Fidalgo, nascido em Portugal.[246] Vereador de 1816 a 1821.[247] Em 1820, defendeu a maior participação do Estado na organização das feiras de gêneros básicos em um debate sobre o abastecimento urbano.[248] Em 1816, propôs a construção de uma sede própria para o Senado da Câmara, que foi construída ao custo de 7:790$800 sob sua supervisão, tendo associações cooperativas auxiliado no pagamento das obras.[249] Deputado da Junta do Banco do Brasil em 1816 e 1817.[250]

OLIVEIRA, Henrique Veloso de – Juiz de fora e presidente do Senado da Câmara de novembro de 1824 a 1826.[251]

OLIVEIRA, Manoel Lemos d' – Detentor de um curral junto ao mercado de São Cristóvão em 1830, o que denota que ele podia ser um negociante de reses.[252]

OLIVEIRA, Saturnino da Souza e – Advogado da Câmara Municipal ao menos em 1831.[253]

PEACOCK, Hector – Comerciante inglês que vendia carne verde para estrangeiros, arrematou um cepo em 1822 na Praia do Peixe.[254] Tentou arrematar talhos na Praia do Peixe em 1823.[255]

PENA, João Martins – Juiz de fora e presidente do Senado da Câmara do Rio de Janeiro de outubro em 1814, segundo Fátima Gouveia.[256] Não consta como presidente da Câmara no IHGB.[257]

PEREIRA, José Clemente – Professo da Ordem de Cristo, juiz de fora e presidente do Senado da Câmara de março de 1821 a 1822.[258] No IHGB, consta como presidente da Câmara de maio de 1821 a novembro de 1822.[259] Chegou à cidade em 1815 e estabeleceu-se no comércio, ganhando logo projeção política. Era dono de fazenda de gêneros alimentícios e era ligado ao almotacé Antônio Luiz Pereira da Cunha.[260] Foi perseguido e deportado pelos Andrada juntamente como Joaquim Gonçalves Lêdo.[261] Foi depois ministro do Império e interinamente ministro da Guerra.[262] Em 1829, foi ministro e secretário de Estado dos Negócios do Império.[263] Deputado da Câmara dos Deputados em 1830, quando o Banco do Brasil foi liquidado.[264]

PEREIRA, José Domingues – Arrematante do contrato da renda das cabeças em 1823, tendo como fiador José Francisco Pereira.[265]

PEREIRA, José Francisco – Fiador do contrato da renda das cabeças em 1823.[266]

PEREIRA, José Marques – Tesoureiro do Senado da Câmara em 1808 e de 1816 a 1822.[267]

PILLAR, João Silveira – Juiz almotacé do Senado da Câmara em 1827, entrou em conflito com Antônio Joaquim do Carmo.[268] Negociante matriculado na Junta de Comércio.[269]

PINTO, Antonio Pereira – Vereador na nova Câmara Municipal que tomou posse em janeiro de 1830.[270] Negociante matriculado na Junta de Comércio.[271]

PINTO, Domingo Alves – Procurador da Câmara Municipal ao menos no ano de 1830.[272] Amplamente ligado ao Banco do Brasil, foi deputado da Junta do banco em 1825 e 1826, membro de comissão em 1831 e grande acionista na época de sua liquidação.[273]

PINTO, Manoel Caetano – Procurador do Senado da Câmara em 1805, segundo vereador em 1812 e de 1816 a 1822.[274] Em 1820, defendeu a liberação do comércio das carnes verdes e a livre iniciativa na organização do comércio de gêneros básicos na cidade em debates no plenário da Câmara. Grande negociante, fazia comércio de cabotagem e com a Europa, era acionista das seguradoras Dias, Barbosa e Cia. e Providente, além de acionista e diretor do Banco do Brasil em 1809, sendo o quinto maior negociante carioca no comércio com Portugal na época joanina.[275] Grande proprietário de imóveis na cidade, arrematou a administração das cadeias urbanas e era endividado da Câmara.[276] Morreu em 1838, tendo em seu inventário um monte-bruto de 288 contos de réis.[277] Mandou seu filho José Caetano Pinto estudar Direito em Coimbra em 1821 e também seu outro filho Lourenço Caetano Pinto estudar Direito lá em 1823, o último foi expulso da faculdade.[278] Negociante matriculado na Junta de Comércio.[279] Fidalgo, nascido em Portugal.[280]

PORTUGAL, Tomás Antônio Vilanova – Juiz de fora e presidente do Senado da Câmara do Rio de Janeiro de julho de 1818 a fevereiro de 1821, ministro de Estado de 1818 a 1821, tendo retornado para Portugal com D. João VI.[281] Agraciado em 1810 com a Comenda da Ordem de Cristo.[282]

PRADO, Antônio da Silva (1788-1875) – Capitão, negociante de boiadas do Sul do país para o Rio de Janeiro de 1818 a 1825, além de arrematante de contratos reais, negociante de açúcar, negociante de muares, senhor de engenho e, por fim, banqueiro. Recebeu D. Pedro I em sua residência em 1822. Em 1848, tornou-se barão de Iguape. Foi endividado do BB e de negociantes da praça do Rio. Em 1825, ele deixou de comerciar gado vacum para apenas vender gado muar para as fazendas do Vale do Paraíba com práticas monopolistas.[283] Tinha 20 ações do Banco do Brasil em 1821.[284]

QUARESMA, José Maria Cavagna – Fiscal da freguesia de Santa Ana a partir de 1830 até, pelo menos, 1834.[285]

QUEIROZ, Joaquim José de – Ouvidor do Senado da Câmara em 1821, dirigiu o recenseamento feito na cidade no mesmo ano a mando do Senado da Câmara.[286]

QUINTELLA, Ignácio da Costa – Juiz de fora e presidente do Senado da Câmara do Rio de Janeiro de fevereiro de 1821 a março de 1821, segundo Fátima Gouveia.[287] Não consta como presidente da Câmara no IHGB.[288]

RAMILHO, Francisco Pinto – Tropeiro mineiro em 1809, assinou um abaixo-assinado reclamando da suposta cobrança errada de impostos em um registro na estrada nova do Rio Preto.[289]

RANGEL, Ignácio da Fonseca – Arrematante da administração dos matadouros em 1823 por 9:400$0000.[290] Possível parente de Inácio Rangel de Azevedo Coutinho.

REGADAS, José Joaquim de Almeida – Em um parecer para a Câmara, o procurador da mesma em 1831 disse que ele era um negociante conhecido da praça e que "gosa de todo o crédito e reputação pública".[291] Fiador de Manuel Thomaz de Aquino na renda dos matadouros da cidade em 1829 junto com Zeferino José Pinto de Magalhães e sozinho em 1830.[292] Pagou um quartel que Aquino não conseguiu pagar e requereu tomar o contrato para si, tendo a Câmara recusado.[293] Dizia-se sócio e administrador geral do contrato das carnes verdes em 1820, sendo na época Antonio Joaquim do Carmo o contratador. Escolhia junto com Joaquim José de Siqueira quem recebia a carne do mercado paralelo em 1820.[294] Negociante matriculado na Junta de Comércio.[295] Possível parente – ou era ele mesmo – de José Joaquim da Silva Regadas, negociante carioca que tinha endividados em Angola, o que sugere que se tratava de um traficante de escravos.[296]

REIS, Nuno da Silva – Fornecia carne para a Uxaria, a Marinha e para o Exército em um período desconhecido entre 1819 e 1820.[297] Foi fiador do contrato da renda das cabeças em 1820, 1821 e possivelmente em 1819.[298] Negociante de gados para o Rio de Janeiro em 1821.[299] Encarregado das revendas de Antônio da Silva Prado no Rio de Janeiro, foi sucedido nessa função por Francisco Antônio Leite.[300] Arrematou junto com Manoel Joaquim do Carmo, em 1819, o talho de São Diogo, que devia suprir a parte nova da cidade – Cidade Nova, Gamboa e Saco do Alferes –, tendo se retirado da obrigação em setembro afirmando não poder bancar o negócio.[301] Negociante matriculado na Junta de Comércio.[302] Foi à falência em 1822.[303] Em 1827, não havia pago 500$000 à Câmara referentes à arrematação do matadouro em 1819, sendo obrigado a pagar em 24h ou teria seus bens penhorados.[304]

Ribeiro, Francisco da Silva – Tropeiro mineiro em 1809, assinou um abaixo-assinado reclamando da suposta cobrança errada de impostos em um registro na estrada nova do Rio Preto.[305]

Ribeiro, José Antonio – Negociante de gados para o Rio de Janeiro em 1821, entrou em conflito direto com Antonio Joaquim do Carmo em 1827.[306]

Ribeiro, José de Carvalho – Vereador na nova Câmara Municipal que tomou posse em janeiro de 1830.[307]

Ribeiro, Roque João – Marchante em 1823, assinou o projeto de Antonio Joaquim do Carmo do mesmo ano, referente à venda de carnes verdes.[308]

Rocha, Antonio Ferreira da – Fiador do contrato do matadouro em 1827.[309] Traficante de escravos.[310]

Rocha, Francisco Pereira da – Juiz almotacé em 1822.[311]

Rocha, José Martins – Escrivão do Senado da Câmara ao menos em 1822.[312]

Rocha, Luís José Vianna Gurgel do Amaral – Terceiro vereador do Senado da Câmara em 1792, segundo vereador em 1803, terceiro vereador em 1811 e novamente terceiro vereador de 1816 a 1821.[313] Em 1819, escreveu uma memória sobre a melhor forma de se fazer o comércio de carnes verdes, defendendo a extinção do contrato e medidas protecionistas para os negociantes nacionais frente aos estrangeiros.[314] Possível parente – ou era ele mesmo – de Luís José Vianna Gurgel do Amaral. Possível parente de Domingos Vianna Gurgel do Amaral Rocha, negociante matriculado.

Rodilho, Jacinto – Proprietário de um curral junto ao mercado de São Cristóvão na década de 1830, o que denota que ele podia ser um negociante de reses.[315]

Rook, Federico – Comerciante inglês, proprietário de um talho de carne verde na cidade, teve conflitos com a Polícia em 1816.[316]

Rosa, José Fernandes – Boiadeiro mineiro de Barbacena, vendeu reses para os engenhos de açúcar do Rio de Janeiro em 1811, afirmando-se lesado com a imposição do contrato de monopólio das carnes verdes.[317]

Rozo, Domingos Francisco Araújo – Proprietário de imóveis na cidade do Rio de Janeiro, hospedou o Senado da Câmara após a chegada da família real.[318] Deputado do Banco do Brasil em 1824 e 1825.[319] Negociante matriculado na Junta de Comércio.[320]

SANTOS, Crispim dos – Dono de açougue, alugava-o para o Senado da Câmara.³²¹ Herdou o terreno do açougue grande de José Manuel Teixeira Bastos por este estar endividado.³²² Possivelmente era o mesmo terreno de Luís Gomes Anjo.

SANTOS, Ezequiel Correia dos – Procurador da Câmara Municipal ao menos em 1833.³²³

SEVERA, Maria Leonarda – Viúva de Luiz Gomes Anjo a partir de 1832, passou a receber o foro do terreno do matadouro a partir de então.³²⁴

SILVA, Antonio Alves da – Negociante de boiadas para o Rio de Janeiro em 1821.³²⁵ Negociante com endividados na África, sendo provavelmente traficante de escravos.³²⁶

SILVA, Enigidio José da – Negociante de gados para o Rio de Janeiro em 1821.³²⁷

SILVA, Fernando Feliciano – Arrematante do contrato das cabeças em 1815, tinha como fiador Joaquim José de Siqueira.³²⁸

SILVA, Francisco da – Marchante, matava 7,3% das reses abatidas no matadouro de Santa Luzia em abril e maio de 1833.³²⁹ Possivelmente era Francisco Correa da Silva ou Francisco José Gonçalves da Silva, ambos traficantes de escravos.³³⁰

SILVA, Joaquim Francisco da Paula e – Tropeiro mineiro em 1809, assinou um abaixo-assinado reclamando da suposta cobrança errada de impostos em um registro na estrada nova do Rio Preto.³³¹ Arrematante do contrato do matadouro em 1833, 1834 e 1835, tendo como fiadores José Pereira Cardoso e Antonio Barbosa Guimarães em 1833 e José Pereira Cardoso e Domingos Custódio Guimarães em 1834 e 1835.³³² Possivelmente era Francisco de Paula da Silva, membro da Junta do Banco do Brasil e grande acionista na época de sua liquidação³³³ e negociante matriculado na Junta de Comércio.³³⁴

SILVA, José Manuel da – Negociante de gados para o Rio de Janeiro em 1821.³³⁵

SILVA, José Rodrigues da – Alferes, de Curitiba, era o quinto maior negociante de reses no registro de Lorena na primeira década do século XIX, controlando 10,2% da passagem de gado no local entre 1801 e 1811.³³⁶

SILVA, Leandro Ribeiro da – Arrematante do contrato da renda das cabeças em 1807, 1808 e 1809, tendo o capitão João Siqueira da Costa como fiador, e em 1812 e 1813, sendo Joaquim José de Siqueira o fiador.³³⁷

SILVA, Lúcio Ribeiro da – Tenente, dizia-se um dos quatro maiores negociantes de gado do Sul do país para a Corte por volta de 1810, sendo correspondente de Inácio Rangel de

Azevedo Coutinho.[338] Listado como o sétimo maior negociante de reses presente no registro de Lorena de 1801 a 1811.[339] Possível parente de Leandro Ribeiro da Silva.

SIQUEIRA, Alexandre Joaquim de – Desembargador, acionista e diretor da companhia Estrada de Ferro Dom Pedro II de 1855 a 1865.[340] Possível parente de Joaquim José de Siqueira.

SIQUEIRA, Joaquim José de – Fiador de Inácio Rangel de Azevedo Coutinho no contrato das carnes verdes até a morte do mesmo em dezembro de 1811, quando assumiu o contrato, controlando-o até abril de 1819, quando interrompeu a administração contratual no meio.[341] Dono da Quinta de São Diogo.[342] Um dos maiores negociantes do abastecimento da praça do Rio de Janeiro.[343] Arrematou um contrato de 12 anos para a pesca da baleia junto com Fernando Carneiro Leão em 1816.[344] Fazia comércio de cabotagem e com a África.[345] Seu pai, o capitão João Siqueira da Costa, foi fiador do contrato das cabeças de 1807 até 1811, quando morreu, passando, então, Joaquim José de Siqueira a ser o fiador do contrato de 1812 até 1817, sendo ainda arrematante do matadouro e dois talhos de carne de vitela em 1816.[346] Foi o contratador do imposto dos cinco réis em libra de carne verde para o triênio de 1818 a 1820.[347] Mandou seu filho José Joaquim de Siqueira estudar Filosofia em Coimbra em 1826 e Antonio Joaquim Siqueira estudar Matemática, Filosofia e Direito em 1822, sendo este expulso da faculdade.[348] Segundo denúncia do almotacé Cunha, estava ligado a Antonio Joaquim do Carmo quando este era contratador das carnes verdes, escolhendo junto com José Joaquim de Almeida Regadas quem recebia a carne do mercado paralelo.[349] Foi juiz almotacé ao menos em 1811.[350] Traficante de escravos, ligado ao também traficante Francisco José Gomes.[351] Recebeu mercê e a Comenda da Ordem de Cristo em 1812 por ter doado dinheiro ao Rei.[352] Por volta de 1826 ou 1827, propôs a criação de uma companhia de imigração para o Maranhão.[353] Privança do Paço.[354] Amplamente ligado ao Banco do Brasil, foi deputado da Junta em 1815, 1816 e 1817, membro de uma comissão em 1816 com mais sete negociantes de grande projeção da Corte, que foi oferecer ao Rei um capital para benefício da instrução pública, diretor do caixa central em 1818, possuía 20 ações em 1821 e foi diretor do banco, sendo acusado de afundá-lo, acabando com seu crédito.[355] Em sua morte, em 1834, deixou um inventário no valor de 397:709$428 réis.[356]

SIQUEIRA, Mariano Joaquim de – Capitão do Terceiro Batalhão de Caçadores.[357] Possível parente de Joaquim José de Siqueira.

Souza, Francisco José de Mello e – Arrematante de contratos e negociante de gado, possuía 30 açougues na Corte, o que equivalia a 16% desses estabelecimentos em 1860.[358]

Teixeira, José Manuel – Tropeiro mineiro em 1809, assinou um abaixo-assinado reclamando da suposta cobrança errada de impostos em um registro na estrada nova do Rio Preto.[359]

Valle, João Ribeiro do – Tropeiro mineiro em 1809, assinou um abaixo-assinado reclamando da suposta cobrança errada de impostos em um registro na estrada nova do Rio Preto.[360]

Vasconcelos, Antônio da Fonseca e – Dono de açougue, alugava-o para o Senado da Câmara.[361]

Vasconcellos, Leonardo Pinheiro – Nomeado por D. João VI superintendente da Real Fazenda de Santa Cruz a partir de 1808.[362] Provedor da Casa de Seguros do Rio de Janeiro, órgão que regulava as atividades das seguradoras na cidade, junto com Elias Antônio Lopes.[363]

Veiga, Manuel Bernardes Pereira da – Arrematante do contrato do imposto dos cinco réis em libra no triênio 1815-7 em associação com José Luiz da Motta[364]. Tinha como fiador Alexandre José Pereira da Fonseca.[365]

Velloso, Antonio Domingues – Importante negociante de reses e marchante, rival de Antonio Joaquim do Carmo na década de 1820.[366] Tinha um curral junto ao mercado de São Cristóvão em 1830.[367] Assinou o projeto de reorganização da venda de carnes verdes de Antonio Joaquim do Carmo de 1823. O negociante que mais abateu reses na cidade em janeiro de 1827, dominando 48,4% das matanças no matadouro de Santa Luzia no período.[368] Arrematou quatro cepos na cidade em 1822.[369]

Vergueiro, Nicoláo Pereira de Campos – Senador, foi administrador dos direitos da passagem do registro de Curitiba em 1823.[370]

Vianna, João Fernandes – Procurador do Senado da Câmara ao menos em 1798 e terceiro vereador da mesma Câmara em 1806.[371] Possível parente de Paulo Fernandes Vianna.

Vianna, Paulo Fernandes – Chefe da Intendência Geral de Polícia da Corte de 1808 a 1821, sendo sucedido por Antônio Luís Pereira da Cunha.[372] Cavaleiro da Ordem de Cristo desde 1810, cunhado de Fernando Carneiro Leão e pai de Paulo Fernandes Carneiro Vianna, que foi barão de São Simão em 1818.[373] Ligado ao negociante Pantaleão Pereira de Azevedo, morto em 1800.[374]

Vidigal, Miguel Nunes – Coronel da guarda da Intendência Geral de Polícia da Corte.[375]

VIVAS, José – Marchante na cidade por volta de 1826.[376]

(Endnotes)

1   MARCONDES, Renato Leite. *O Abastecimento de Gado do Rio de Janeiro*, op. cit., p. 13.
2   BN. COUTINHO, Inácio Rangel de Azevedo. Fundo/Coleção Documentos biográficos. C-609,16, doc. cit.
3   MARCONDES, Renato Leite. *O Abastecimento de Gado do Rio de Janeiro*, op. cit., p. 13; 15.
4   AGCRJ. Carnes e matadouros, fiscalização (1830-1879). 53-3-12.
5   BN. CARMO, Antonio Joaquim do. Fundo/Coleção Documentos biográficos. C-2,36, doc. cit.
6   AGCRJ. Arrematações do Senado da Câmara (1818-1829). Códice: 39-3-53, f. 158-61.
7   AGCRJ. Matadouros e açougues (1822-1830). Códice 53-3-2, f. 4; 41-2.
8   FLORENTINO, Manolo. *Em Costas Negras*, op. cit., p. 138.
9   AGCRJ. Matadouros e açougues (1822-1830). Códice 53-3-2, f. 152.
10 IHGB, lata 51, pasta 11, doc. cit.
11 BN. Aguiar, Conde de. I-26, 15, 65, doc. cit.
12 LENHARO, Alcir. *As Tropas da Moderaçã*, op. cit., p. 21.
13 AN. Fundo: Conselho da Fazenda (EL). Códice: 33, vol. 1, doc. cit.
14 FLORENTINO, Manolo. *Em Costas Negras*, op. cit., p. 204.
15 FRAGOSO, João Luiz Ribeiro. *Homens de Grossa Aventura*, op. cit., p. 197.
16 AGCRJ. Arrematações do Senado da Câmara (1806-1817). Códice: 39-3-52, f. 242-5; 276.
17 AN. Fundo: Conselho de Fazenda (EL). 1813-1823. Códice: 39, vol. 1, doc. cit.
18 AGCRJ. Matadouros e açougues, vários requerimentos (1808-1821). Códice 53-2-16, f. 67.
19 FLORENTINO, Manolo. *Em Costas Negras*, op. cit., p. 254.
20 FRANCO, Afonso Arinos de Melo. *História do Banco do Brasil*, op. cit., p. 35.
21 LOBO, Eulália Maria Lahmeyer. "O comércio atlântico...", op. cit., p. 78-9.
22 SILVA, Maria Beatriz Nizza da. *Ser Nobre na Colônia*, op. cit., p. 211.
23 AGCRJ. Carnes verdes e matadouros (1832-1837). Códice 53-3-14, f. 19-21.
24 IHGB, lata 51, pasta 11, doc. cit.
25 SILVA, Maria Beatriz Nizza da. *Ser Nobre na Colônia*, op. cit., p. 211.
26 BN. CARMO, Antonio Joaquim do. C-899,13, doc. cit.
27 BN. AGUIAR, Conde de. I-26,15,65, doc. cit.
28 AGCRJ. Matadouros e talhos (1812-1830). Códice: 53-2-19, f. 12-3.

29 ATAS das sessões da Ilma. Câmara Municipal, doc. cit., vol. v, p. 122.
30 BN. AGUIAR, Conde de. I-26,15,65, doc. cit.
31 BN. AGUIAR, Conde de. I-26,15,65, doc. cit.
32 GONÇALVES, Aureliano Restier. "Carnes verdes...", *op. cit.*, p. 306.
33 AGCRJ. Códice: 39-3-53, doc. cit.; AGCRJ. Códice: 39-3-56, doc. cit.
34 ATAS das sessões da Ilma. Câmara Municipal, doc. cit., vol. IV, p. 379.
35 BN. CARMO, Antonio Joaquim do. C-2,36, doc. cit.
36 BN. CARMO, Antonio Joaquim do. C-899,13, doc. cit.
37 IHGB, lata 51, pasta 11, doc. cit.
38 AGCRJ. Talho de carne verde (1820). Códice 53-2-25, f. 2-9.
39 IHGB, lata 51, pasta 11, doc. cit.
40 FRANCO, Afonso Arinos de Melo. *História do Banco do Brasil*, *op. cit.*, p. 260-1.
41 AGCRJ. Matadouros e açougues (1822-1830). Códice 53-3-2.
42 GOUVÊA, Maria Fátima. "Poder, autoridade e o Senado da Câmara do Rio de Janeiro", *op. cit.*, p. 124.
43 IHGB, lata 51, pasta 11, doc. cit.
44 AGCRJ. Matadouros e açougues (1822-1830). Códice 53-3-2.
45 GOUVÊA, Maria Fátima. "Poder, autoridade e o Senado da Câmara do Rio de Janeiro", *op. cit.*, p. 124.
46 BN. COUTINHO, Inácio Rangel de Azevedo. C-609,16, doc. cit.
47 MARCONDES, Renato Leite. *O Abastecimento de Gado do Rio de Janeiro*, *op. cit.*, p. 13.
48 AGCRJ. Carnes e matadouros: matadouros da Cidade Nova (1827-1837). Códice 53-3-4.
49 FLORENTINO, Manolo. *Em Costas Negras*, *op. cit.*, p. 254.
50 BN. AGUIAR, Conde de. I-26,15,65, doc. cit.
51 BN. AGUIAR, Conde de. I-26,15,65, doc. cit.
52 AGCRJ. Carnes e matadouros, fiscalização (1830-1879). 53-3-12.
53 FRANCO, Afonso Arinos de Melo. *História do Banco do Brasil*, *op. cit.*, p. 265.
54 AGCRJ. Matadouros e açougues (1822-1830). Códice 53-3-2, f. 41-2.
55 AGCRJ. Arrematações do Senado da Câmara (1802-1817). Códice: 39-3-52, f. 266.
56 GONÇALVES, Aureliano Restier. "Carnes verdes...", *op. cit.*, p. 303.
57 GOUVÊA, Maria Fátima. "Poder, autoridade...", *op. cit.*, p. 124.
58 IHGB, lata 51, pasta 11, doc. cit.
59 IHGB, lata 51, pasta 11, doc. cit.
60 ATAS das sessões da Ilma. Câmara Municipal, doc. cit., vol. III, p. 400.

61 GONÇALVES, Aureliano Restier. "Carnes verdes...", *op. cit.*, p. 313.
62 AGCRJ. Matadouros e açougues, vários requerimentos (1808-1821). Códice 53-2-16, f. 51-2; 180-1.
63 CLB. Ano de 1820, p. 34.
64 AGCRJ. Arrematações do Senado da Câmara (1818-1829). Códice: 39-3-53, f. 157
65 AGCRJ. Arrematações do Senado da Câmara (1818-1829). Códice: 39-3-53, f. 158-61.
66 IHGB, lata 51, pasta 11, doc. cit.
67 AGCRJ. Carnes verdes e açougues (1827-1908). Códice 53-3-7.
68 FRANCO, Afonso Arinos de Melo. *História do Banco do Brasil, op. cit.*, p. 269.
69 BN. CARMO, Antonio Joaquim do. C-2,36, doc. cit.
70 AGCRJ. Arrematações da Câmara Municipal (1830-1844). Códice: 39-3-56, f. 29-32; 43-6; 52-5.
71 LOBO, Eulália Maria Lahmeyer. "O comércio atlântico...", *op. cit.*, p. 78-9.
72 GOUVÊA, Maria Fátima. "Poder...", *op. cit.*, p. 150. GONÇALVES, Aureliano Restier. "Carnes...", *op. cit.*, p. 305.
73 AGCRJ. Representação do arrematante das carnes verdes contra o almotacé Cunha. Códice: 53-2-21, f. 4-11.
74 AGCRJ. Representação do Almotacé Cunha sobre as carnes verdes (1820). Códice: 53-2-22, f. 7-9.
75 AGCRJ. Matadouros e açougues (1822-1830). Códice 53-3-2, f. 41-2.
76 AGCRJ. Arrematações do Senado da Câmara (1818-1829). Códice: 39-3-53, f. 58-70.
77 SILVA, Maria Beatriz Nizza da. *Ser Nobre na Colônia, op. cit.*, p. 272.
78 AGCRJ. 16-4-22, doc. cit., f. 14; AGCRJ. 53-3-2, doc. cit., f. 124; AGCRJ. 39-3-53, doc. cit., f. 216-66.
79 AGCRJ. Matadouros e talhos (1812-1830). Códice: 53-2-19, f. 173-6.
80 AGCRJ. Matadouros e açougues (1822-1830). Códice 53-3-2, f. 6.
81 SILVA, Maria Beatriz Nizza da. *Ser Nobre na Colônia, op. cit.*, p. 272.
82 IHGB, lata 51, pasta 11, doc. cit.
83 AGCRJ. Carnes e matadouros, fiscalização (1830-1879). 53-3-12, f. 22.
84 BN. AGUIAR, Conde de. I-26,15,65, doc. cit.
85 AGCRJ. Arrematações do Senado da Câmara (1818-1829). Códice: 39-3-53, f. 1-2.
86 BN. CARMO, Antonio Joaquim do. C-2,36, doc. cit.
87 AGCRJ. Carnes e matadouros, fiscalização (1830-1879). 53-3-12.
88 AN. Fundo: Conselho de Fazenda (EL). Códice: 39, vol. 1, doc. cit.
89 AN. Fundo: Junta de Comércio. Códice 170, vol. 1, doc. cit.

90 BN. CARMO, Antonio Joaquim do. C-2,36, doc. cit.
91 AGCRJ. Matadouros e açougues (1822-1830). Códice 53-3-2, f. 41-2.
92 AN. Fundo: Série anterior (A2). IJJ[10] 35, doc. cit.
93 AGCRJ. Arrematações do Senado da Câmara (1802-1817). Códice: 39-3-52, f. 2; 31; 61; 83; 113.
94 AGCRJ. Arrematações do Senado da Câmara (1818-1829). Códice: 39-3-53.
95 AGCRJ. Matadouros e açougues (1822-1830). Códice 53-3-2, f. 41-2
96 AGCRJ. Arrematações do Senado da Câmara (1818-1829). Códice: 39-3-53, f. 158-61.
97 BN. CARMO, Antonio Joaquim do. C-2,36, doc. cit.
98 AGCRJ. Carnes verdes e matadouros (1832-1837). Códice 53-3-14, f. 20.
99 AGCRJ. Matadouros e açougues (1822-1830). Códice 53-3-2, f. 41-2.
100 AGCRJ. Arrematações do Senado da Câmara (1818-1829). Códice: 39-3-53, f. 58-61.
101 BN. CARTAS Pastorais dos Bispos do Rio de Janeiro... 1,4,3, doc. cit.
102 MOLITERNO, Dylva Araújo. "A atuação dos...". In: GRAHAM, Richard (org.). *Ensaios sobre...*, *op. cit.*, p. 217
103 GONÇALVES, Aureliano Restier. "Carnes verdes...", *op. cit.*, p. 305
104 AGCRJ. Arrematações do Senado da Câmara (1802-1817). Códice: 39-3-52, f. 83; 113.
105 CLB. Ano de 1811, p. 27.
106 BN. COUTINHO, Inácio Rangel de Azevedo. C-782,69, doc. cit.
107 GONÇALVES, Aureliano Restier. "Carnes verdes...", *op. cit.*, p. 305.
108 AGCRJ. Matadouros e açougues, vários requerimentos (1808-1821). Códice 53-2-16.
109 ATAS das sessões da Ilma. Câmara Municipal, doc. cit., vol. IV, p. 283.
110 AGCRJ. Arrematações do Senado da Câmara (1818-1829). Códice: 39-3-53, f. 58-61.
111 IHGB, lata 51, pasta 11, doc. cit.
112 FRAGOSO, João Luiz Ribeiro. *Homens de Grossa Aventura*, *op. cit.*, p. 188.
113 FRANCO, Afonso Arinos de Melo. *História do Banco do Brasil*, *op. cit.*, p. 35.
114 BN. AGUIAR, Conde de. I-26,15,65, doc. cit.
115 IHGB, lata 51, pasta 11, doc. cit.
116 AN. Fundo: Junta de Comércio, Agricultura, Fábricas e Navegação (7X). Códice 170, vol. 1, doc. cit.
117 GOUVÊA, Maria Fátima. "Poder...", *op. cit.*, p. 146; AGCRJ. Códice 53-3-2, doc. cit.
118 AGCRJ. Arrematação das carnes verdes e estabelecimento de talhos nesta cidade. Códice: 53-2-20.
119 GOUVÊA, Maria Fátima. "Poder...", *op. cit.*, p. 145.

120 AGCRJ. Representação do arrematante das carnes verdes contra o almotacé Cunha. Códice: 53-2-21, f. 2-11
121 GOUVÊA, Maria Fátima. *Dos Poderes do Rio de Janeiro Joanino*, op. cit., p. 16.
122 AN. Fundo: Conselho da Fazenda (EL). Códice: 41, doc. cit.
123 FRANCO, Afonso Arinos de Melo. *História do Banco do Brasil*, op. cit., p. 127; 257.
124 SILVA, Maria Beatriz Nizza da. *Ser Nobre na Colônia*, op. cit., p. 284.
125 MOLITERNO, Dylva Araújo. "A atuação dos...". In: GRAHAM, Richard (org.). *Ensaios...*, op. cit., p. 236-7.
126 FRAGOSO, João Luiz Ribeiro. *Homens de Grossa Aventura*, op. cit., p. 188.
127 LENHARO, Alcir. *As Tropas da Moderação*, op. cit., p. 36.
128 AGCRJ. Carnes verdes e matadouros (1832-1837). Códice 53-3-14, f. 19-21.
129 BN. AGUIAR, Conde de. I-26,15,65, doc. cit.
130 IHGB, lata 51, pasta 11, doc. cit.
131 IHGB, lata 51, pasta 11, doc. cit.
132 AN. Fundo: Diversos (SDH). Códice: 807, v. 22, doc. cit.
133 PIÑEIRO, Théo Lobarinhas. *Os Simples Comissários*, op. cit., p. 44-5.
134 BN. AGUIAR, Conde de. I-26,15,65, doc. cit.
135 AGCRJ. Carnes e matadouros, fiscalização (1830-1879). 53-3-12.
136 CLB. Ano de 1820, p. 34.
137 BN. CARMO, Antonio Joaquim do. C-2,36, doc. cit.
138 AGCRJ. Carnes verdes e matadouros (1830-1831). Códice 53-3-9.
139 BN. FARIA, Manuel da Costa. C-413,36, doc. cit.
140 AN. Fundo: Junta de Comércio. Códice 170, vol. 1, doc. cit.
141 AGCRJ. Arrematações do Senado da Câmara (1818-1829). Códice: 39-3-53, f. 76; 91; 122.
142 BN. AGUIAR, Conde de. I-26,15,65, doc. cit.
143 AN. Fundo: Ministério da Fazenda (40). Códice: 142, vol. 10, doc. cit.
144 MOLITERNO, Dylva Araújo. "A atuação dos...". In: GRAHAM, Richard (org.). *Ensaios sobre...*, op. cit., p. 217.
145 BN. AGUIAR, Conde de. I-26,15,65, doc. cit.
146 BN. AGUIAR, Conde de. I-26,15,65, doc. cit.
147 AGCRJ. Matadouros e açougues, vários requerimentos (1808-1821). Códice 53-2-16, f. 71-4.
148 AGCRJ. Arrematações do Senado da Câmara (1802-1817). Códice: 39-3-52, f. 228.
149 AGCRJ. Matadouros e açougues (1822-1830). Códice 53-3-2, f. 41-2.
150 GOUVÊA, Maria Fátima. "Poder...", op. cit., p. 124; IHGB, lata 51, pasta 11, doc. cit.

151 AGCRJ. Matadouros e açougues (1822-1830). Códice 53-3-2, f. 150.
152 AGCRJ. Arrematações da Câmara Municipal (1830-1844). Códice: 39-3-56, f. 29-32.
153 AGCRJ. Carnes verdes e matadouros (1832-1837). Códice 53-3-14.
154 SILVA, Maria Beatriz Nizza da. "Negócios em família". In: *História da Família no Brasil...*, op. cit., p.127-9.
155 BN. CARMO, Antonio Joaquim do. C-2,36, doc. cit.
156 AGCRJ. Arrematações da Câmara Municipal (1830-1844). Códice: 39-3-56, f. 43-6; 52-5.
157 AGCRJ. Carnes verdes e matadouros. Códice 53-3-14.
158 AGCRJ. Carnes e matadouros: renda dos matadouros (1830-1846). Códice 53-3-11, f. 46.
159 FRAGOSO, João Luiz Ribeiro. *Homens de Grossa Aventura*, op. cit., p. 295.
160 IHGB, lata 51, pasta 11, doc. cit.
161 ATAS..., doc. cit., vol. III; vol. IV; vol. V, *passim*.
162 FLORENTINO, Manolo. *Em Costas Negras*, op. cit., p. 255.
163 FRANCO, Afonso Arinos de Melo. *História do Banco do Brasil*, op. cit., p. 188; 205; 216.
164 SILVA, Maria Beatriz Nizza da. "Negócios em família". In: *História da Família no Brasil...*, op. cit., p.127-9.
165 AN. Fundo: Junta de Comércio. Códice 170, vol. 1, doc. cit.
166 AGCRJ. Matadouros e açougues (1822-1830). Códice 53-3-2, f. 19; BN. GUIMARAENS... C-747,5, doc. cit.
167 AGCRJ. Matadouros e talhos (1812-1830). Códice: 53-2-19, f. 7.
168 AN. Fundo: Conselho da Fazenda (EL). Códice: 41, doc. cit.
169 FLORENTINO, Manolo. *Em Costas Negras*, op. cit., p. 255.
170 FRAGOSO, João Luiz Ribeiro. *Homens de Grossa Aventura*, op. cit., p. 197.
171 BN. AGUIAR, Conde de. I-26,15,65, doc. cit.
172 AGCRJ. Arrematações do Senado da Câmara (1802-1817). Códice: 39-3-52, f. 185.
173 GORENSTEIN, Riva. "Comércio e Política", op. cit., p. 198-9.
174 GORENSTEIN, Riva. "Comércio e Política", op. cit., p. 153.
175 FRANCO, Afonso Arinos de Melo. *História do Banco do Brasil*, op. cit., p. 25; 35; 66; 72; 87; 95; 116; 122.
176 LENHARO, Alcir. *As Tropas da Moderação*, op. cit., p. 21.
177 NEVES, Lúcia; MACHADO, Humberto. *O Império do Brasil*, op. cit., p. 43.
178 AGCRJ. Arrematações do Senado da Câmara (1818-1829). Códice: 39-3-53, f. 1-2.
179 GONÇALVES, Aureliano Restier. "Carnes verdes...", op. cit., p. 305.

180 FALCÓN, Francisco; MATTOS, Ilmar. "O processo de independência...", *op. cit.*, p. 323-333.
181 OLIVEIRA, Geraldo Beauclair Mendes de. *A Construção Inacabada...*, *op. cit.*, p. 106-7; 132-5.
182 FRANCO, Afonso Arinos de Melo. *História do Banco do Brasil*, *op. cit.*, p. 166-83.
183 IHGB, lata 51, pasta 11, doc. cit.
184 AN. Fundo: Junta de Comércio. Códice 170, vol. 1, doc. cit.
185 LENHARO, Alcir. *As Tropas da Moderação*, *op. cit.*, p. 83.
186 IHGB, lata 51, pasta 11, doc. cit.
187 AGCRJ. Carnes e matadouros: renda dos matadouros (1830-1846). Códice 53-3-11, f. 21.
188 FRANCO, Afonso Arinos de Melo. *História do Banco do Brasil*, *op. cit.*, p. 122; 236.
189 AN. Fundo: Junta de Comércio. Códice 170, vol. 1, doc. cit.
190 AGCRJ. Carnes e matadouros. Códice 53-3-15; AGCRJ. Carnes verdes e matadouros. Códice 53-3-9.
191 BN. CARMO, Antonio Joaquim do. C-2,36, doc. cit.
192 IHGB, lata 51, pasta 11, doc. cit.
193 SILVA, Maria Beatriz Nizza da. *Ser Nobre na Colônia*, *op. cit.*, p. 296.
194 AN. Fundo: Junta de Comércio. Códice 170, vol. 1, doc. cit.
195 BN. AGUIAR, Conde de. I-26,15,65, doc. cit.
196 AGCRJ. Arrematação das carnes verdes e estabelecimento de talhos nesta cidade. Códice: 53-2-20.
197 IHGB, lata 51, pasta 11, doc. cit.
198 ATAS..., doc. cit., vol. V, *passim*.
199 RIBEIRO, Gladys Sabina. *A Liberdade em Construção*, *op. cit.*, p. 16.
200 BN. AGUIAR, Conde de. I-26,15,65, doc. cit.
201 SILVA, Maria Beatriz Nizza da. "Negócios em família". In: *História da Família no Brasil...*, *op. cit.*, p.130-2.
202 PIÑEIRO, Théo Lobarinhas. *Os Simples Comissários*, *op. cit.*, p. 32.
203 BN. AGUIAR, Conde de. I-26,15,65, doc. cit.
204 AGCRJ. Matadouros e açougues (1822-1830). Códice 53-3-2.
205 FLORENTINO, Manolo. *Em Costas Negras*, *op. cit.*, p. 255.
206 FRANCO, Afonso Arinos de Melo. *História do Banco do Brasil*, *op. cit.*, p. 216.
207 AN. Fundo: Junta de Comércio. Códice 170, vol. 1, doc. cit.
208 AGCRJ. Arrematações do Senado da Câmara (1818-1829). Códice: 39-3-53, f. 262-6.
209 AN. Fundo: Junta de Comércio. Códice 170, vol. 1, doc. cit.
210 BN. CARMO, Antonio Joaquim do. C-2,36, doc. cit.

211   AGCRJ. Talhos de carnes verdes (1810-1870). Códice: 53-2-18; IHGB, lata 51, pasta 11, doc. cit.
212   FLORENTINO, Manolo. *Em Costas Negras, op. cit.*, p. 150.
213   AN. Fundo: Junta de Comércio. Códice 170, vol. 1, doc. cit.
214   IHGB, lata 51, pasta 11, doc. cit.
215   AGCRJ. Carnes e matadouros. Códice 53-3-15.
216   AGCRJ. Matadouros e açougues (1822-1830). Códice 53-3-2.
217   BN. AGUIAR, Conde de. I-26,15,65, doc. cit.
218   BN. AGUIAR, Conde de. I-26,15,65, doc. cit.
219   BN. COUTINHO, Inácio Rangel de Azevedo. C-609,16, doc. cit.
220   MARCONDES, Renato Leite. *O Abastecimento de Gado do Rio de Janeiro, op. cit.*, p. 13.
221   FLORENTINO, Manolo. *Em Costas Negras, op. cit.*, p. 255.
222   BN. COUTINHO, Inácio Rangel de Azevedo. C-609,16, doc. cit.
223   IHGB, lata 51, pasta 11, doc. cit.
224   GOUVÊA, Maria Fátima. "Poder, autoridade e o Senado da Câmara do Rio de Janeiro", *op. cit.*, p. 124.
225   IHGB, lata 51, pasta 11, doc. cit.
226   GOUVÊA, Maria Fátima. "Poder, autoridade e o Senado da Câmara do Rio de Janeiro", *op. cit.*, p. 124.
227   BN. AGUIAR, Conde de. I-26,15,65, doc. cit.
228   LENHARO, Alcir. "A Rota Menor", *op. cit.*, p. 39-42.
229   BN. AGUIAR, Conde de. I-26,15,65, doc. cit.
230   AGCRJ. Carnes verdes e matadouros (1832-1837). Códice 53-3-14, f. 19-21.
231   BN. AGUIAR, Conde de. I-26,15, 65, doc. cit.
232   BN. CARMO, Antonio Joaquim do. C-899,13, doc. cit.
233   AGCRJ. Carnes e matadouros: matadouro da bica dos marinheiros (1833). Códice 53-3-20, f. 1-2.
234   AN. Fundo: GIFI (OI). 6J-86, doc. cit.
235   BN. CARMO, Antonio Joaquim do. C-2,36, doc. cit.
236   SILVA, Maria Beatriz Nizza da. *Ser Nobre na Colônia, op. cit.*, p. 297.
237   AN. Fundo: Conselho da Fazenda (EL). Códice: 33, vol. 1, doc. cit.
238   BN. FARIA, Manuel da Costa. C-413, 36, doc. cit.
239   FLORENTINO, Manolo. *Em Costas Negras, op. cit.*, p. 255.
240   FRANCO, Afonso Arinos de Melo. *História do Banco do Brasil, op. cit.*, p. 54; 67; 69; 83; 121-2.

241 GORENSTEIN, Riva. "Comércio e Política", *op. cit.*, p. 239.
242 BN. AGUIAR, Conde de. 1-26,15,65, doc. cit.
243 AGCRJ. Carnes verdes e matadouros (1833). Códice 53-3-18.
244 AGCRJ. Representação do Almotacé Cunha sobre as carnes verdes (1820). Códice: 53-2-22, f. 7-9.
245 AGCRJ. Matadouros e açougues (1822-1830). Códice 53-3-2, f. 41-2.
246 SILVA, Maria Beatriz Nizza da. *Ser Nobre na Colônia*, *op. cit.*, p. 283.
247 IHGB, lata 51, pasta 11, doc. cit.
248 AGCRJ. Talho de carne verde (1820). Códice: 53-2-25, f. 2-9.
249 GONÇALVES, Aureliano Restier. "Paço Municipal da cidade...", *op. cit.*, p. 33-6.
250 FRANCO, Afonso Arinos de Melo. *História do Banco do Brasil*, *op. cit.*, p. 67; 69.
251 IHGB, lata 51, pasta 11, doc. cit.
252 AGCRJ. Carnes e matadouros, fiscalização (1830-1879). 53-3-12.
253 AGCRJ. Carnes verdes e matadouros (1830-1831). Códice 53-3-9.
254 AGCRJ. Arrematações do Senado da Câmara (1818-1829). Códice: 39-3-53, f. 158-61.
255 AGCRJ. Matadouros e talhos (1812-1830). Códice: 53-2-19, f. 52.
256 GOUVÊA, Maria Fátima. "Poder, autoridade e o Senado da Câmara do Rio de Janeiro", *op. cit.*, p. 124.
257 IHGB, lata 51, pasta 11, doc. cit.
258 GOUVÊA, Maria Fátima. "Poder, autoridade e o Senado da Câmara do Rio de Janeiro", *op. cit.*, p. 124
259 IHGB, lata 51, pasta 11, doc. cit.
260 GOUVÊA, Maria Fátima. "Poder, autoridade e o Senado da Câmara do Rio de Janeiro", *op. cit.*, p. 145.
261 FALCÓN, Francisco José Calazans; MATTOS, Ilmar Rohloff de. "O processo...", *op. cit.*, p. 323-333.
262 RENAULT, Delso. *O Rio Antigo nos Anúncios de Jornais*, *op. cit.*, p. 101.
263 RIBEIRO, Gladys Sabina. *A Liberdade em Construção*, *op. cit.*, p. 167.
264 FRANCO, Afonso Arinos de Melo. *História do Banco do Brasil*, *op. cit.*, p. 229.
265 AGCRJ. Arrematações do Senado da Câmara (1818-1829). Códice: 39-3-53, f. 202.
266 AGCRJ. Arrematações do Senado da Câmara (1818-1829). Códice: 39-3-53, f. 202.
267 IHGB, lata 51, pasta 11, doc. cit.
268 BN. CARMO, Antonio Joaquim do. C-899,13, doc. cit.
269 AN. Fundo: Junta de Comércio. Códice 170, vol. 1, doc. cit.
270 IHGB, lata 51, pasta 11, doc. cit.

271 AN. Fundo: Junta de Comércio. Códice 170, vol. 1, doc. cit.
272 ATAS das sessões da Ilma. Câmara Municipal, doc. cit., p. 262.
273 FRANCO, Afonso Arinos de Melo. *História do Banco do Brasil, op. cit.*, p. 121; 122; 261.
274 IHGB, lata 51, pasta 11.
275 FRAGOSO, João Luiz Ribeiro. *Homens de Grossa Aventura, op. cit.*, p. 188-90; 263.
276 ATAS..., doc. cit., vol. IV, p. 194; 207; *passim*.
277 FRAGOSO, João Luiz Ribeiro. *Homens de Grossa Aventura, op. cit.*, p. 261.
278 "ESTUDANTES brasileiros na Universidade de Coimbra entre 1772 e 1872". In: *Anais da BN...*, doc. cit.
279 AN. Fundo: Junta de Comércio. Códice 170, vol. 1, doc. cit.
280 SILVA, Maria Beatriz Nizza da. *Ser Nobre na Colônia, op. cit.*, p. 283.
281 GOUVÊA, Maria Fátima. "Poder, autoridade e o Senado da Câmara do Rio de Janeiro", *op. cit.*, p. 124.
282 SILVA, Maria Beatriz Nizza da. *Ser Nobre na Colônia, op. cit.*, p. 287.
283 PETRONE, Maria Thereza Schörer. *O Barão de Iguape, op. cit.*, p. XI-XIV; 8-11; 92-3.
284 FRANCO, Afonso Arinos de Melo. *História do Banco do Brasil, op. cit.*, p. 83.
285 AGCRJ. Representação do arrematante das carnes verdes contra o almotacé Cunha. Códice: 53-2-21.
286 RENAULT, Delso. *O Rio Antigo nos Anúncios de Jornais, op. cit.*, p. 183
287 GOUVÊA, Maria Fátima. "Poder, autoridade e o Senado da Câmara do Rio de Janeiro", *op. cit.*, p. 124.
288 IHGB, lata 51, pasta 11, doc. cit.
289 BN. AGUIAR, Conde de. I-26,15,65, doc. cit.
290 AGCRJ. Matadouros e açougues (1822-1830). Códice 53-3-2, f. 68.
291 AGCRJ. Carnes verdes e matadouros. Códice 53-3-9, f. 25.
292 AGCRJ. Códice: 39-3-53, doc. cit., f. 262-6; AGCRJ. Códice: 39-3-56, doc. cit., f. 6-8.
293 ATAS..., doc. cit., vol. IV, p. 379.
294 AGCRJ. Representação do Almotacé Cunha sobre as carnes verdes (1820). Códice: 53-2-22, f. 7-9.
295 AN. Fundo: Junta de Comércio. Códice 170, vol. 1, doc. cit.
296 FLORENTINO, Manolo. *Em Costas Negras, op. cit.*, p. 130.
297 AGCRJ. Requerimento de Nuno da Silva Reis... Códice: 53-2-23, doc. cit., f. 1.
298 AGCRJ. Arrematações do Senado da Câmara (1818-1829). Códice: 39-3-53, f. 91; 122.
299 BN. CARMO, Antonio Joaquim do. C-2,36, doc. cit.
300 LENHARO, Alcir. *As Tropas da Moderação, op. cit.*, p. 86.

301 AGCRJ. Matadouros e açougues, vários requerimentos (1802-1821). Códice 53-2-16, f. 63; 113.
302 AN. Fundo: Junta de Comércio. Códice 170, vol. 1, doc. cit.
303 PETRONE, Maria Schörer. *O Barão de Iguape*, op. cit., p. 93.
304 AGCRJ. Matadouros e talhos (1812-1830). Códice: 53-2-19, f. 152-3.
305 BN. AGUIAR, Conde de. I-26,15, 65, doc. cit.
306 BN. CARMO, Antonio Joaquim do. C-2,36, doc. cit.
307 IHGB, lata 51, pasta 11, doc. cit.
308 AGCRJ. Matadouros e açougues (1822-1830). Códice 53-3-2, f. 41-2.
309 AGCRJ. Arrematações do Senado da Câmara (1818-1829). Códice: 39-3-53, f. 6-8.
310 FLORENTINO, Manolo. *Em Costas Negras*, op. cit., p. 256.
311 AGCRJ. Matadouros e açougues (1822-1830). Códice 53-3-2.
312 AGCRJ. Matadouros e açougues (1822-1830). Códice 53-3-2.
313 IHGB, lata 51, pasta 11, doc. cit.
314 AN. Fundos Diversos (SDH). Códice 807, vol. 22, doc. cit., p. 48-51.
315 AGCRJ. Carnes e matadouros, fiscalização (1830-1879). 53-3-12.
316 AN. Fundo: GIFI (OI). 6J-83, doc. cit.
317 BN. ROSA, José Fernandes. C-456,33, doc. cit.
318 GONÇALVES, Aureliano Restier. "Paço Municipal da cidade", op. cit., p. 32-3
319 FRANCO, Afonso Arinos de Melo. *História do Banco do Brasil*, op. cit., p. 119; 120.
320 AN. Fundo: Junta de Comércio. Códice 170, vol. 1, doc. cit.
321 GONÇALVES, Aureliano Restier. "Carnes verdes...", op. cit., p. 303.
322 AGCRJ. Matadouros e açougues, vários requerimentos (1808-1821). Códice 53-2-16.
323 AGCRJ. Matadouro de Santa Luzia (1833). Códice 53-3-19.
324 AGCRJ. Matadouro de Santa Luzia (1833). 53-3-19, f. 1-5.
325 BN. CARMO, Antonio Joaquim do. C-2,36, doc. cit.
326 FLORENTINO, Manolo. *Em Costas Negras*, op. cit., p. 131.
327 BN. CARMO, Antonio Joaquim do. C-2,36, doc. cit.
328 AGCRJ. Arrematações do Senado da Câmara (1802-1817). Códice: 39-3-52, f. 208.
329 AGCRJ. Carnes e matadouros. Códice 53-3-15, f. 23-4.
330 FLORENTINO, Manolo. *Em Costas Negras*, op. cit., p. 256.
331 BN. AGUIAR, Conde de. I-26,15,65, doc. cit.
332 AGCRJ. Arrematações da Câmara Municipal (1830-1844). Códice: 39-3-56, f. 29-32; 43-6; 52-5.
333 FRANCO, Afonso Arinos de Melo. *História do Banco do Brasil*, op. cit., p. 261.

334 AN. Fundo: Junta de Comércio. Códice 170, vol. 1.
335 BN. CARMO, Antonio Joaquim do. C-2,36, doc. cit.
336 MARCONDES, Renato Leite. *O Abastecimento de Gado do Rio de Janeiro, op. cit.*, p. 13; 15.
337 AGCRJ. Arrematações do Senado da Câmara (1802-1817). Códice: 39-3-52, f. 2; 31; 61.
338 BN. COUTINHO, Inácio Rangel de Azevedo. C-609,16, doc. cit.
339 MARCONDES, Renato Leite. *O Abastecimento de Gado do Rio de Janeiro, op. cit.*, p. 13.
340 EL-KAREH, Almir Chaiban. "A companhia...". In: GRAHAM, Richard (org.). *Ensaios sobre..., op. cit.*, p. 145.
341 GOUVÊA, Maria Fátima. "Poder, autoridade e o Senado da Câmara do Rio de Janeiro", *op. cit.*, p. 141.
342 GONÇALVES, Aureliano Restier. "Carnes verdes...", *op. cit.*, p. 305.
343 LENHARO, Alcir. *As Tropas da Moderação, op. cit.*, p. 21.
344 GORENSTEIN, Riva. "Comércio e Política", *op. cit.*, p. 153.
345 FRAGOSO, João Luiz Ribeiro. *Homens de Grossa Aventura, op. cit.*, p. 190.
346 AGCRJ. Arrematações do Senado da Câmara (1802-1817). Códice: 39-3-52, f. 242-5; 276.
347 CLB. Ano de 1818, p. 5.
348 "Estudantes brasileiros na Universidade de Coimbra entre 1772 e 1872". In: *Anais da BN...*, doc. cit.
349 AGCRJ. Representação do Almotacé Cunha sobre as carnes verdes (1820). Códice: 53-2-22, f. 7-9.
350 GOUVÊA, Maria Fátima. "Poder, autoridade...", *op. cit.*, p. 138.
351 FLORENTINO, Manolo. *Em Costas Negras, op. cit.*, p. 205.
352 MARTINHO, Lenira Menezes. "Caixeiros e Pés-descalços", *op. cit.*, p. 76.
353 RIBEIRO, Gladys Sabina. *A Liberdade em Construção, op. cit.*, p. 159.
354 FRANCO, Afonso Arinos de Melo. *História do Banco do Brasil, op. cit.*, p. 87
355 FRANCO, Afonso Arinos de Melo. *História do Banco do Brasil, op. cit.*, p. 54; 66; 71-2; 83; 170.
356 GORENSTEIN, Riva. "Comércio e Política", *op. cit.*, p. 258.
357 RIBEIRO, Gladys Sabina. *A Liberdade em Construção, op. cit.*, p. 14.
358 GRAÇA Filho, Afonso Alencastro. *Os Convênios da Carestia, op. cit.*, p. 83-4
359 BN. AGUIAR, Conde de. I-26, 15, 65, doc. cit.
360 BN. AGUIAR, Conde de. I-26, 15, 65, doc. cit.
361 GONÇALVES, Aureliano Restier. "Carnes verdes...", *op. cit.* p. 303.
362 VIANA, Sônia Bayão Rodrigues. *A Fazenda de Santa Cruz..., op. cit.*, p. 87-91.

363 BOHRER, Saulo Santiago. "O 'seguro' morreu de velho", *op. cit.*, p. 9.
364 AN. Fundo: Conselho da Fazenda (EL). Códice: 33, vol. 1, doc. cit.
365 BN. FARIA, Manuel da Costa. C-413,36, doc. cit.
366 BN. CARMO, Antonio Joaquim do. C-899,13, doc. cit.
367 AGCRJ. Carnes e matadouros, fiscalização (1830-1879). 53-3-12.
368 AGCRJ. Matadouros e açougues (1822-1830). Códice 53-3-2, f. 41-2.
369 AGCRJ. Arrematações do Senado da Câmara (1818-1829). Códice: 39-3-53, f. 158-61.
370 CLB. Ano de 1823, p. 114-5.
371 IHGB, lata 51, pasta 11, doc. cit.
372 GOUVÊA, Maria Fátima. *Dos Poderes do Rio de Janeiro Joanino...*, *op. cit.*, p. 16.
373 SILVA, Maria Beatriz Nizza da. *Ser Nobre na Colônia*, *op. cit.*, p. 264; 290-1.
374 SILVA, Maria Beatriz Nizza da. "Negócios em família". In: *História da Família no Brasil...*, *op. cit.*, p. 129-30.
375 AN. Fundo: Ministério da Fazenda (40). Códice: 142, vol. 10, doc. cit.
376 BN. CARMO, Antonio Joaquim do. C-899,13, doc. cit.

Lista de quadros e tabelas

Tabela 1.1 – Exportações de gado em pé de Minas para o Rio de Janeiro

Tabela 1.2 – Carga de impostos sobre a carne vinda do Sul

Tabela 1.3 – Carga de impostos sobre a carne vinda de Minas

Tabela 1.4 – População da cidade do Rio de Janeiro de 1799 a 1838

Tabela 1.5 – Freguesias urbanas e suburbanas da cidade, anos de sua criação e população

Tabela 1.6 – Porcentagem da população livre e cativa na região urbana da cidade do Rio de Janeiro de 1799 a 1838

Tabela 1.7 – Matança de gado no matadouro de Santa Luzia em algumas semanas em 1826 e 1827

Tabela 1.8 – Número de reses bovinas que passaram pelo registro de Lorena em direção à Corte de 1802 a 1811

Tabela 1.9 – Relação do número de bois abatidos com seus respectivos donos no matadouro de Santa Luzia do dia 1º ao dia 31 de janeiro de 1827

Tabela 1.10 – Relação do número de bois abatidos com seus respectivos donos no matadouro da Cidade Nova do dia 1º ao dia 31 de janeiro de 1827

Tabela 1.11 – Relação do número de bois abatidos com seus respectivos donos no matadouro de Santa Luzia do dia 12 de março ao dia 30 de abril de 1830

Tabela 1.12 – Relação do número de bois abatidos com seus respectivos donos no matadouro de Santa Luzia do dia 4 de abril ao dia 31 de maio de 1833

Tabela 2.1 – Arrecadação com o imposto das carnes verdes e a receita da capitania/província do Rio de Janeiro

Quadro 2.1 – Freguesias não urbanas que tinham arrematação de talhos de carne verde

Tabela 2.2 – Arrematações do contrato da renda das cabeças

Tabela 2.3 – Arrematação do contrato da carne verde

Tabela 2.4 – Arrematações do contrato do subsídio literário

Tabela 2.5 – Arrematação do imposto dos cinco réis em libra de carne verde

Tabela 2.6 – Administração e arrematação do contrato da renda dos matadouros

Tabela 3.1 – Matadouros particulares na freguesia do Engenho Velho, com donos e abates realizados em 1833

Lista de abreviaturas

AGCRJ – Arquivo Geral da Cidade do Rio de Janeiro
AN – Arquivo Nacional
BB – Banco do Brasil
BN – Biblioteca Nacional
CLB – Coleção de Leis do Brasil (1808-1822) / Coleção de Leis do Império do Brasil (1822-1835)
IHGB – Instituto Histórico e Geográfico Brasileiro
SAR – Sua Alteza Real

Lista de anexos

Anexo 1 – Membros eletivos de 1791 a 1830 do Senado da Câmara e Câmara Municipal
Anexo 2 – Negociantes cariocas matriculados de 1809 a 1826 na Real Junta de Comércio
Anexo 3 – Nomes recorrentes na pesquisa com informações complementares

Esta obra foi impressa em São Paulo pela Prol Gráfica na primavera de 2010. No texto foi utilizada a fonte Minion Pro, em corpo 10 e entrelinha de 15 pontos.